박영사

누가 과거를 소유하는가?

송호영 지음

불법 반출된 문화재의 환수를 위한 법적 과제

"남아있는 한국의 문화유산을 한데 모으려는
노력을 계속해야 하지 않을까?"

이건희 에세이에서

이 저서는 2020년 대한민국 교육부와 한국연구재단의 저술출판지원사업의
지원을 받아 수행된 연구임 (NRF-2020S1A6A4042498)

머리말

　필자는 1998년 독일에서 법인의 법적 독립성에 관한 주제로 박사학위를 취득하고 귀국하여 이듬해부터 대학 강단에 서게 되었다. 이후 20여 년이 지난 현재, 필자를 법인론 연구자로 생각하던 사람들은 필자가 문화재반환에 관한 문제를 다룬 책을 출간한다고 하면 무척 의아해할 것이다. 민법학자인 필자가 문화재환수에 관한 문제에 관심을 가지게 된 계기는 귀국 후 프랑스 국립도서관에 소재한 외규장각 의궤의 반환문제에 관하여 한국과 프랑스 정부 사이에 지루하게 진행되던 협상과정을 지켜보면서 부터이다. 민법학의 시각을 가진 필자로서는 의궤의 소유권은 당연히 한국 정부가 가지는 것인데, 이에 대해 역사학자나 사회학자들의 주장만 들릴 뿐, 법학자들의 목소리는 왜 이리 조용한지 이해가 되지 않았다. 그래서 필자가 민법학자로서 직접 불법 반출된 문화재의 환수문제를 사법(私法)적으로 파헤쳐보리라는 생각으로 연구에 뛰어들게 되었다. 그러나 연구 시작부터 거대한 벽에 가로막힌 느낌이었다. 당시 우리나라 학계에서 문화재반환문제에 관한 연구는 매우 드물었고 그나마 국제법 또는 행정법적 시각에서 관련 국제협약을 소개하거나 우리나라 문화재보호법에 대해 서술한 문헌이 대부분이었으며, 민사법적 측면에서 연구한 문헌은 찾아볼 수 없었다. 그중에서 눈에 띄는 연구는 관련 국제협약을 다룬 김형만의 박사학위 논문인『문화재반환과 국제법』(삼우사, 2001)이었다. 그의 논문을 읽으면서 민법학자인 필자도 문화재반환문제에 천착하기 위해서는 관련협약 등 국제공법에 관해서도 공부할 필요가 있음을 깨달았다. 우리나라 문헌의 빈약함 때문에 자연스레 외국의 연구자료를 찾아보게 되었는데, 역사적으

머리말 / i

로 다른 나라 문화재의 약탈을 일삼은 이른바 선진국들에서는 이와 관련한 엄청난 연구업적들이 축적되어 있었으며 관련 전문학술지도 다양하게 발간되고 있음을 알게 되었다. 마음이 급해진 필자는 한국학술진흥재단(현 한국연구재단)의 지원을 받아, 1년 이상을 오롯이 논문 한 편을 작성하기 위해 매일 밤늦도록 씨름하여 2004년 "해외로 불법 반출된 문화재의 민사법상 반환청구 법리에 관한 연구"라는 논문을 발표하게 되었다. 아마도 우리나라 학계에서 문화재반환문제를 민사법적 시각에서 다룬 것으로는 최초의 연구논문일 것이다. 지금에서야 보면 다소 엉성하지만, 필자에게 이 논문은 마치 1950년대 미군부대에서 버려진 지프엔진을 재활용하고 드럼통을 두드려 펴서 차체를 만들었다고 알려진 '시발(始發)자동차'와 같은 의미와 애착을 가지고 있다. 논문 발표 후 학계의 반응은 고요하였으며 필자도 별다른 기대를 하지 않았었다. 그래도 필자로서는 언젠가 후속 연구자들에게 문화재반환에 관한 민사법적 문제에 대해 길라잡이 해줄 수 있는 글을 완성했다고 자위하면서 문화재법에 대한 연구는 더 이상 하지 않고 본업인 법인론 연구에 집중하려 하였다. 그런데 2011년 외규장각 의궤가 우리나라로 돌아오면서 상황은 급변하여, 갑자기 이곳저곳에서 필자를 찾는 일이 잦아졌다. 논문 한 편으로 전문가 행세를 할 수는 없는 일이기에 본의 아니게 관련 후속연구들을 하나씩 할 필요가 있게 되었다. 필자로서도 그 논문을 쓰는 동안 워낙 고생을 하였던 터라, 논문 한 편만 쓰고 새롭게 개척한 분야의 연구를 접는다는 것이 아깝기도 하였기에 틈나는 대로 새로운 자료를 모으면서 그동안의 연구를 업데이트하였다. 이러한 상황에서 UNESCO한국위원회는 필자로 하여금 1970년 UNESCO협약 국제회의에 한국대표단의 Legal Adviser 자격으로 참가할 것을 독려하였다. 필자로서도 견문을 넓힐 겸 동 국제회의에 참가하게 되면서 그곳에서 문화재환수문제에 관하여 탁월한 업적을 남긴 많은 외국 학자들과 전문가들을 만나게 되었고, 이에 자극을 받아 필자로서는 이른바 '국제문화재법'에 대해 필자 나름의 전문성을 가지게 위해 관련 논문들을 차곡차곡 쌓아갔다.

한편 정부를 위해서도 필자는 나름 역할을 하였다. 외규장각 의궤의 반환을 계기로 해외에 소재한 우리 문화재의 환수를 전담할 전문기관의 설치를 주장하여 국외소재문화재재단(현 국외소재문화유산재단)의 설립에 나름 기여하였으며, 우리 정부의 주도로 개최된 '문화재 환수 전문가 국제회의'에 정례적으로 참여하여 발표, 사회, 토론 등을 맡으면서 동 회의의 안착을 위해 노력하였다. 이런 저런 활동의 영향으로 필자의 관심영역은 '문화재법'을 넘어서 '문화예술법'으로 넘어서게 되었다.

필자가 문화재반환문제에 대한 연구와 관련활동을 하면서도, 필자로서는 민법학자로서 문화재법 나아가 문화예술법에 대한 연구에 몰두한다는 것이 민법을 벗어나 마치 학문적 외도를 하는 것이 아닌가 하는 근본적인 고민이 항상 따라 다녔다. 다행히도 이러한 고민은 문화국가주의와 문화국제주의 이론을 체계화시킨 존 헨리 메리맨(John Henry Merryman) 교수의 문헌을 접하면서 자연스레 해소되었다. 민법과 비교사법을 전공한 그는 스탠포드대 로스쿨 교수로 재직하면서 문화재법과 미술법에도 탁월한 업적을 남겼다. 그의 학문적 관심이 필자의 그것과 거의 일치함을 알고서 안도감과 함께 새로운 자극을 받았다. 필자는 메리맨 교수의 학설에 많은 부분 동의하지 않지만, 문화재법과 미술법에 관한 그의 주옥같은 논문들을 담은 『Thinking about the Elgin Marbles』와 같은 책을 펴내고 싶은 욕심이 생겼다. 다행히 2020년 한국연구재단의 저술출판지원사업에 선정되어 필자가 그동안 진행해 온 문화재법에 관한 연구를 체계화하여 단행본으로 출간할 수 있는 결정적 계기가 주어지게 되었다. 이 자리를 빌려 필자의 집필의도에 공감하면서 좋은 평가를 해준 익명의 심사위원들과 재정적 지원을 해 준 한국연구재단에 대해 감사드린다.

본서의 집필을 계획하면서 먼저 책의 제목을 무엇으로 할 것인지부터 고민이었다. 필자의 전공은 법학이지만 문화재반환문제는 역사적·문화적 맥락과 결부시켜 이해할 필요가 있다. 이처럼 약간의 학제적인 시각을 담는다는 의미에서 "누가「과거」를「소유」하는가?"로 제목을 정하였다. 여기서「과거」란 바로 불법 반출된 문화재를 나타내는 표현으로써, 그러한 문화재의 소유권을 둘러싸고 역사적·문화적 이해관계가 충돌하는 관련 국가들 사이에 벌어지는 분쟁대상을 상징한다. 「소유」는 다분히 법적인 개념이지만, 문화재 반환을 요구할 수 있는 권원(權原)의 의미 외에도 영구임대나 현지에서의 활용 등 문화재의 실효적인 지배가능성을 포함하는 뜻을 담고 있다. 제목에 대한 아이디어는 순수하게 필자의 것은 아니며, 이미 외국의 문헌에서 "Who Owns the Past?"라는 제목은 문화재반환분쟁에서 제기되는 법적 이슈를 상징하고 있다(예컨대 Kate Fitz Gibbon 변호사의 책, John Henry Merryman 교수의 책 등). 다른 한편으로는 법학서적은 딱딱한 것이라는 일반적인 통념을 다소나마 누그러뜨리면서 문화재반환문제에 관심을 가진 일반인들과 인접 전공의 연구자들로 하여금 본서에 다소나마 쉽게 접근할 수 있도록 약간의 모티브를 제공하기 위한 의미도 담겨 있다. 앞으로 문화재반환문제에 관하여 학문적으로 진정한 학제간 연구(Interdisciplinarity)가 이루어질 수 있도록 본서가 역사학, 사회학, 문화인류학 등 관련 연구분야에도 활용될 수 있기를 기대한다.

본서는 총 6장으로 구성되어 있는데, 각 장마다 특색을 가지고 있어서 법학전공자가 아니더라도 독자들의 관심영역에 따라 선별해서 읽어도 좋을 것이다. 예컨대 문화재반환분쟁과 관련한 이론지식의 습득을 위해서는 제1장, 제2장 및 제3장 제2절을 중심으로 읽고, 문화재의 반출·반환과 관련한 주요 사례들에 대해서는 제1장, 제2장 제3절 및 제3장에서 알아볼 수 있으며, 문화재의 불법적인 반출·거래를 근절하기 위한 국제협약의 형성과정과 그 주요 내용을 알고자 한다면 제4장과

제5장에서 그리고 문화재반환을 촉진하기 위한 정책과 제도에 관해서는 제2장과 제6장을 주로 참고할 수 있을 것이다. 책을 집필하는 동안 「문화재보호법」이 폐지되고 2004. 5. 17.부터 새로운 국가유산법제가 시행되었는데, 필요한 범위 내에서 이를 모두 반영하였다. 책을 집필하면서 필자는 문화재의 불법반출과 그 환수에 관한 문제를 '우리' 중심의 시각에 고정시키지 않으려고 하였다. 우리나라의 문화재가 소중하듯 다른 나라의 문화재도 역시 소중히 보호되어야 할 대상임은 당연한 것이며, 문화국제주의가 자칫 강대국 중심의 문화제국주의로 변질되어서는 안 되듯이 문화국가주의가 민족감정에 사로잡혀 문화국수주의로 흘러서도 안 된다고 생각하면서, 문제된 영역마다 글로벌한 관점에서 균형감각을 유지하면서 서술하려고 노력하였다.

필자가 문화재반환문제에 관한 연구를 시작하고서 본서를 출간하기까지 많은 분들의 도움을 받았다. 우선 불모지나 다름없었던 우리나라 학계에서 이른바 '국제문화재법'의 영역을 개척해주신 서울대 석광현 교수님과 이근관 교수님 그리고 어려운 여건에서도 수년째 「국제문화재법연구회」를 이끌고 계신 중앙대 이규호 교수님께 감사드린다. 이분들의 연구가 동행되지 않았다면 필자는 지금까지 계속해서 이 분야에 대한 연구의욕을 가지기 어려웠을 것이다. 국가유산청의 김병연 사무관과 백현민 사무관 그리고 UNESCO한국위원회 이동현 선임전문관은 필자의 연구를 위해서라면 언제든 번거로움을 마다않고 필요한 자료들을 공유해주었다. 그리스 멜리나 메르쿠리(Melina Mercouri) 재단과 그리스 외교부 파파타나시우(Artemis Papathanassiou) 박사는 파르테논 유적과 관련한 사진과 자료들을 기꺼이 제공해주었다. 필자는 UNESCO한국위원회 정책팀장 김지현 박사와 Danziger, Danziger & Muro, LLP 로펌 미국변호사 이유경 박사에게 큰 신세를 졌다. 김지현 박사는 2011년부터 필자로 하여금 UNESCO 국제회의에 참석하여 견문을 넓힐 수 있도록 독려한 장본인으로써, 그의 도움으로 필자는 문화재반환문제에 관한 다양한 경험과 더 넓은 시각을 가질 수 있었다. 이유경 박사는 필자가 문화예술법학회 회장으로 재임한 2년 동안 학술이사로 활동하면서 미술품거래에 관한 학술적·실무적 정보를 많이 제공해주었다. 특히 김지현 박사와 이유경 박사는 본서의 원고를 처음부터 끝까지 읽고 보완이 필요한 부분들을 지적해주어 책의 내용을 더욱 풍부하게 해주었다.

필자의 원고는 결국 출판사의 손을 거쳐 책으로 탄생하게 된다. 흔쾌히 책의 출간을 허락해주신 박영사 안종만 회장님과 안상준 대표님께 감사드린다. 또한 본서의 출간을 기획해 주신 박영사 최동인 대리와 세심하면서도 멋스럽게 편집해주신 이수연 대리께도 감사드린다.

책을 쓴다는 것은 오랜 시간을 필요로 한다. 특히 필자처럼 둔재에게는 더 많은 시간이 소요된다. 그런 만큼 가족들과 보내는 시간은 희생될 수밖에 없었다. 어쩌면 이 책은 필자가 그동안 연구실에서 그래도 뭔가를 꾸역꾸역 일하고 있었음을 핑계 삼아 내세울 수 있는 증거물이다. 법인론에 관한 연구도 게을리 하지 않아 다행히 작년 8월 박영사에서『법인론』신정판을 출간할 수 있었다.

배를 건조하여 진수(進水)할 때가 되었듯이, 책을 세상에 내놓을 때가 되었다. 배를 건조한 사람으로서는 진수된 배가 앞으로 오랫동안 잘 항행하기를 바라듯이, 필자 또한 세상에 선보일 본서가 독자들에게 널리 유익하게 활용되기를 소망한다.

2025년 3월
한양대 연구실에서
송 호 영

목차

<table>
<tr><td>04</td><td>불법반출 문화재의 환수를 위한 국제규범과 국내규범</td></tr>
</table>

제1절 총설: 국제규범과 국내규범   199

05 국제협약과 국내규범의 조화

06 에필로그: 법정책적 과제

01

프롤로그

"어디 그뿐인가, 다름 아닌 바로 우리에게 직면한, 프랑스에 의하여 약탈당한 외규장각의 반환문제, 아직도 일본과 해외 각국에 불법적으로 유출되어 산재된 우리민족 고유의 문화재들의 반환문제는 이른바 '미래세대'의 권리와 직결된다. 자연환경의 보존뿐만 아니라 인간의 환경이 만들어 낸 '문화재'의 바른 보존과 관리를 위해 우리가 얼마나 노력해 왔는가를 우리의 미래세대는 마땅히 알아야 할 것이기 때문이다."*

– 김형만 –

* 김형만 박사의 저서 『문화재반환과 국제법』(2001), 머리말에서 발췌

《장면 1》

　1866년(고종 3년) 병인박해로 프랑스 선교사 9명이 사망하자, 프랑스 정부는 중국 톈진(天津)에 주둔하고 있던 프랑스 함대 사령관 피에르 로즈(Pierre Gustave Roze) 제독에게 조선에 대한 출병을 명하였다. 로즈 제독이 이끄는 프랑스 군대는 조선 군대와 강화도에서 충돌하게 되었다. 이를 병인양요(丙寅洋擾)라고 한다. 프랑스군은 월등한 군사적 우위로 조선군을 제압하면서 강화성을 함락시켰다. 강화성을 점령한 프랑스군은 강화도에 설치되어 있던 외규장각(外奎章閣)을 뒤지면서 그 곳에 소장되어 있던 조선왕실 의궤 297권을 포함한 340권의 도서를 약탈하고서는 외규장각에 불을 질러 나머지 5,000여 점의 도서 및 사료는 모두 소실되었다. 의궤는 '의식(儀式)의 궤범(軌範)'을 뜻하는 말로 조선시대 왕위계승이나 관혼상제 등 왕실의 중요한 행사와 의식을 그림과 글로 기록한 의례집이다.[1] 특히 외규장각에 소장되어 있던 의궤는 임금이 친히 보게 되는 어람용(御覽用)으로 특별히 제작되었기 때문에 나누어 보관하기 위해 제작된 분상용(分上用)과 달리 종이와 표지, 안료의 재질, 장정 방법, 서체와 필사, 그림의 수준 등에서 훨씬 띄어난 예술적·문화적 가치를 가지고 있다. 조선문화에 대한 배경지식이 전무했던 프랑스군은 보기에 글만 있는 책은 태워 버리고 화려하게 채색된 의궤만을 골라 본국으로 가져갔다. 이후 오랫동안 의궤의 소재나 행방은 알 수 없었다. 의궤의 소재는 재불 역사학자 박병선 박사에 의해 알려지게 된다.

1　신병주, "외규장각 의궤, 140여 년 만에 고국으로 돌아오다", 「선비문화」, 제19권 (2011), 남명학연구원, 10면.

박병선 박사(1923년~2011년)는 1950년 서울대 사범대 사회교육과를 졸업하고 1955년 대한민국 여성으로서는 최초로 프랑스 유학을 떠나게 되었다. 그녀는 파리 제7대학교에서 역사학 박사학위를 취득한 후, 1967년부터 프랑스 국립도서관(BnF: Bibliothèque nationale de France)에서 사서로 근무하게 된다. 대학시절 스승 이병도 교수로부터 '프랑스로 가게 되면 외규장각 의궤를 찾아보라'는 당부를 듣고 이러한 소명을 가슴에 품고 프랑스 어디엔가 있을 수 있는 의궤를 찾아 각지의 도서관을 찾아 헤매던 중, 1975년 국립도서관 베르사이유 별관 내 파손된 고문서 보관소의 폐지창고에 방치되다시피 한 서류더미에서 외규장각 의궤를 발견하게 된다. 의궤의 존재를 세상에 알린 그녀는 이로 인해 프랑스 국립도서관에서 해고된다. 이후에도 그녀는 방문객 자격으로 10여 년간 매일 도서관을 드나들며 의궤에 관한 연구를 매진하여 의궤 297권의 목차와 내용을 정리하였다. 그녀의 노력으로 의궤의 존재가 세상에 알려졌지만, 의궤가 우리 땅에 돌아올 때까지는 다시 지난한 과정을 겪게 된다.

　1975년에 의궤를 발견한 박병선 박사는 1985년에 이어 1989년 의궤에 관한 해제를 끝내고 이를 프랑스어로 출판할 계획이었으나 여러 여건상 프랑스에서는 출판이 어려워 한국 정부에 출판을 위한 지원을 요청하였다. 이에 1991년 서울대 규장각에서 한국에서의 출판을 맡아 주기로 하였다.[3] 1991년 10월 서울대학교는 외무부에 공문을 보내 프랑스 국립도서관

故 박병선 박사[2]

에 소장되어 있는 외규장각 의궤 297권의 반환요구를 의뢰하였고, 이에 외무부는 같은 해 11월 프랑스 정부에 외규장각 의궤의 반환을 정식

2　출처: https://dh.aks.ac.kr/Edu/wiki/index.php/%EB%B0%95%EB%B3%91%EC%84%A0

3　김경임, 『클레오파트라의 바늘 -세계 문화유산 약탈사-』, 홍익출판사, 2009, 342면.

으로 요청하였지만,[4] 프랑스 정부는 소극적으로 대응할 뿐이었다. 그렇지만 한국의 고속철사업 발주에 프랑스 정부가 입찰에 참여하면서 새로운 국면에 접어들게 된다. 1993년 9월 한국을 방문한 미테랑 대통령은 김영삼 대통령과의 정상회담에서 《수빈휘경원원소도감의궤(綏嬪徽慶園園所都監儀軌)》한 권을 우리 측에 전달하였다. 우리 국민들은 이 장면을 통해 프랑스 정부가 나머지 의궤도 순조롭게 반환할 것으로 기대하였다. 그렇지만 실제로는 양국 정상회담에서 의궤에 관하여 합의된 원칙은 '교류와

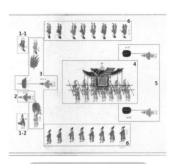

수빈휘경원원소도감의궤

대여'에 의한 방식이다. 즉, 외규장각 의궤와 그에 상응하는 무언가를 주고받으면서('교류') 의궤를 반환이 아닌 '대여'할 수 있다는 것이다. 이에 양국 정부는 정상 간에 합의된 '교류와 대여' 원칙에 따라 실무협상을 시작하였다. 실무협상 과정에서 프랑스 정부는 등가등량(等價等量)의 교환원칙, 즉 의궤를 받기 위해서는 의궤와 같은 값어치이면서 같은 분량의 문화재를 내어주어야 한다고 주장하였는데, 의궤를 반환받기 위한 등가등량의 교환 물품을 정하는 것은 매우 어려운 일이다. 1998년 양국 정부는 협상을 민간 전문가들에게 맡기기로 하였다. 여기서도 등가등량의 원칙은

1993년 프랑스 미테랑대통령이 방한하여 김영삼대통령에게 외규장각 도서 수빈휘경원원소도감을 전달하는 장면[5]

---

4   유복열, 『돌아온 외규장각 의궤와 외교관 이야기 -145년의 유랑, 20년의 협상-』, 눌와, 2014, 21면.
5   출처: 헬로 아카이브 PYH20151122058200013

유지되었는데, 결국 외규장각 의궤와 같은 값어치를 가지는 문화재는 국내에 소장된 다른 의궤밖에 없다는 결론에 이르게 된다. 그렇지만 이러한 결론은 '인질로 잡혀간 장남을 구출하기 위하여 차남을 인질로 대신 내어주는 형국'이라는 비난의 십자포화를 받으면서 2001년 결국 민간전문가 중심의 협상은 중단된다.[6] 양국의 협상은 다시 정부 간 협상 체제로 전환되었지만 오랫동안 소강상태에 빠지게 된다.

《장면 2》

2008년 6월 프랑스 유명 패션디자이너 이브 생로랑(Yves Henri Donat Mathieu-Saint-Laurent)이 사망하였다. 그의 오랜 연인이었던 피에르 베르제(Pierre Bergé)는 이브 생로랑의 유품을 공개매각하기로 하였다. 2009년 2월 파리 8구에 소재한 그랑 팔레(Grand Palais) 홀에서 미술품 경매회사인 크리스티(Christie's)의 주관으로 피에르 베르제와 이브 생로랑이 수집한 733점의 소장품이 경매에 붙여졌다. 경매로 나온 작품 중에는 피카소, 마티스, 몬드리안 등 유명화가의 그림을 비롯하여 고대 이집트 조각품 등 다양하여, 가히 '세기의 경매'라 할 만하였다. 그런데 이 경매에서 특히 사람들의 눈길을 끈 것은 쥐머리와 토끼머리 청동상이었다.

2008년 크리스티 경매에 출품된 쥐머리 동상과 토끼머리 동상[7]

---

6   박흥신, 『외규장각 의궤의 귀환 -반환 교섭 막전 막후-』, 행복에너지, 2014, 34면.
7   출처: https://www.thehistoryblog.com/archives/category/looting/page/28

쥐머리와 토끼머리 청동상은 원래 중국 청(淸)나라 때 베이징 근교에 지어진 원명원(圓明園)을 구성하는 대형 분수대로 꾸며진 해연당(海晏堂)을 장식하던 12지신상 가운데 일부였다. 1856년 청나라 수군(水軍)이 영국인 선주 소유의 애로(Arrow)호 단속을 빌미로 개시된 제2차 아편전쟁에서 영국과 프랑스 연합군은 1860년 원명원을 습격하여 그곳에 있던 소장품 대부분을 약탈하고 건물을 방화하여 초토화시켰다. 문제의 쥐머리와 토끼머리 청동상은 이때 반출된 것으로써, 그 행방이 묘연하였다가 크리스티 경매에 나오게 된 것이다.

12지신상으로 장식된 해연당(海晏堂) 분수

이러한 사실이 알려지자 중국 외교부는 크리스티 측에 경매의 중단을 요구하였다. 또한 중국 정부는 81명의 변호인단을 구성해 프랑스법원에 경매금지가처분신청을 제기하였으나, 프랑스법원은 중국 측의 경매중단요청을 기각하였다. 쥐머리와 토끼머리 청동상은 경매 마지막 날에 익명의 전화입찰자에게 3,149만 유로(약 600억 원)에 낙찰되었다. 낙찰자는 중국인 문화재수집상 차이밍차오(蔡銘超)로 알려졌는데, 그는 "청동상은 영국과 프랑스 연합군이 약탈해 간 것으로 약탈 문화재에 대금을 지불하는 것은 옳지 않다"고 하면서 경락대금의 납부를 거부하였다.[8] 경매를 의뢰한 피에르 베르제는 차이밍차오의 응찰은 경매를 방해할 목적으로 한 것이며 중국 정부가 차이밍차오의 배후라고 비판하였다. 이 문제는 프랑스와 중국 정부 차원으로 비화되어, 프랑스 정부는 만약 차이밍차오가 경락대금을 지불하지 않으면 프랑스법에 의해 최고 6개월의 징역형과 22,500유로의 벌금을 물게 될 것이라고 으름장을 놓았다. 중국 정부는 차이밍차오의 경락대금 납부 거부행위는 순전히 개인행위에 불과한 것이라면서도, 크리스티사의 중국 내 활동과 문화재 반출에 대한 제한을 가하겠다고 하여 이 사건에 대한 보복성 조치가 있을 것임을 예고하였다. 실제로 2009년 2월 중국 정부는 약 백억 달러에 이르는 프랑스 에어버스사 항공기 150대를 구매하려던 계약을 취소하였다.

한편 중단되었던 경매는 2003년 11월 재개되어 2차 경매가 개시되어 구찌, 발렌시아가, 보테가 베네타 등 명품브랜드로 유명한 다국적 패션회사로 구성된 케링(Kering)그룹의 프랑수와 피노(François Pinault) 회장이 비싼 가격에 쥐머리와 토끼머리 청동상을 사들인다. 2009년 중국정부가 에어버스 구매를 중단하는 등 중국과 프랑스의 관계가 악화된 상황에서, 2013년 4월 프랑스와 올랑드(François Hollande) 프랑스 대통령의 방중 때 경제사절단 일원으로 중국을 방문한 피노 회장은 자신이 구매한 쥐머리와 토끼머리 청동상을 중국 정부에 무상으로 반환하겠다는 의사를 밝히고, 이후 청동상을 중국 정부에 반환하였다. 청동상이 중국 땅을 떠난 지 150여 년만의 귀환이다. 피노 회장이 수백억 원대 가치가 있는 것으로 평가되는 문화재를 무상으로 기증한 것은 날로 성장하

---

8   서울신문, 中 토끼·쥐머리 청동상 낙찰받은 중국인 "경매대금 지불 안할 것"
    (2009.03.03. 인터넷판 기사), https://www.seoul.co.kr/news/internation
    al/2009/03/03/20090303016010 (2024.12.23. 최종접속)

는 중국의 명품패션 시장을 고려한 고도의 전략으로 보는 시각이 많다. 어떻든 그의 무상기증에 힘입은 덕분인지, 2014년 5월 중국남방항공은 약 8조 2천 억 상당의 프랑스제 에어버스 80대를 구입하였다.

《장면 3》

2003년 3월 미국은 이른바 테러와의 전쟁이라는 이름으로 이라크를 전격적으로 침공하였다. 1990년 걸프전쟁에 이어 '제2차 걸프전쟁'이라 불리는 이 전쟁에서 미국은 이라크가 UN이 금지한 대량살상무기를 개발하여 탈레반에게 지원하고 있다는 첩보를 침공의 명분으로 삼았다. 미국이 이라크를 침공한 지 3주 만에 바그다드 시내 중심부에 있었던 사담 후세인의 동상은 미군에 의해 끌어내려진다. 미군에 의해 함락된 바그다드는 약탈자들의 세상으로 변하게 된다. 함락된 도시의 시민들은 폭도로 돌변하여 고대 메소포타미아 문명의 유물들을 소장해온 이라크 국립박물관과 희귀한 고서로 가득한 이라크 국립도서관을 습격하여 수십만 점의 문화재를 약탈하였다. 그 중에는 4천 년 전에 제작된 은제 하프를 비롯하여 함무라비 법전 서판 등 값을 매길 수 없는 귀중한 문화재들이 포함되어 있었다. 이라크 국립박물관은 그야말로 초토화되어, 박물관은 빈 껍데기만 남게 되었다. 이러한 사태에 대해 이라크를 침공하여 전쟁을 일으킨 미국을 비난하는 목소리들이 크다. 미국은 이라크에 대해 군사적 행동을 취하더라도 이라크의 문화재가 보호될 수 있도록 박물관과 도서관에 대한 보호조치를 했었어야 했다.

한편 미국의 이라크를 상대로 한 전쟁은 장기간 지속되는 가운데, 이슬람 근본주의를 표방하는 또 다른 국제무장단체조직인 IS(Islamic State)가 등장하였다. IS는 반인권적 행위를 서슴지 않는 조직으로 익히 악명이 높았지만, 세상 사람들은 1980년 세계문화유산으로 지정된 '사막의 베네치아' 팔미라(Palmyra)의 고대유적지가 IS에 의해 무참히 파괴되는 현장을 보면서 경악을 금치 못하였다.[9] 또한 IS조직원들은 이라크 북부도시 모술(Mosul) 박물관에 소장된 고대조각상들을 해머와 드릴로 깨부수는 장면을 촬영한 동영상을 퍼뜨리면서 그들의 잔혹함을 선전하였다.

IS조직은 박물관에 전시된 문화재를 파괴하는 장면을 동영상으로 촬영하여 퍼뜨렸다.[10]

《장면 4》

아래 장면은 2건의 신문기사 내용을 발췌한 것이다

우선 2012년 4월에 있었던 사건이다.[11] 『서울시방경찰청 광역수사대는 조선시대 및 일제강점기 문화재 3,589점을 국제 택배나 국제 화물 등을 이용해 일본과 중국 등에 유출한 혐의(문화재보호법 위반)로 24명을 검거해 이 중 22명을 불구속입건하고 중국인 2명을 기소중지하였다. 이들은 공항, 항만 등에서의 화물 심사가 서면으로만 이뤄지는 점을 이용해 문화재를 일반 화물처럼 포장하여 국제택배나 국제화물을 이용하

---

9 경향신문, IS의 '문명 살해', 유적들 얼마나 사라졌나(2015. 08. 31. 인터넷판 기사), https://www.khan.co.kr/world/world-general/article/201508311703481 (2024. 12. 23. 최종접속)

10 좌측 사진 출처: https://www.europarl.europa.eu/cmsdata/85378/DE%20CARO_ Stefano_EN_PPT%20slides_CULT_PH_Destruction_13-07-2015.pdf / 우측 사진 출처: https://itsartlaw.org/2015/05/05/isis-cultural-destruction-in-brief/

11 문화일보, 문화재 3589점 '택배 위장'… 中·日 밀반출 (2012. 04. 26. 인터넷판 기사), https://munhwa.com/news/view.html?no=2012042601071227168002 (2024. 12. 23. 최종접속)

여 해외로 보내는 방법으로 수백 차례에 걸쳐 문화재를 대량 밀반출해 온 것으로 드러났다. 이들은 '공부자성적도속수오륜행실(孔夫子聖蹟圖續修五倫行實)' 등의 고서적을 여러 겹 포장한 뒤 일반 서적 사이에 끼워 국제택배를 이용해서 중국으로 보내는 등 129차례에 걸쳐 문화재 3,486점을 해외로 반출한 혐의를 받고 있다. 중국인 2명은 서울 인사동에서 구입한 조선 중기 과거시험 답안지 2점과 백일장 답안지 1점 등을 여행자 가방에 숨겨 밀반출하려다 인천항 보안검색대에서 발각되었다. 이들이 빼돌린 문화재 가운데 조선 정조 때 규장각에서 간행된 '어정주서백선(御定朱書百選)'의 목판본과 활자본과 조선 중기 문신 이항복의 '노사령언(魯史零言)'과 퇴계 이황의 '퇴도선생자성록(退陶先生自省錄)' 등 가치가 높은 다수의 문화재들이 포함되어 있다.』

다음으로 2013년 6월에 있었던 사건이다.12『서울지방경찰청 광역수사대는 '이베이(E-bay)'를 통해 일반동산문화재를 국외에 밀반출한 4명을 적발하여 문화재보호법 위반로 불구속 입건했다. 경찰에 따르면 이들은 2009년 8월부터 최근까지 이베이에서 고서적, 도자기류 등 일반동산 문화재 159점을 판매, 캐나다와 미국 등지로 빼돌린 혐의를 받고 있다. 일반동산 문화재란 국가나 시도에 지정·등록되지 않았지만 보존가치가 있어 수출 및 반출이 엄격히 제한되는 문화재다. 이들은 문화재 사진과 설명을 넣어 경매물품으로 등록하고, 낙찰되면 국제택배나 국제소형등기(RR)를 이용해 배송했다. 이 가운데에는 조선중기 화가 이명욱의 '8폭 산수화', 조선후기 당시(唐詩) 필사본 '시선집' 등 역사적, 학술적으로 가치 있는 문화재가 많이 포함돼 있었다. 장씨 등은 이베이가 해외사이트여서 감시가 어렵고 출품목록에 대한 사진자료 보존기간이 90일로 짧아 혐의 입증이 어렵다는 점을 노렸다. 국제택배의 경우 통관요원이 문화재 전문지식이 없는데다 항공기 안전에 초점을 두고

---

12 연합뉴스, 이베이 이용한 문화재 밀반출 첫 적발 (2013.06.13. 인터넷판 기사), https://www.yna.co.kr/view/AKR20130613107000004 (2024.12.23. 최종접속)

물품검사를 하고 국제 소형등기는 운송기록이 전산으로 입력되지 않아 추적이 어렵다는 점 때문에 쉽게 반출이 가능했다고 경찰은 설명했다. 자영업, 회사원, 아르바이트생 등 직업이 다양한 이들은 이베이에서 다른 물품을 거래하다 문화재 거래가 수익이 크다는 점을 알고 각각 범행에 뛰어들었다.』

들어가며

필자의 전공은 법학이다. 법학의 여러 분야 중에서도 특히 민법이 주 전공이다. 민법과 문화재가 무슨 상관이 있는 것일까 궁금해하는 독자들도 많을 것이다. 우선《장면 1》을 보자. 병인양요 당시 프랑스군대가 약탈해 간 외규장각 의궤의 반환문제는 대한민국 모든 국민들의 관심사였다. 의궤의 반환문제가 사회적 이슈가 되었을 때, 필자는 박병선 박사께서 어렵게 찾아 낸 의궤에 관하여 우리 정부와 프랑스 정부 사이의 반환협상이 오랫동안 난황에 빠진 이유를 이해하기 이려웠다. 필자의 전공인 민법의 법리를 빌리자면, 소유권은 절대적·대세적 효력이 있어서 소유권이 권한 없는 자에 의해 침해된 경우에는 언제든지 그 반환 또는 방해의 제거를 청구할 수 있는 것이다. 그러므로 소유물에 대한 반환청구권은 소멸시효에도 걸리지 않는다.[13] 이러한 민법상 법리에 의하면 비록 프랑스 국립 도서관에서 점유 중인 외규장각 의궤의 소유권은 조선국에서 대한민국으로 국가승계에 의해 대한민국 정부가 가지는 것이고, 그 소유권에 기해 의궤의 반환을 청구하는 것은 소멸시효에도 걸리지 않는 절대적 권리이므로 프랑스 정부로서는 대한민국 정부에 의궤를 당연히 반환할 의무가 있다. 이러한 법리를 당연한 것으로

---

13 판례의 입장(대법원 1982. 7. 27. 선고 80다2968 판결 등)이며 통설이다. 대표적으로 곽윤직·김재형, 『물권법』(제9판), 박영사, 2024, 30면 참고.

배워 온 필자로서는 답보상태에 놓인 의궤의 반환협상을 보면서 불법 반출된 문화재의 환수를 위해 필요한 법리에 대해 더 깊이 연구할 필요가 있다고 생각하였다. 그래서 한국학술진흥재단(현 한국연구재단)의 지원으로 문화재반환의 법리에 관한 연구를 시작하게 되었고, 그 첫 결과물이 2004년 발표한 "해외로 불법 반출된 문화재의 민사법상 반환청구 법리에 관한 연구"14라는 논문이다. 이 논문을 쓰면서 필자는 불법반출 문화재의 환수에 관하여 많은 법적 쟁점이 있음에도 불구하고 이에 관한 우리 학계에서의 연구는 거의 이루어지지 않은 데 반해, 이른바 선진국이라 불리는 문화재의 약탈국(순화된 표현으로는 '보유국')에서는 체계적이고 깊은 연구들이 탄탄하게 구축되어 있음을 알게 되었다. 필자의 논문이 발표되고서도 필자가 예상했던 대로 그 논문은 학계의 관심을 끌지 못한 채 그대로 잊히는 듯했다. 그러던 논문이 관심을 끌게 된 것은 2011년 외규장각 의궤가 프랑스로부터 돌아오면서부터이다.

다시 《장면 1》로 돌아가 본다.

교착상태에 빠진 외규장각 의궤의 반환협상은 2009년 말 박흥신 전 프랑스 대사가 부임하면서 재시동이 걸리게 된다.15 2010년 5월 프랑스 외무부를 상대로 본격적인 협상이 재개되었고, 2010년 11월 12일 한국 이명박 대통령과 프랑스 사르코지 대통령의 정상회담에서 외규장각 의궤를

2010년 한국 - 프랑스 외규장각 의궤 반환 협상 장면16

14　송호영,"해외로 불법 반출된 문화재의 민사법상 반환청구 법리에 관한 연구",「비교사법」제11권 제4호(2004), 한국비교사법학회, 229~262면.
15　박흥신, 전게서, 41면.
16　출처: 헬로 아카이브 PYH20101112184100013

외규장각 의궤의 귀환을 알리는 고유제 모습
(출처: 필자 사진)

'5년 단위로 갱신되는 장기 대여' 형식으로 우리나라에 사실상 반환하기로 합의하여, 2011년 2월 7일 양국 정상간 합의 이행을 위한 정부 간 합의 서명이 이루어졌다. 이에 2011년 4월 13일 프랑스로부터 의궤 제1차 반환분이 출발하여 2011년 5월 27일 제4차 반환분이 도착함으로써 외규장각 의궤의 이관이 완료되었다. 프랑스 군대로부터 약탈당한 지 145년 만의 귀환이다. 2011년 6월 11일 오전에 강화도에서 '외규장각 도서 환수 기념행사'가 개최되고 그날 오후에는 서울 광화문 광장과 경복궁에서 '외규장각 의궤 귀환 환영대회'가 개최되었다. 의궤가 '5년 단위로 갱신되는 장기 대여' 형식으로 우리나라로 다시 돌아온 것에 대해 이를 '환수'(restitution)라 볼 수 있는지에 논란이 있다. 아무튼 외규장각 의궤의 귀환으로 우리 국민들 사이에 해외에 소재하는 우리 문화재의 환수문제에 대한 관심은 그 어느 때보다 커졌다. 필자로서도 2004년의 문화재반환에 관한 논문 발표 이후 한동안 연구의지가 묶여 있다가, 2011년 외규장각 의궤의 귀환으로 말미암아 다시금 관련 연구를 심화하는 계기가 되었다. 필자는 그동안 어설프게나마 쌓아 온 국제문화재법17 연구결과물들을 체계적으로 정리하기 위해 본서를 집필하

---

17 법학의 한 분야로서 '국제문화재법'이라는 영역을 인정할 수 있을 지에 대해서는 논란이 있을 수 있지만, 최근 학자들의 관련연구 성과가 쌓이면서 이를 인정하는 분위기이다. 석광현교수는 국제문화재법을 "문화재의 국제적 보호에 관련된 법"이라고 정의하면서 여기에는 문화행정법(예, 문화재보호법), 문화재사법(私法)(민법 등), 국제사법과 국제법(예, 1970년 UNESCO협약) 등이 포함된다고 한다. 석광현, "대마도에서 훔쳐 온 고려 불상의 서산 부석사 반환을 명한 제1심판결의 평석: 국제문화재법의 제문제", 「국제사법연구」제23권 제1호(2017), 한국국제사법학회, 7~8면.

게 되었다. 필자는 그동안 이에 관한 연구를 해 오면서 문화재의 환수문제가 단순히 민족감정에 휩싸여 선동적인 방식으로 해결되어서는 안 된다는 것과 문화재환수에 관한 이슈에 있어서 우리나라의 법제가 국제사회에서 통용되는 규범과 동조화되어야 한다는 생각을 가지게 되었다. 또한 문화재의 불법 반출과 환수에 관한 문제는 우리나라와 관련한 문제에 국한하여 생각할 것이 아니라 전 세계 수많은 나라들이 공동으로 해결해야 할 글로벌 과제라는 점 그리고 식민지시대와 같은 과거의 이슈가 아니라 스마트폰을 이용하여 전 세계 어디에서나 쉽게 일어날 수 있는 현재진행형 이슈라는 점을 강조하고자 한다.

다시 《장면 2》를 보자.

아편전쟁 당시 원명원을 습격한 영국과 프랑스 연합군은 가져갈 수 있는 문화재들은 모조리 약탈하였고 가져갈 수 없는 것들은 철저히 파괴해 버렸다. 그렇게 약탈한 문화재는 영국군 사령관 그랜트(J. H. Grant)의 명령으로 원명원에 불을 지르기 전에 모두 경매방식으로 판매되었다.[18] 판매대금은 병사와 장교들에게 계급에 따라 상여금으로 지급되었

영·프 연합군에 의해 파괴된 원명원(圓明園)

다. 이렇게 약탈에 의해 해외로 유출된 원명원의 문화재는 약 150만점에 이르는 것으로 알려진다.[19] 또한 중국문물학회의 통계에 따르면 1840년 제1차 아편전쟁 이후로 불법하게 해외로 반출된

---

18   장자성 편/박종일 옮김, 『근세 백년 중국문물유실사』, 인간사랑, 2014, 44면.
19   연합뉴스, 中 원명원, 해외유실 문화재 조사 착수 (2009. 10. 19. 인터넷판 기사), https://n.news.naver.com/mnews/article/001/0002925308?sid=103 (2024. 12. 23. 최종접속)

중국 문화재는 약 1,000만 점에 이른다고 한다.[20] 숫자로만 보면 중국은 다른 어느 나라보다도 문화재의 불법 반출에 의한 최대 피해국일 수 있다. 중국은 이제 어느 정도 경제적 성장을 이루고서는 전 세계를 상대로 과거 불법 반출된 문화재의 환수를 위해 조직적인 활동을 펼치기 시작하였다. 쥐머리와 토끼머리 청동상에 대한 경매 방해행위에 표면적으로는 중국 정부가 직접 나선 것은 아니지만, 그 배후는 충분히 의심할 수 있는 상황이다. 어떻든 이 사건을 계기로 중국 정부는 해외에 불법 반출된 문화재의 환수에 더욱 박차를 가할 것으로 예상된다. 그동안 국제사회에서는 이집트, 멕시코, 그리스 등 제국주의 시대에 피탈국의 지위에 있던 나라들을 중심으로 불법 반출된 문화재의 원산국으로의 반환을 주장하는 목소리들이 높았지만, 향후 문화재반환 이슈에 중국이 전면에 나선다면 이러한 주장들은 더욱 거세질 것으로 보인다. 이것은 우리와 상관없는 이야기가 아니다. 중국은 우리와 가까이 있는 나라이면서 많은 교역이 이루어지고 있는 나라이다. 우리는 문화재 환수에 관해서 과거 우리 선조들이 빼앗긴 문화재에 대해서만 관심을 가지는 경향이 있지만, 오늘날 우리나라에도 외국의 문화재가 얼마든지 유입될 수 있는 상황임을 염두에 두어야 한다. 그렇다면 문화재의 불법거래를 방지하는 국제규범에 대한 올바른 이해를 강조하지 않을 수 없다.

《장면 3》은 무엇을 보여주고 있는가?

이라크 국립박물관이 폭도들에 의해 약탈당하고, IS에 의해 고대유적지가 파괴되는 것과 우리와 무슨 상관이 있는가? 이러한 뉴스를 접했을 때, 남의 나라 이야기이긴 하지만 다소 안타까운 마음이 드는 정도에 그칠 수도 있을 것이다. 그렇지만 《장면 3》은 오늘날에도 성행하는 문화재의 약탈과 이에 따른 불법거래가 어떻게 일어나는지 그리고

---

20   장자성 편/박송일 옮김, 전게서, 398면.

그러한 불법거래를 왜 근절하여야 하는지를 적나라하게 보여주고 있다. 전쟁의 혼란을 틈타 박물관에서 약탈된 문화재는 개인적으로 소장하기 위한 목적이 아니라 폭도들의 자금 확보수단으로 불법적인 거래의 대상이 될 것임은 쉽게 짐작할 수 있다. 이처럼 불법거래의 대상이 된 문화재는 오랫동안 숨겨진 상태로 있다가 사람들의 뇌리에서 잊힐 때쯤 현금화를 위해 서서히 모습을 드러낼 것이다. 그렇다면 IS는 왜 문화재를 파괴하는 것일까? 그들의 행태는 극단적인 종교편향에 따른 것으로 볼 수도 있다. 그렇지만 그것은 일종의 구실에 불과하여 겉으로는 유적지의 문화재를 파괴하는 척 하면서도 돈이 될 만한 문화재를 빼돌려 암거래 시장에서 판매하여 그들의 테러활동 자금을 확보하는 것으로 알려지고 있다.[21] 심지어 전자상거래 플랫폼 이베이(E-bay)에 매물로 올라온 고대유물이 IS가 내놓은 것으로 추정되는 경우도 있다.[22] 미국 법무성의 자료에 따르면 문화재의 밀거래는 마약과 불법무기 다음으로 큰 규모의 불법거래 시장을 형성하고 있다고 한다.[23] 중동에서 불법 반출된 문화재는 우리와 무관한 것이 아니라, 우리에게도 국제사회의 일원으로서 그러한 문화재의 불법적인 유통을 막아야 할 당연한 책

---

21 Kimberly L. Alderman, Honor Amongst Thieves: Organized Crime and the Illicit Antiquities Trade, 45 IND. L. REV. 601, 609-611 (2012); Russell Howard et al., Digging in and Trafficking out: How the Destruction of Cultural Heritage Funds Terrorism, 8 CTC SENTINEL 14, 14-17 (2015); Janine di Giovanni et al., How does ISIS fund its reign of terror?, NEWSWEEK (Nov.06, 2014), https://www.newsweek.com/2014/11/14/how-does-isis-fund-its-reign-terror-282607.html (2024.12.23. 최종접속)

22 조선비즈, 이베이에 올라온 '고대 유물'…판매 수익은 IS로? (2017.11.08. 인터넷판 기사), https://biz.chosun.com/site/data/html_dir/2017/11/07/2017110702915.html (2024.12.23. 최종접속)

23 Noah Charney et al., Protecting Cultural Heritage from Art Theft: International Challenge, Local Opportunity, https://leb.fbi.gov/articles/featured-articles/protecting-cultural-heritage-from-art-theft-international-challenge-local-opportunity (2024.12.23. 최종접속)

무가 있는 것이다.

《장면 4》는 왠지 우리를 불편하게 한다.

불법 반출된 문화재의 환수문제라고 하면 대개 임진왜란시기, 일제 식민통치기 그리고 미군정기 등 과거 역사적으로 불행했던 시기에 약탈되거나 밀반출된 문화재를 그 대상으로 떠올린다. 그렇지만 문화재의 밀반출 또는 불법거래는 과거의 문제가 아니라 현재진행형인 문제이다. 더욱이 외세에 의해 강압적으로 혹은 은밀하게 빼돌려진 것만 생각할 것이 아니라 우리 국민들에 의해 우리 문화재가 국외로 불법적으로 반출되고 있다는 사실에 우리는 경각심을 가져야 한다. 더욱이 문제는 이러한 범죄에 가담한 자들 중에는 자영업자, 회사원, 아르바이트생 등 평범한 사람들도 있고 특히 이들이 이베이 등을 통해 외국에 문화재를 판매하는 것이 불법이라는 의식조차 없이 일을 저지르는 경우도 많다는 점이다. 해외에 있는 우리 문화재를 한 점 반환받기 위해서는 엄청난 시간과 노력이 필요하다. 그럼에도 우리가 우리 문화재를 지키지 못하고 우리 손으로 우리 문화재를 외국에 팔아넘긴다면, 과연 우리는 해외로 불법 반출된 우리 문화재를 다시 돌려달라고 국제사회에 설득력 있게 호소할 수 있을까?

본서는 이처럼 불법 반출된 문화재의 환수와 관련하여 내재된 여러 문제들을 법률가의 시각에서 차근차근 풀어보려고 한다. 이하 제2장에서는 불법반출 문화재의 반환문제를 이해하기 위해 필요한 기본적인 개념과 주요 사례에 대해서 알아본다. 제3장에서는 문화재의 불법반출과 관련하여 국제적인 관심을 모은 사건을 중심으로 그 사건에 내포되어 있는 법적 쟁점들을 파헤쳐 본다. 제4장에서는 불법반출 문화재의 환수를 위한 국제규범과 국내규범에 대해 살펴본다. 여기에서는 특히 국제사회가 안출한 3대 주요 국제협약, 즉 1954년 헤이그협약, 1970년

UNESCO협약 및 1995년 UNIDROIT협약을 중심으로 고찰한다. 제5장은 상기 3대 국제협약과 국내규범을 조화하기 위한 입법적 노력에 대해 알아본다. 제6장에서는 본서의 결론에 갈음하여 해외소재 불법문화재의 환수를 위한 법정책적 과제에 대해 함께 생각해 보기로 한다.

02

불법반출 문화재의 반환문제
이해하기

"뭔가를 주려면 기꺼이 줘야 합니다. 저는《겸재 정선 화첩》이 더 많은 사람들에게 깊은 감동을 줄 수 있는 곳에 있다는 것을 기쁘게 생각합니다."

– 예레미아스 슈뢰더(Jeremias Schröder) –

* 독일 오틸리엔 수도원 장로회가 수도원에 소장된《겸재 정선 화첩》을 만장일치로 우리나라에 반환하기로 결정하면서, 수도원의 슈뢰더 총아빠스가 발표한 담화문의 일부

기본개념의 이해

I 문화재의 개념

1 문화재의 정의와 규율방식

우선 문화재의 환수문제를 논의하기 위해서는 도대체 무엇을 문화재라고 할 수 있는지를 살펴보아야 한다. 문화재를 한마디로 정의하기는 매우 어렵다. 「문화재」는 우리의 일상에서 매우 친숙한 용어이긴 하지만, 과연 무엇을 문화재라고 할 것인가는 학자들마다, 혹은 각 나라의 법률에 따라 나아가 여러 국제협약에서조차 상이하게 정의된다. 일상에서도 문화재와 관련된 용어들은 기념물(記念物), 유물(遺物), 유적(遺蹟), 고적(古蹟), 사적(史蹟), 명승(名勝), 문화유산(文化遺産) 등 다양하며, 이들 용어는 엄격한 구분 없이 서로 혼용되어 사용되기도 하지만, 가장 보편적으로 사용되는 용어는 '문화재'라고 할 수 있다. 흔히 사용되는 '문화재'라는 표현은 영어의 cultural property 또는 독일어의 Kulturgut이라는 단어를 번역한 것이다. 일반적·고전적인 의미에서의 문화재란 인간(내지는 민족)의 문화적 활동의 소산으로서 문화적·정신적 가치를 지니는 동산 또는 부동산을 포함하는 재화를 일컫는다.[1] 여기서 재(財; property; gut)는 유형적인(tangible) 물건이라는 제한적인 의미를 담고 있다. 그렇지만 인간 내지 민족의 문화적 활동의 소산은 무형적인(intangible) 것들도 얼마든지 많이 있다. 따라서 유형적인 것뿐만 아니라 무형적인 문화적 소산들을 모두 묶는 넓은 개념으로써 문화유산(cultural heritage)이라는 용어가 사용되기도 한다. 또한 문화재의 재(財; property; gut)가 가지는 의미가 경제적 가치에 치우친 면이 있음을 이유로 그러한 경제성을 배제하는 의미에서 문화적 대상(cultural object)이라고 표현하기도 한다. 실제로 뒤에서 1970년 UNESCO협약에서는 문화재를 "cultural property"라고 표현하는 데 반해, 1995년 UNIDROIT협약에서는 문화재를 "cultural objects"라고 표기하고 있다. 이러한 용어상의 다양성에도 불구하고 본서에서는 문화재의 의미를 동산 및 부동산을 포함한 유형적인 의미의 문화유산으로 사용하기로 한다.

이러한 용어의 혼용은 무엇을 문화재로 할 것인지에 대한 명확한 통일적인 규준이 없이 각국의 법률에 따라 혹은 전문가의 분류에 따라 제각기 사용되고 있기 때문이다. 예컨대 우리나라의 구 문화재보호법은 유형문화재뿐만 아니라 무형문화재를 문화재의 개념에 포함시키고 있었으며, 학자에 따라서는 문화재(cultural property)라는 표현 대신 같은 의미로써 문화유산(cultural heritage)이라는 표현을 더 선호하기도 한다.[2] 또한 일반적인 의미의 문화재와 법에서 규율하는 문화재의 의미가 반드시 일치하지도 않으며, 문화재에 대한 법적 개념도 각 나라마다 보호하려는 문화재의 대상범위나 문화재의 규정방법에 따라 상이하다. 나아가 국제협약에서도 보호대상이 되는 문화재의 정의가 서로 다르다.

---

1 김덕주, 『문화재의 국제적 불법유통금지에 관한 연구』, 서울대학교 법학석사학위논문, 1989, 28면.
2 이를테면 Patty Gerstenblith, Art, Cultural Heritage and the Law, Cases and Materials, 3. Edition (Durham 2012) 등.

따라서 무엇을 문화재로 정의할 것이냐는 대단히 어려운 문제이기는 하지만, 각 나라마다 문화재를 보호하기 위한 규범들을 두면서 나름대로 문화재를 선정하기 위한 기준과 문화재를 규정하는 방법들을 채택하고 있다.

먼저 각국마다 문화재의 선정을 위해 다음의 기준들이 사용되고 있다.[3]

첫째, 역사적·과학적·예술적 가치, 중요성, 이익 등을 문화재 선정기준으로 삼는다. 또한 일부국가에서는 이러한 기준 외에도 민속학적·선사적·고고학적·민족학적·전통적 혹은 종교적 가치 등을 선정기준에 포함하기도 한다. 이러한 기준에 따라 문화재를 선정하는 국가들로서는 프랑스, 벨기에, 오스트리아, 폴란드, 멕시코, 볼리비아, 베네수엘라, 앙골라, 세네갈, 부룬디, 네팔 등을 들 수 있다.

둘째, 특정한 시기와 문화양식 등의 시간적 기준에 따라 문화재를 선정하기도 한다. 이 기준은 대개 위의 역사적·과학적·예술적 가치라는 기준과 겹쳐지기도 하지만, 위의 기준보다는 보다 객관적인 기준으로 작용한다. 이를테면 200년 이상 된 수공으로 만들어진 동산 혹은 부동산의 객체를 문화재로 삼는다거나(이라크 유물법 제1조), 1821년 이전에 사람에 의해 생산된 동산 혹은 부동산 및 1340년 이전까지의 인간 혹은 동물의 유골 등으로 문화재를 구체적으로 한정하는 경우(수단 문화재보호법, 제2조)가 여기에 해당한다. 그렇지만 이와 같은 기준이 항상 엄격하게 적용되는 것은 아니다. 이러한 기준을 채택하는 국가들의 국내법에서도 예외적으로 권한당국이 연도의 기준을 무시할 수도 있으며 비록 그 기준에 충족되지 않는다고 하더라도 일정한 물건을 문화재로 지정할 수 있음을 선언하고 있기 때문이다.

셋째, 판례나 세관의 규정을 통하여 문화재 여부를 판별하는 기준으로 삼기도 한다. 예컨대 미국에서는 우리나라의 문화유산법(구 문화재

---

3 문화재선정기준에 대한 상세한 설명은 김형만, 『문화재반환과 국제법』, 삼우사, 2001, 43면 이하 참고. 이하 기술은 동 설명부분에서 발췌하였음.

보호법)과 같은 문화재보호를 위한 통일적인 법이 존재하지 않고 「연방도품법」(National Stolen Property Act)에서 장물의 거래를 금지하고 있다. 이때 거래된 장물이 예술품(문화재)인지의 여부는 법원의 판결을 통해 정해지게 된다. 또한 세관에서 관세가 부과되는 상업상 목적의 물품인지 아니면 면세가 되는 예술품인지의 판단은 세관규정에 따라 결정된다.

이러한 기준들에 의해 어떤 물건이 문화재에 해당하는 것인지를 판단하더라도, 법에서 문화재를 규정하는 방식은 세 가지로 분류된다. 그 내용은 다음과 같다.[4]

첫째, 보호대상이 되는 모든 문화재의 품목을 하나하나 모두 열거하는 열거(Enumeration) 방식이다. 이러한 방식은 영국을 비롯한 영어권 국가에서 주로 채택하고 있다.

둘째, 어떠한 문화유산만이 보호의 대상이 될 수 있다는 것을 일반적·개괄적인 묘사를 통하여 규정하는 범주(Categorization) 방식이다. 이러한 방법을 채택하는 나라로는 마우리타니아, 세네갈 등이 있다.

셋째, 문화재 관계기관의 특별한 지정이 있어야만 비로소 보호대상으로써의 문화재의 범주에 속하게 되는 지정(Classification) 방식이다. 프랑스를 비롯한 알제리 등의 프랑스 영향권 국가들이 이러한 방법을 채택하고 있다.

이들 세 가지 방식은 각기 장단점을 가지고 있다. 열거방식은 문화재에 해당하는 품목이 명확하다는 장점이 있는 반면, 실제로 모든 문화재를 일일이 열거한다는 것은 매우 어려운 일이다. 또한 관계기관의 부지로 인해 열거되지 아니한 문화재는 아무리 보호의 필요가 있더라도 문화재의 개념에 포함되지 못한다는 문제점이 있다. 그에 반해 범주방식은 유통의 통제·관리를 요하는 물품을 문화재로 폭넓게 담아낼 수

---

4 Lyndel V. Prott & P. J. O'Keefe, National Legal Control of Illicit Traffic in Cultural Property (UNESCO 1983), pp 6-8. 또한 이를 소개한 국내문헌으로는 김덕주, 상게 학위논문, 34면 이하.

있다는 장점이 있는 반면, 보호대상과 보호범위가 명확하지 않다는 단점이 있다. 이러한 장·단점 때문에 마지막의 지정에 의한 방식이 현실적으로 가장 합리적인 것으로 평가받고 있지만, 여기에도 지정을 위해서는 고도의 전문적인 지식이 필요하고, 문화재로 지정될 수준은 아니지만 그렇다고 반출을 원하지 않는 품목에 대해서는 마땅한 방식이 아니라는 한계가 있다.

2 문화재의 규범적 의미

가. 우리나라 법률상 문화재(문화유산)의 정의

우리에게 친숙하였던 '문화재'라는 용어는 1927년 경 신문지상에서 처음 사용되었다고 한다.[5] 법적 개념으로는 1949년 제정된 「교육법」 제12조에서 "국가와 지방공공단체는 '민족적 문화재'를 보존 또는 활용하여야" 한다는 규정에서 처음 사용되었다가, 1962년 「문화재보호법」의 제정으로 '문화재' 용어와 개념은 제도적으로 공식화되었다.[6] 「문화재보호법」은 2024. 5. 17.부터 시행된 「국가유산기본법」에 의해 폐지될 때까지 수차례 개정을 거듭하면서 보호대상이 되는 문화재의 범위를 점차적으로 넓혀 왔다.

구 문화재보호법 제2조(정의) 제1항은 "문화재"를 "인위적·자연적으로 형성된 국가적·민족적·세계적 유산으로서 역사적·예술적·학술적·경관적 가치가 큰 다음의 것"을 말한다고 하면서, 이에 해당하는 것으로 문화재의 성격에 따라 유형문화재, 무형문화재, 기념물, 민속자료 등으로 분류하였다. 한편 문화재는 행정주체의 지정여부에 따라 지정문화재와 비지정문화재로 구분되는데, 동조 제3항에서는 지정문화재

---

5 김종수, 『한국 문화재 제도의 탄생: 형성과 변천, 성립의 생생한 역사』, 민속원, 2020, 20면.
6 김종수, 상게서, 21면.

를 지정주체에 따라 국가지정문화재, 시·도지정문화재, 문화재자료로 나누었었다. 또한 비지정문화재 즉, 문화재보호법 또는 시·도의 조례에 의하여 지정되지 아니한 문화재 중에서 보존할 만한 가치가 있는 문화재는 다시 등록문화재, 매장문화재, 일반동산문화재로 분류하여 보호하였다. 구 문화재보호법은 원칙적으로 행정주체의 지정을 통하여 보호대상인 문화재가 정해진다는 점에서 특별지정방법을 취하면서도, 일반동산문화재에 대해서도 다른 지정문화재와 마찬가지로 국외로의 수출 또는 반출을 금함으로써(제21조 및 제76조 제1항) 이를 보호하고 있다는 점에서 일종의 개괄적 지정방법을 보충적으로 취하고 있는 셈이었다. 이처럼 구 문화재보호법상 보호대상인 문화재는 일반적인 문화재의 의미와는 달리 무형인 것, 동·식·광물, 심지어 풍속이나 관습도 포함되는 광범위한 것이었다. 그런데 2024년 시행된 새로운 국가유산법제에 의하면 구 문화재보호법상 '문화재'의 개념은 국가유산기본법상 '국가유산'에 상응하는 것이고, 과거의 '문화재' 개념이 현재의 '문화유산' 개념에 상응하는 것이 아니다. 즉, 구 문화재보호법상 '문화재'의 개념은 신 국가유산법제에서의 '문화유산' 개념보다 넓은 의미로 사용되었었다. 새로 개편된 국가유산법제의 내용을 개관해 보자.

새로운 「국가유산기본법」에 의하면 '국가유산'이란 인위적이거나 자연적으로 형성된 국가적·민족적 또는 세계적 유산으로서 역사적·예술적·학술적 또는 경관적 가치가 큰 문화유산·자연유산·무형유산을 말한다. 즉, '국가유산'에는 '문화유산', '자연유산', '무형유산'이 속하게 된다. 이에 따라 국가유산은 개별 법률인 「문화유산법」, 「자연유산법」, 「무형유산법」으로 분법화되어 규율된다.

국가유산 중 '문화유산'이란 우리 역사와 전통의 산물로서 문화의 고유성, 겨레의 정체성 및 국민생활의 변화를 나타내는 유형의 문화적 유산을 말한다(국가유산기본법 제3조 2호). '문화유산'에 관해서는 「문화유산의 보존 및 활용에 관한 법률」(약칭: 문화유산법)이 상세히 규율하고 있다. 문화유산법은 문화유산의 특성에 따라 '유형문화유산', '기념물' 및 '민속문화유산'으로 구분하고 있다(제2조). 여기에는 다음과 같은 물건들이 해당한다.

유형문화유산	건조물, 전적(典籍: 글과 그림을 기록하여 묶은 책), 서적(書跡), 고문서, 회화, 조각, 공예품 등 유형의 문화적 소산으로서 역사적 · 예술적 또는 학술적 가치가 큰 것과 이에 준하는 고고자료(考古資料)
기념물	절터, 옛무덤, 조개무덤, 성터, 궁터, 가마터, 유물포함층 등의 사적지(史蹟地)와 특별히 기념이 될 만한 시설물로서 역사적 · 학술적 가치가 큰 것
민속문화유산	의식주, 생업, 신앙, 연중행사 등에 관한 풍속이나 관습에 사용되는 의복, 기구, 가옥 등으로서 국민생활의 변화를 이해하는 데 반드시 필요한 것

또한 문화유산법은 문화유산에 대한 관리방식에 따라 '지정문화유산' '등록문화유산' 및 '일반동산문화유산'으로 나뉜다.

문화유산	지정문화유산	국가지정문화유산	국가유산청장이 제23조부터 제26조까지의 규정에 따라 지정한 문화유산
		시 · 도지정문화유산	특별시장 · 광역시장 · 특별자치시장 · 도지사 또는 특별자치도지사가 제70조 제1항에 따라 지정한 문화유산
		문화유산자료	국가지정문화유산 또는 시 · 도지정문화유산으로 지정되지 아니한 문화유산 중 특별시장 · 광역시장 · 특별자치시장 · 도지사 또는 특별자치도지사가 제70조 제2항에 따라 지정한 문화유산

문화유산	등록문화유산	국가등록문화유산	국가유산청장이 문화유산위원회의 심의를 거쳐 지정문화유산이 아닌 유형문화유산, 기념물 및 민속문화유산 중에서 보존과 활용을 위한 조치가 특별히 필요한 것을 국가등록문화유산으로 등록한 것
		시 · 도등록문화 유산	문화유산법 제70조 제1항에 따라 지정되지 아니한 문화유산 중 시 · 도지사가 향토문화 보존을 위하여 필요하다고 인정하는 것을 문화유산자료로 지정한 것
	일반동산문화유산		문화유산법에 따라 지정 또는 등록되지 아니한 문화유산 중 동산에 속하는 문화유산

　　한편 이러한 분류는 우리나라에 소재하고 있는 문화재를 전제로 한 것인데, 문화재 중에는 국외에 소재하는 문화재에 대해서 문화유산법은 '국외소재문화유산'이라고 하여 별도의 장에서 규율하고 있다. 문화유산법은 제8장에서 제67조(국외소재문화유산의 보호), 제68조(국외소재문화유산의 조사·연구), 제69조(국외소재문화유산 보호 및 환수활동의 지원), 제69조의2(국외소재문화유산 환수 및 활용에 대한 의견 청취), 제69조의3(국외소재문화유산재단의 설립)과 제69조의4(금전 등의 기부)에 관한 규정을 두었다. 문화유산법에서 '국외소재문화유산'이란 외국에 소재하는 국가유산기본법상 '문화유산' 중에서 국외전시 등 국제적 문화교류를 목적으로 국가유산청장의 허가를 받아 합법적으로 반출된 문화유산을 제외한 대한민국과 역사적·문화적으로 직접적 관련이 있는 것을 말한다(문화유산법 제2조 제9항). 국가는 국외소재문화유산의 보호·환수 등을 위하여 노력하여야 하며, 이에 필요한 조직과 예산을 확보하여야 한다(동법 제67조). 또한 우리나라 법은 보호대상인 문화재를 우리나라 문화재에 국한하지 않고 외국의 문화재에 대해서도 보호하고 있다. 즉, 구「문화재보호법」은 제20조에서 '외국문화재의 보호'에

관하여 규율하고 있었는데, 새로 제정된 「국가유산기본법」에서는 제30조에서 '외국유산의 보호'라는 표제로 같은 내용의 규정을 두었다. 「국가유산기본법」은 인류의 유산을 보존하고 국가 간의 우의를 증진하기 위하여 대한민국이 가입한 유산 보호에 관한 국제조약에 가입된 외국의 법령에 따라 지정·보호되는 유산을 '외국유산'이라 하고, 외국유산은 조약과 국가유산기본법에서 정한 바에 따라 보호되어야 함을 명시하고 있다(제30조).

요컨대 2024년 도입된 새로운 국가유산법제에서는 '문화재'라는 용어 대신 '유산', '국가유산', '문화유산' 등으로 대체되었다. 그렇지만 단순히 재(財)를 유산(遺産)이라는 단어로 바꾼다고 해서 그 뜻이 더 명확해지는 것은 아니다. 이를테면 구 문화재보호법상 '외국문화재'를 현 국가유산기본법에서는 '외국유산'이라고 표현하고 있는데, 신 법제에서의 정합성에 부합하려면 '외국국가유산' 또는 '외국문화유산'으로 표현하는 것이 더 적절하지 않았나 하는 생각이다.[7] 새로 개편된 우리 법제에서는 '문화재'라는 용어를 의도적으로 회피하고 있지만, 아래에서 보는 바와 같이 주요 국제협약에서도 cultural property라는 용어를 공식적으로 사용하고 있으며, '환수' 내지 '반환'의 목적물로 떠올리기에는 '문화유산'이라는 표현보다 '문화재'라는 용어가 더 적합하기에 본서에서는 '문화재'를 일종의 보편적·학문적 terminology로써 계속 사용하고자 한다.

나. 국제협약상 문화재의 정의

(1) 1954년 헤이그협약

20세기 들어서 각국마다 문화재를 보호하기 위한 법률의 제정이 있었지만, 국제규범의 수준에서 문화재(cultural property)라는 용어를 처음 사

---

7 이와 같은 취지로 새로운 국가유산법제에서 사용된 용어에 대한 비판으로는 석광현, "2024년 개편된 국가유산법제와 유네스코 체계의 정합성-국가유산·세계유산·문화유산·자연유산·무형유산의 개념을 중심으로-", 「국제거래법연구」 제33권 제1호 (2024), 국제거래법학회, 206~208면 참고.

용한 것은 1954년에 제정된 헤이그(Hague)협약8으로 알려져 있다.9 협약 제1조는 문화재(cultural property)를 일반적으로 규정하는 방식(general definition)과 망라적으로 규정하는 방식(inclusive definition)을 절충하여 보호대상 문화재 목록을 예시적으로(illustrative definition) 제시하고 있다. 즉, 협약은 제목에서부터 '문화재'(Cultural Property)라는 표현을 쓰면서, 제1조에서 문화재를 "출처(origin)와 소유권(ownership)과 관계없이" 다음과 같이 정의하고 있다.

제1조 문화재의 정의

본 협약에서 '문화재'라 함은 그 출처 및 소유와 관계없이 다음을 포함한다.

(a) 종교적이거나 세속적인 성격을 불문한 건축이나 예술, 역사적 기념물; 고고학 유적지; 역사적 혹은 예술적 가치를 지닌 건물의 집단 전체 예술작품; 예술적, 역사적 또는 고고학적 중요성을 가지는 원고나 책을 비롯한 물건 과학적 수집물과 상기 규정된 문화재에 관한 서적이나 기록문서, 복제물 등의 중요한 수집물 등과 같은 모든 민족의 문화유산으로서 큰 중요성을 가지는 동산이나 부동산

(b) 박물관과 대형 도서관, 기록물 보관소 등과 같이 가목에서 정의된 동산 문화재의 보존과 진열을 주목적으로 하는 건물이나 무력충돌시 가목에서 정의된 동산 문화재를 대피시키기 위한 보호시설

(c) "기념물 다량 보유지역"이라 일컫는, (a)목과 (b)목에서 규정하는 문화재를 다수 보유하는 지역

---

8 정식명칭은 「무력충돌시 문화재 보호를 위한 협약」(Convention for the Protection of Cultural Property in the Event of Armed Conflict). 이하 「1954년 헤이그협약」이라 표기한다. 동 협약의 세부적인 내용에 관해서는 본서 제4장 [불법반출 문화재의 환수를 위한 국제규범과 국내규범] 제3절 [3대 국제협약] I. [1954년 헤이그협약]에서 설명한다.

9 Manlio Frigo, Cultural property v. cultural heritage: A 'battle of concepts' in international law, Int'l Review of the Red Cross, Vol. 86 (2004), p. 367.

1954년 헤이그협약의 특징은 출처나 소유권을 고려하지 않고서("... irrespective of origin or ownership..."), 모든 민족의 문화유산에 대하여 중요성을 갖는("...great importance to the cultural heritage of every people...") 일정한 재화를 문화재로 본다는 점이다. 이러한 정의는 문화재의 인류보편적 성질을 강조하고 있으며, 이는 문화재를 인류공동의 유산으로 이해하는 이른바 문화국제주의(cultural internationalism)의 정신과 닿아 있다.10 그렇지만 다른 한편으로는 1954년 헤이그협약 제1의정서에서는 무력충돌상황에서 피점령지의 문화재의 반출을 금지하고 반출된 문화재를 반환하도록 하는 것을 주된 내용으로 하고 있는바, 이는 피점령국가의 이익을 보호한다는 점에서 문화국가주의적 입장을 반영하고 있는 셈이다.

(2) 1970년 UNESCO협약

1954년 헤이그협약은 전시 또는 무장충돌 상태와 같은 특수한 상황으로부터 문화재를 보호하기 위한 협약이다. 그런데 더 폭넓은 문화재 보호를 위해서는 국제사회가 평시에도 적용될 수 있는 보다 포괄적인 문화재 보호체제를 마련하여야 한다는 요구가 신생독립국가들을 중심으로 주장되었다. 그러한 요구에 부응하여 성안된 것이 「1970년 UNESCO협약」이다.11 동 협약에서도 조약의 명칭에서 문화재(cultural property)라는 용어를 사용되고 있으며, 특히 협약 제1조는 문화재를 다음과 같이 정의하고 있다.

---

10 John Henry Merryman, Two Ways of Thinking about Cultural Property, The American Journal of International Law, Vol. 80, No. 4. (Oct., 1986), p. 831.

11 정식명칭은 「문화재의 불법적인 반출·입 및 소유권 양도의 금지와 예방수단에 관한 협약」(Convention on the Means of Prohibiting and Preventing the Illicit Import, Export and Transfer of Ownership of Cultural Property) 이하 「1970년 UNESCO협약」이라 표기한다. 동 협약의 세부적인 내용에 관해서는 본서 제4장 [불법반출 문화재의 환수를 위한 국제규범과 국내규범] 제3절 [3대 국제협약] Ⅱ. [1970년 UNESCO협약]에서 설명한다.

제1조

본 협약에서 "문화재"라 함은 고고학, 선사학, 역사학, 문학, 예술 또는 과학적으로 중요함으로써 종교적 또는 세속적 근거에서 각국에 의하여 특별히 지정된 재산으로, 다음 범주에 속하는 재산을 의미한다.

(a) 진귀한 수집품과 동물군, 식물군, 광물군, 해부체의 표본 및 고생물학적으로 중요한 물체

(b) 과학, 기술 및 군사의 역사와 사회사를 포함하여 역사와 관련되고 민족적 지도자, 사상가, 과학자 및 예술가의 생애와 관련되며, 국가적으로 중대한 사건과 관련된 재산

(c) (정규적 또는 비밀리의) 고고학적 발굴 또는 고고학적 발견의 산물

(d) 해체된 예술적 또는 역사적 기념물 또는 고고학적 유적의 일부분

(e) 비문, 화폐, 판각된 인장같은 것으로 백년이상의 골동품

(f) 인종학적으로 중요한 물건

(g) 미술적으로 중요한 재산으로 다음과 같은 것.

    (i) 어떤 보조물의 사용 또한 어떤 재료를 불문하고 전적으로 손으로 제작된 회화, 유화 및 도화(손으로 장식한 공업용 의장과 공산품은 제외)

    (ii) 재료 여하를 불문한 조상 및 조각물의 원작

    (iii) 목판화, 동판화, 석판화의 원작

    (iv) 재료 여하를 불문한 미술적인 조립품 및 몽타아지의 원작

(h) 단일 또는 집합체를 불문하고(역사적, 예술적, 과학적 및 문학적 등으로) 특별히 중요한 진귀한 고판본, 필사본과 고서적, 고문서 및 고출판물

(i) 단일 또는 집합체를 불문하고 우표, 수입인지 또는 유사 인지물

(j) 녹음, 사진, 영화로 된 기록물을 포함한 고문서

(k) 백 년 이상 된 가구와 오래된 악기

    이러한 정의에는 다음과 같은 의미를 담고 있다. 첫째, 문화재의 속성에 대해서는 문화국가주의(cultural nationalism)와 문화국제주의(cultural internationalism)가 대립되어 왔는데,[12] 1970년 UNESCO협약은 이러한 문화국가주의와 문화국제주의를 동시에 그 목표로 삼고 있지만 기본적으로는 문화국가주의적 입장에 치중하고 있다고 평가할 수 있다. 이러한 입장은 특히 동 협약의 전문 제3항에서 확인할 수 있다. 즉, "문화재는 문명과 국민문화의 기본요소의 하나를 이루며, 그 참된 가치는 그 기원, 역사 및 전통적 배경에 관한 가능한 모든 정보와 관련하여서만 평가될 수 있음을 고려하고, 자국의 영역 내에 존재하는 문화재를 도난, 도굴 및 불법적인 반출의 위험으로부터 보호하는 것은 모든 국가에 부과된 책임"이라는 표현은 문화재의 국가적 특성을 강조한 것이다. 이러한 시각에서 동 협약은 제1조 문화재의 정의에 있어서도 문화재로 인정될 수 있는 11가지의 추상적인 카테고리를 열거하면서도 구체적으로 어떠한 것이 문화재에 해당하는지는 각국의 특별지정에 맡겨 두었다. 즉, 상기한 (a)에서 (k)까지 열거된 품목 중에서 각국에 의해 "특별히 지정"(specially designated)된 것에 한해 문화재로 인정하고 있다. 다시 말하자면, 동 협약은 개별국가로 하여금 무엇이 보호되어야 할 문화재인가를 결정하는 광범위한 재량을 부여하고 있으며, 이에 따라 체약국 정부가 자국의 국내법에 의해 보호대상인 문화재로 지정된 품목을 협약의 적용대상인 문화재로 보게 된다.

한편 무엇을 문화재를 지정(designation)할 것인가는 각 국가의 재량이지만(협약 제1조), 문화재로서의 가치가 있는 어떤 물건이 여러 국가와 관련되어 있을 때 이를 과연 어느 국가의 문화재로 보아야 하는지가 문제될 수 있다. 예컨대 A국에서 문화재로 카테고리지어진 조각물을 B국이 A국의 외교사절로부터 획득한 경우 어느 국가의 문화재로 보아야

---

12 문화국가주의와 문화국제주의에 관해서는 본서 제2장 제2절 [문화재에 대한 상반된 관점] I. [문화국가주의와 문화국제주의] 및 본서 제3장 [누가 과거를 소유하는가?] 제2절 [누가 「파르테논 조각상」을 소유하는가?] III. [반환과 보유의 논리] 및 IV. [사건: 진정한 국제주의]에서 상론한다.

하는지, 혹은 A국 출신의 예술가가 B국에서 창조한 문화재는 어느 국
가의 문화재로 되는지가 문제될 수 있다. 이러한 문제에 대해 협약 제4
조는 다음과 같이 규정하고 있다.

제4조

본 협약의 당사국은 다음 범주에 속하는 재산이 본 협약의 목적을 위하여 각국
의 문화적 유산으로 구성됨을 인정한다.

(a) 관계국가 국민의 각 개인 또는 집단에 의하여 창조된 문화재, 또한 관계
  국 역내에 거주하는 외국인 또는 무국적인에 의하여 그 국가의 영역 내에
  서 창조된 관계국에 중요한 문화재
(b) 국가 영역 내에서 발견된 문화재
(c) 출처국 주무관청의 동의하에 고고학, 인종학 또는 자연과학 사절단에 의
  하여 획득된 문화재
(d) 자유로이 합의된 교환의 대상이 되어 온 문화재
(e) 출처국 주무관청 동의하에 선물로서 증여받거나 합법적으로 구입한 문화
  재

  UNESCO협약은 제1조에서 규정하는 문화재의 개념뿐만 아니라,
제4조에서 다섯 가지 범주의 문화재에 대해서도 문화재의 개념에 포함
시키고 있다. 즉, ① 관계국가 국민의 각 개인 또는 집단에 의하여 창조
된 문화재 및 관계국 영역 내에 거주하는 외국인 또는 무국적인에 의하
여 그 국가의 영역 내에서 창조된 관계국에 중요한 문화재, ② 국가 영
역 내에서 발견된 문화재, ③ 출처국 주무관청의 동의하에 고고학, 인
종학 또는 자연과학 사절단에 의하여 획득된 문화재, ④ 자유로이 합의
된 교환의 대상이 되어 온 문화재, ⑤ 출처국 주무관청 동의하에 선물
로서 증여받거나 합법적으로 구입한 문화재 등이 그것이다.

  협약 제4조는 5가지 요소들을 연결요소(connecting factors)로 하여, 어

떤 문화재가 위와 같은 (a)에서 (e)까지의 어느 하나에 해당하면 그러한 연결요소에 관련된 국가의 문화재로 인정하고 있다.13 요컨대 협약 제1조는 문화재의 정의를 심사하는(definitional test) 규정이라면, 협약 제4조는 특정한 문화재가 어느 국가의 것으로 연결되는지를 심사하는 (connection test) 규정이라고 할 수 있다.14 이러한 규정을 둔 이유는, 만약 협약 제1조에서 적용-대상 문화재를 각국 법에 의한 특별지정에만 맡겨 두는 경우에는 보호가치 있는 문화재임에도 특별지정이 이루어지지 않아 보호가 되지 않을 수도 있고 또한 반대로 어떤 문화재는 두 나라 이상의 문화재에 속할 수도 있기 때문에 그러한 규범적 사각지대를 메우기 위함이다.15

(3) 1995년 UNIDROIT협약

1970년 UNESCO협약은 평시상태에서 문화재의 불법적인 반·출입을 막기 위하여 가입국의 정부가 취해야 할 행정적인 조치들을 주된 내용으로 하고 있다. 그렇지만 동 협약은 문화재의 불법거래를 사전적·예방적으로 막는 것에 초점을 두고 있고 있기 때문에 도난 혹은 불법 반출된 문화재의 반환을 위한 사후적 조치에 관한 근거 규범으로는 주효하지 못하다. 이러한 UNESCO협약에 내재한 규범적 미비점을 보완하기 위해, 특히 도난당하거나 불법 반출된 문화재의 반환에 관한 국가간의 통일적인 규칙을 마련하고자 제정된 협약이 「1995년

---

13 Patrick J. O'Keefe, Commentary on the 1970 UNESCO Convention, Second Edition, Builth Wells: Institute of Art and Law, p. 45.

14 Sharon A. Williams, The International and National Protection of Movable Cultural Property a Comparative Study, Dobbs Ferry·New York: Oceana Publications, 1978, p. 180-181.

15 서헌제·박찬호, 『도난·불법반출 문화재에 관한 법리적 연구』, 한국법제연구원, 2007, 41면.

UNIDROIT협약」16이다.

1995년 UNIDROIT 협약은 제정 당시부터 문화재를 어떻게 정의할 것인가에 대해 많은 논란을 빚었다. 우선 동 협약은 1970년 UNESCO 협약과 달리 문화재를 cultural property라고 하지 않고 cultural objects라고 표현하고 있다. 협약의 원안에는 1970년 UNESCO협약과 마찬가지로 cultural property라고 되어 있었으나 심의과정에서 property라는 표현이 오해의 소지가 있으므로 그 대신 cultural heritage를 쓰자는 전문가의 의견이 있었으나, 협약은 cultural objects라는 표현으로 접점을 찾았다.17 또한 문화재에 대한 개념정의에 대해서도 협약제정 당시에 이를 포괄적으로 규정하자는 입장과 구체적·열거적으로 규정하자는 입장이 서로 대립되었었는데, 결국 협약은 그에 대한 타협점으로 양자의 절충적인 입장을 채택하였다.18 즉, 동 협약은 제2조에서 문화재를 포괄적으로 정의하면서, 또한 문화재의 구체적인 대상에 관해서는 부록에 이를 열거하는 절충적 방법을 취하고 있다.

---

16 정식명칭은 「도난 및 불법반출 문화재에 관한 사법통일을 위한 국제협회 협약」 (UNIDROIT Convention on Stolen or Illegally Exported Cultural Objects), 이하 「1995년 UNIDROIT협약」이라 표기한다. 동 협약의 세부적인 내용에 관해서는 본서 제4장 [불법반출 문화재의 환수를 위한 국제규범과 국내규범] 제3절 [3대 국제협약] Ⅲ. [1995년 UNIDROIT협약]에서 설명한다.

17 Lyndel V. Prott, Commentary on The UNIDROIT Convention (Leicester: Institute of Art and Law, 1997), p. 17.

18 Irini A. Stamatoudi, Cultural Property Law and Restitution, A Commentary to International Conventions and European Union Law, Edward Elgar 2011, p. 72 이하.

이 협약의 목적상 문화재란 세속적인 또는 종교적 근거에서의 중요성뿐만 아니라 고고학, 선사학, 역사, 문학, 미술 또는 과학적으로 중요한 물건으로서 이 협약의 부록에 열거된 여러 범주 중의 하나에 속하는 물건을 말한다.

[부록]

(a) 희귀 컬렉션과 동물, 식물, 광물과 해부학 표본과 고생물학적인 관심사가 되는 유물;

(b) 과학, 기술, 군사, 사회와 국가의 지도자, 사상가, 과학자, 예술가의 생애, 그리고 국가적으로 중요한 사건에 관련된 역사적 유품;

(c) 정규 또는 비밀을 포함한 고고학적인 발굴의 산물;

(d) 해체된 예술적인 또는 역사적인 기념물, 또는 고고학적인 유적지의 일부분;

(e) 명문, 동전과 도장과 같이 100년 이상 된 골동품;

(f) 민족학적인 관심사가 되는 물건;

(g) 다음과 같은 예술적인 관심사가 되는 문화재;

    (i) 어떤 바탕이나 어떤 자료(산업디자인과 손으로 장식한 제조품을 제외)를 가지고 손으로 만든 그림과 뎃상;

    (ii) 소재를 불문한 소상(塑像)과 조각 작품;

    (iii) 원판, 조판, 판화와 석판화;

    (iv) 자료를 불문한 원본 예술적인 집합체와 몽타주;

(h) 유일본 또는 컬렉션 형태의 희귀 필사본과 고판본, 고서, 문서와 특별한 관심사가 되는 출판물(역사, 예술, 과학, 문학 등)

(i) 유일본 또는 컬렉션 형태의 우표와 수입인지와 그와 비슷한 스탬프;

(j) 음성, 사진과 영화를 포함하는 고문서;

(k) 100년 이상 된 가구와 악기

Ⅱ 환수와 관련한 용어상 의미

1 일반적 의미

어디론가 이동하였던 문화재가 다시 제자리로 되돌아오는 상황을
두고서 여러 용어들이 사용되고 있다. 「반환」, 「환수」, 「송환」, 「회복」
등이 그것이다. 이들 용어는 일상적으로는 거의 같은 의미로 사용되거
나 각기 특별한 의미로 구분되어 사용되지는 않는다. 국립국어원이 편
찬한 한글사전에 의하면 '반환'은 '빌리거나 차지했던 것을 되돌려 줌',
'환수'는 '도로 거두어들임', '송환'은 '포로나 불법으로 입국한 사람 등
을 본국으로 도로 돌려보냄' 그리고 '회복'은 '원래의 상태로 돌이키거
나 원래의 상태를 되찾음'이라는 의미를 가지고 있다. 그렇지만 이러한
사전적인 의미에서도 이들 용어가 가지는 뜻은 그리 크게 차이가 나지
않는다. 그렇지만 한 나라의 문화재가 다른 나라로 유출된 경우에 이를
되찾는다는 의미로 사용하고자 할 때에는 신중한 용어선택이 필요하
다. 특히 영어로 표현할 때에는 약간씩 의미상의 차이가 있다. 「반환」,
「환수」, 「송환」, 「회복」은 영어식 표현으로는 「return」, 「restitution」,
「repatriation」, 「restoration」에 해당한다. 이들 용어는 사용하는 사람
마다 달리 표현되기도 하지만, 대개 아래와 같은 의미로 사용된다.

2 문화재와 관련한 의미

가. 인도(turn over)

물건을 '인도'한다는 표현이 있다. 사전적 표현에 의하면, 사물이나
권리 따위를 넘겨주는 것을 인도(引渡)라고 한다. 법적으로는 물건에 대
한 사실상의 지배를 이전하는 일을 인도라고 한다. 우리 민법 제188조
제1항에서도 "동산에 관한 물권의 양도는 그 동산을 인도하여야 효력

이 생긴다"는 규정에서도 '인도'라는 용어가 사용되고 있다. 인도는 물건이나 권리 등을 타인에게 넘겨주는 행위로써, 물건의 관점에서는 종전 소지인(A)에서 현재의 소지인(B)으로 장소적으로 이전된다는(turn over) 의미를 가지고 있을 뿐이다.[19] 즉, 왜 물건이 A에서 B로 이전하여야 하는지에 대한 규범적 판단은 문제되지 않고, 오로지 물건이 이전하였는지 그렇지 않은지에 대한 현상만이 문제될 뿐이다. 그러한 점에서 '인도'는 되돌림의 의미나 가치판단의 색채가 탈색된 사실적인 개념이다.

문화재의 반환문제와 관련하여 '인도'라는 표현이 사용된 적이 있다. 1965년 우리정부와 일본정부 사이에 체결된 「한일문화재협정」[20] 제2조에는 "일본국 정부는 부속서에서 열거한 문화재를 양국 정부 간에 협의되는 절차에 따라 본 협정 발효 후 6개월 이내에 대한민국 정부에 인도(引き渡)한다"라고 표현되어 있다. 이는 일본이 식민통치기에 반출한 문화재의 불법성 판단을 전혀 하지 않고서 단순히 문화재를 장소적으로만 일본에서 대한민국으로 이전시키겠다는 의미를 담고 있다.

나. 반환(return)

영어 'return'은 가장 넓은 의미에서 되돌려(re + turn)준다는 뜻을 가지고 있다. 우리말로 '반환'으로 번역할 수 있다. 이때 '반환'이란 그 물건이나 상태가 왜 현재의 모습으로 있게 된 것인지에 대한 가치판단 내지 규범적 판단을 하지 않고서 원래의 상태로 '되돌린다'는 의미이다. 따

---

19 민법에서는 물건이 실제로 이전하는 것이 아니라, 관념적으로 이전하는 현상으로 간이인도(제188조 제2항), 점유개정(제189조) 및 목적물반환청구권의 양도(제190조)도 현실인도와 같은 법적 효력을 인정하고 있다.

20 정식명칭은 「대한민국과 일본국간의 문화재 및 문화협력에 관한 협정(Agreement concerning Cultural Assets and Cultural Cooperation between the Republic of Korea and Japan)」이다. 「한일문화재협정」에 관해서는 제4장 [불법반출 문화재의 환수를 위한 국제규범과 국내규범] 제1절 [총설: 국제규범과 국내규범] I. [국제규범] 2. [한·일 문화재 및 문화협력에 관한 협정]에서 설명한다.

라서 return이라고 할 때에는 그 물건이 현재 소재하는 상태가 반드시 불법적임을 전제로 할 필요가 없는 것이다. 예컨대 훔친 물건을 돌려줄 때에도 return이라고 할 수 있지만, 옆집에서 스스로 넘어 들어온 가축을 주인에게 되돌려줄 때에도 return이라고 할 수 있는 것이다. 문화재와 관련하여 볼 때, return은 불법취득한 문화재의 반환에 대해서만 사용될 필요는 없고, 적법하게 취득하였지만 이를 원소유자에게 기증하거나 장기임대하는 경우에도 retun이라고 표현할 수 있다. 그러한 의미에서 return은 법적·규범적 문제라기보다, 문화적, 역사적, 사회적, 정치적 판단에 따른 개념이다.[21]

다. 환수(restitution)

그에 반해 restitution은 규범적 판단을 전제로 한다. 즉, 어떤 물건이 현재 어떤 곳에 소재하는 것이 정당한지 아닌지를 따져서, 물건의 소재에 대한 정당성이 확보되지 아니하면 물건의 소재가 정당한 곳으로 이전하여야 할 때 사용되는 용어가 restitution이다. 법률상으로는 이른바 소유물반환청구권(민법 제213조)의 행사를 가져오게 하는 사유가 있어서 그 청구권의 행사의 결과 목적물을 되돌려줘야 하는 상황을 의미한다. 법률상으로는 청구권의 내용은 목적물의 '반환'이지만, 본서에서는 앞의 return과 구별하기 위해 이를 '환수'라고 부르기로 한다. 문화재와 관련하여 볼 때 restitution은 문화재에 대한 절도나 약탈 등의 위법행위가 없었다면 원래 있었어야 할 기원지로 되돌리는 과정을 의미한다.

---

21 Boa Rhee Seo, Beyond Repatriation: An Analysis of Issues Related to Equitable Restitution of Cultural Property, Dissertation The Florida State University School of Visual Arts and Dance, 1997, p. 37.

라. 송환(repatriation)

repatriation은 '본국송환', '귀환' 등으로 번역되는데, 원래는 포로나 대사 등 주로 사람에 대해서 사용되던 용어이다. 문화재에 대해서도 repatriation이 사용되기도 하는데, 이때에는 문화재가 있어야 할 기원지로 재배치시킨다는 의미를 가지고 있다. 즉 repatriation은 반드시 불법적인 상황이 아니더라도 문화재를 현재 소재하는 곳으로부터 원래의 장소로 되돌려 배치하는 상황(relocation)을 담고 있다. 가령 대영박물관측에서 파르테논 대리석상(일명 Elgin mables)을 그리스로 되돌려주는 상황에 대해서 가치중립적으로 return이라고 표현할 수도 있고, 불법적인 점유로부터 원소유국인 그리스에게 되돌려준다는 의미에서는 restitution이라고 할 수도 있으며, 특히 대리석상이 원래 있었어야 할 파르테논 신전(또는 신 파르테논 박물관)으로 옮겨진다면 이때에는 장소적 중요성에 터 잡아 repatriation이라고 표현할 수 있는 것이다. 따라서 이들 용어들을 혼용해서 쓰더라도 그 의미나 뉘앙스는 조금씩 다름을 유의해야 한다.

마. 회복(restoration)

마지막으로 restoration은 '복구', '회복' 등으로 해석되는데, 주로 특정인이나 특정사물이 입은 피해를 전보하는 하나의 방법으로 원래의 상태대로 되돌리는 것을 의미한다. 문화재에 대해서 restoration이라는 용어를 쓸 때에는 훼손하거나 박리22하기 전의 상태대로 되돌려 놓는 과정을 의미한다. 그러한 점에서는 앞선 repatriation과 중복되는 의미가 있긴 하지만, repatriation이 장소에 중점을 둔 개념이라면, restoration은 상태의 회복에 초점을 둔 개념이라고 할 수 있다.

---

22 예컨대 건물의 벽화를 도려내거나 외벽을 장식하는 석조물을 떼어내는 행위 등

③ 1995년 UNIDROIT협약상 restitution과 return

앞서 살펴본 restitution과 return의 의미는 1995년 UNIDROIT협약에서는 일반적으로 통용되는 학계에서의 용례와 달리 사용되고 있다. 동 협약에서는 restitution과 return을 상황에 따라 의식적으로 정확히 구분하고 있는데, restitution은 문화재가 절취된 상황에서(stolen) 이를 복귀시킬 때 사용되고, return은 불법적으로 반출된 상황(illegal exported)에서 문화재를 원소유자 또는 원산지국으로 되돌릴 때 사용된다.[23] 다시 말하자면, 문화재가 도난당한 경우에는 어느 나라의 법률에 의하건 절도죄에 해당하는 보편적인 위법행위이므로 이때 문화재를 되돌려주는 것은 현재의 위법한 소재로부터 정당한 권원을 가진 곳으로 이전한다는 의미에서 restitution이라는 표현을 사용한다. 그에 반해 문화재가 불법적으로 반출된 경우에는 '불법'(illegal)이라는 표현에도 불구하고 현재의 문화재보유자가 사법상 정당한 권원을 가지기는 했지만 문화재의 반출과 관련한 행정적인 절차를 제대로 이행하지 않은 것에 불과한 경우도 있을 수 있기 때문에 그러한 경우에는 return이라는 표현을 사용하고 있다.[24]

---

23 Marina Schneider, UNIDROIT Convention on Stolen or Illegally Exported Cultural Objects: Explanatory Report, Unif. L. Rev. 2001, p. 488.

24 이에 관해서는 본서 제4장 [불법반출 문화재의 환수를 위한 국제규범과 국내규범] 제3절 [3대 국제협약] Ⅲ. [1995년 UNIDROIT협약] 3. [협약의 주요 내용] 다. [도난 문화재의 환수 및 선의취득자 보상(제3조, 제4조)] 및 라. [불법반출 문화재반환 및 선의취득자 보상(제5조, 제6조)]에서 상설한다.

Ⅲ 문화재의 특성

1 불융통성

문화재(cultural property)라는 용어에서 볼 수 있듯이, 문화재도 일종의 재화(property)로서의 성격을 가짐은 분명하다. 따라서 그러한 재화로서의 문화재에는 유형의 문화재 외에도 무형의 문화재도 있지만, 문화재의 반출 및 환수와 관련한 것은 대개 유형문화재에 한정된다. 물건을 동산과 부동산으로 나눌 수 있듯이(민법 제99조), 유형문화재는 동산인 문화재와 부동산인 문화재로 분류할 수 있다. 반출이 문제되는 문화재의 대부분은 동산문화재일 것이지만, 석탑이나 건축물 등 원래 부동산이었던 문화재도 해체와 분리를 통해 반출의 대상이 될 수 있다.[25]

그런데 문화재를 일종의 재화 내지 물건으로 본다면, 문화재도 다른 일반적인 물건과 마찬가지로 거래의 대상이 되어야 할 것이다. 그러나 대부분의 국가에서는 문화재의 거래나 반출을 제한하는 법규를 두고 있다.[26] 이것은 문화재의 국가성 내지 민족성이나 역사적 가치 등의 속성을 차치하고서도, 문화재가 규범적으로도 다른 일반적인 물건과는 달리 취급됨을 의미한다.[27] 문화재를 다른 물건과 달리 일종의 불융통물(res extra commercium)로 취급하는 규범적 특성은 동로마 유스티니아황제가 편찬한 로마법대전(Corpus Iuris Civilis)의 법학제요(Institutiones)와

---

25 우리나라 문화재 중 일제강점기 때 철거되어 일본으로 옮겨졌던 경복궁 자선당(資善堂)이 그러하고, 후술하는 파르테논 조각물도 그에 해당하는 예라고 할 수 있다.

26 우리나라 문화유산법에서도 국보, 보물, 국가민속문화유산은 허가받은 국외 전시 등의 목적외에 국외로 수출하거나 반출할 수 없으며(제39조 제1항), 국유문화유산은 특별한 규정이 없는 한 양도하거나 사권(私權)을 설정할 수 없다(제66조).

27 이하 문화재의 불융통물로서의 특성에 관한 자세한 설명으로는 송호영, "해외로 불법 반출된 문화재의 민사법상 반환청구법리에 관한 연구", 「비교사법」 제11권 4호 (2004), 235면 이하 참고.

학설휘찬(Digesta)에서 찾아볼 수 있다.[28] 로마법에서는 신(神)과 인간과의 관계를 맺어주는 물건인 신법(神法)상 물건(res divini iuris)은 불융통물로 다루어졌다. 여기에는 종교관련 예술품이 해당한다. 또한 국가소유의 물건인 res publicae에 속하는 예술품도 불융통물로 다루었다. 로마법상 예술품에 대한 불융통물성은 카논법에서는 신성물(res sacra)에 대해서 이어지고, 이후 유럽에서는 처음으로 1834년에 그리스가 문화재보호법을 제정한 이래로 프랑스(1887년), 이탈리아(1902년), 독일(1902년)[29] 등이 뒤이어 문화재보호에 관한 법률을 제정하고 이후 각국마다 관련 법률의 제정이 잇따르게 되어, 오늘날 대부분의 국가에서 일정한 종류의 문화재에 대해서는 불융통물로 분류하고 있다.[30] 문화재의 불융통물성은 다음의 의미를 가진다. 불융통물에 속하는 일정한 문화재는 사법상 타인에게 양도될 수 없고(inalienable), 시효의 대상으로 되지 않으며(imprescriptible)[31] 또한 공법상으로는 문화재가 국가소유의 대상으로 될 수 있고, 국제거래법상으로는 수출입금지대상품목이 될 수 있음을 의미한다.

---

28 Amaile Weidner, Kulturgüter als res extra commercium im internationalen Sachenrecht (Berlin·New York: de Gruyter, 2001), S. 15.
29 독일의 경우 문화재보호에 관한 최초의 법률은 1902년 제정된 헤센공국의 기념물보호법(Denkmalschutzgesetz)이며, 문화재의 반출을 방지하기 위한 목적의 입법은 1955년 제정된 문화재반출방지법(Das Gesetz zum Schutz deutschen Kulturgutes gegen Abwanderung vom 6. August 1955)이다. 독일의 문화재보호법의 생성과정과 1955년 문화재반출방지법의 구체적 내용에 관해서는 송호영, "독일의 문화재보호법제에 관한 고찰-1955년 문화재반출방지보호법(KultgSchG)을 중심으로-", 「법과정책연구」, 제11권 제2호.(2011), 한국법정책학회, 397면 이하 참고.
30 우리나라는 1962년에 「문화재보호법」을 제정하였다.
31 Amaile Weidner, a.a.O., S. 35-36.

② 문화재의 특성에 따른 규범적 의미

오늘날 문화재(cultural property)가 일상적으로 통용되는 용어임에도 불구하고 학문적으로 그에 대한 정의는 일치되어 있지 않으며, 각국의 법규에서 정한 문화재에 대한 개념도 상이하다. 그렇지만 문화재에 대한 보편적인 관념은 어느 국가나 어느 사회에서든지 상당부분 형성되어 있다고 할 수 있다. 국제사회는 이에 터 잡아 문화재를 보호하기 위한 국제협약을 제정하면서 문화재에 대한 정의를 시도하고 있다.32 그렇지만 그러한 정의도 각 협약이 추구하는 목적에 따라 달라지게 된다. 이를테면 전시상황에서의 문화재를 보호하기 위한 목적(1954년 헤이그협약)과 평시상황에서 문화재를 보호하기 위한 목적(1970년 UNESCO협약) 또는 도난이나 불법 반출된 문화재의 반환을 위한 목적(1995년 UNIDROIT협약)에서의 문화재에 대한 정의는 각기 다르다. 그것은 문화재를 인류공동의 재산으로 볼 것인지 아니면, 특정한 국가와의 관련성 또는 특정한 소유관계를 인정할 것인지에 따라 달라진다. 그렇지만 문화재에 대한 정의가 상이하더라도 문화재를 다른 일반 물건과는 달리 취급하여야 한다는 것에 대한 인식은 국제협약상으로나 각국의 국내법규상으로나 공유되고 있는 것으로 보인다. 즉, 문화재의 불융통성에 터 잡아 각국의 법률은 일정한 종류의 문화재에 대해서는 그 양도나 거래 및 반출을 제한하고 있음이 이를 방증한다. 특히 1970년 UNESCO협약에서는 문화재의 이러한 특성을 인정하여, 협약 제13조 (d)항에서는 "본 협약의 각 당사국의 파기할 수 없는 권리, 즉, 특정문화재를 양도 불능으로, 따라서 사실상 반출되어서는 안 되는 것으로 분류하고 선언할 권리를 인정하고, 그것이 반출되었을 경우에는 관계국가에 의한 동 문화재의 회복을 용이하게 한다."고 규정하고 있다.

---

32 본장 제1절 [기본개념의 이해] I. [문화재의 개념] 2. [문화재의 규범적 의미] 나. [국제협약상 문화재의 정의] 참고.

요컨대 불융통물(res extra commercium)로서의 특성을 가진 문화재는 다른 일반물건과는 달리 취급되어야 함이 마땅하며, 이러한 불융통물로서의 특성이 문화재의 반환문제에 대한 접근과 해결책의 모색에 있어서도 중요한 규범적 단초로서 인식되어야 한다.

Ⅳ 문화재환수 관련 규범 및 제도의 개관

1 관련 규범

문화재환수와 관련한 규범이란 문화재의 환수를 청구할 수 있는 근거되는 법을 말한다. 이때의 「법」이란 국제법과 국내법을 포함하는 의미이다.

관련 국제법은 다시 협약을 맺은 상대국가에 따라 「양자간 협약」과 「다자간 협약」으로 나뉜다. 양자간 협약은 특정국가와 특정 국가 사이에 특정한 사안을 두고서 이루어지는 협약으로써, 가령 특정 문화재의 반환이 문제된 사안에 있어서는 해당 당사국 간의 협약을 통해서 반환문제를 해결하는 방식이다.

그에 반해 다자간 협약은 다수의 국가들 사이에 체결되는 협약으로써, 다수 국가들 사이의 공통의 이슈를 해결하기 위한 방안으로 협약이 체결된다. 문화재와 관련한 다자간 협약으로는 「1954년 헤이그협약」, 「1970년 UNESCO협약」, 「1995년 UNIDROIT협약」이 대표적이다.

관련 국내법을 살펴보면, 우선 문화재와 관련한 가장 중요한 역할을 했던 법률은 1962년에 제정되었던 「문화재보호법」이다. 문화재보호법은 2024년부터 국가유산법제로 개편되면서 「국가유산기본법」을 기본법으로 하여 「문화유산의 보존 및 활용에 관한 법률」, 「세계유산의 보존·관리 및 활용에 관한 특별법」, 「자연유산의 보존 및 활용에 관한 법률」, 「매장유산 보호 및 조사에 관한 법률」 등으로 분법화되었다. 앞서 본 바와 같이 현행 우리 법제에서는 용어상 '문화재'가 '문화유산'으로 바뀐 것뿐만 아니라 분법화에 의해 관련조문들이 분산되어 있음을 주의하여야 한다. 그런데 국가유산법제 따라 분법화된 일부 법률 중에는 문화재(문화유산)에 대한 문화재에 대한 사법적 권리에 관한 규정을 두고 있지만,33 문화재의 보호를 위한 행정적인 차원에서의 규율을 주로 담고 있다.

문화재의 '보호'가 아닌 문화재의 '환수'에 관해서는 일반 사법(私法)이 주효한 법률이다. 여기에는 「민법」이 가장 기본적인 규범으로서의 역할을 맡고 있다. 또한 문화재가 해외로 반출된 경우에 외국 법률과의 충돌이 발생하게 되는데, 이때 법원으로 하여금 어느 나라 법률을 적용하여야 하는가를 결정할 수 있도록 하는 법이 바로 「국제사법」이다. 그러한 섭외적 문화재반환분쟁에 있어서 법적으로 이를 해결하는 방법은 소송을 통하는 것이 정식적인 절차이다. 이를 규율하는 법은 「민사소송법」이다. 그렇지만 그러한 분쟁에 있어서 법원을 통한 정식적인 소송이 아니라, 제3의 기관을 통한 중재를 통해 문제가 해결되기도 한다. 그러한 중재절차에 관해서는 「중재법」이 규율하고 있다. 한편 문화재를 절취하거나 불법적으로 반출한 경우에 그러한 행위를 한 자를 처벌할 수 있는 근거규정은 「문화유산법」과 「형법」이 두고 있다.

② 관련 제도

가. 반환의 근거

문화재의 반환(또는 환수)을 위한 제도로는 법적 절차를 통하는 방법과 그렇지 않은 방법으로 나누어볼 수 있다. 법적 절차를 통한 반환제

---

33 예컨대, 국유문화유산에 대해서는 원칙적으로 양도하거나 사권설정이 금지된다(문화유산법 제66조 참조) 등.

도로는 우선 국제법적 절차에 의거하여 다자간 협약이나 해당 국가의 정부간 협정을 통해서 문화재를 환수하는 것을 떠올릴 수 있다. 만약 해당문화재가 국가소유가 아닌 경우에는 원소유자가 현재의 점유자를 상대로 민사소송을 통해 반환받을 수 있다. 이때에는 국제사법과 민사소송법의 절차에 따르게 된다.

한편 정식 소송에 의하게 되면 많은 시간과 복잡한 절차를 거쳐야 하므로 최근에는 소송을 통하지 않는 대체적 분쟁해결방안(ADR: Alternative Dispute Resolution)의 일종으로 중재를 통한 해결이 주목받고 있다. 실제로 구스타프 클림트(Gustav Klimt)의 그림의 반환문제로 오스트리아 미술관과 미국에 거주하는 알트만(Altmann) 사이에 벌어진 분쟁은 법원의 중재로 해결된 대표적인 예이다.34 특히 최근에는 UNESCO와 같은 국제기구의 중재로 문제를 해결하는 경우들이 늘고 있다. 터키와 독일 사이에 오랫동안 논란이 되어 왔던 보가즈쾨이 스핑크스(Boğazköy Sphinx)의 반환문제는 UNESCO산하의 불법문화재반환촉진 정부간위원회(ICPRCP35)의 중재를 통해 결실을 보게 된 대표적인 사례이다.36

법적 절차에 의하지 않는 반환방법으로는 당사자의 자발적 참여에 의해 반환의 근거를 설정하는 것을 의미한다. 예컨대 경매시장 또는 문화재거래상으로부터 합법적으로 구매하거나 문화재의 점유자가 자발적으로 기증하거나, 기관 간 또는 국가 간에도 외교적·문화적 차원에서 자발적으로 문화재를 반환하는 경우를 떠올릴 수 있다. 그 외 반환의 근거로 국제기구나 국제회의에서의 권고(Recommendation)이나 관련기

---

34 Austria et al. vs. Altmann, Decision of Austrian Arbitral Court, 15th January 2006. 이 사례에 관해서는 본서 제3장 [누가 과거를 소유하는가?], 제2절 [누가 「파르테논 조각상」을 소유하는가?]에서 상세히 다룬다.

35 정식명칭은 Intergovernmental Committee for Promoting the Return of Cultural Property to its Countries of Origin of its Restitution in Case of Illicit Appropriation

36 이 사례에 대해서는 후술하는 제3절 [문화재의 주요 반출 및 반환 사례] Ⅱ. [해외 사례] 2. [보가즈쾨이 스핑크스]에서 자세히 설명한다.

관의 윤리강령(Code of Ethics)**37** 등을 생각할 수 있는데, 이들 권고나 윤리
강령은 외형상으로는 규범적 모양새를 띠고 있지만, 실제적인 강제성
이나 구속력이 결여되어 있어서 반환의 직접적인 근거로 삼기에는 한
계가 있다. 따라서 본서에서도 구속력이 있는 규범을 중심으로 살펴보
기로 한다.

나. 반환의 방식

문화재의 반환에 관하여 소유권(ownership)에 관한 법적 분쟁에서는
완전한 소유권의 회복을 목표로 한다. 또한 자발적인 기증(donation)의
경우에도 수증자에게 소유권이 종국적으로 귀속하게 된다. 좁은 의미
에서의 반환 내지 환수는 이처럼 소유권의 완전한 회복을 의미한다. 그
렇지만 문화재의 특성상 다른 나라와의 이해관계로 말미암아 완전한
소유권이 아니라, 불완전한 의미에서의 소유권 내지 정당한 점유권의
회복으로 만족해야 하는 경우도 있다. 이러한 경우도 넓은 의미에서 반
환 내지 환수라고 할 수 있다. 그러한 반환방식으로는 다음과 같은 것
들이 있다.**38**

첫째, 조건부 반환(conditional return)이다. 이것은 일정한 조건을 전제
로 하여 문화재를 반환하는 것이다. 예컨대 문화재를 반환하기로 하되
선의구매자에게 합당한 보상을 전제로 한다든지, 혹은 반환받은 문화
재의 안전한 보존이나 적절한 보호조치를 전제로 하여 반환하는 방식
이다. 실제로 1978년 뉴욕의 현대미술관은 피카소(Pablo Picasso)의 명작
게르니카(Guernica)를 스페인으로 돌려주면서 피카소의 후손들 간에 진
행되고 있던 상속문제의 법적 해결을 조건으로 하였었다.

---

37 대표적으로 국제박물관협회(ICOM)의 박물관 윤리강령(Code of Ethics for
Museum) 등이 있다.

38 이하 홍수연, 『불법문화재의 반환을 위한 사법상 법리에 관한 연구』, 한양대학교 법
학석사학위논문, 2011, 24면 이하 참고.

둘째, 교환(exchange)이다. 어느 국가가 자국의 문화재반환을 요구할 경우에 반환을 요구하는 문화재를 대상물품과 비슷한 정도의 문화적 가치를 가진 반환 요청국의 문화재와 동시 교환하는 방법이다. 이 방식은 대상물품이 소량일 때에 성사될 가능성이 높지만, 여러 문화재를 교환의 대상으로 할 때에는 그 대상과 가치에 대해 교환합의를 하기가 매우 어렵다. 제1장 프롤로그《장면 1》에서 보았듯이 외규장각 의궤의 반환협상과정에서 프랑스 정부는 우리 정부에 '등가등량의 교환원칙'을 주장하면서 의궤를 돌려주는 대신 그에 상응하는 가치와 분량의 문화재를 내놓을 것을 요구하였으나, 결국 교환의 합의는 성사되지 못하였다.

셋째, 시간에 따른 공유(time sharing) 방식이다. 이것은 문화재의 반환을 요구하는 측과 당해문화재를 보유하고 있는 측이 소유권의 측면에서 권리가 대등한 경우, 해당 문화재를 일정 기간 교대하여 공유하도록 하여 어느 쪽도 권리를 잃지 않도록 함으로써 이상적이고 공평한 해결을 꾀하고자 하는 방식이다. 이러한 방법은 양국의 박물관 및 기타 유사기관의 시설이나 설비 등이 동일한 수준일 경우에 가능하다. 실제로 뉴욕 메트로폴리탄 미술관(Metropolitan Museum of Art)은 신(新)수메르(Neo-Sumerian) 시기에 제작된 조각의 머리 부분을 가지고 있었고, 파리의 루브르(Louvre) 박물관은 상기 조각의 몸체 부분을 가지고 있어서 두 박물관은 각각의 물품에 대한 소유권은 유지한 채로 두 부분을 결합하여 완전한 상태로 각각의 박물관에서 돌아가면 전시하기로 협정을 맺어 실행하고 있다.

넷째, 장기대여(long term loan)는 문화재의 반환을 위한 청구가 상당한 이유가 있을 때, 청구국에의 소유권은 인정하면서도 현실적으로 반환이 불가능하거나 여건이 현실적으로 합당하지 않은 상황 등을 고려하여 피청구국이 청구국에게 해당문화재를 장기간 대여하는 형식으로 문화재를 반환하는 방식이다. 2006년 독일의 성 오틸리엔(Sankt Ottilien) 수도원에서 보유 중이던 겸재 정선의 화첩이 성베네딕도회 왜관수도원으로 영구임대의 형식으로 반환된 것이 대표적인 사례이다.39 또한 본서 I. 프롤로그《장면 1》에서 살펴본 바와 같이 외규장각 의궤도 5년 단위로 갱신되는 임대의 형식으로 프랑스로부터 돌려받은 것이다.

다. 반환과 관련하여 문제되는 제도

문화재에 대한 반환이 국가간의 협정이나 기관 간의 협상으로 이루어지거나, 또는 호의적인 기증에 의해서 이루어지는 경우에는 반환과정에서의 기술적인 절차문제를 제외하고는 특별한 법적 분쟁의 여지는 없다. 그러나 문화재의 반환문제가 법정에서 다투어지게 되면 다음과 같은 제도들이 중요한 쟁점으로 떠오르게 된다. 첫째, 문화재의 반환을 청구하는 근거되는 권리가 일정 기간 행사되지 아니하였다면 시효로 소멸하는지가 문제된다. 만약 시효로 소멸하게 된다면 더 이상의 반환청구권의 행사는 의미가 없기 때문이다(소멸시효제도). 둘째, 소멸시효와 반대로, 오랜 기간 문화재를 점유하여 왔던 자는 비록 그가 문화재에 관한 진정한 소유자가 아니었더라도 오랜 기간의 점유에 터 잡아 문화재에 대한 소유권을 인정받을 수 있는지가 문제된다(취득시효제도). 셋째, 현재의 보유자가 선의로 취득한 경우에 현재의 보유자가 소유권을 취득하게 되는지 아니면 이 경우도 원소유자는 문화재의 반환을 주장할 수 있는지가 문제된다(선의취득제도). 넷째, 만약 현재 문화재를 보유한 자가 정확한 경위를 알 수 없이 취득하거나 현재의 보유상태가 적법한 것인지 아니면 불법한 것인지 명확하지 아니할 때 현재의 보유상태에 대한 적법성 또는 불법성을 누가 입증해야 하는지가 문제된다(입증책임제도). 다섯째, 만약 현재 문화재의 보유자가 선의로 취득한 상태에서 이

39　이 사례에 대해서는 제3절 [문화재의 주요 반출 및 반환 사례] Ⅲ. [우리나라 사례] 2. [오틸리엔 수도원 겸재 정선 화첩]에서 상설한다.

를 원소유자가 반환받게 된 경우에 현재의 보유자에게는 어떠한 보상을 해 주어야 하는지가 문제된다(보상제도). 여섯째, 특히 문화재가 외국으로 반출된 경우에 위와 같은 법적 문제들은 어느 나라의 법률로 해결해야 하는지가 문제된다(준거법제도).

제2절

문화재에 대한 상반된 관점

I 문화국가주의와 문화국제주의

1 상반된 시각

가. 문제의 제기

세계적으로 유명한 박물관에는 세계적인 문명지에서 유래한 다양한 유물들이 전시되어 있다. 예컨대 대영박물관(The British Museum) 제18실은 일명 '그리스 파르테논 전시실'(Greece Parthenon Gallery)인데, 이곳에는 그리스 아테네에 소재하는 파르테논 신전에 장식되어 있었던 각종 조각물들이 전시되어 있다. 또한 프랑스 루브르 박물관(Musée du Louvre)에는 고대 이집트 유물들만을 전시하는 건물을 따로 두고 있으며, 프랑스 국립기메동양박물관(Musée national des Arts asiatiques-Guimet)은 우리나라를 포함한 아시아 각국에서 유래한 다양한 유물들로 채워져 있다. 이러한 유수의 박물관에 전시된 문화재들을 보면서 한번쯤 이렇게 많은 문화재들은 도대체 어떻게 이곳에 오게 되었는지 그리고 이들 문화재의 출처국은 이에 대해 어떠한 입장인지 궁금해할 수 있다. 또 다른 예로 일본의 텐리대(天理大) 중앙도서관에는 조선시대 화가 안견(安堅)이 안평대

군(安平大君)의 꿈을 그렸다고 전해지는 몽유도원도(夢遊桃園圖)가 소장되어 있다. 몽유도원도는 일본의 회화 부문 중요문화재(159점의 국보 포함)의 하나로 지정될 만큼, 일본에서도 매우 중요한 문화재로 다루어지고 있다. 그렇다면 몽유도원도를 과연 '우리' 문화재라고 할 수 있는지 의문이 들게 된다. 이러한 의문의 바탕에는 문화재를 바라보는 시각의 차이가 깔려 있다. 문화예술법의 체계를 구축한 미국의 법학자 존 헨리 메리맨(John Henry Merryman) 교수는 문화재를 어떻게 바라볼 것인가에 대해서는 크게 두 가지 서로 다른 관념이 존재할 수 있다고 주장한다.[40] 즉 문화재를 인류 공동의 유산으로 볼 것인가 아니면 한 국가의 문화유산의 일부로 볼 것인가 하는 상반된 관점의 차이가 존재할 수 있다는 것이다. 그는 문화재의 인류보편적 가치를 중시하는 생각을 문화국제주의(cultural internationalism)라고 하고 문화재를 한 국가의 일부로 여기는 생각을 문화국가주의(cultural nationalism)라고 부른다. 이하에서 그 내용을 좀 더 자세히 살펴본다.

스탠포드 로스쿨 재직 당시
John Henry Merryman교수
(1920 ~ 2015)
(출처: Stanford Law School)

나. 문화국제주의

문화국제주의(cultural internationalism) 또는 문화재국제주의(cultural property internationalism)는 문화국가주의와 상반된 입장이다. 문화국제주의란 문화재는 예술적·고고학적·인류학적·역사적 산물로써, 그에 대한 권리나 국가의 관할권으로부터 독립하여 인류 공동의 문화적 구성물로 보

---

40 John Henry Merryman, Two Ways of Thinking about Cultural Property, The American Journal of International Law, Vol. 80, No. 4. (Oct., 1986), p. 831.

아야 한다는 관점을 말한다.41 다시 말하자면, 문화국제주의는 문화재가 어디에서 유래한 것인지 혹은 현재 어느 곳에 존재하는지를 가리지 않고, 문화재를 인류 공동의 유산으로 보아야 한다는 입장이다. 즉, 모든 인류는 문화재가 어떠한 것이든 혹은 어느 지역에서 유래한 것이든 상관없이 문화재를 보존하고 향유할 이익을 가지고 있다는 것이다.42

문화국제주의는 문화국가주의의 입장과 달리 문화재가 특정한 국가 또는 민족의 정체성과 결부된 것으로 보지 않기 때문에, 문화재가 특정 국가에서 기원한 문화재라는 이유로 그 국가의 문화재라는 식의 주장은 인정하지 않는다. 따라서 원래 어느 나라에 소재하였던 문화재가 어떤 사정에 의해 다른 나라의 영토에 소재하게 되었더라도, 그 문화재의 출처국으로서는 문화재의 소재국에 대해 반환을 청구하는 것이 당연시되지 않는다.

문화국제주의를 신봉하는 메리맨 교수는 문화국가주의보다 문화국제주의가 타당한 이유로 다음 세 가지를 들고 있다. 문화재의 보존(preservation)의 측면, 문화재의 통합(integrity), 문화재의 분배(distribution) 또는 접근성(accessibility)의 측면이 그것이다.43 그는 이러한 이유를 대영박물관에 소재하는 파르테논 조각상의 반환어부에 적용해서 설명하고 있는바, 이에 대해서는 본서 제3장 제2절 [누가 「파르테논 조각상」을 소유하는가?]에서 자세히 살펴본다.

41   John Henry Merryman, Ibid.

42   John Henry Merryman, Cultural Property Internationalism, Int'l Journal of Cultural Property, Vol. 12 Issue 1 (2005), p. 11.

43   John Henry Merryman, Thinking about the Elgin Marbles, Mich. L. Rev. Vol. 83 (1984) p. 1917.

다. 문화국가주의

문화국가주의(cultural nationalism)[44] 또는 문화재국가주의(cultural property nationalism)란 문화재는 한 국가 또는 민족의 문화유산의 일부를 형성하고 있다고 보는 시각이다.[45] 메리맨 교수의 설명에 의하면, 문화국가주의는 문화재로 하여금 어느 국가 또는 민족에게 특별한 이익(special interest)을 부여하고, 문화재의 소재나 보유 여부와 관계없이 문화재를 특정한 국가 또는 민족적 성격과 결부시킨다. 이에 따라 문화국가주의는 어느 국가로 하여금 문화재의 반출을 통제할 수 있도록 하고 나아가 문화재의 송환(repatriation)을 요구할 수 있는 근거를 제공한다.[46] 문화국가주의는 문화재가 한 국가 또는 민족의 정체성과 결부되어 있다고 보기 때문에 문화재는 그 문화재의 기원이 되는 국가의 소유로 인정하여야 한다는 것이다. 문화국가주의에 의하면 문화재는 특정한 국가 또는 민족의 문화와 특별한 연관성을 가지고 있기에, 만약 문화재가 그들의 영토로부터 부당하게 반출되면 그 문화재에 특별히 담겨진 국가적·민족적 연관성이 심각하게 훼손될 수 있다. 따라서 문화국가주의는 문화재가 현재 어디에 소재하든지 혹은 누구의 소유로 되어 있는지와 무관하게 그 문화재가 유래한 국가에 귀속되어야 한다는 입장이다.

문화국가주의에 다소 비판적 입장을 취하고 있는 메리맨 교수에 의하면, 문화국가주의의 논거는 문화재가 본질적으로 가지고 있는 문화적 가치 외에도 다음 두 가지 가치와 연관되어 있다고 한다.[47] 하나는 문화재에 대한 경제적 가치이고, 다른 하나는 정치적 가치이다. 문화

---

44 이를 '문화민족주의'라고 번역하기도 한다. 예컨대 이보아, 『루브르는 프랑스 박물관인가』, 민연, 2002, 153면 참고.

45 Lisa J. Borodkin, The Economics of Antiquities Looting and a Proposed Legal Alternative, Columbia Law Review, Vol. 95 Issue 2 (1995), p. 377.

46 John Henry Merryman, Two Ways of Thinking about Cultural Property, p. 832.

47 John Henry Merryman, Thinking about the Elgin Marbles, Mich. L. Rev. Vol. 83 (1984), p. 1914.

적 가치와 경제적 및 정치적 가치는 서로 구분되는 것이지만, 문화국가
주의 관점에서는 서로 밀접한 관련성이 있다는 것이다. 즉, 오늘날 문
화재는 단순히 한 국가 또는 민족의 정체성을 상징하는 것에 그치지 않
고 막대한 경제적 가치를 창출하는 재화의 역할을 하고 있다. 세계적으
로 유명한 문화재 내지 문화유산을 보유하고 있으면 그것이 하나의 관
광산업을 창출할 수도 있기 때문에 국가로서는 외국에 소재하는 문화
재를 자국의 것으로 삼을 필요가 있다는 것이다. 또한 문화재는 단순히
국가의 정체성을 상징하는 것에 그치지 않고 국민들로 하여금 그 나라
의 자부심(national pride)을 고취시킬 수 있는 정치적 가치가 있다는 것이
다. 이러한 이유에서 문화국가주의는 주로 문화재를 빼앗긴 나라들이
문화재를 보유하는 나라를 상대로 문화재의 반환을 요구하는 논리로
주장된다.

2 국제협약에 있어서 문화국제주의와 문화국가주의

메리맨 교수의 설명에 의하면 문화국제주의와 문화국가주의는 국
제협약에서 문화재에 대한 개념정의에도 반영되어 있다고 한다.

우선 1954년 헤이그협약은 문화국제주의를 표방하고 있다고 한다.
동 협약의 전문에는 "모든 민족이 세계의 문화에 기여하고 있으므로 어
떤 민족에 속한 문화재인지를 불문하고 문화재의 손상이 전 인류의 문
화유산의 손상을 의미"[48]하고, "문화유산의 보존은 세계 모든 민족에게
큰 중요성을 가지며, 그리하여 이러한 유산에 대한 국제적 보호가 절실
하다."[49]라고 규정함으로써, 문화재에 대한 국제적 보호주의를 기본착

---

[48] "... damage to cultural property belonging to any people whatsoever means
damage to the cultural heritage of all mankind, since each people makes its
contribution to the culture of the world." (밑줄은 필자가 강조를 위해 친 것임)

[49] "... the preservation of the cultural heritage is of great importance for all peoples

상으로 하고 있다.

그에 반해 1970년 UNESCO협약은 문화국가주의를 기반으로 하고 있다고 한다. 그것은 동 협약의 전문에 드러나 있는데, "문화재는 문명과 국민문화의 기본요소의 하나를 이루며, 그 참된 가치는 그 기원, 역사 및 전통적 배경에 관한 가능한 모든 정보와 관련하여서만 평가될 수 있음"50을 고려하고, "자국의 영역 내에 존재하는 문화재를 도난, 도굴 및 불법적인 반출의 위험으로부터 보호하는 것은 모든 국가에 부과된 책임"51이라고 표현하고 있다. 이는 문화재의 국가적 특성을 강조한 것이다. 나아가 동 협약 제3조는 문화재의 반입·반출·소유권의 양도가 불법한(illicit) 것인지의 여부를 협약의 당사국에 의해서 채택된 법규에 위반하였는지에 따라 판단하도록 하였다.52 다시 말하면, 협약은 문화재의 반입·반출 등이 합법인지 불법인지를 협약당사국에게 그들의 국내 법규에 의해 판단할 수 있도록 하는 권한을 부여하였다.53

한편 1995년 UNIDROIT협약은 문화국제주의를 기반으로 하는 것인지 아니면 문화국가주의에 입각한 것인지에 대해서는 1954년 헤이그협약 및 1970년 UNESCO협약과는 달리 선명하게 드러나지 않는다.

---

of the world and that it is important that this heritage should receive international protection." (밑줄은 필자가 강조를 위해 친 것임)

50 "… cultural property constitutes one of the basic elements of civilization and national culture, and that its true value can be appreciated only in relation to the fullest possible information regarding its origin, history and traditional setting." (밑줄은 필자가 강조를 위해 친 것임)

51 "… it is incumbent upon every State to protect the cultural property existing within its territory against the dangers of theft, clandestine excavation, and illicit export." (밑줄은 필자가 강조를 위해 친 것임)

52 "The import, export or transfer of ownership of cultural property effected contrary to the provisions adopted under this Convention by the States Parties thereto, shall be illicit."

53 John Henry Merryman, Two Ways of Thinking about Cultural Property, p. 844-845.

3 소결

문화재가 다른 일반 재화와는 달리 불융통물(res extra commercium)로서의 성격을 가진다고 하더라도, 문화재를 어떤 관점으로 바라보는가는 문화재의 환수 및 보유의 논리와 직결된다. 즉, 문화재를 바라보는 관점의 차이에 따라 과거 불법하게 반출되어 현재 세계 유수의 박물관에 보존·전시되어 있는 문화재에 대해 반환을 요구할 수 있는 논리로 혹은 그와 반대로 현재 상태와 같은 문화재 보유를 정당화하는 논리로 갈라지게 된다. 문화국가주의는 문화재의 국가 또는 민족 정체성을 강조함으로써 과거 불법 반출된 문화재의 반환을 요구할 수 있는 논리적 기반을 제공하는 데 반해, 문화국제주의는 문화재의 인류보편적 가치를 강조함으로써 현재 상태대로 문화재의 보유를 인정하자는 논리로써 주장된다. 메리맨 교수가 문화재를 바라보는 2가지 관점의 논리를 설파한 것은 예리한 분석이라고 할 수 있다. 그렇지만 문화재를 바라보는 시각이 문화국제주의나 문화국가주의로 엄격하게 나누어질 수 있는 것인지에 대해 필자는 의문을 가지고 있다. 문화재의 보호를 목적으로 하는 국제협약에서도 문화국제주의적 시각에서 접근하기도 하고(1954년 헤이그협약의 경우) 혹은 문화국가주의적 시각에 기반을 두기도 하는(1970년 UNESCO협약의 경우) 것은 양측 논리가 서로 배척되거나 병존할 수 없는 논리가 아니라는 것을 방증하는 것일 수 있다. 특히 문화국가주의는 문화재 원산국을 대변하는 논리이고 문화국제주의는 문화재 유입국을 대변하는 논리라는 공식으로 단순화하는 것은 옳지 않다고 생각한다. 요컨대 문화국제주 혹은 문화국가주의가 주장하는 바는 어느 쪽이 좀 더 설득력이 있느냐의 문제이지, 어느 쪽이 옳고 다른 쪽은 틀렸다고 판단할 수 있는 성질의 것은 아니다. 문화국제주의와 문화국가주의에 대한 보다 구체적인 필자의 의견은 본서 제3장 제2절 [누가 「파르테논 조각상」을 소유하는가?]에서 밝히기로 한다.

Ⅱ 문화재의 자유로운 이동에 대한 찬반론

문화국제주의와 문화국가주의의 연장선상에서 문화재에 대해서도 자유로운 국제적인 이동(free international movement)을 인정할 것인가에 대해 논란이 있다.[54]

1 찬성론

우선 찬성론자들이 드는 논거를 살펴보면 다음과 같다.

첫째는 국제자유무역(international free trade)의 입장에서 주장된다. 제2차 세계대전 후 국제사회는 1947년 「관세 및 무역에 관한 일반 협정」(General Agreement on Tariffs and Trade: GATT[55])과 1957년 「로마조약」(Treaty of Rome[56])을 탄생시키면서 국제무역을 위해 무역장벽을 제거하는 것을 원칙으로 삼게 되었다. 이에 따라 관세조치뿐만 아니라 수출통제와 같은 비관세조치 등 각 나라마다 설정된 무역장벽들은 철폐하도록 요구되었다. GATT나 로마조약은 이러한 전제에 입각하고 있지만, "국가의 문화재"(national cultural treasures)에 대해서는 그 예외를 인정하고 있다.[57] 그

---

54 이에 관한 논쟁에 관해서는 Patty Gerstenblith, Art, Cultural Heritage, and the Law, 3rd Edition (Durham, North Carolina: Carolina Academic Press, 2012), 626면 이하를 참고하였음.

55 GATT는 회원국들의 관세장벽과 수출입장벽을 제거함으로써 국제무역과 물자교류를 증진시키기 위해 1947년 제네바에서 미국을 비롯한 23개국이 조인한 무역협정이다. 한국은 1967년 정회원국이 되었으며, 현재는 세계무역기구(WTO)의 창립으로 종식되었다.

56 로마조약은 1957년 프랑스, 서독, 이탈리아 및 베네룩스삼국 등 6개국 사이에 유럽경제공동체(EEC)의 설립을 목적을 체결된 조약이다. 이에 회원국들은 단일공동시장의 완성을 위해 지역 내의 노동과 자본 이동의 자유를 보장하고 관세를 철폐하는 등 일련의 경제통합 조치들을 취하게 된다.

57 GATT Article XX (f) 및 로마조약 Article 36 참고.

렇지만 GATT나 로마조약의 어디에도 '국가의 문화재'에 대한 개념정의도 없을 뿐만 아니라, 어떤 것들이 그 카테고리에 해당하는지에 대해 규정된 바 없고 학문적인 합의도 보지 못하였다는 것이다. 이러한 상황에서는 문화재도 자유무역의 대상에서 완전히 제외될 수 없다고 한다.

둘째는 문화재의 취득자의 입장에서 주장된다. 여기서 취득자란 박물관, 수집가 그리고 무역상 등이 해당된다. 이들의 이해관계는 조금씩 다르지만, 공통적인 입장은 문화재의 국제거래를 옹호하고 문화재 원산국(source nation)의 수출제한에 반대한다는 것이다. 특히 박물관 측에서는 문화재의 연구와 전시를 위해서는 문화재의 취득과 보존이 자유로워야 하며, 만약 문화재의 이동이 제한을 받는다면 문화재를 취득할 수 있는 기회는 극히 제한될 수밖에 없다고 주장한다. 이러한 논리는 문화재의 수집가나 경매회사의 입장에서도 마찬가지이다. 이들은 문화재가 자유롭게 이동할 수 있다면, 문화재는 종국적으로 문화재의 가치를 가장 높게 평가하는 곳으로 이동하게 될 것이고 그에 따라 그러한 곳에서 문화재는 가장 잘 보존될 수 있다고 주장한다. 만약 각국이 문화재의 이동을 막는 조치를 취하게 된다면 문화재가 잘 보존되기보다 문화재가 암시장(black market)으로 흘러들어갈 가능성이 커진다고 한다.

셋째는 문화국제주의자(cultural internationalist)의 입장에서 주장된다. 메리맨 교수에 의하면 이미 지난 2세기 전 카트르메르 드 깽시(Quatremère de Quincy)[58]가 나폴레옹이 유럽을 정복하면서 문화재를 무차별적으로 약탈하는 것에 반대하면서 나폴레옹 휘하의 미란다(Miranda) 장군에게 보냈던 편지의 다음과 같은 구절에서 문화국제주의의 사상을 간취할 수 있다고 한다: "예술과 과학은 전체 유럽의 것이지 더 이상 어느 나라의 전유물이 아니다. (중략) 나는 모든 이들이 이를 보존할 이익을 가지고 있다고 주장한다. 그 이익이란 문명에 관한, 안녕과 행복의 수단으

---

58 Antoine-Chrysostôme Quatremère de Quincy는 1755에 프랑스에서 출생하여 1849에 사망한 당대 최고의 고고학자이자 건축이론가이다.

로서의 완전함에 관한, 교육과 사상의 진보에 관한 그리고 인간의 조건의 개선에 관한 이익이다. 이러한 것에 기여할 수 있는 모든 것들은 결국 모든 사람들에게 속하는 것이지 어느 누구도 이를 독단적으로 처분할 수 있는 권리는 없다."[59] 이러한 문화국제주의적 시각에서는 문화재가 특정 국가의 전유물로 될 수 없기 때문에 문화재를 더 잘 보존할 수 있는 곳으로 이동을 허용하여야 한다는 논리로 귀결된다.

2 반대론

문화재에 대해서도 자유로운 국제이동을 반대하는 주장은 크게 2가지 논리로 대변된다.

첫째는 문화재 원산국(source nation)의 입장이다. 대부분의 문화재반출지 국가들 및 UNESCO는 기본적으로 문화국가주의의 입장을 취하고 있다. 그들은 문화재가 한 국가의 역사와 문화 및 국가의 정체성과 결부되어 있다고 주장한다. 그러한 취지에서 그들은 문화재(cultural property)라는 표현보다 주로 문화유산(cultural heritage) 또는 문화전승(cultural patrimony)이라는 표현을 사용하고 문화재의 유지(retention)라는 표현보다 문화재의 보호(protection)라는 표현을 선호한다. 이러한 관점에 의하면 어느 국가의 영토 내에서 사적으로 취득한 문화재라고 하더라도 그것은 그 영토 내에 머물러야 하는 것이며, 만약 이를 벗어나게 되면 반환하도록 해야 한다. 또한 다른 나라는 원산국의 수출통제 조치를 존중하여 이를 준수해야 한다는 것이다.

둘째는 고고학자들의 입장이다. 고고학자들은 유적지에 매장된 유

---

59 Quatremère de Quincy, Lettres au général Miranda sur le déplacement des monuments de l'art de l'Italie, Paris 1989, pp. 88-89. [John Henry Merryman, Cultural Property Internationalism, Int'l Journal of Cultural Property, Vol. 12 Issue 1 (2005), 15면에서 재인용].

물들을 도굴하거나 밀반출하게 되면 유적지가 가지고 있는 보존의 가치나 유물과의 일체성 및 유적지의 전체적인 맥락 등이 파괴되는 것이므로 유물의 반출을 허용해서는 안 된다는 것이다. 이들의 시각에 의하면 부유한 나라의 박물관, 수집가 및 거래상들에게 유물이 공급됨으로써 결국 그들이 유적지의 파괴에 따른 책임을 져야 한다는 입장이다. 고고학자들은 이른바 유물시장(antiquity market)이라는 표현을 싫어하고 유물을 사고파는 행위나 상업화(commercialization)는 문화재의 파괴를 초래하게 되므로 유물의 수출통제에 대해 더욱 강력한 국가적 조치와 국제적인 공조가 있어야 한다고 주장한다.

3 소결

　문화재도 하나의 재화로써, 일반적인 물건과 똑같이 취급한다면 문화재의 자유로운 이동을 반대해야 할 이유는 없을 것이다. 그렇지만, 앞서 살펴본 바와 같이 문화재는 불융통물(res extra commercium)로서의 특성을 가지기 때문에 문화재의 이동은 다른 물건에 비해 제한될 수밖에 없다. 문화재의 자유로운 국제적인 이동에 찬성할 것인지 혹은 반대할 것인지에 대한 논리도 앞서 본 문화국제주의와 문화국가주의의 논리적 기반이 깔려 있다. 그렇지만 이에 대해서도 문화국제주의는 문화재의 자유로운 이동 찬성론으로 그리고 문화국가주의는 문화재의 자유로운 이동 반대론으로 단순하게 연결시킬 것은 아니다. 필자는 이에 대해 다음과 같은 2가지 요소가 중요한 판단기준이라고 생각한다.
　첫째, 문화재를 인류공동의 유산으로 보든 혹은 한 국가의 정체성의 상징으로 보든 과연 어떤 상황이 문화재의 보존을 위해 바람직한가 하는 점이다. 이에 대해 찬성론자들은 문화재의 자유로운 이동이 가능해야지만 문화재의 가치를 가장 높게 평가하는 곳에서 잘 보존될 수 있다고 주장한다. 한편으로는 일리 있는 주장이긴 하지만, 만약 그러한 논리라면 각국의 문화재는 가장 부유한 국가의 박물관에서만 존재하게 될 것이며, 보존이라는 미명하에 문화재는 출처지와의 전체적인 맥락과는 유리된 채, 그저 예술적 가치를 가진 볼거리의 하나로 전시될 뿐이다. 만약 문화재가 출처지와의 맥락 속에서 이해될 수 있고 또한 그곳에서도 잘 보존될 수 있는 사정이라면 당연히 원래의 출처지에서 보존되는 것이 타당하다. 예컨대 원래 국보 제20호 불국사 다보탑에 있었으나 일제강점기에 사라진 돌사자가 어느 외국의 박물관에서 발견되었다고 가정하자.[60] 그 돌사자는 다보탑과의 결합된 전체적인 맥락에서 충분한 존재의 의미를 가지게 되는 것이지, 다보탑과 유리된 채 박물관에 소재하고 있다면 외국박물관의 큐레이터 눈에 그것은 그저 출처불명인 동물모양의 조각상으로 여겨지게 될 뿐이다.

다보탑에는 기단 모서리 네 곳에 돌사자가 있었으나(좌측 사진: 출처 조선고적도보), 일제강점기 때 세 점은 사라지고 현재는 한 점만 남아 있다(우측 사진: 출처 국가유산청).

---

60 원래 다보탑에는 네 곳의 계단위에 전부 사자상이 있었으나, 1916년경 2구가 1929년경 1구가 사라져 현재 1구만이 존재한다. 이에 대한 자세한 설명은 혜문, 『빼앗긴 문화재를 말하다』, 작은숲, 2012, 131면 이하 참조.

둘째, 문화재를 불융통물(res extra commercium)로 인정하는 나라의 법규를 존중하여야 한다는 점이다. 예컨대 A국의 법률에서 불융통물로 지정된 문화재가 B국에서 유통되고 있다고 가정한다면, 비록 B국이 문화재의 자유로운 유통을 허용하는 국가이더라도 A국의 법규를 존중하여 그에 대한 거래를 금지하는 것이 바람직하다. 예컨대 제1장 [프롤로그] 《장면 2》에서 보았듯이, 2009년 프랑스 파리 크리스티 경매장에 1860년 제2차 아편전쟁 당시 중국 원명원(圓明園)에서 유실된 쥐머리·토끼머리 청동유물이 매물로 출품되자, 중국의 변호사단이 크리스티를 상대로 경매의 중단을 요구하는 가처분소송을 제기하였다. 이 사건은 이후 유물의 매수인이 이를 중국정부에 기증함으로써 종결되었지만, 앞으로도 문화재의 불법유통을 금지하려는 원산국과 문화재의 자유거래를 허용하려는 반입국 사이의 상반된 가치가 언제든지 충돌될 수 있음을 알려주는 상징적인 사건이라고 할 수 있다.

문화재의 자유이동에 찬반론도 종국적으로는 문화국제주의와 문화국가주의와 연결되어 있는바, 이에 대한 필자의 구체적인 의견은 본서 제3장 제2절 [누가 「파르테논 조각상」을 소유하는가?]에서 밝히기로 한다.

제3절

문화재의 주요 반출 및 반환 사례

Ⅰ 개설

　인류의 역사는 어쩌면 개인과 개인의 분쟁 나아가 국가대 국가의 분쟁의 연속이라고 하여도 과언이 아니다. 특히 전쟁을 수반한 국가 간의 분쟁에서는 일종의 전리품으로써, 혹은 약탈이나 도난의 대상으로써 문화재가 대량으로 반출되기도 한다. 오늘날의 시각에서 이러한 문화재 반출이 불법이라는 것은 자명하다. 불법적으로 반출된 문화재는 여러 경로를 거쳐 은밀히 유통되다가 결국은 박물관이나 개인수집가에게 귀착되게 되는데, 이후 그러한 문화재의 소재가 밝혀지면서 문화재 반환분쟁으로 비화되는 것이 일반적이다.

　그러한 분쟁은 국가 대 국가 사이에서 발생하는 경우도 있고 개인 대 개인 사이 혹은 개인 대 국가 사이에 발생하는 경우도 있다. 예컨대 파르테논 조각상의 반환을 둘러싸고 그리스 정부와 영국 정부 사이의 분쟁은 국가 대 국가 사이의 분쟁사례이다. 구스타프 클림트가 그린 작품의 상속권을 주장하는 마리아 알트만과 오스트리아 정부와의 분쟁은 개인 대 국가 사이의 분쟁사례이다. 그리고 고려시대 제작된 관세음보살좌상의 소유권을 둘러싸고 한국의 서산부석사와 소송에서 피고(대한민국 정부)측에 보조참가한 일본 관음사 사이의 분쟁은 개인 대 개인의 분쟁이라고 할 수 있다. 이들 분쟁 사례에 대해서는 법리적뿐만 아니라 학리적으로도 매우 중요한 쟁점들을 많이 담고 있어서 본서 제3장 [누가 과거를 소유하는가?]에서 상세하게 다룬다. 이하에서는 문화재의 반출 및 반환과 관련하여 다투어진 수많은 사례 중에서, 문화재반환분쟁의 발생현상과 이에 수반되는 기본적인 쟁점들을 이해할 수 있는 리딩케이스들을 선별하여 살펴본다.

세계 각국에서 발생한 문화재 반환분쟁의 사례와 그 해결과정 및 법적 쟁점들에 대해 보다 자세하게 알고 싶은 독자들은 스위스 제네바(Geneva)대학 미술법센터(Art-Law Centr)의 레놀드(Marc-André Renold) 교수가 운영하는 ArThemis 데이터베이스[61]를 이용할 것을 권한다.

Ⅱ 해외 사례

1 모나리자

불법 반출된 문화재의 환수와 관련하여 가장 대표적으로 언급되는 사례가 루브르 박물관에 소재한 모나리자(Mona Lisa) 도난사건이다.

1911년 8월 21일 루브르 박물관에 전시되어 있던 모나리자가 감쪽같이 사라졌다. 다음날에도 박물관 직원들은 이러한 사실은 알아채지 못했다. 그림이 도난되었음은 매일 루브르 박물관을 찾아와 모나리자

---

61 https://plone.unige.ch/art-adr

Vincenzo Peruggia(1881-1925)
사진은 도난사건이 발생하기 전
1909년경 이탈리아 경찰이 찍은
머그샷(출처: WIKIPEDIA)

를 스케치하던 루이 페로였다. 그는 모나리자가 제자리에 없자 박물관 측에서 사진촬영 등의 이유로 잠시 그림을 떼어놓은 것으로 생각하고 다시 전시될 때까지 기다렸으나 시간이 지체되자 이를 박물관에 문의하였는데, 그제야 박물관 측에서도 그림이 도난되었음을 인지하게 되었다. 이에 루브르 박물관은 도난 사실을 경찰이 신고하여, 60여 명의 형사들이 동원되어 그림의 수색과 조사에 나섰으나, 그 단서를 발견하지 못하였다. 언론은 모나리자 도난사건으로 연일 대서특필하였지만, 그림의 행방은 오리무중이었다.

2년이 지난 1913년 11월 어느 날 이 사건은 이탈리아에서 새로운 국면을 맞이한다. 피렌체의 미술품수집가 알프레드 제리는 의문의 편지를 받게 된다. 편지에는 '내가 루브르에서 훔친 레오나르도 다 빈치의 모나리자를 가지고 있으며, 다 빈치는 이탈리아 사람이므로 모나리자를 이탈리아에 돌려주고 싶다'는 내용이었다. 편지를 보낸 이는 빈센초 페루자(Vincenzo Perugia)이다. 제리는 페루자에게 즉각 만날 것을 제안하였고, 그를 만나 모나리자의 진위를 확인한 결과, 페루자가 가지고 있던 그림이 루브르에서 도난된 그림의 진품임을 확인하였다. 이후 신고를 받은 경찰은 페루자의 숙소를 급습하여 그를 체포하고 그림을 확보하게 된다. 모나리자를 되찾았다는 소식은 언론을 통해 속보로 타전되었고, 1914년 1월 4일 마침내 모나리자는 루브르로 되돌아오게 된다.

    빈센초 페루자가 모나리자를 손쉽게 훔칠 수 있었던 것은 루브르
박물관에서 유리공으로 일했던 경험 덕분이다. 루브르 박물관은 작품
이 손상되는 것을 막기 위해 유리 덮개 공사를 진행하였는데, 그 작업
에 페루자가 몇 주 동안 참여하면서 박물관의 구조와 전시실의 보안상
황 등을 상세히 알 수 있었기 때문이다. 그는 이탈리아에서 체포될 당
시에도 모나리자를 훔친 것이 이탈리아의 국익을 위한 것이므로 이탈
리아 정부가 자기한테 후한 포상금을 하사할 것으로 믿었다고 한다.[63]
그는 이탈리아의 지방원에서 1년 15일의 형을 선고 받았지만, 항소심
에서는 징역 7개월로 감형되었다. 재판과정에서 그는 나폴레옹이 모
나리자를 이탈리아에서 훔쳐갔으니, 그가 한 도둑질은 과거의 잘못을

---

62   출처: https://commons.wikimedia.org/wiki/File:After_photo_for_the_return_of_
      Gioconda_at_the_Louvre_Museum_1914.jpg
63   R.A.스코티 지음/이민아 옮김, 『사라진 미소』, 시사IN북, 2010, 227면.

바로 잡기 위함이라고 주장하였다. 이에 이탈리아 국민들은 그를 단순한 절도범이 아닌 국민영웅으로 칭송하기도 하였다. 그러나 페루자가 주장한 바는 사실과 다르다. 모나리자는 레오나르도 다 빈치(Leonardo da Vinci)가 1503년 10월에 모델인 리사 델 지오콘도(Lisa del Giocondo)의 초상화로 그리기 시작하여 미완의 상태로 보관하고 있다가 프랑스 국왕 프랑수아 1세(François 1)의 초청으로 프랑스로 이주한 후에도 조금씩 작업을 하여 1517년경에 프랑스에서 그림을 완성하여 프랑수아 1세가 구입한 것으로 알려져 있다. 정확한 그림의 완성시기와 구매과정에 대해서는 논란이 있지만, 나폴레옹이 약탈한 그림이 아니라는 것은 분명하다.

법적인 관점에서 이 사건은 아주 단순하다. 단지 예술품의 절도사건에 불과한 것이고 페루자는 한낱 절도범일 뿐이다. 그렇지만 상당수 이탈리아 국민들은 그를 영웅시하고 있다. 이는 다른 물건과 달리 문화재에 대해서는 민족감정이 개입되어 문화재의 반환분쟁에 대해서는 일반인의 법감정과 법률가의 직업적인 법적 판단에 상당한 괴리가 있을수 있음을 암시하고 있다.

오늘날에도 모나리자는 루브르 박물관에서 관람객들로부터 인기를 독차지하고 있다.
(출처: 필자 사진)

현재 특수 제작된 유리액자에 전시되어 있는 모나리자
(출처: 필자 사진)

2 보가즈쾨이 스핑크스

2011년 독일정부는 독일 베를린에 소재하는 페르가몬 박물관(Pergamonmuseum)에 전시되어 있던 보가즈쾨이 스핑크스(Boğazköy Sphinx)를 튀르키예 정부에 자발적으로 양도하기로 결정하였다. 튀르키예에 있었어야 할 보가즈쾨이 스핑크스가 독일의 페르가몬 박물관에 있었던 경위는 다음과 같다. 보가즈쾨이는 히타이트(Hittites) 제국의 수도 하투샤(Hattusha)의 소재지이다. 1910년 튀르키예 정부의 유적발굴사업을 지원하던 독일 고고학연구소(German Archaeological Institute)는 보가즈쾨이 유적지에서 1만 개가 넘는 설형 문자 석판과 히타이트 석상 스핑크스 2점을 발견하게 된다. 이 유물들은 복원과 목록화를 위해 일시적으로 독일로 보내졌는데, 대부분의 석판과 스핑크스 석상 한 점은 튀르키예로 다시 돌아왔지만, 다른 한 점의 스핑크스 석상은 고대 근동지역 예술품을 전시하는 페르가몬 박물관에 남겨졌다. 1986년 튀르키예 정부는 UNESCO 산하 불법문화재 반환촉진 정부간위원회(ICPRCP)에 공식적으로 반환 요청서를 제출하였다. 이후 1987년부터 독일 정부와 튀르키예 정부는 반환협상에 돌입하였다. 협상

베를린 소재 페르가몬 박물관 내부 전경[64]

과정에서 독일은 스핑크스의 복제본을 정교하게 제작하여 이를 튀르키예에 전달하는 것으로 반환에 갈음하는 안을 제시하였지만, 오히려 튀르키예 정부는 원본을 반환하면 복제본을 제작하여 페르가몬 박물관에 기증하겠다고 주장하는 등 양측은 팽팽한 입장차를 보였다. 또한 협상

---

64 출처: 서터스톡(사진 ID: 2520749033)

과정에서 튀르키예 정부는 독일정부가 참여하는 기존 과학 프로젝트의 중단을 위협하며 석상의 반환을 주장하였다. 사건을 접수한 ICPRCP는 이 문제를 상호 수용 가능한 해결책으로 이끌기 위해 가능한 한 빨리 포괄적인 양자 협상을 개최할 것을 당사국들에게 요청하여, 2011년 5월 양측은 "자발적인 우정의 표시로 석상을 튀르키예로 인도한다"는 내용의 양해각서에 서명하게 되었다. 2011년 7월 27일 마침내 보가즈쾨이 스핑크스는 이스탄불에 도착하게 된다.

이 사건은 독일과 튀르키예 정부의 양자간 협상에 의해 해결된 것이지만, 그 과정에 UNESCO협약 내 기구인 ICPRCP가 협상의 발판을 마련해 주었다는 점에서 의미가 있다. 사안은 비교적 간단하여 특별히 법적 쟁점으로 부각될 만한 것은 없다. 다만 스핑크스의 반환이 늦어진 이유에 대해 독일은 스핑크스가 독일로 반입된 이후 제1차 및 제2차 세계대전을 겪은 후 독일이 분단되면서 페르가몬 박물관이 동독지역에 위치하고 있어서 '인도'가 지체되었을 뿐이라고 다

현재 페르가몬 박물관에 있는 스핑크스상은 튀르키예 정부에 돌려준 석상의 복제본이다.
(출처: 필자 사진)

소 궁색하게 주장한다. 특히 독일 정부는 보가즈쾨이 스핑크스의 경우 처음부터 약탈 혹은 불법 반출된 문화재가 아니었기 때문에 이를 튀르키예 정부에 돌려주는 것은 '반환'이 아니라 자발적인 '인도'임을 강조하면서 이를 다른 문화재의 반환을 위한 선례로 삼아서는 아니 되는 독특한 사례(sui generis)임을 강조하면서, 그 의미의 확산을 차단하려는 분위기이다. 거의 같은 시기에 우리나라는 프랑스 정부로부터 외규장각 의궤를 돌려받음으로써, 2011년 국제사회에서는 의궤와 보가즈쾨이

스핑크스의 반환으로 크게 주목을 받았다. 다만 의궤는 5년마다 갱신을 조건으로 하는 임대의 형식으로 반환되었지만, 보가즈쾨이 스핑크스는 조건 없이(unconditional) 소유권이 튀르키예 정부에 완전히 귀속한다는 점에서 큰 차이가 있다.

③ 아포아콤

아포아콤(Afo-A-Kom)은 카메룬의 한 부족인 콤(Kom)족이 신성시하는 목조 조각품인데, 문자적으로는 '콤족의 것'이라는 뜻을 가지고 있다. 1966년 카메룬 북부에 위치한 약 3만 명의 부족이 사는 콤 왕국의 마을인 라이콤(Laikom)의 응굼바 하우스(Ngumba House)에서 아포아콤이 도난되었다. 이 조각상을 훔친 사람은 카메룬 동부의 한 마을에서 100달러에 이를 팔았고, 이후 아포아콤은 미국으로 반출되어 미국에 있는 미술상에게 팔렸다. 이 미술상은

아포아콤(Afo-A-Kom)[65]

다시 뉴욕에 있는 퍼먼 갤러리(Furman Gallery)에 조각상을 팔았다. 1973년 퍼먼 갤러리는 아포아콤을 다트머스 대학(Dartmouth College)에 대여해 주어 다트머스 대학은 이를 전시 중에 있었는데, 이를 관람하던 콤 출신의 학자가 이것이 도난당한 아포아콤임을 알게 되었다. 이에 이러한 사실을 인지하게 된 카메룬 정부는 아포아콤의 반환을 요구하였다. 퍼먼 갤러리를 운영하던 아론 퍼먼(Aaron Furman)은 선의로(in good faith) 조

---

65 출처: https//plone.unige.ch/art-adr/cases-affaires/afo-a-kom-2013-furman-gallery-and-kom-people

각상을 구입하였다고 주장하면서 반환을 거부하였다. 아포아콤의 발견 사실이 알려지자 많은 아프리카 미술 전문가들이 이 사건에 대해 논평을 발표하였는데, 그들은 아포아콤이 콤 왕국에 반환되어야 할 귀중한 문화유산이라는 점을 강조하였다. 또한 퍼먼은 미국 국무부, 워싱턴 DC의 카메룬 대사관, 워싱턴 아프리카미술관 대표인 워렌 로빈스, 사업가이자 가봉 슈바이처병원장인 로렌스 거스만, 워너-램버트 제약회사, 버팔로 과학박물관 등 여러 기관과 사업가로부터 반환 압력을 받았다. 이들 기관과 개인은 자발적으로 기금을 마련하여 퍼먼으로부터 조각상을 구입하여 돌려주기로 하였다. 그 결과 아포아콤은 카메룬으로 반환되어 현재 라이콤 궁전에 보존되어 있다.

이 사건을 법적인 관점에서 본다면, 핵심쟁점은 아포아콤을 구입한 갤러리 대표 아론 퍼먼에 대해 '선의(good faith)'를 인정할 수 있을 것인가 하는 점이다. 퍼먼측은 20년 동안 아프리카 미술품을 사고팔아 온 기존 회사로부터 선의로 물건을 구입했다고 주장하였다. 그러나 갤러리 대표는 예술품이나 문화재를 직업적으로 거래하는 자로서 일반인에게 요구되는 주의의무(due diligence)보다 더욱 높은 수준의 주의의무를 기울였어야 한다. 즉, 그가 선의취득(good faith acquisition)을 주장하기 위해서는 조각품의 출처, 합법적인 거래 여부, 양도인의 지위 등을 조사하기 위한 조치를 취했음을 증명하였어야 한다. 1970년대에는 그러한 주의의무에 대한 요구수준이 그리 높지 않았더라도, 1999년 UNESCO에서 채택된「문화재거래자의 국제윤리강령」66 및 2004년 국제박물관협회(ICOM)의 「윤리강령」67과 같은 연성규범(soft law) 및 가입여부와 관계없이「1995년 UNIDROIT협약」제4조 제4항68에서 규정한 주의의무

---

66 정식명칭은 International Code of Ethics for Dealers in Cultural Property이다.

67 정식명칭은 ICOM Code of Ethics for Museums이다.

68 1995년 UNIDROIT협약 제4조 제4항: 점유자가 상당한 주의를 기울였는지 여부를 판단함에는 취득에 있어서의 모든 정황을 고려하여야 한다. 이에는 당사자의 인격, 지

(due diligence)의 구체적 내용 등을 고려하면 오늘날의 기준에서는 퍼먼의 선의취득 주장은 수용되기 어렵다. 또한 문화재의 불융통물(res extra commercium)로서의 성질을 고려하면, 문화재를 거래대상으로 삼을 경우에는 일반 물건의 거래보다 더욱 높은 주의의무를 기울이도록 요구함으로써 선의취득의 성립을 어렵게 하는 것이 입법론상으로나 해석론상으로도 문화재보호를 위한 올바른 방향이라고 생각한다.

④ 뒤러가 그린 초상화

바이마르 미술관(Kunstsammlungen zu Weimar) 대 엘리코폰(Elicofon) 사건으로 알려진 알브레히트 뒤러(Albrecht Dürer: 1471~1528)가 그린 두 초상화의 소유권 분쟁에 관한 이야기이다. 두 작품은 뒤러가 1499년에 그린 한스 투허(Hans Tucher)와 그의 부인 펠리치타스 투허(Felicitas Tucher)의 초상화이다.

한스 투허 초상화(왼쪽) 및 펠리치타스 투허 초상화(오른쪽), 1499

급한 대금, 합리적으로 접근할 수 있는 도난문화재 등록부와 기타 합리적으로 얻을 수 있는 관련 정보나 문서를 조회하였는지 여부, 그리고 이용 가능한 취급기관에 문의하였거나 같은 정황에서 통상 취하는 조치를 취하였는지 여부 등이 포함된다.

뒤러의 두 작품은 원래 바이마르 미술관이 소장하고 있었는데, 제 2차 세계대전 동안 독일정부가 연합군의 공습을 피해 튜링엔(Türingen)에 있는 슈바르츠부르크(Schwarzburg) 성(城)에 보관해 두었었다. 전쟁 중 성을 점령한 미군이 종전에 따라 철수하면서 성에 보관되어 있던 그림도 사라졌다. 1946년 미국에서 살고 있던 에드워드 엘리코폰(Edward I. Elicofon)은 독일에서 귀환한 미군병사로부터 450달러에 두 그림을 구입하게 된다. 구입당시 엘리코폰은 두 그림이 뒤러의 작품이라는 사실과 독일에서 도난된 것이라는 사실을 알지 못하였다. 1966년 엘리코폰은 우연히 제2차 세계대전 당시 독일에서 도난된 예술작품에 관한 책을 통해 두 작품이 뒤러의 작품이며 도난당한 것이라는 사실을 알게 되었다. 이후 독일연방공화국(BRD: Bundesrepublik Deutschland), 작센 - 바이마르 대공비(大公妃: Grand Duchess of Saxony - Weimar), 바이마르 미술관(Kunstsammlungen zu Weimar)은 각각 그림의 소유권을 주장하면서 그림의 반환을 요구하였으나, 엘리코폰은 이를 모두 거부하였다. 1969년 독일 정부는 뉴욕에서 엘리코폰을 상대로 그림의 반환을 요구하는 소를 제기하였고, 여기에 작센 - 바이마르 대공비와 바이마르 미술관도 엘리코폰을 상대로 한 소송에 참가하였다. 법원은 우선 그림의 소유권을 주장하는 원고의 자격에 대해 심사하였는데, 당시 그림은 국가 소유였다고 판단하여 작센 - 바이마르 대공비의 청구를 기각하였다. 또한 그림이 소재하였던 곳이 당시 동독(DDR: Deutsche Demokratische Republik)지역이었음을 이유로 독일연방공화국(BDR)의 청구도 기각하였다. 결국 법원은 동독지역의 법에 따라 법인격을 가진 바이마르 미술관에게 원고자격을 인정함으로써, 소송은 바이마르 미술관과 엘리코폰 중에서 누가 그림의 소유권을 가지게 되는지의 문제로 귀착되었다.

소송에서 엘리코폰은 그림을 선의로(in good faith) 취득하였다는 점과 1946년부터 중단 없이 점유하였다는 점을 이유로 독일법상 선의취득 및 취득시효에 따라 그림의 소유권을 취득하였으며, 뉴욕주법에 따르더라도 청구권에 관하여 뉴욕법이 정한 3년의 소멸시효가 이미 지났으므로 바이마르 미술관의 소는 기각되어야 함을 주장하였다. 법원은 국경 내에 위치한 재산에 관한 규율은 뉴욕법의 이익이 독일법의 이익보다 우선하여 적용되어야 함을 이유로 독일법의 적용을 거부하였다. 문제는 뉴욕법상 반환청구권에 관한 시효의 기산점을 언제로 정하느냐 하는 것인데, 만약 시효의 기산점을 1946년 엘리코폰이 그림을 구입했을 때를 기준으로 하게 되면 소멸시효는 이미 경과한 것으로 되는 반면, 기산점을 엘리코폰이 그림의 반환을 거절한 1966년을 기준으로 하면 1969년에 제기된 소에 의해 시효의 진행은 중단이 되면서 바이마르 미술관의 반환청구권의 행사는 유효하게 된다. 1981년 뉴욕동부지방법원은 이 작품은 도난당한 바이마르 미술관이 정당한 소유자이므로 엘리코폰이 그림을 반환해야 한다는 판결을 내렸다. 1982년 항소법원에서도 지방법원의 판결을 유지하면서 엘리코폰으로 하여금 그림을 바이마르 미술관에 인도하여야 한다고 판결하였다.

13년 동안 이어진 이 소유권 소송은 제2차 세계대전 중 나치에 의해 자행된 문화재 약탈에 의해 제기된 것이 아니라 동맹국 사이에 발생한 절도사건에 의해 비롯된 몇 안 되는 소송 중 하나라는 점에서 중요한 의미를 지니고 있다. 법원으로서는 누구에게 원고적격을 인정할 것인지를 가리는 작업부터 만만치 않았다. 이 사건은 홀로코스트와 관련된 다른 예술품 분쟁사건과 마찬가지로 무고한 취득자와 도난당한 피해자 간의 격렬한 이해관계의 대립 속에서 준거법의 결정문제와 선의취득, 취득시효, 소멸시효 등 실체법적 쟁점 들이 복잡하게 얽혀 있는 사건이지만, 법원이 결과적으로 문화재에 대한 국제적인 시각에서 합리적인 판단을 한 것으로 평가할 수 있다.

Ⅲ 우리나라 사례

1 궁내청 조선왕조도서

궁내청(宮内庁)이란 일본 황실에 관계된 사무나 천황의 국사 행위 중 외국 특명전권대사의 접수나 의례에 관한 사무 및 옥새와 국새의 보관을 관장하는 일본 내각부에 소속된 일본의 행정기관이다.[69] 1998년부터 2002년까지 우리나라 국립문화재연구소는 일본 궁내청에 대한 실태조사를 갖게 되었는데, 한국 고서 639종 4,678책에 관하여 목록화를 하게 된다. 여기에는 조선시대 의궤 72종 154책이 포함되어 있었다. 이에 2006년 민간단체 차원에서 '조선왕실의궤환수위원회'가 발족되어 일본 정부에 반환요청서를 전달하면서 본격적인 반환운동이 시작된다. 당시 문화재청은 민간단체의 환수활동을 위한 예산을 지원하여 간접적으로 환수활동을 벌이게 된다. 또한 국회는 의궤의 반환결의문을 2006년과 2010년 2회에 걸쳐 채택하게 된다. 또한 정부차원에서도 통상 프랑스 파리에서 개최되는 UNESCO산하 ICPRCP(불법문화재반환촉진 정부간위원회) 30주년 기념 특별회의를 2008년 한국에서 유치·개최하면서 의궤(72종 154책) 및 외규장각도서(297책) 등의 반환을 촉구함으로써 일본 정부를 압박하게 된다. 이에 2010년 8월 칸 나오토 일본총리는 조선총독부를 경유하여 반출돼 일본 정부가 소장하고 있는 한국 고서는 반환하겠다는 내용의 담화문을 발표한다. 우리 문화재청은 2010년 8월 일본궁내청을 실사하여, 환수대상도서를 목록화하고, 동년 11월 한·일 전문가회의에서는 그동안 공개되지 않았던 이른바 '이등 박문(伊藤 博文) 반출도서'의 존재를 확인하였다. 이후 한일정상회담을 통해 정상 간 50종 1,205책의 도서반환에 대해 합의를 하고 양국 외무장관 간 협정문

---

69 출처: 우리말샘, 궁내청.

을 서명하였다. 반환시기는 협정문 발효(2011. 6. 10.) 후 6개월 이내로 규정하여, 마침내 2011년 10월 5책과 2011년 12월 잔여분 1,200책이 모두 돌아오게 된다.

일본에서 돌아온 국장도감의궤(출처: 국가유산청)

② 오틸리엔 수도원 겸재 정선 화첩

2005년 10월 28일 선지훈 신부(성베네딕도회 왜관수도원 서울분원장)는 독일 프랑크푸르트 공항에서 진경산수화 및 고사화 등 겸재 정선(1676~1759)이 그린 21점의 작품으로 구성된 화첩을 담은 가방을 들고 한국행 비행기에 탑승하였다. 신부는 비행 11시간 내내 먹지도 자지도 않고 선반 위에 놓인 가방을 지켰다. 다음날 비행기는 인천공항에 도착하여 신부는 가방과 함께 출국장을 나오게 된다. 독일 상트 오틸리엔(Sankt Ottilien) 수도원에 소장되어 있던 《겸재 정선 화첩》이 80년 만에 고국 품으로 돌아오는 순간이다. 귀한 우리 문화재가 돌아오는 모습이 다소 허술하게 보이지만 나름 이유가 있었다. 안전한 수송을 위해서는 보험에 가입해야 하는데 통상 운송목적물의 금전적 가치의 0.2퍼센트 정도를 보험료로 지불하여야 한다. 그런데 화첩의 값어치를 산정하기에는 너무나 고가이어서 이에 따라 지출해야 할 보험료도 상당히 부담스러운 수준이었기에 수도원측은 직접 가져가는 방식을 택했다.

독일 성 베네딕도회 상트 오틸리엔 수 도원의 노르베르트 베버(Norbert Weber: 1870~ 1956) 총아빠스[70]는 1911년과 1925년에 조 선을 방문하여 조선의 전통문화를 사진 과 그림으로 담아 책으로 발간하는 등 조 선에 대한 남다른 애정을 가지고 있었다. 《겸재 정선 화첩》은 그의 두 번째 조선방 문 때인 1925년에 한국행 중에 구입해 갔 던 것으로 추정된다. 이후 《겸재 정선 화 첩》은 오틸리엔 수도원에 소장되었다. 그

노르베르트 베버 총아빠스

는 1917년 《고요한 아침의 나라》(Im Lande der Morgenstille)와 1925년 《한국 의 금강산에서》(In den Diamantenbergen Koreas)라는 책을 저술하였다. 특히 《한국의 금강산에서》라는 책에는 겸재 정선의 그림의 금강산 그림 3점 이 흑백사진으로 수록되어 있었다. 1964년 제2차 파독 광부로 독일에 갔다가 쾰른대학교에서 미술사를 공부하던 유준영(이화여대 동양학과 교수) 은 1973년 봄 쾰른(Köln)대 도서관에서 《한국의 금강산에서》라는 책을 읽게 되었는데, 그 책에서 지금까지 알려지지 않은 정선의 그림이 수 록되어 있음를 발견하게 된다. 한국미술사 박사논문을 준비하는 그는 1975년 3월 정선의 그림을 만날 수 있을지도 모른다는 기대감으로 오 틸리엔 수도원을 찾게 된다. 실제로 수도원 지하 1층 선교박물관에는 노르베르트 베버신부가 금강산을 기행하고 정선의 그림을 수집해 엮은 《겸재 정선 화첩》이 소장되어 있었다. 그해 12월 유준영은 국내학술지 를 통해 이러한 사실을 알렸다.

---

70 아빠스(Abbas)란 영적 아버지란 의미로써, 베네딕도회수도원의 원장을 칭한다. 모 원의 원장을 총아빠스(Achiabbas)라고 부른다.

겸재 정선의 금강내산전도(金剛內山全圖)

1991년 경북 칠곡 왜관수도원의 선지훈 신부는 독일 뮌헨대로 유학을 떠나게 되었는데, 그는 이미 《겸재 정선 화첩》의 존재를 알고 있었다. 선 신부는 오틸리엔 수도원에서 생활하게 되었는데, 마침 막역한 친구였던 예레미아스 슈뢰더(Jeremias Schröder) 신부가 오틸리엔 수도원의 총아빠스가 되자 그는 수도원 측에 《겸재 정선 화첩》의 반환을 조심스럽게 요청하였다. 수년간 끈질긴 요청과 설득 끝에 오틸리엔 수도원은 마침내 12명으로 이뤄진 수도원 장로회는 만장일치로 '한국 반환'을 결정하였다. 화첩의 존재가 알려지면서 뉴욕 크리스티 경매회사가 '50억원'을 호가하며 경매를 권유했지만, 수도원은 이에 아랑곳하지 않고 한국에 '영구대여'의 형식으로 조건 없이 반환하였다.

이 사례는 당시 합법적으로 반출된 문화재에 대해 민간이 주도하여 반환을 이끌어내었다는 점에서 모범적인 문화재반환사례로 꼽을 수 있다. 《겸재 정선 화첩》의 반환과 관련하여 슈뢰더 총아빠스가 발표한 담화문의 일부를 소개한다.

"나의 선임자인 노르베르트 베버 총아빠스는 한국 문화에 심취한 분입니다. 그는 한국의 문화적인 풍요로움을 인지한 분이십니다. 이 화첩은 그의 두 번째 한국방문 때 구입한 것입니다. 《겸재 정선 화첩》이 오틸리엔 수도원에 있었다는 것은 그가 당시 한국을 여행했고 선교활동을 통해 한국과 깊은 관계를 맺었고 처음부터 한국 문화에 대해 존경심을 가졌다는 것을 보여줍니다. 그는 진정으로 한국인과 한국 문화를 사랑하신 분입니다. 저희는 그것으로 충분합니다. 우리는 이 화첩이 독일에서보다 한국에서 더 많이 사랑받고 더 높이 평가받으리라는 것을 알았기 때문에 반환 결정을 내리는 것은 어렵지 않았습니다. 우리는 한국인과 한국 역사에 대한 존경의 표시로 《겸재 정선 화첩》을 한국에 보내기로 결정하였습니다. (중략) 뭔가를 주려면 기꺼이 줘야 합니다. 저는 화첩이 더 많은 사람들에게 깊은 감동을 줄 수 있는 곳에 있다는 것을 기쁘게 생각합니다."

3 어보와 국새

불법반출 문화재의 환수를 위해서는 그 문화재가 소재한 국가의 수사당국과의 긴밀한 공조가 필요한 경우가 있다. 미국에서 문정왕후어보와 현종어보 및 대한제국 국새를 환수한 경우가 이에 해당한다.

어보(御寶)란 왕실 살람들의 위호(位號)를 나타내는 인장으로써 국가와 왕권을 상징하는 예물이다. 대개 왕의 인장, 옥쇄를 말하지만 왕비니 왕세자의 도장도 어보에 포함된다. 문정왕후어보는 1547년(명종 2년) 중종비인 문정왕후에게 성렬대왕대비(聖烈大王大妃)의 존호를 올린 기념으로 제작된 것이며, 현종어보는 1651년(효종 2년) 현종이 왕세자에 책봉된 것을 기념해 만들어진 것이다. 두 어보는 1943년까지 종묘에 보관되었다는 기록이 있었지만 이후 어보는 사라지게 된다. 아마도 한국전쟁 당시에 반출된 것으로 추측된다. 이후 미국 LA에 거주하는 한국 고미술품 수집가인 로버트 무어가 문정왕후어보와 현종어보를 입수해서 그중 문정왕후어보는 2000년 미국 로스앤젤레스카운티박물관(LACMA)에 팔았고 현종어보는 자신이 소장하고 있었다. 문화재청은 2007년 국외 소재 문화재 실태를 조사하는 과정에서 문정왕후어보와 현종어보의 소재와 어보가 도난당한 것임을 알게 되었다. 이에 2013년 4월 문화재청은 대검찰청과 수사공조를 협의하고, 동년 5월 한국의 문화재청 및 대검찰청과 미국의 국토안보수사국(HSI) 사이에 어보에 관한 수사공조를 추진하기로 합의하였다. 동년 9월 미국 국토안보수사국은 연방도품법 위반을 이유로 문정왕후어보와 현종어보를 압수하였다. 2016년 9월 미국 법무부(LA연방검찰)는 사법몰수 소송을 개시하여 2017년 4월 미국 캘리포니아주 연방법원은 몰수선고 판결을 내리게 된다. 2017년 7월 한미 정상회담을 계기로 어보는 대한민국으로 반환되었다.

문정왕후어보(왼쪽)와 현종어보(오른쪽)
(출처: 국가유산청)

한편 국새(國璽)는 국권의 상징으로 국가적 문사에 사용되는 인장이다. 황제지보(皇帝之寶)는 1897년 대한제국 성립과 함께 제작된 국새이다. 대한제국 국새는 다른 인장들71과 함께 한국전쟁에 참전한 미국 해병대 장교가 덕수궁에서 불법으로 반출되었다. 그가 사망한 이후 국새는 샌디에이고에 살고 있는 유족들이 보관해 왔는데, 2013년 9월 유족들이 국새의 매매를 위해 감정을 의뢰하는 과정에서 감정인이 미국 국토안보수사국(HSI)에 제보를 하게 되었다. HSI는 문화재청에 사진자료를 제공하여 감정을 요청하였는데, 동년 10월 문화재청은 조사결과 제보된 인장이 대한제국 국새 황제지보임을 인지하고 HSI에 정식으로 수사를 요청하였다. 이에 HSI는 문화재청의 수사요청서에 근거하여 황제지보 등 인장 9점을 미국 샌디에이고에서 압수하게 된다. 2014년 4월 미국 법무부장관은 국새 등 압수한 인장 9점에 대해 민사몰수 절차를 완료하였다. 국새는 2014년 4월 25일 한·미 정상회담을 계기로 버락 오바마 미국 대통령의 방한에 맞춰 국내로 반환되었다.

문정왕후어보(왼쪽)와 현종어보(오른쪽)
(출처: 국가유산청)

---

71 다른 인장들이란 수강태황제보(1907년 순종이 고종에게 존호를 올리면서 제작한 어보), 유서지보(조선왕조에서 지방 관찰사 등 임명장에 사용), 준명지보(조선왕조에서 왕세자 교육기관인 춘방 관원 교지에 사용) 및 왕실 사인(私印) 5점 등이다.

이 사례들은 문화재환수를 위한 관계국가와의 공조가 매우 중요함을 일깨워주고 있다. 이를 위해 수사당국과의 공조 외에도 세관당국과의 공조, 박물관·미술관 및 감정기관 등 문화재취급기관과의 공조도 강화할 필요가 있음을 보여준다.

④ 독일 로텐바움 박물관 문인석

2019. 3 독일 함부르크 소재 로텐바움 박물관(Museum am Rothenbaum Kulturen und Künste der Welt)에 소장되어 있던 조선시대(16세기 말에서 17세기 초로 추정) 문인석 한 쌍(2기)이 로텐바움 박물관과 함부르크 주정부, 독일 연방정부의 자진반환 결정에 의해 한국으로 돌아왔다. 문인석이 환수되기까지의 과정은 다음과 같다.

국립문화재연구소(현 국립문화유산연구원)는 2014년부터 2016년까지 로텐바움 박물관이 소장한 한국문화재에 대해 총 3차례에 걸친 실태조사를 진행하였다. 이 과정에서 로텐바움 박물관은 자신들이 소장한 조선시대 문인석의 유물성격과 출처여부에 대해 '불법성이 의심된다'는 의견을 국립문화재연구소 측에 먼저 전달해 왔다. 이에 따라 국외소재문화재재단(현 국외소재문화유산재단)은 2017년 동 사안을 넘겨받아, 로텐바움 박물관 관계자 면담과 국내 전문가 검토 등을 거치면서 자체조사를 진행하게 된다. 이 과정에서 해당 문인석은 1983년 독일인 사업가 헬무트 페터(Helmut H. Peter)가 서울 인사동 골동품상을 통해 구입하여 독일로 반출한 뒤, 1987년 로텐바움 박물관이 이를 구입해 지금껏 소장해 왔다고 알려지게 되었다. 그러나 로텐바움 박물관 측이 독일 내 반입과정을 면밀히 확인한 결과, 1983년 해당 문인석이 한국에서 이사용 컨테이너에 숨겨져 독일로 불법 반출된 사실을 추가 확인하였다. 이에 2018년 3월 국외소재문화재재단은 문인석이 불법적으로 반출되어 박물관이 취득하게 되었음을 이유로 로텐바움 박물관에 정식으로 반환요청서를 제출하였다. 재단의 반환요청서를 전달받은 로텐바움 박물관은 자체적인 조사와 확인과정을 거쳐, 함부르크 주정부와 독일 연방정부를 통해 반환절차를 진행했으며, 2018년 11월 함부르크 주정부는 재단에 최종적인 반환결정을 통보하였다. 이에 실무적인 절차를 거쳐 문인석은 2019. 3. 우리나라로 돌아오게 된다.

문인석 정면과 측면(높이 131cm, 가로 40cm, 세로 32cm)
(출처: 국외소재문화유산재단)

환수된 문인석 자체가 문화재로서의 가치가 큰 것은 아니다. 그렇지만 문인석의 반환행위 자체가 매우 큰 의미가 있다. 문인석 반환의 의미는 2019. 2. 21. 로텐바움 박물관의 바바라 플랑켄스타이너(Barbara Plankensteiner) 관장이 언론에 배포한 보도자료에 잘 나타나 있다. 그는 "이번 사례는 역사적 문화재에 대한 불법수출이 오랫동안 사소한 범죄로 여겨져 왔고, 박물관 스스로도 자세히 살피지 않고 되묻지 않았다는 사실을 보여준다."며, "1970년 UNESCO협약에 기해 대한민국에 귀중한 유물을 돌려주게 되어 기쁘고, 한국 측과 협업을 견고하게 지속하는 과정이 한 걸음 더 진전되길 바란다."고 밝히고 있다. 당시 우리나라 문화재보호법(현 문화유산법)에 의하면 일반동산문화재를 국외로 반출할 경우에는 문화재청장(현 국가유산청장)의 허가를 받아야 하는데, 허가 없이 반출되었다면 불법한 것이다. 우리나라와 독일은 모두 1970년 UNESCO협약에 가입한 나라로써, 체약국인 우리나라의 법률에 따라 문인석의 반출이 불법으로 판정되었다면 상대체약국인 독일 정부로서는 이를 반환하도록 조치할 의무가 있다. 문인석의 환수는 외국 박물관이 유물의 소장경위를 확인하는 과정에서 불법 반출된 문화재임을 인지하고 1970년 UNESCO협약의 정신에 따라 원산국으로 자진반환하기로 한 모범적인 사례로 평가할 수 있다.

⑤ 몽골 공룡화석

지금까지의 사례와는 달리, 우리나라에 불법 반입된 외국의 문화재를 반환해 준 사례를 소개한다. 2014. 6. 한국인 사업가들이 공모하여 몽골에서 '타르보사우르스 바타르' 등 총 11점의 공룡화석을 몽골식 전통천막 '게르'라고 허위 신고하여 빼돌린 다음 중국을 거쳐 국내로 반입하였다. '타르보사우르스 바타르'는 내몽골 고비사막에서만 서식한 대형 육식공룡으로써, 2012년 미국 경매시장에서 100만 달러에 거래되기도 하였다. 그런데 그 사업가들 사이에 권리다툼이 발생하여 검찰이 횡령혐의로 수사에 착수하게 된다. 수사과정에서 이들이 몽골에서 공룡화석을 밀반입한 사실을 알게 된 검찰은 이것이 외국문화재와 관련한 특수한 법적 문제가 있을 것으로 판단하여 몽골 수사기관과 공조수사를 벌였다. 몽골 문화재보호법은 몽골에서 발굴된 모든 공룡 화석은 국가 소유로 귀속되고 몽골에서 외부로의 공룡 화석의 반출은 불법으로 규정하고 있다. 한·몽 양국 전문가의 공동감정결과, 모두 몽골에서 발굴된 것으로 확인되었다. 우리나라와 몽골은 모두 1970년 UNESCO협약에 가입한 당사국이다. 동 협약은 불법 반출된 문화재의 이동을 제한하고, 적법한 소유자에게 조기 반환되도록 협력할 것을 규정하고 있으며, 이를 반영한 구 문화재보호법 제20조는 국내로 불법 반입된 것으로 인정할 만한 상당한 이유가 있는 외국 문화재에 대하여 문화재청장의 유치권한 및 반출국에 대한 반환조치 의무를 규정하고 있었다. 이에 검찰은 공룡화석 11점을 압수하고 1970년 UNESCO협약 및 우리나라 문화재보호법에 따라 이를 몽골 정부에 반환하였다. 본 사례는 우리 정부 차원에서 최초로 외국의 문화재를 피해국가에게 반환한 사례인데, 이를 통해 인류 보편자산인 문화유산 보호에 기여하는 문화국가로서의 위상을 제고하는 데 기여하였다고 평가할 수 있다. 필자는 2019년 개최된 1970년 UNESCO협약 당사국총회에 참가하여 불법반출 문화재반환에 관한 국제적 모범사례(good practice)로 우리 정부가 몽골 정부에 반환한 공룡화석 사례를 소개한 바 있다.

UNESCO 당사국총회에서 한국의 문화재반환 사례를 소개하는 필자

누가 과거를 소유하는가?

"당신들은 파르테논 신전의 대리석상이 우리에게 어떤 의미를 가지는 지에 대해 이해해야 합니다. 그것들은 우리의 자존심입니다. 우리의 희생입니다. 우리의 가장 고귀한 탁월함의 상징입니다. 민주주의 철학에 대한 찬사입니다. 우리의 열망이자 우리의 이름입니다. 그리스다움의 정수(精髓)입니다."*

– 멜리나 메르쿠리(Melina Mercouri) –

* 영화배우 출신 멜리나 메르쿠리 그리스 문화부장관이 1986년 영국 옥스퍼드 유니언에서 파르테논 대리석상의 반환을 호소한 연설문의 일부

제1절

서설

　문화재는 한 나라의 정체성을 나타내는 상징물이자 인류 공동의 유산이므로, 이를 잘 보존하여야 함은 현 세대의 구성원들에게 주어진 숭고한 의무이다. 그러나 과거 인류의 역사는 문화재의 도난, 도굴, 불법반출 등으로 얼룩져 왔으며, 오늘날에도 문화재에 대한 약탈, 불법유통이나 밀반출 등은 끊임없이 횡행하고 있다. 이 책의 제목이자 본 단원 제목에서 「과거」란 바로 불법 반출된 문화재를 나타내는 표현으로써, 그러한 문화재의 소유권을 둘러싸고 역사적·문화적 이해관계가 충돌하는 관련 국가들 사이에 벌어지는 분쟁대상을 상징한다. 본 단원에서 「과거」란 구체적으로는 「파르테논 조각상」, 「클림트의 그림」 및 「고려불상」으로 상징되는 분쟁대상 문화재를 의미한다. 문화재는 국가뿐만 아니라 개인도 소유 주체가 될 수 있다. 국가 소유의 문화재가 다른 나라로 반출된 경우에는 당연히 피탈국의 국민으로서도 문화재의 반환에 많은 관심을 가지게 될 것이지만, 일반 국민들은 개인 소유의 문화재가 반출된 경우에 대해서도 마찬가지의 관심을 보인다. 그 이유는 일반국민들은 반출된 문화재가 국가 소유인지 개인 소유인지에 관계없이 '우리 문화재'란 의식에 기반하고 있기 때문이다. 즉, 문화재는 다른 물건과는 달리 국민들의 민족감정이 개입되어 그것의 소유주체와 관계없이 '우리 문화재'는 '우리 땅'으로 돌아와야 한다는 의식이 일반 국민들에게 팽배해 있다. 이러한 현상은 우리나라뿐만 아니라 다른 나라에서도 마찬가지이다. 이러한 이유에서 문화재의 반환을 둘러싼 분쟁은 다른 재화의 그것과 달리 사회적으로 상당히 큰 관심을 몰고 다니면서 국제관계에도 큰 영향을 미치기도 한다. 본 단원에서는 문화재반환 중에서 국제사회에 큰 반향을 불러일으키고 있는 세 가지 사건들에 대해 살펴보기로 한다.

첫 번째「파르테논 조각상」에 관한 사건은 그리스 정부가 소유주체로서 영국 정부를 상대로 조각상의 반환을 요구하는 것이고, 두 번째「클림트의 그림」에 관한 사건은 그림의 상속권을 주장하는 오스트리아 출신 미국시민이 오스트리아 정부를 상대로 그림의 반환을 청구한 것이며, 세 번째「고려불상」에 관한 사건은 불상의 원소유자라고 주장하는 사찰(개인)이 대한민국 정부를 상대로 절도사건에서 압수한 불상의 소유권을 주장하였지만 절도사건의 피해자인 외국 사찰(개인)이 불상의 소유권을 주장한 것이다. 위 세 가지 사건들은 문화재반환분쟁에 있어서 결부되는 문화재를 바라보는 세계관, 국제협약, 국제사법 및 국내실질법 등 다양한 쟁점들을 담고 있다. 첫 번째 '파르테논 조각상'에 관한 사건에서는 문화재에 대해 과연 국적을 인정할 수 있는지, 그리고 이에 따른 문화재의 출처국과 보유국 사이에 벌어지는 첨예한 논쟁을 살펴본다. 두 번째 '클림트의 그림'이란 2차 세계대전 당시 나찌에 의해 무력으로 약탈된 문화재를 상징하는 것으로써, 사건을 통해 무력점령지역에서 약탈한 문화재의 환수문제에 적용가능한 시사점을 찾아본다. 세 번째, '고려불상'은 우리나라에서 유래하였지만 외국에 소재하는 문화재를 상징하는 것으로써, 과연 법적으로 무엇을 '우리 문화재'라고 볼 것인지 그리고 외국에 소재하는 문화재의 환수를 극복해야 하는 법적 쟁점들에 대해 알아본다.

제2절

누가 「파르테논 조각상」을 소유하는가?

Ⅰ 「파르테논 조각상」의 의미

영국을 여행하는 사람들이 가장 많이 찾는 명소는 런던에 소재한 대영박물관(The British Museum)이다. 2023년에만 5,820,860명이 방문하여 2위인 런던 자연사박물관(Natural History Museum)를 따돌렸다고 한다.[1] 1753년에 건립된 대영박물관은 약 800만 점의 유물을 보유하고 있다. 방대한 유물들은 대부분 과거 영국이 제국주의 시대부터 전 세계 각 대륙에서 수집한 것으로써, 대영박물관은 이 유물들로 이집트·수단 전시관, 그리스·로마 전시관, 중동 전시관, 인쇄·그림 전시관, 영국·유럽·선사 전시관, 아시아 전시관, 아프리카·오세아니아·아메리카 전시관, 주화·메달 전시관 등 다양한 전시관을 운영하고 있다. 비슷한 시기에 건립된 프랑스 파리에 소재하는 루브르 박물관(Musée du Louvre)도 상황은 비슷하다. 그런데 루브르 박물관을 방문한 사람들로부터 가장 인기있는 작품은 뭐니 뭐니 해도 레오나르도 다 빈치(Leonardo da Vinci)가 그

---

1   BBC, British Museum is the most-visited UK attraction again (18 March 2024), https://www.bbc.com/news/uk-england-london-68577122 (2024. 12. 23. 최종접속)

린 모나리자(Mona Lisa)라고 할 것이다. 그렇다면 대영박물관을 찾는 관람객들이 가장 보고 싶어 하는 유물은 무엇일까? 누군가에게는 로제타석(Rosetta Stone)일 수도 있고, 혹은 렘브란트(Rembrandt)의 그림일 수 있겠지만, 필자는 그리스·로마 전시관 중에서 제18호실에 전시되어 있는 그리스 파르테논 유물일 것이라 생각한다. 제18호실(Room 18)에는 방의 이름이 「Greece: Parthenon 447-432 BC」라고 되어 있다. 언뜻 특별해 보이지 않는 이름이지만, 필자가 보기에는 박물관이 이 방의 이름을 붙이는 데 많은 고민이 있었을 것이라고 생각된다. 그 이유에 대해는 본 절의 마지막 부분에서 설명하기로 한다.

대영박물관 전경[2]　　　　제18호실 내부 광경[3]

　　그리스의 수도 아테네는 대부분 평지이지만 시내 한복판에 우뚝 솟은 바위지대가 있는데 그곳에 큰 성채(城砦)가 형성되어 있다. 이 성채를 아크로폴리스(Acropolis)라 하는데, 그 성채 안에 있는 여러 석조 건물 중에서 가장 크고 아름다운 건물이 파르테논(Παρθενών: Parthenon) 신전이다. 신전은 BC 479년에 페르시아인이 파괴한 옛 신전 자리에 아테네인이 아테네의 수호여신인 아테나(Athena)에게 봉헌하기 위해 기원전 447년 착공하여 기원전 432년까지 완공한 것으로써, 도리스식 기둥양식 발전의 정점을 이룬 걸작으로 평가받고 있다.

2　출처: 서터스톡(사진 ID: 2476048819)
3　출처: 서터스톡(사진 ID: 2115698501)

아테네 아크로폴리스 전경[4]

파르테논 신전 전경[5]

파르테논 신전은 그리스인들에게는 그야말로 그들의 정신과 영혼이 깃들어 있는 극히 신성한 문화유산이라고 할 수 있다. 그렇지만 파르테논 신전을 막상 둘러보면, 신전 건축의 위대함과 찬란함에 대한 감탄보다 마치 전쟁터에서 처참하게 파괴되어 골격만 간신히 유지한 건물을 보는 듯 애련한 감정이 든다. 신전이 이러한 모습으로 전락하게 된 것은 1687년 신전 안에 쌓여 있던 오스만 제국의 화약더미가 베네치아군의 포탄에 폭발하면서 신전과 조각물들이 크게 훼손되었고 이후 1801년부터 수년간에 걸쳐 신전의 기둥과 벽면을 장식하고 있던 조각물들이 대대적으로 뜯겨진 데 기인한다. 이때 뜯겨진 조각물들이 영국으로 흘러들어가 현재의 대영박물관 제18호실을 채우고 있는 것이다.

신전의 프리즈에서 떼어낸 조각상
(출처: 필자 사진)

신전에서 반출한 군상
(출처: 필자 사진)

4   출처: 서터스톡(사진 ID: 2436534265)
5   출처: 서터스톡(사진 ID: 587179301)

대영박물관 제18호실에 있는 파르테논 조각상들이 그리스인들에게 어떠한 의미인지에 대해 그리스 영화배우 출신으로 문화부장관을 지낸 멜리나 메르쿠리(Melina Mercouri)가 1986년 옥스퍼드 유니언(Oxford Union)에서 한 연설의 일부를 소개한다.

"당신들은 파르테논 신전의 대리석상이 우리에게 어떤 의미를 가지는지에 대해 이해해야 합니다. 그것들은 우리의 자존심입니다. 우리의 희생입니다. 우리의 가장 고귀한 탁월함의 상징입니다. 민주주의 철학에 대한 찬사입니다. 우리의 열망이자 우리의 이름입니다. 그리스다움의 정수(精髓)입니다." (중략) "우리는 영국 정부에 말합니다. 당신들은 거의 2세기 동안 그 조각상들을 보관했습니다. 그 조각상들을 최선을 다해 잘 관리해 주셨고, 이에 감사드립니다. 하지만 이제 공정과 도덕의 이름으로 돌려주세요. 영국의 이러한 움직임이 여러분의 이름을 명예롭게 할 것이라고 진심으로 믿습니다."

대영박물관에 전시된 파르테논 조각상을 바라보는 Melina Mercouri
(출처: Melina Mercouri Foundation 제공)

국제사회에서 문화재반환의 문제를 논할 때 빠지지 않고 거론되는 대상이 있는데, 그것은 대영박물관 제18호실에 전시되고 있는 파르테논 신전의 조각상들이다. 파르테논 신전은 건축적인 면에서 고대 건축의 절정으로 평가되는데, 신전의 건축학적인 면에서뿐만 아니라 조각가 페이디아스(Φειδίας, Pheidias: BC 480~430)가 조각하였다고 전해지는 신전 내벽과 외벽에 새겨진 조각과 부조들의 예술적 가치 또한 매우 높게 되고 있다.6 신전은 정면에서 보았을 때 기둥 위에 삼각형 모양의 지붕 외벽이 놓여 있는데, 신전의 삼각 지붕에 붙어 있는 박공인 페디먼트(Pediment),7 건물의 기둥 위를 가로지르는 수평부에 독립된 장방형 부조를 약간의 간격을 두고 타일처럼 잇달아 붙인 메토프(metope)8 및 신전 안쪽의 기둥의 상단부와 맞닿은 벽면인 프리즈(Frieze)9로 구성되어 있었다. 이들 페디먼트, 메토프 그리고 프리즈는 그리스인들의 신화와 전설에 나오는 장면들을 정교하게 표현한 대리석 조각상으로 장식되어 있었는데, 이 조각상들은 그리스를 넘어서 서양문화의 정수(精髓)라고 할 수 있다. 그런데 파르테논 신전을 구성하던 조각상들의 상당수, 즉 페

---

6 최혜영, "그리스의 파르테논 신전 조각상 반환운동", 『해외로 반출된 문화재의 환수 방안: 제262회 정기국회 국정감사 정책 자료집 1』(국회의원 최구식 간행), 2006, 58면.
7 전면(동편)과 후면(서편)의 삼각형 페디먼트에는 각각 아테나 여신의 탄생장면과 아테나가 아티카 영토를 둘러싸고 포세이돈과 벌인 전투장면이 표현되어 있었었다. 크리스토퍼 히친스 외 지음(김영배·안희정 옮김), 『파르테논 마블스, 조각난 문화유산』(서울: 시대의 창), 2015, 48면.
8 신전을 둘러싸는 메토프는 총92개(양 측면에 32개씩, 전면과 배면에 14개씩)의 부조로 되어 있었는데 각 방향의 부조마다 그리스신화에 나오는 전투장면을 표현하고 있다. 동쪽 메토프에는 기간토마키(Gigantomachy), 서쪽에는 아마조마키(Amazonomachy), 남쪽에는 켄타우로마키(Centauromachy), 북쪽에는 토로이전쟁(Trojan War)을 묘사하고 있다.
9 프리즈는 총 160m에 달하며 이곳에는 아테나 여신을 경배하는 행렬 등이 부조로 새겨져 있었다.

디먼트를 장식한 인물 조각 총 50점 중 19점이, 메토프를 구성하는 92점의 부조 중 15점이, 프리즈를 구성하는 97점(160m)의 조각 판넬 중 56점(75m)이 박리되어 현재 대영박물관 제18호실에 소장되어 있다.

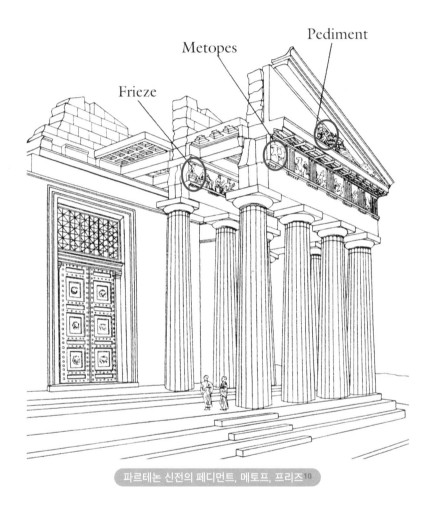

파르테논 신전의 페디먼트, 메토프, 프리즈[10]

---

10 출처: https://www.britishmuseum.org/blog/introduction-parthenon-and-its-sculptures

파르테논을 구성하는 조각상 중에서 65%는 영국을 비롯한 유럽 여러 나라에 흩어져 있으며 그 중 영국에 가장 많이 소재해 있기 때문에 이를 환수하기 위한 그리스와 이를 계속 보유하려는 영국의 대립이 가장 상징적이면서도 현실적인 의미를 갖는다.

　　현재 대영박물관에 전시되어 있는 조각상들은 19세기 초 오스만투르크가 그리스를 지배하던 당시 투르크 제국의 영국대사로 있었던 토머스 브루스(Thomas Bruce: 1766~1841)가 반출한 것이다. 스코틀랜드 출신의 그는 흔히 엘긴 경(卿)(Lord Elgin)으로 불리는데, 1801년부터 1812년까지 파르테논에 장식되어 있던 조각상들을 뜯어내어 이를 영국으로 반출했던 인물로 알려져 있다.[11] 이때 허가 없이 반출된 대리석재질의 파르테논 조각상을 영국에서는 그의 이름을 따서 엘긴 마블스(Elgin Marbles)라고 한다.[12] 이후 엘긴은 경제적으로 파산의 상황에 이르자 이들 조각상을 영국 정부에 팔겠다고 제안한다. 이에 영국의회는 처음에는 엘긴의 행태를 비난하였으나, 결국 1816년 영국의회의 투표결과 이를 매수하기로 하여, 영국 정부는 이들 조각상들을 3만 5천 파운드에 일괄 구입하게 된다.[13] 영국 정부는 이들 조각상들을 현재의 대영박물관으로 옮겨 보관하여, 현재의 상태에 이르게 되었다. 한편 그리스는 오스만투르크로부터 독립한 이래로 영국 정부에 대해 파르테논 조각상들의 반환을 줄기차게 요구하고 있으며,[14] 이러한 그리스의 반환요청과 이를 거부

11　John Henry Merryman, Thinking about the Elgin Marbles, Mich. L. Rev. Vol. 83 (1984) p. 1882.

12　Melineh S. Ounanian, "Of All The Things I've Lost I Miss My Marbles The Most! An Alternative Aproach To The Epic Problem Of The Elgin Marbles", Cardozo Journal of Conflict Resolution, Vol. 9 Issue 1 (2007), p. 112.

13　Melineh S. Ounanian, Ibid, p. 113.

14　그리스 측의 최초의 공식적인(official) 반환요청은 1983년 당시 문화부장관이었던 멜리나 메르쿠리(그리스 영화배우이자 사회운동가)에 의해 이루어졌다. 이에 대해 영국정부는 1984년 공식적으로 거부하였다(John Henry Merryman, "Thinking about the Elgin Marbles", p. 1882 참조).

하는 영국의 대립이 현재까지 계속되고 있다.[15]

Ⅲ 반환과 보유의 논리

① 영국과 그리스의 논쟁

가. 영국의 입장

물론 영국에서도 파르테논 조각상을 그리스에 돌려주어야 한다
는 목소리가 존재한다. 예컨대 1984년 노동당 당수였던 닐 키녹(Neil
Kinnock)은 윤리적인 이유를 들어 이를 반환하여야 한다고 주장한 바 있
다. 또한 「파르테논 대리석상 재결합을 위한 영국위원회」(British Committee
for the Reunification of the Parthenon Marbles: 줄여서 BCRPM)는 그 이름이 시사하는
바와 같이 파르테논 대리석상의 반환을 위해 꾸준한 캠페인을 벌이는
영국인들의 단체이다.[16] 그렇지만 영국정부의 공식적인(official) 입장은
반환불가이다. 그들이 내세우는 논거는 다음과 같다.[17]

첫째, 영국은 법률적 측면에서 합법적으로 조각상에 대한 소유권을
취득하였다고 주장한다. 당시 엘긴 경은 오스만투르크 정부가 승인한
합법적 방법으로 조각상을 옮겼으며, 이후 영국 정부는 의회의 투표 결
과에 따라 엘긴 경으로부터 이를 합법적으로 매수하였다는 것이다.

둘째, 기술적 측면에서 문화재보존의 문제를 내세운다. 인류문화의
귀중한 유산을 지켜내기 위해서는 과학적이고 현대화된 보존 시설과

---

15 아래 내용은 송호영, "누가 「파르테논 조각상」을 소유하는가?", 「문화. 미디어. 엔터테인
먼트 법」 제10권 제1호(2016), 중앙대학교 법학연구원, 1면 이하를 발췌·정리하였다.

16 이 단체의 홈페이지(http://www.parthenonuk.com/)에서 그들의 활동에 대한 자세
한 정보를 구할 수 있다.

17 이하 최혜영, "그리스의 파르테논 신전 조각상 반환운동", 61면 이하를 참고하였다.

전시시설이 구비되고 보존 기술이 우수해야 하는데, 대영박물관은 이를 충족시킬 수 있는 반면에 그리스는 이에 부합하지 아니하여 만약 조각상이 반환될 경우 파손의 우려가 있다고 주장한다.

셋째, 인류 문화재론 및 문화사의 중요성을 내세우면서 문화재의 관람과 전시 등의 기회제공 측면의 보편성을 고려해야 한다는 주장이다. 즉, 모든 인류의 세계사적 업적 및 그 문화를 보여줄 수 있는 대영박물관은 이미 단순히 영국의 박물관이 아니라 인류보편의 국제 박물관이 되었다는 것이다. 전 세계로부터 수많은 관람객들이 대영박물관을 방문함으로써 위대한 인류문명들을 통합적으로 감상할 수 있게 되었지만, 만약 조각상이 그리스에 있다면 그와 같은 향유는 불가능하다는 것이다.

넷째, 이제 대영박물관 자체가 이미 영국사의 일부가 되어 버렸다고 주장한다. 문화재 취득 당시의 관점에서 보아도 문화재 유출이 합법적이었을 뿐만 아니라, 나아가 그 방법이나 동기에 관계없이 이제 파르테논 대리석 조각 자체가 영국사의 중요한 한 부분이 되었다는 것이다.

다섯째, 세계의 공공박물관의 역할을 수행해 온 박물관들이 소장품을 반환해 주게 될 경우, 세계 각국에서 문화재반환의 요구가 끊임없이 이어질 것이므로 파르테논 조각상의 반환문제가 그 선례가 되어서는 안 된다는 주장이다.

나. 그리스의 입장

이러한 영국 측의 보유논리에 대해 그리스 측은 다음과 같이 반박한다.[18]

첫째, 법률적인 측면에서, 영국 측의 주장과는 달리 영국은 파르테논 조각상을 불법적으로 취득하였다고 논박한다. 엘긴 경이 오스만투

---

18 이하 최혜영, 상계논문, 65면 이하를 참고하였다.

르크로부터 얻어낸 동의서(firman)가 파르테논 신전으로부터 대리석 조각들을 떼어내어 영국으로 가져갈 수 있는 허가증(permission)으로는 볼 수 없다는 것이다.[19] 또한 오스만투르크의 지배하에 있던 당시 그리스의 상황에서 파르테논 조각상들은 그리스 국민이나 정부의 의사와 관계없이 유출되었으므로 영국으로서는 이를 불법하게 취득하였다는 것이다.

둘째, 기술적인 측면에서, 스모그현상이나 문화재 보존시설 및 기술지원이 부족한 그리스에 조각상을 돌려줄 수 없다는 영국의 주장에 대해 그리스는 영국이 그동안 잘 보존해 준 데 대해 감사할 일이지만 이제는 그리스도 충분히 잘 관리할 수 있다고 반박한다. 즉 그리스는 2009년 개관한 신(新) 아크로폴리스 박물관(New Acropolis Museum)을 건립하였는바, 파르테논 조각상이 돌아오면 이를 보관하는 전시 및 보존 시설을 이미 마련하였고 기술적인 면에서도 우수한 환경을 갖춘 세계 최고의 박물관이 완비되어 있다는 것이다.

셋째, 영국이 주장하는 인류 문화재론 및 문화사론에 대해, '그렇다면 가장 많은 사람들이 문화재를 관람할 수 있기 위해서는 인구가 가장 많은 베이징에 모든 박물관이 있어야 할 것인가' 하면서 반박한다. 또한 모든 문화재가 대형박물관에만 전시되고 있는 것도 아니며, 다른 한편으로 자국의 고유한 문화와 역사를 연구하기 위해 대형박물관이 소

---

19 엘긴 경은 당초 오스만투르크로부터 얻어낸 동의서(firman)를 근거로 해서 그가 고용한 미술가들로 하여금 파르테논 신전의 조각상들을 그대로 모사(模寫)하려고 하였지만, 이것이 어렵게 되자 아예 조각상을 떼 내어 반출하게 되었다. 여기서 엘긴 경이 받은 동의가 조각상을 떼 내어 반출하는 행위까지를 포함하는 것인지가 논란이 된다. 영국은 이것이 포함된다는 것이고, 그리스는 포함되지 않는다는 것이다. 특히 그리스는 그리스를 점령한 오스만투르크가 그리스의 문화재의 반출을 허가할 수 있는 권한 자체가 아예 없다고 주장한다. Melineh S. Ounanian, "Of All The Things I've Lost I Miss My Marbles The Most! An Alternative Aproach To The Epic Problem Of The Elgin Marbles", Cardozo Journal of Conflict Resolution, Vol. 9 Issue 1 (2007), p. 121.

재한 영국, 프랑스, 미국 등에 와서 관찰할 수밖에 없다는 모순이 생긴다는 것이다.

넷째, 아크로폴리스의 파르테논과 그 조각들은 유럽 문화와 건축 유산의 너무나 귀중한 '하나의' 통합적인 유산이라는 주장이다. 즉 그리스 고전 문화를 상징하는 파르테논 신전은 해체·분리되어 전시될 수 없으며, 그리스로 모두 반환되어 본래 있던 장소인 그리스 아크로폴리스에서 원래 모습 그대로 전시되었을 때 건축학적 중요성과 완성도를 높일 수 있다고 지적한다.

② 메리맨 교수의 입장

위와 같은 영국과 그리스의 상반된 입장에 대해, 세계적인 여론은 그리스편이라고 할 수 있다. 또한 영국 내에서 일반인을 상대로 한 여론조사20뿐만 아니라 의회에서의 여론조사21에서도 파르테논 조각상들을 그리스로 돌려주는 것에 대해 찬성하는 입장이 더 높게 나타나고 있다. 그럼에도 불구하고 영국은 여러 현실적인 문제들을 고려하여 반환을 거부하고 있다. 그런데 반환을 찬성하는 여론 추세와는 달리 학문적인 관점에서 반환을 반대하는 주장도 만만치 않다. 오늘날 문화재법 및 문화예술법의 체계를 정립하였다고 평가받는 존 헨리 메리맨(John Henry Merryman) 교수가 그 대표적 인물이다. 그가 주장하는 논거를 살펴보면 다음과 같다. 메리맨 교수에 의하면 파르테논 조각상이 그리스로 반환되어야 한다는 주장의 가장 분명한 논거는 그것이 그리스의 것이기 때

---

20 여러 기관에서 진행된 여론조사 결과에 대해서는 http://odysseus.culture.gr/a/1/12/ea128.html 참고 (2016. 4. 28. 최종접속).

21 2000년 Economist잡지에서 183명의 의원들을 대상으로 한 여론조사에서 66%가 그리스로의 반환에 찬성하였다. https://iocarpm.wordpress.com/the-parthenon/ 참조 (2016. 4. 28. 최종접속).

문이라는 것이다.22 파르테논 조각상은 제작 당시 아테네의 시민의식과 종교적 목적을 위해 그리스 예술가들에 의해 만들어진 것이고 그것이 제작되었던 그리고 원래 위치해 있었던 아테네의 아크로폴리스에 속해 있어야 한다는 것이다. 그러나 메리맨 교수는 그러한 문화국가주의적 주장은 지극히 단순하여 충분한 설득력을 갖추지 못한다고 하면서, 문화국제주의 입장에서 이 문제를 냉철하게 볼 필요가 있다고 주장한다. 그는 문화재의 보존의 관점, 문화재의 통합의 관점, 문화재의 분배 또는 접근성의 관점에서 파르테논 조각상의 반환문제를 검토한다.23

첫째, 문화재 보존(preservation)의 관점이다. 이것은 문화재의 반환여부를 결정하는 데 가장 우선적으로 고려된다. 만약 조각상이 파괴되면 이를 어디에 둘 것인가라는 문제 자체가 무의미해지게 된다. 조각상이 손상될 우려는 부주의한 취급에 의해서 혹은 전쟁이나 테러 등의 혼란한 상황에 의해 또는 반달리즘 등에 의해 다양하게 존재할 수 있다. 그런데 런던에서 그러한 일이 발생할 우려는 거의 상상하기 어렵다고 한다. 이와 달리 아테네가 런던보다 더 안전하다고 누구도 장담할 수 없기에, 만약 순전히 보존만을 문제 삼는다면 누구도 이를 아테네로 돌려보내야 한다고 확신할 수 없다고 한다.24 또한 조각상을 파르테논 신전에 다시 결합시키는 것이 아니라 부근의 박물관에 안치시킬 것이라면 구태여 이를 운반과정상의 위험에 노출시킬 필요가 없다고 한다.

둘째, 문화재의 통합(integrity)의 관점이다. 문화재의 통합이란 "산일된 걸작품들"(dismembered masterpieces)을 모두 모아 복구하는 것을 의미한다.25 만약 이것이 가능하다면 각처에 흩어져 있는 조각품들을 모두 모아 파르테논 신전의 원형대로 복구하는 것이 가장 이상적일 것이다. 분

22　John Henry Merryman, Thinking about the Elgin Marbles, p. 1911.

23　John Henry Merryman, Ibid. p. 1917.

24　John Henry Merryman, Ibid.

25　John Henry Merryman, Ibid. p. 1918.

명 통합의 관점은 그리스에게 유리한 논거이다. 그러나 이에 대해서도 메리맨 교수는 현실적 측면에서 분명한 이의를 제기한다. 즉 현재의 "산일된 걸작품들"의 부식상태나 아테네의 스모그를 고려하면 문화재의 섣부른 통합이 오히려 문화재를 파괴하는 결과를 초래할 수도 있다고 한다.26 보존(preservation)의 관점과 통합(integrity)의 관점은 서로 상충되는 면이 있는데, 파르테논 조각상과 관련해서는 보존이 통합보다 우선되어야 한다고 주장한다. 즉, 걸작품들이 산일되는 것이 차라리 파괴되거나 심각하게 손상되는 것보다 낫다고 한다. 분명 문화재의 통합은 설득력 있는 논거이지만, 현실적으로는 받아들이기 어렵다고 한다.

셋째, 문화재의 분배(distribution) 또는 접근성(accessibility)의 관점이다. 이것은 모든 사람들이 자신들의 문화재뿐만 아니라 다른 사람들의 문화재에 대해서도 접근할 수 있는 합리적인 기회를 가질 수 있도록 하기 위해 인류보편의 문화유산들이 국제적으로 적절하게 배분되어 있어야 한다는 주장이다.27 오늘날 문화재가 빈곤국으로부터 부유국으로 흘러들어가는 경향이 있으며 그러한 동기는 주로 경제적인 이유에서이다. 부유국의 박물관은 언제든지 좋은 문화재를 사들일 준비가 되어 있으며, 그 결과 중요한 문화재들은 소수 국가에 집중됨으로써 상대적으로 다른 나라들에서는 문화재의 빈곤을 초래하게 된다. 그렇다면 이러한 문화재의 분배 내지 접근성의 관점에서 파르테논 조각상을 어떻게 이해해야 할 것인가? 이에 대해 메리맨 교수는 그리스는 문화재의 분배의 관점에서 결코 문화재의 빈곤국이 아니며 오히려 문화재의 부유국이라고 한다. 사람들이 그리스로 여행을 가는 이유는 대개 그리스에 소재하는 문화유적을 보기 위함인데, 이것은 파르테논 조각상 이외에도 여전히 그리스에는 문화재들이 풍부하게 존재한다는 것을 반증한다고 한다. 그렇다면 인류의 문화유산에 보다 많은 사람들이 접근할 수 있

---

26   John Henry Merryman, Ibid. p. 1919.
27   John Henry Merryman, Ibid.

도록 하기 위해서는 문화재의 적절한 분배가 필요하며, 만약 전 세계에 산재하는 그리스 문화재가 모두 아테네로 되돌아간다면 그리스를 제외한 나머지 나라들은 문화재의 빈곤국으로 전락하게 될 것이라고 한다.[28] 그러한 측면에서 현재에도 풍부한 문화유산을 가지고 있는 그리스에 구태여 파르테논 조각상이 되돌아갈 필요는 없다고 주장한다.

3 현재의 상황

파르테논 조각상의 반환을 두고 국제사회는 지금도 뜨거운 논쟁을 벌이고 있다. 특히 1970년 UNESCO협약의 당사국들에 의해 협약체결 이전의 불법반출 문화재의 반환을 촉진하기 위해서 1978년 설립된 불법문화재반환촉진 정부간위원회(ICPRCP)[29]에서는 거의 매년 파르테논 조각상의 반환에 관한 이슈가 다루어지고 있다. 이후 40여 년의 기간이 지나는 동안 국제사회의 여론은 점점 그리스의 입장에 기울고 있다. 특히 영국 정부가 내세우는 조각상의 완벽한 보존을 위한 대영박물관의 우수성과 이에 대비되는 그리스의 열악한 보존능력은 이제 옛날 말이 되어 버렸다. 2009년 그리스정부는 파르테논 신전이 바라보이는 아크로폴리스에 14,000제곱미터의 면적에 걸쳐 최신 시설을 갖춘 신(新) 아크로폴리스 박물관을 완공하여 파르테논 조각상이 영국에서 돌아오면 언제든지 전시할 수 있도록 완벽한 준비를 마쳤다.

---

28 John Henry Merryman, Ibid. p. 1921.
29 정식명칭은 Intergovernmental Committee for Promoting the Return of Cultural Property to its Countries of Origin of its Restitution in Case of Illicit Appropriation 이다.

신(新) 아크로폴리스 박물관 내부 전경(출처: 그리스 문화부 제공)

돌아와야 할 조각상의 복제물이 미리 자리를 잡고 배치되어 있다.

창밖으로 파르테논 신전이 보인다.

그러는 동안 영국의 대영박물관은 오히려 시설이 노후화되어 박물관 내 소장물의 보존에 대한 우려가 점점 커지고 있다.[30] 또한 파르테논 조각상이 소재한 대영박물관 제18호실에서 영국의 패션디자이너 에르덤 모랄리오글루(Erdem Moralioglu) 2024년 가을/겨울 패션쇼가 수많은 모델들과 관람객들이 모인 가운데 개최되어 타국 문화에 대한 몰지각한 행사였다는 비난을 받고 있다.[31] 한편, 파르테논 조각상의 대부분은 대영박물관에 소장되어 있지만, 일부는 다른 나라의 박물관에도 흩어져서 보관되어 있는데, 2023년 5월에는 바티칸 박물관에 소장되어 있던 파르테논 조각상이 그리스로 반환되는 등[32] 국제사회에서는 파르

---

30 artnet, "대영 박물관의 허물어지는 지붕으로 인한 보존 우려"(Crumbling Roof Raises Conservation Concerns at the British Museum)라는 제목의 인터넷판 신문 기사: https://news.artnet.com/art-world/crumbling-roof-raises-conservation-concerns-at-the-british-museum-2437278 (2024. 12. 23. 최종접속)

31 INDEPENDENT, Fresh Elgin Marbles row as Greece accuses British Museum of having 'zero respect' with Lily James fashion show (19 Feb. 2024) https://www.independent.co.uk/news/uk/home-news/british-museum-lily-james-elgin-marbles-b2498404.html (2024. 12. 23. 최종접속)

32 CNN, Parthenon fragments returned by the Vatican go on display in Greece (March 25, 2023), https://edition.cnn.com/style/article/vatican-return-parthenon-greece-scli-intl/index.html (2024. 12. 23. 최종접속)

테논 조각상을 반환해야 한다는 영국 정부에 대한 압력이 점점 더 높아지고 있다.

Ⅳ 사견: 진정한 국제주의

1 '엘긴 마블스' 혹은 '파르테논 마블스'?

위 그림은 영국계 미국인 작가이자 언론인이며 평론가인 크리스토퍼 히친스(Christopher Eric Hitchens: 1949~2011)가 쓴 두 권의 책의 표지이다.

왼쪽은 1978년에 쓴 책으로 제목은 엘긴 마블스(Elgin Marbles)로 되어 있고, 오른쪽은 2008년에 쓴 것으로 제목은 파르테논 마블스(Parthenon Marbles)로 되어 있다. 그의 책이 다루는 소재는 동일하다. 파르테논 신전에서 뜯겨져서 영국으로 반출되어 대영박물관 제18호실에 전시되어 있는 조각상에 관한 이야기이다. 과연 그 조각상을 무엇으로 부르는 것이 타당한가?

우선 필자는 용어부터 분명하게 정리하고자 한다. 영국에서는 반출자인 엘긴 경의 이름을 따서 '엘긴 마블스(Elgin Marbles)'라 부르는 것이 일반적이었다. 크리스토퍼 히친스도 처음에는 그의 책 제목을 '엘긴 마블스'로 붙였다. 그렇지만 다른 나라의 소중한 문화재를 반출한 자의 이름을 그 문화재에 명명하는 것이 타당한 것인지에 대한 반론이 제기되면서 최근에는 영국에서도 '파르테논 마블스(Parthenon Marbles)'라는 표현이 더 자주 사용된다. 그렇지만 어느 경우든 적절한 용어로 보이지 않는다. 우선 엘긴(Elgin)의 이름을 붙이는 것은 반출자를 원출처지인 파르테논 신전보다 우위의 가치를 둔다는 것인데, 이것은 수용하기 어렵다. 특히 입수과정상의 불법성에 대해 논란이 되고 있는 사람의 이름을 붙인다는 것은 상대국가의 문화를 폄하하는 꼴이다. 오늘날 엘기니즘(Elginism)이란 문화의 야만적 파괴행위(an act of cultural vandalism)라는 의미로 사용되고 있다.[33] 한편 대리석을 의미하는 '마블(marble)'이라는 표현은 파르테논 신전을 구성하는 조각상의 예술적 가치를 표현하기에는 미흡하다. 따라서 파르테논 신전에서 유래한 조각품으로서, 대영박물관의 제18호실에 전시되고 있는 조각상을 포함하여 기타 국가에 소재하는 조각상 및 그리스에 남아있는 조각상을 총칭하여 '파르테논 조각상'(the Parthenon sculptures)으로 부르는 것이 타당하다.

② 영국인가, 그리스인가?

다음으로 파르테논 조각상을 어디에 둘 것인가에 관한 문제를 살펴본다. 파르테논 조각상을 그리스로 반환할 것이냐 아니면 대영박물관에 존치시킬 것이냐에 관한 논쟁의 기저에도 문화국가주의(Cultural

---

33 http://www.elginism.com/definition/ 참고 (2024. 12. 23. 최종접속)

Nationalism)와 문화국제주의(Cultural Internationalism)의 상반된 관념이 자리 잡고 있다. 이에 관한 논쟁대립을 파르테논 조각상의 반환을 요구하는 그리스는 문화국가주의를 내세우는 데 반해 조각상의 반환을 거부하는 영국은 문화국제주의를 논거로 주장하는 것으로 단순화시킬 수도 있다. 문화재의 반환문제를 민족감정과 쉽게 결부시키는 우리의 일반적인 성향에 비추어 보면 문화국가주의에 기반한 그리스의 반환논리가 당연하게 보일 수 있다. 그렇지만 문화국제주의에 기반한 영국의 보유논리도 결코 만만치 않다. 문화국가주의와 문화국제주의 개념을 정립하면서도 문화국제주의 관점에서 영국의 입장을 옹호하는 메리맨 교수의 주장을 다시 살펴본다.34

우선 영국은 조각상을 처음부터 공개된 장소에서 숨김없이 전시했으며, 그것이 그리스 최고의 예술가들이 창조한 작품이라고 평가하면서 그 가치에 걸맞게 세계최고의 박물관 중 하나인 대영박물관에 특별히 제작된 별실에 전시하였다는 것이다. 이에 따라 전 세계 수많은 관광객들이 최고의 보존시설을 갖춘 대영박물관을 방문하여 그리스 예술의 정수인 파르테논 조각상을 관람함으로써 누구든지 그 문화적 가치를 향유할 수 있게 되었다고 한다. 말하자면 파르테논 신전에 있던 조각상을 떼어내어 박물관에 전시함으로써, 조각상이 가지고 있었던 예술적 가치는 수많은 사람들의 관람을 통해 재생산(reproduction)될 수 있었다는 것이다. 또한 문화적 가치를 향유하는 것은 반드시 문화재의 소유를 전제로 하는 것은 아니기 때문에 그리스로서는 언제든지 조각상에 접근할 수 있으며, 조각상의 문화적 가치에 대해 충분히 탐구할 수 있다고 하면서, 오늘날 파르테논 조각상에 관한 다양한 연구는 누구나 제한 없이 이루어질 수 있게 되었다고 한다. 메리멘 교수는 파르테논 조각상이 그리스에서 유래한 것은 사실이지만, 그것이 1세기 이상

---

34 John Henry Merryman, Thinking about the Elgin Marbles, p. 1913.

을 영국의 시설에 보존된 이상 이제는 조각상이 영국 문화유산의 일부로 되었다고 주장한다. 즉 파르테논 조각상이 대영박물관에 전시된 이래로 영국의 예술에 영감을 주고, 영국인의 동질성과 지역사회에도 영향을 미쳤을 뿐만 아니라 영국인의 삶을 개선하고 또한 영국의 학문에도 자극을 주었다고 한다.[35] 이러한 영향은 결코 그리스가 주장하는 반환의 논리에 뒤처지지 않는다고 하면서, 오히려 문화국가주의는 파르테논 조각상을 되가져와야 하는 충분한 논리를 제시하지 못하고 있다고 한다. 요컨대 문화국가주의는 논리에 근거하기보다는 감성에 호소하고 있다고 한다.[36]

메리맨 교수의 주장이 타당하냐를 떠나서 우선 그의 주장이 감정적이지 않고 매우 논리적임을 직시할 필요가 있으며, 그의 주장은 앞으로 우리가 직면하게 되는 문화재반환분쟁에서도 새겨볼만한 지적이다. 그의 주장대로 문화국가주의가 논리성보다는 감정적·정치적 고려에 치우쳐서 주장되고 있음도 사실이지만, 문화국제주의 또한 상당히 정치적인 속성을 가지고 있음을 부인할 수 없다. 즉, 문화국제주의가 진정으로 모든 인류의 문화유산을 보존하기 위한 보편타당한 논리라기보다, 이미 다른 나라로부터 반입한 많은 문화재를 확보한 국가들의 이익을 보호하기 위한 편협한 논리로 활용될 우려도 분명히 있다. 이를테면 2002년 대영박물관을 포함한 세계 주요 18개 박물관이 참여하여 발표한 「보편적 박물관의 중요성과 가치에 관한 선언」(Declaration on the Importance and Value of Universal Museums)은 그들이 이미 확보한 다른 나라의 문화재를 계속 지키기 위해 문화국제주의의 논리[37]로 방어막을 친

---

35 John Henry Merryman, Ibid. p. 1915.

36 John Henry Merryman, Ibid. p. 1916.

37 James Cuno, View from the Universal Museum, in: Imperialism, Art And Restitution, John Henry Merryman (ed.), New York: Cambridge University Press, 2006, 15면 이하 참조. 특히 동 논문 34면은 "유물은 특정한 국가의 것이 아니다. 그것은 보편적 인류유산을 위한 위대한 기여의 산물이고, 우리는 항시 이를 함께 보존

것이다.38 박물관의 중요한 역할이 인류의 문화유산을 보존하는 데 있다는 것은 누구도 부인하지 못한다. 그렇지만 비록 과거의 것이더라도 불법하게 반출·반입된 문화재를 계속 보유하는 것이 정당한 것인가는 다른 차원의 문제이다. 문화국제주의는 그러한 정당성에 대한 판단을 애써 외면하고 있다. 메리맨 교수는 문화국제주의의 관점에서 문화재의 보존(preservation), 통합(integrity) 그리고 분배(distribution) 또는 접근성(accessibility)을 이유로 파르테논 조각상이 현재대로 영국에서 있어야 한다고 주장한다. 일면 그의 주장을 수긍할 수도 있지만, 메리맨 교수가 그러한 주장한 시기가 지금으로부터 약 30년 전이라는 점을 상기할 필요가 있다.39 그리스는 이제 조각상을 잘 보존할 충분한 시설과 기술을 보유하고 있으며, 통합의 관점에서도 원래의 장소에 위치하는 것이 바람직하며, 교통·통신의 발달로 구태여 런던이 아니라 아테네에 있더라도 문화재의 접근성은 그리 문제되지 않는다. 파르테논 조각상이 그리스로 가야 하는 이유는 문화국가주의의 논리가 무조건 옳기 때문이 아니라, 인류공동의 문화유산인 파르테논 조각상이 가장 합당한 문화적 맥락을 가지면서도 또한 잘 보존될 수 있는 온전한 시설을 갖춘 곳에 위치하는 것이 타당하기 때문이다. 어쩌면 그것이 진정한 문화국제주의를 실현하는 것일 수 있다.

할 의무가 있으며 누구에게나 그리고 어느 곳에서든 이를 연구하고 향유할 수 있어야 한다. 국제주의자의 문화정책만이 이러한 목적을 실현할 수 있을 뿐이고 국내주의자 및 보존주의자의 정책은 이에 반한다. 이것이 최소한 보편적 박물관의 관점이다."라고 결론을 맺고 있다.

38 '보편적 박물관의 중요성과 가치에 관한 선언'에 대한 비판으로는 Christine K. Knox, They've lost their Marbles: 2002 Universal Museums' Declaration, the Elgin Marbles and the Future of the Repatriation Movement, Suffolk Transnational Law Review, Vol. 29, Issue 2 (2006), 315면 이하 참고.

39 이후 2006년에 발간된 메리맨 교수의 논문에서도 그는 그의 논문에 대한 비판을 재반박하면서 조각상은 영국이 보유해야 한다고 주장하였다. John Henry Merryman, Whither the Elgin Marbles?, in: Imperialism, Art And Restitution, John Henry Merryman (ed.), (New York: Cambridge University Press, 2006), 98면 이하 참고.

③ '문화국가주의'와 '문화국제주의'는 대립되는 개념인가?

메리맨 교수가 주장한 문화국가주의와 문화국제주의의 설명모델은 오늘날 묘하게도 문화재피탈국의 입장과 문화재반입국의 입장과 결부되어 있다. 문화재를 한 국가 또는 민족의 문화유산의 일부로 바라보는 문화국가주의의 시각은 과거 문화재의 약탈을 경험한 국가들의 논리인데 반해, 문화재를 특정 국가의 권리로부터 독립시켜 인류공동의 문화적 구성물로 보아야 한다는 문화국제주의의 시각은 여러 대형박물관을 보유하고 있는 선진국(즉 문화재반입국)의 논리로 연결된다. 이러한 논리적 대립은 문화재 내지 예술품의 자유로운 국제적 이동을 인정할 것인지에 대한 찬반론으로 이어진다. 문화재의 자유로운 국제적 이동을 찬성하는 입장의 기저에는 문화재가 특정한 국가의 유산이라는 관념에서 벗어나 모든 인류가 그 가치를 향유해야 한다는 문화국제주의의 시각이 깔려 있다. 이에 반해 문화재의 보존과 맥락의 유지를 위해서는 문화재의 국제적 이동을 반대해야 한다는 입장은 문화국가주의의 논리와 맞닿는다.

결론적으로 필자는 문화국가주의와 문화국제주의는 서로 대립되는 관념이라는 것에 동의하지 않는다. 문화재는 역사적 산물이기 때문에 어느 국가(혹은 민족)의 정체성이나 문화적 상징성을 당연히 가질 수밖에 없다(문화국가주의적 속성). 문화재가 삼국시대 것이든, 고려시대 것이든 혹은 조선시대 것이든 '우리' 문화재라고 인식하는 것은 문화재에 민족적 정체성이 반영되어 있기 때문이다. 또한 문화재가 어느 나라에서 유래한 것인지를 가리지 않고 인류는 문화재를 잘 보존하여 후세에 물려줄 의무가 있다(문화국제주의적 속성). 우리나라와 무관한 중동지역에서 이슬람 급진주의세력들(IS)이 고대 메소포타미아 유적들을 파괴하는 언론기사를 보면서(제1장《장면 3》) 우리가 그들의 야만적인 행위에 분개하게 되는 것은 문화재의 국제적 속성을 받아들이고 있다는 반증이라고 할 수 있다. 이러한 점에서 문화재는 문화국가주의적 속성과 문화국제주의적 속성을 겸유하고 있다고 할 수 있다.

문화재에 대한 관념을 문화국가주의와 문화국제주의로 양분한 메리맨 교수의 주장은 문화재의 속성을 잘 헤아린 분석이기는 하지만, 이를 서로 대립하는 구조로 설정하는 것은 동의하기 어렵다. 나아가 문화국가주의와 문화국제주의의 논리를 마치 「문화국가주의 = 문화재의 자유로운 이동의 반대 = 문화재원산국(피탈국)의 논리」 및 「문화국제주의 = 문화재의 자유로운 이동의 찬성 = 문화재반입국(약탈국)의 논리」로 단순하게 도식화하는 것은 타당하지 않다. 더욱이 문화재가 인류의 공동유산임을 내세우는 문화국제주의가 오히려 다른 나라에서 불법하게 취득한 문화재의 반환을 거부하기 위한 특정국가의 논리로 악용되어서는 안 된다. 만약 그러한 의도로서 문화국제주의가 주장된다면, 그것은 더이상 문화국제주의(cultural internationalism)가 아니라 문화제국주의(cultural imperialism)라고 불러야 할 것이다. 진정으로 문화재를 인류공동의 유산으로 여긴다면, 문화재의 역사적 맥락을 가장 잘 반영하면서도 이를 잘 보존할 수 있는 곳에 문화재는 존치되어야 할 것이다. 그러한 점에서 파르테논 조각상은 런던의 대영박물관이 아니라 파르테논이 있는 아테네의 신(新) 아크로폴리스 박물관으로 옮겨져 보존되는 것이 마땅하다. 이것은 구태여 문화국가주의를 신봉하지 않더라도 진정한 의미의 문화국제주의에 입각해서도 그와 같은 결론에 이른다고 할 것이다.

누가 「클림트의 그림」을 소유하는가?

I 들어가며

　오늘날 문화재가 가지는 유형·무형의 가치에 대한 사람들의 인식이 그 어느 때보다 높아짐에 따라, 각 나라마다 문화재의 불법적 유통을 금지하고 다른 나라로 불법 반출된 문화재를 환수하기 위한 노력들이 하나의 글로벌한 이슈로 등장하고 있다. 특히 문화재의 불법 반출은 과거 식민통치기간 또는 전쟁 중에 집중적으로 발생하게 되는데,[40] 우리나라도 그러한 경험을 가지고 있는 나라 중의 하나다. 그러한 사정은 제국주의 시절 피식민지국가에 국한해서 발생한 것만은 아니고, 오늘날 발전된 문화재 유통시장을 형성하고 있는 유럽에서도 비슷하게 나타나고 있다. 유럽에서는 특히 제2차 세계대전을 겪으면서 히틀러의 나찌정권에 의해 유럽전역에서 많은 문화유산들이 파괴되거나 약탈되어 그 당시 불법문화재의 반환문제가 오늘날에도 큰 사회적 숙제로 남아 있다. 특히 나찌정권은 유럽에 거주하는 유대인들을 탄압하는 과정

40　Kevin Chamberlain, War and Cultural Heritage, 2nd ed. (Institute of Art and Law Ltd. 2013), p. 2.

에서 그들이 소유하는 많은 문화재나 예술품을 강제로 몰수한 바 있는데, 그 당시에 실종된 문화재나 예술품을 찾는 노력들이 지금도 진행되고 있다.[41] 그러한 내용은 2014년과 2015년에 2편의 영화가 발표되면서 일반인들의 관심을 더욱 끌게 되었는데, 그 하나는 2014년에 상영된「모뉴먼츠맨」(The Monuments Men)이고, 다른 하나는 2015년에 상영된「우먼 인 골드」(Woman in Gold)라는 영화이다. 두 영화 모두 실화를 기반으로 제2차 세계대전 당시 나찌정권의 문화재약탈을 소재로 하고 있다는 점에서 공통적인 면이 있다. 필자의 관심은 영화 자체보다 그 영화에서 실제로 있었던 사건에 대한 법리적 분석이다. "모뉴먼츠맨"은 나찌에 의해 약탈된 문화재를 보존하기 위하여 1943년 연합군에 의해 결성된 특별부대인데, 그들의 활약으로 영원히 사라질 뻔한 문화재와 예술품들을 되찾을 수 있었다.[42] 모뉴먼츠맨의 활약은 전시상황에서 문

---

41 2012년 독일 뮌헨의 슈바빙(Schwabing) 지역에 거주하는 행적이 의심스러운 독거 노인 코넬리우스 구울리트(Cornellius Gurlitt)의 아파트를 급습한 결과, 그 곳에서 1,280점의 미술품이 쏟아져 나왔다. 그 중에는 피카소, 마티스, 샤갈의 작품 등 값을 매기기 어려운 정도의 걸작들이 대량으로 포함되어 있었는데, 이들 작품은 코넬리우스의 아버지 힐데브란트 구울리트(Hildebrand Gurlitt)가 나찌의 박물관장으로 있었던 당시에 나찌에 의해 몰수된 유대인소유의 미술품들을 빼돌린 것들이었다. 이 사건이 발발하고서 독일은 미술품의 소유권에 관한 문제를 넘어서서 나찌시대의 과거사 청산이라는 더 큰 숙제에 직면하게 되었다. 이를 일명 구울리트 사건(Gurlitt-Fall)이라고 하는데, 이 사건에 대한 법적 쟁점에 대해서는 다른 글을 통해 상론하기로 한다. 구울리트 사건의 법적 쟁점에 대해 개관할 수 있는 글로는 Jayme, Erik, Der Gurlitt-Fall-Grundfragen des Kunstrechts, in: Peter Mosimann/Beat Schönenberger, Kunst & Recht 2014-Referate zu der gleichnamigen Veranstaltung der Juristischen Fakultät der Universität Basel, (Bern 2014), S. 127 ff. 또한 법학문헌은 아니지만 구울리트 사건을 분석한 우리 문헌으로는 서요성, "변종예술 전시회와 아직 끝나지 않은 나치 과거사 청산 -코넬리우스 구얼리트 유산사건(2012-2014)를 중심으로-",「독일어문학」제72집(2016), 한국독일어문학회, 123면 이하 참고. 또한 구얼리트 사건을 소개한 책자로는 이기철·이상근,『문화재전쟁』, 지성사, 2020, 24면 이하 참고.

42 모뉴먼츠맨과 나찌에 의해 약탈된 문화재의 환수와 관련한 법적 쟁점을 개관할 수 있는 글로는 Leila Amineddoleh, Monunents Men, Hidden Treasures, and the

화재의 보호를 목적으로 한 1954년 헤이그협약을 성안하는 데 중요한 계기로 작용하였다. 전시 문화재 보호에 관한 국제규범의 발전에 대해서는 다음 장에서 상론하기로 하고,[43] 여기서는 "우먼 인 골드"로 상징되는 「클림트의 그림」의 소유권을 둘러싸고 오스트리아 정부와 그림의 상속인인 마리아 알트만(Maria Altmann) 사이에 벌어진 법적 분쟁에 대해 살펴보고자 한다. 본 논문의 제목에서 「클림트의 그림」은 나찌의 박해를 피해 미국으로 망명한 마리아 알트만이 오스트리아 정부를 상대로 제기한 소유권소송의 목적물인 구스타프 클림트(Gustav Klimt)가 그린 다섯 작품을 나타내는 표현으로서, 본 연구주제와 관련하여서는 2차 세계대전 당시 나찌에 의해 약탈당한 유대인들의 홀로코스트(Holocaust) 문화재를 상징한다.

여기서 다루고자 하는 이른바 알트만 사건(Altmann case)은 국제적 문화재환수분쟁에 있어서 새로운 이정표를 설정한 매우 중요한 사례이다. 그럼에도 불구하고 필자가 보기에는 이 사건에 대해 온전하게 분석하고 있는 글을 찾기가 매우 어렵다. 동 사건은 미국 법원에서의 판결절차와 이후 오스트리아에서의 중재절차 등 2단계의 과정을 겪게 되는데, 양국 절차에서 제기된 법적 쟁점은 전혀 다르다. 그런데도 미국의 문헌은 미국 법원에서 다루어진 쟁점에 대해서만 그리고 오스트리아 문헌은 오스트리아 중재절차에서 논의된 쟁점에 대해서만 한정해서 다루고 있을 뿐, 이 사건에 대해 미국과 오스트리아에서의 쟁점을 총괄적으로 논구한 문헌은 ─짧은 소개의 글을 제외하고는─ 찾아보기 어렵다. 우리나라에서도 드물게 동 사건을 산발적으로 소개한 문헌들이 있지만, 그 내용은 주로 주권면제와 관련한 미국 법원의 판례에 대한 언

Restitution of Looted Art, NYSBA Entertainment, Arts and Sports Law Journal, Spring 2014, Vol. 25 No. 1, p. 16 이하 참고.

43 제4장 [불법반출 문화재의 환수를 위한 국제규범과 국내규범] 제2절 [국제규범의 형성과정] 및 제3절 [3대 국제협약] I. [1954년 헤이그협약] 설명 참고.

급에 그치고 있다.[44] 본 단원에서는 「클림트의 그림」으로 상징되는 알트만 사례(Altmann case)에 대한 정확한 이해를 위해 사건의 배경과 전개과정, 미국 법정에서의 쟁점과 오스트리아 중재판정부에서의 쟁점 등을 상론함으로써, 전시(戰時) 또는 식민지시대에 문화재의 불법반출의 쓰라린 경험을 갖고 있는 우리나라가 향후 문화재환수와 관련하여 외국과 부닥치게 될 법적 분쟁에서 참고할 만한 시사점을 찾아보고자 한다.[45]

Ⅱ 알트만(Altmann) 사건의 배경과 경과

1 사건의 개요

오스트리아 비엔나(Vienna: Wien)에 있는 벨베데레(Belvedere) 국립미술관[46]은 오스트리아의 출신의 천재화가 구스타프 클림트(Gustav Klimt: 1862 1918)의 그림을 전세계적으로 가장 많이 소장하고 있는 곳으로 유명하다. 그런데 2006년 1월 15일에 내려진 오스트리아 중재판정부의 결정에 의하여 벨베데레에 전시되어 있던 클림트의 다섯 작품이 미국 LA에 살고 있는 89세의 마리아 알트만(Maria Altmann) 부인에게 돌아가게 되었다.

원래 이 그림들은 클림트의 작품 모델이자 후원자였던 블로흐-바

---

44 예컨대, 류병운, "외국에 대한 재판관할권과 판결의 집행: 국가면제(State Immunity) 이론의 검토", 「영산법률논총」, 제2권 제1호(2005), 영산대학교 법률연구소, 172면; 박선아, 『문화재 분쟁 해결을 위한 국제소송에 관한 연구』, 한양대학교 박사학위논문, 2013, 151면 등.

45 아래 내용은 송호영, "누가 「클림트의 그림」을 소유하는가?", 「법학논총」 제35권 제1호(2018), 한양대학교 법학연구소, 349면 이하를 발췌·정리하였다.

46 이하 '벨베데레 미술관'이라 부른다. 또한 본 사건의 판결이나 이를 소개한 관련 문헌에서는 "오스트리아 갤러리(Austria Gallery)"라고 칭하기도 하는데 이것 역시 벨베데레 미술관을 의미한다.

우어(Bloch-Bauer) 가족이 소유하고 있던 것이었다. 그러나 1938년 나찌가 오스트리아를 점령하면서 유대인이었던 블로흐-바우어 가족은 스위스, 캐나다, 미국 등지로 추방되거나 망명을 떠나야만 했고, 클림트의 그림은 나찌가 몰수하였다가 나찌 패망 후 벨베데레 미술관이 이를 입수하게 된 것이다. 그동안 이들 그림은 벨베데레 미술관에서 60년 이상 전시되어 왔었는데, 1999년에 블로흐-바우어家의 마지막 생존자이면서 망명 후 미국에 거주하던 마리아 알트만이 클림트의 그림들에 대한 소유권을 주장하면서 오스트리아 정부를 상대로 미국법원에 소송을 제기하게 되었고, 6년 이상의 긴 법적 공방 끝에 마침내 2006년 오스트리아 중재판정부는 마리아 알트만의 소유권을 인정하였다. 이를 알트만 사건(Altmann case) 또는 일명 클림트/블로흐-바우어 사건(Klimt/Bloch-Bauer case)이라고도 한다. 아래에서 이 사건의 배경과 전개과정에 대해 살펴본다.

② 사건에 대한 기본 정보

가. 등장인물에 대한 정보

사건을 이해하기 위해 마리아 알트만을 비롯한 구스타프 클림트의 그림과 관련된 주변 인물들에 대해서 간략히 알아본다.

① 페르디난트 블로흐-바우어(Ferdinand Bloch-Bauer): 1864년 체코 프라하에서 당시 유럽의 설탕산업을 좌우하던 유대인 출신 대부호 다비드 블로흐(David Bloch)의 아들로 출생하여 나찌의 박해로 여러 나라를 전전하다가 1945년에 스위스 취리히에서 사망하였다. 아래 아델레 블로흐-바우어(Adele Bloch-Bauer)의 남편이며, 1903년경 당대 최고의 화가인 클림트에게 아내의 초상화를 그려줄 것을 의뢰하였다. 그는 알트만 사건의 대상이 된「클림트의 그림」들을 아내인 아델레 블로흐-바우어로부터 유증받았다.

② 아델레 블로흐 - 바우어(Adele Bloch-Bauer): 1881년 비엔나의 유명한 은행가 모리츠 바우어(Moritz Bauer)[47]의 딸로 태어나, 페르디난트 블로흐 - 바우어(Ferdinand Bloch-Bauer)와 혼인하였으나 1925년 일찍 사망하였다. "Woman in Gold"로 알려진 클림트의 1907년 작품 「Adele Bloch - Bauer I」의 실제 모델이다.

Adele Bloch-Bauer
(1881. 12. 9.-1925. 1. 24.)
클림트 작품의 실제 모델이다.

③ 구스타프 블로흐 - 바우어 박사(Dr. Gustav Bloch-Bauer)는 위의 페르디난트 블로흐-바우어의 형이다.[48] 변호사인 그는 제수인 아델레 블로흐 - 바우어(Adele Bloch-Bauer)가 사망하였을 때 유언집행자 역할을 하였다. 그의 처 테레제 바우어(Therese Bauer)는 제수인 아델레 블로흐-바우어의 언니이다. 그와 테레제 바우어 사이에 본 사건의 주인공인 마리아 알트만(María Altmann)이 태어났다.

---

47 재계 엘리트 집단의 한 사람이었던 모리츠 바우어는 비인(Wien) 은행연합의 총감독으로서 오스트리아와 헝가리를 대표하는 7대 은행을 좌지우지하던 인물이었다.

48 참고로 Ferdinand와 Gustav는 형제사이로 원래 姓은 Bloch였는데(즉 그들의 아버지는 David Bloch이었음), 1917년 성을 Bloch에서 Bloch-Bauer로 변경한다. 그들은 Bauer집안의 자매들(Therese Bauer와 Adele Bauer)과 결혼하였는데, Bloch집안에 남자후계자가 없어서 성을 Bloch-Bauer로 바꾸게 된다.

④ 마리아 알트만(Maria
Altmann): 1916년 구스타프 블
로흐-바우어 박사와 테레제
바우어 사이에서 비인(Wien)에
서 출생하였다. 출생 당시 이
름은 마리아 빅토리아 블로흐
(Maria Victoria Bloch)였다. 1937
년 비인에서 방직회사를 운
영하던 프리츠 알트만(Fritz

Maria Altmann (1916. 2. 18.-2011. 2. 7.)
그림 속 주인공 Adele Bloch-Bauer가 그의
이모이자 숙모이다.[49]

Altmann)과 결혼하여, 나찌의 박해를 피해 미국으로 망명하여 그곳에서
2011. 2. 7. 향년 96세의 나이로 사망하였다. 마리아 알트만은 페르디
난트 블로흐-바우어(Ferdinand Bloch-Bauer)와 아델레 블로흐-바우어(Adele
Bloch-Bauer)의 조카딸이지만, 그들 사이에 자녀가 없었기 때문에 그들의
상속인이 된다. 마리아 알트만은 상속인의 지위에서 본 사건에서 「클
림트의 그림」의 소유권을 주장하는 원고가 된다.

나. 문제가 된 「클림트의 그림」

당초 문제가 된 「클림트의 그림」은 총 6점으로 알려져 있다.[50]

① Portrait of Adele Bloch-Bauer I(1907): 아델레 블로흐 바우어의
초상화 I

② Portrait of Adele Bloch-Bauer II(1912): 아델레 블로흐 바우어의
초상화 II

---

49   출처: https://www.telegraph.co.uk/news/obituaries/8311944/Maria-Altmann.
html
50   일부 문헌에서는 아래 6작품 외에 아말리에 주커칸들(Amalie Zuckerkandl)의 초상
화도 사건과 관련된 것으로 소개하고 있으나, 동 작품에 대해서는 유증 내지 상속
의 문제와 관련이 없어서 본 사건의 대상에서 제외하였다. Heinz Krejci, Der Klimt-
Streit (Wien 2005), S. 21 참고.

③ Birkenwald/Buchenwald(1903): 자작나무숲/너도밤나무숲

④ Apfelbaum I(1912): 사과나무 I

⑤ Seeufer mit Häuser in Kammer am Attersee(1916): 아터호숫가
   의 집들

⑥ Schloss Kammer am Attersee(Wasserschloss) III(1910): 아터호숫가
   의 성(城)

① Adele Bloch-Bauer I, 1907　　② Adele Bloch-Bauer II, 1912　　③ Birkenwald, 1903

④ Apfelbaum I, 1912　　⑤ Seeufer mit Häuser in Kammer am Attersee, 1916　　⑥ Schloss Kammer am Attersee III, 1910

블로흐-바우어 집안 사람들은 클림트의 후원자 역할을 하였는데,
문제된 6편의 작품들도 모두 1907년에서 1916년 사이에 페르디난트 블
로흐-바우어와 아델레 블로흐-바우어의 후원으로 그려진 작품들이다.

그런데 소송과정에서 이 그림들의 유래와 소유권에 관한 감정을 거치면서 대상이 된 작품은 ①에서 ⑤까지로 확정되었다. 당시 문제의 그림들에 대해 감정을 한 조나단 페트로포울로스(Jonathan Petropoulos) 교수는 이들 6작품들이 모두 생전에 블로흐-바우어家가 정당하게 소유권을 취득한 것으로 판정할 수 있지만, 그 중에서 작품 ⑥은 페르디난트 블로흐-바우어가 오스트리아 갤러리에 이를 정상적으로 기증한 것으로 판명된다는 의견을 제시하였는바, 이를 수용하여 이 사건의 소송대상에서 제외되었다.

③ 사건의 경과

가. 오스트리아의 입수과정

사건의 전개과정을 이해하기 위해 연대기 순으로 주요 내용을 정리하면 다음과 같다.

1899년 당시 35세의 페르디난트 블로흐(Ferdinand Bloch)와 18세의 아델레 바우어(Adele Bauer)는 혼인하여, 이후 페르디난트 블로흐-바우어(Ferdinand Bloch-Bauer)와 아델레 블로흐-바우어(Adele Bloch-Bauer)로 개명한다. 이들 부부는 클림트와 친분이 두터워 그에게 여러 점의 작품 제작을 의뢰하였다. 이들 부부 사이에는 자식이 없었으나, 1925년 아델레 블로흐-바우어는 뇌막염으로 45세의 나이에 사망한다.

사망하기 전 1923년 아델레 블로흐-바우어는 의식이 있고 외부로부터 자유로운 상태에서 유언하는 것임을 전제로 하여 다음과 같이 유언을 하게 된다.[51]

---

51 "Mein lezter Wille. Bei klarem Bewusstsein und unbeeinflußt verfüge ich für den Fall meines Todes wie folgt:"

나는 내 남편 페르디난트 블로흐 - 바우어를 나의 전체 재산의 포괄적 수증자로 지정한다.

Zum Universalerben meines gesamten Vermögens setze ich meinen Ehegatten, Ferdinand Bloch Bauer ein.

특히 클림트 그림에 대해서는 다음과 같은 유언을 남긴다.

나는 내 남편에게, 나의 구스타프 클림트가 그린 2편의 초상화와 4편의 풍경화는 그가 사망하거든 비인(Wien)에 소재하는 오스트리아 국립갤러리와 내가 속한 빈 · 융퍼 브레자너 도서관과 비인 국민 · 노동자도서관에 기증할 것을 부탁한다.

Meine 2 Porträts und die 4 Landschaften von Gustav Klimt, bitte ich meinen Ehegatten, nach seinem Tode der ös-terr. Staats - Galerie in Wien, die mir gehörende Wiener und Jungfer Brezaner Bibliothek, der Wiener Volks u. Arbeiter Bibliothek zu hinterlassen.

위 유언의 내용은 명확하지 않았지만, 일단 유언에서 언급된 클림트의 그림은 그의 남편인 페르디난트 블로흐-바우어가 수증자로 되어 그의 집에 남게 된다. 이 유언이 의미하는 바가 무엇인지에 대해 향후 본 사건의 중재사건의 심의과정에서도 중요한 쟁점으로 다루어진다.[52]

한편 1936년 페르디난트 블로흐-바우어는 위 ⑥번 작품 Schloss Kammer am Attersee III (아터호숫가의 城)을 오스트리아 정부에 기증하기로 하고, 이에 따라 이 작품은 오스트리아 정부의 소유로 넘어가게 된다.[53]

52　특히 "... 부탁한다(bitte)"가 법적 구속력을 가지는 의무를 설정한 것인지에 대해서 많은 논란이 되었다. 이에 관해서는 본절 III. 3. 나. 에서 자세히 설명한다.

53　이 때문에 ⑥번 작품 Schloss Kammer am Attersee III(아터호숫가의 城)은 이 사건의 소송대상에서 제외된다.

1938년 오스트리아제국은 나찌의 제3제국에 편입된다. 이후 유대인 가문의 페르디난트 블로흐-바우어는 오스트리아에서 추방되어 프라하와 취리히 등으로 전전하게 된다. 오스트리아 정부에 기증한 ⑥번 작품 Schloss Kammer am Attersee III(아터호숫가의 城)을 제외한 나머지 다섯 작품은 페르디난트 블로흐-바우어가 추방되기 전에 그가 살던 집에 보관 중이었다. 그러나 이후 나찌정권은 이른바 제국도피세 (Reichsfluchtsteuer)54를 페르디난트 블로흐-바우어에게 부과하고, 이를 담보하기 위해 그의 집에 있던 클림트의 다섯 작품을 압류하게 된다.55 1939년 나찌정권은 압류한 페르디난트 블로흐-바우어의 재산에 대한 처분권자로 나찌 변호사인 에리히 퓌러 박사(Dr. Erich Führer)를 임명한다. 그는 페르디난트 블로흐-바우어로부터 압류한 클림트의 작품을 다음과 같이 처분하게 된다. 우선 1923년에 있은 아델레 블로흐-바우어의 유언을 이유로 ① Portrait of Adele Bloch-Bauer I(아델레 블로흐-바우어의 초상화 I)과 ④ Apfelbaum I(사과나무 I)을 오스트리아 현대미술관(Moderne Galerie)에 기증하고, ③ Birkenwald/Buchenwald(자작나무숲/너도밤나무숲)는 빈 국립컬렉션(Wiener Städtische Sammlungen)에 매각하고, ② Portrait of Adele Bloch-Bauer II(아델레 블로흐-바우어의 초상화 II)는 현대미술관(Moderne Galerie)에 매각하였다. 그리고 ⑤ Seeufer mit Häuser in Kammer am Attersee(아터호숫가의 집들)는 퓌러가 스스로 처분행위에 대한 보수비용으로 이를 취하여 보관하고 있다가 독일패망 후 오스트리아 갤러리에 넘겨진다.

---

54 제국도피세(Reichsfluchtsteuer)란 독일의 국가사회주의정권이 독일제국의 국부가 외국으로 유출되는 것을 막기 위해 해외로 도주하거나 재산을 반출하는 자들에게 부과한 세금이다.

55 그 당시 나찌는 클림트의 그림뿐만 아니라 블로흐-바우어 집안의 설탕공장, 비엔나의 집, 400편의 도자기류 기타 예술품 등 대량의 재산을 징발하였다. Andrew J. Extract, Establishing Jurisdiction over Foreign Sovereign Powers: The Foreign Sovereign Immunity Act, The Act of State Doctrine and the Impact of Republic of Austria V. Altmann, Journal of International Business and Law, Vol. 4 (2005), p. 104.

나. 소송 및 중재 과정

1942년 당시 26세이던 마리아 알트만(Maria Altmann)은 나찌의 박해를 피해 미국으로 망명하게 된다. 이후 1945년 5월 독일 패망 후 그의 숙부이자 이모부이던 페르디난트 블로흐-바우어는 나찌에 빼앗긴 재산을 되찾고자 하였으나 그해 11월 13일 사망하게 되는데, 그는 그의 재산에 대해 조카딸 루이제 굿만(Luise Baronin Gutmann)에게 전 재산의 절반을, 또 다른 조카딸 마리아 알트만에게 전 재산의 1/4을 그리고 다른 조카 로버트 벤트리(Robert Bentley)에게 전 재산의 1/4을 배분하기로 하는 유언을 남겼지만,56 클림트의 그림에 대해서는 언급하지 않았다. 그러나 페르디난트 블로흐-바우어는 생전에 나찌에 의해 빼앗긴 클림트 그림을 되찾기 위해 구스타프 리네쉬 박사(Dr. Gustav Rinesch)를 변호사로 선임하였다. 리네쉬 박사는 페르디난트 블로흐-바우어로부터 그림의 반환업무에 관한 대리권을 수여받아 일하게 되고, 페르디난트 블로흐-바우어가 죽고 난 다음에는 그의 유족들을 위해 같은 업무를 계속하게 된다.

나찌로부터 해방된 오스트리아 정부는 1946년 이른바 「무효법」(Nichtigkeitsgesetz)을 공포하게 된다. 동 법률 제1조에 의하면 "독일의 점령기에 독일제국의 정치적·경제적인 추구로 1938년 3월 13일부로 자연인 또는 법인으로부터 재산권을 몰치하기 위해 행해진 법률행위 및 이에 준하는 행위는 유상이든 무상에 의한 것이든 모두 무효"라고 선언하고 있다. 또한 같은 해 오스트리아 정부는 「원상회복법」(Rückstellungsgesetz)을 공포하게 되는데, 동 법률에 의하면 국가소유의 문화재나 예술품은 국가의 승인이 없이는 반출될 수 없도록 하였다.

---

56 마리아 알트만 외 다른 상속인들은 미국 법원에서의 다툼에서는 원고로 나서지 않고, 이후 오스트리아 중재사건에서는 신청인으로 참가한다. 따라서 미국 법원에서의 판결에서는 이를 알트만 사건이라고 하고, 오스트리아 중재사건에서는 이들 상속인들은 모두 열거하여야 하지만, 마리아 알트만이 대표적인 신청인이기 때문에 이에 대해서도 알트만 사건이라고 총칭한다.

한편, 1948년 페르디난트 블로흐-바우어의 상속인들을 대표하여 리네쉬 박사가 과거 페르디난트 블로흐-바우어가 소유하였던 클림트 그림의 환수를 시도하게 된다. 이에 대해 오스트리아 갤러리는 문제가 된 클림트의 그림은 1923년 있은 아델레 블로흐-바우어의 유언에 따라, 그녀의 남편(즉 페르디난트 블로흐-바우어)의 사망 후에 기증된 것이라고 답신한다. 그러나 페르디난트 블로흐-바우어는 1945년 독일 패망 후 그가 사망하기 직전에 법정에서 클림트의 그림은 자신의 처(妻)인 아델레 블로흐-바우어의 것이 아니라 원래부터 자신의 것이었다고 주장한 사실이 있으며, 페르디난트는 아델레의 유언에 따르기로 하였지만, 법적으로 그녀의 유언에 구속되어 이를 실행할 의무가 있는지에 대해서는 분명하지 않았다. 오스트리아 미술관 관장 가자롤리(Garzarolli) 박사는 사적인 장소에서 페르디난트 블로흐-바우어로부터 어떠한 기증서약서도 받지 않았다는 사실이 오스트리아 미술관의 약점이라고 밝힌 사실도 있다. 그렇지만 오스트리아 갤러리는 블로흐-바우어 집안의 상속인들과의 분쟁을 우려하여 연방문화재청장인 데무스(Demus) 박사에게 미국에서 개최되는 「Ferdinand 소장(所藏) 작품전시회」에 문제된 클림트 작품들의 반출을 불허할 것을 요청하게 된다. 이에 대해 상속인측을 대리한 리네쉬 박사는 가자롤리 박사에게 상속인들이 오스트리아 미술관에 클림트의 그림을 기증할 용의가 있음을 내비치면서 양측 사이에 신경전이 이어지지만, 결국 리네쉬 박사는 가자롤리 박사에게 보낸 1948. 4. 12.자 서면에서 페르디난트 블로흐-바우어 유족의 이름으로 클림트의 그림들을 오스트리아 갤러리에 양도(überlassen) 한다고 확인해 주었다. 이후로부터 오스트리아 정부는 클림트의 그림은 아델레 블로흐-바우어로부터 기증된 것임을 명시하면서 벨베데레 미술관에 전시하게 된다.

1998년 오스트리아 탐사전문기자 후베루투스 체닌(Hubertus Czenin)은 페르디난트 블로흐-바우어로부터 기증받은 것으로 알려진 문제의 클림트 그림들이 실제로는 그러한 사실이 없으며 벨베데레 미술관은 그 그림들이 약탈된 것이라는 것을 인지하고 있었다는 칼럼을 시리즈로 발표한다. 그의 칼럼은 오스트리아에 큰 반향을 일으키게 되고 이에 오스트리아 정부는 같은 해 12월에 「반환법」(Restitutionsgesetz)**57**을 공포하게 된다. 동 법률의 시행에 따라 "Bloch-Bauer 컬렉션"에 속해 있던 클림트의 그림 17점과 19편의 자기류가 마리아 알트만에게 반환된다. 그러나 문제가 된 클림트의 그림들에 대해서는 오스트리아 정부가 1923년 있은 아델레 블로흐-바우어의 유언에 따라 적법하게 소장하는 것이라는 이유로 반환을 거부하였다. 또한 마리아 알트만은 「클림트의 그림」들에 대해 소유권을 인정해 주면 오스트리아 정부에 대해 문제의 그 그림들을 오스트리아 갤러리에 기증할 의사가 있음을 밝혔지만 오스트리아 정부는 이마저도 거부하였고, 이에 마리아 알트만은 태도를 바꾸어 소송으로 문제를 해결하기로 결정하게 된다.

이에 따라 2000년 마리아 알트만은 미국 캘리포니아 법원에 오스트리아 정부를 상대로 오스트리아 비엔나의 벨베데레 미술관에 소재하는 「클림트의 그림」의 반환을 청구하는 소송을 제기하게 된다. 이 소송에서 최종적으로 2004년 미국 연방대법원은 마리아 알트만이 오스트리아 정부를 상대로 한 반환청구소송에 대해 미국법원에 재판관할권이 있다고 판결하였다. 이후 마리아 알트만과 오스트리아 정부 양측은 2005년 5월 18일 오스트리아 중재판정부의 결정에 따르기로 하면서 이때 적용되는 법률은 오스트리아 실체법을 준거법으로 하고, 중재절차도 오스트리아 중재법에 따라 진행하기로 합의하였다.

2006년 1월 오스트리아 중재판정부는 오스트리아 정부가 마리아 알트만에게 문제된 클림트의 다섯 작품을 반환하여야 한다고 결정하였

---

57 동 법률의 정식 명칭은 Bundesgesetz über die Rückgabe von Kunstgegenständen aus den österreichischen Bundesmuseen und Sammlungen (BGBl. I Nr. 181/1998), 문헌에서는 대개 줄여서 "Restitutionsgesetz 1998"이라고 표기한다.

다. 중재판정의 결과, 2006년 3월 클림트의 그림은 오스트리아 벨베데레 미술관을 떠나 마리아 알트만에게 돌아오게 된다.[58]

Ⅲ 법적 쟁점

1 개설

앞서 살펴 본 바와 같이, 「클림트의 그림」이 오스트리아에서 미국에 거주하는 마리아 알트만의 소유로 확인되어 그에게 인도되기까지는 2단계의 법적 관문을 통과하였다. 하나는 미국 법원에서의 소송과 다른 하나는 오스트리아 중재판정부에서의 중재이다. 미국법원과 오스트리아 중재판정부에서의 쟁점은 클림트의 그림이 누구의 소유로 인정되어야 하는가를 다루는 점에서는 공통된 것이지만, 각국의 법원이 적용하는 준거법에 따라 세부적인 쟁점들은 달라진다. 즉 미국법원에서의 쟁점은 무엇보다도 미국에 거주하는 사인(私人)이 다른 나라 정부(본 사건에서는 오스트리아)를 상대로 미국법정에서 소를 제기할 수 있는가, 다시 말하자면 미국 법원이 동 사건에서 다른 나라 정부를 상대로 재판권을 행사할 수 있는지가 선결문제로 다루어지게 된다. 이 문제가 해결되어야지만 미국 법원은 클림트의 그림에 대한 소유권여부를 심사할 수 있기 때

---

58 이 사건 이후의 일이기는 하지만, 참고로 2006년 3월 마리아 알트만에게 돌아온 그림들 중에서, 우먼 인 골드'로 알려진 ① Adele Bloch-Bauer I은 그해 7월에 예술품 수집가이자 화장품회사의 재벌인 로날드 로더(Ronald Lauder)에게 당시로서는 최고가에 해당하는 1억 3천 5백만 달러에 팔렸으며 이후 로더는 자신이 설립한 뉴욕 맨해튼 소재 "노이에 갈러리"(Neue Galerie)에 이를 기증하여 현재는 동 미술관에 소장되어 있다. 나머지 그림들은 이후 크리스티(Christie) 경매장에서 모두 고가로 매각되었는데, ② Adele Bloch-Bauer II는 8,800만 달러에, ③ Birkenwald는 4,000만 달러에, ④ Apfelbaum I는 3,300만 달러에, ⑤ Seeufer mit Häuser in Kammer am Attersee는 3,140만 달러에 팔렸다.

문이다.

그에 반해 오스트리아 중재판정부는 중재의 성격상 처음부터 관할의 문제는 발생하지 않으면서, 양측이 오스트리아의 법률을 준거법으로 중재하는 것에 합의하였기 때문에 오스트리아의 법적 상황에 대한 판단이 중요한 문제로 등장하게 된다.

본 사건을 둘러싸고 미국은 미국대로 미국법원의 판결에 대해 찬반 논리가 대립하고 있고, 오스트리아는 오스트리아대로 중재판정부의 법리적용이 타당하였는지에 대해 논쟁이 이어지고 있는 상황이다. 이하 그 쟁점사항에 대해 자세히 살펴본다.

② 미국법원에서의 쟁점

가. 외국주권면제법의 적용대상 여부

(1) 주권면제와 외국주권면제법(FSIA)

미국법원에서의 쟁점은 본 사안이 외국주권면제법(Foreign Sovereign Immunities Act: 이하"FSIA"라 함)의 적용대상인가 하는 것이다. 이 법은 1976년 제정된 미국 연방법률로서, 외국의 주권을 존중하여 외국정부가 미국법원의 재판권으로부터 면제되는 범위를 규율한 것이다. 국제법상 국가는 다른 나라 법원의 재판권에서 면제되는 것이 원칙이다.[59] 이는 국가는 주권을 가지고 있고 그 주권은 서로 평등하다는 사상에서 오는 당연한 결론이며, 어떤 나라도 다른 나라에 대하여 재판권을 주장할 수 없고 각국은 외국법원에 원고로서 제소할 수는 있으나 응소하지 않는 한 피고가 되지 않음을 의미한다.[60] 이를 주권면제(sovereign immunity),[61]

---

59   최공웅, 『국제소송』(개정판), 육법사, 1988, 251면.
60   최공웅, 상게서, 251면.
61   학자에 따라서는 이를 주권면책으로 칭하기도 한다. 예컨대 송상현·박익환, 『민사소송법』 신정5판, 박영사, 2008, 52면.

국가면제(state immunity), 재판권면제(jurisdictional immunity)라고 부른다.[62] 주권면제를 통해 국가는 다른 나라의 국내법원의 민사 및 형사 재판권에서 벗어나는 수혜를 입게 되는데, 이때 주권면제의 수혜자인 외국(foreign state)이란 국가 자체뿐만 아니라, 그 외국의 정치적 하부조직 또는 대리기관이 포함되므로 국가원수, 정부수반, 외무장관 등 기타 고위 정부관리, 외교관, 영사, 외국의 군함 및 군대 등 여러 부류의 주체의 활동도 그 외국의 활동으로 포섭될 수 있다.[63] 그런데 형사소송이나 행정소송의 절차에서 외국은 주권의 속성상 절대적으로 면제를 향유하여 왔었기 때문에 전통적인 주권면제에 관한 논의는 주로 민사소송 분야에서 다루어져 왔다.[64] 국가에 대해 주권면제의 특권을 부여하게 되면 한 개인이 외국과 거래하는 과정에서 분쟁이 발생하여 해당국을 상대로 자국의 법원에 계약의 이행을 청구하거나 또는 계약위반이나 불법행위를 이유로 손해배상을 청구하기 위해 소를 제기하더라도 상대가 다른 주권을 가진 국가라는 이유로 각하되거나 기각될 수밖에 없는 문제점이 있게 된다.[65] 이처럼 외국의 주권적 행위와 상업적 행위를 구별하지 않고 오로지 외국주권의 절대성과 배타성을 강조하던 이른바 절대적 면제(absolute immunity) 원칙을 고수하게 되면 개인의 권리가 보호되지 못하게 되는 결과를 초래하게 된다는 점, 그리고 19세기 말 이래로 특히 두 차례의 세계대전 이후 세계경제의 발전에 따라 과거와는 달리 국가가 개인들이 수행하던 사적 거래 영역에 참여하는 폭이 넓어졌음을 이유로 주권면제는 제한적 면제(restrictive immunity)로 전환하여야 한다는 주장이 설득력을 얻게 되었다. 제한적 면제는 국가의 행위 중에서

---

62 최태현, "국제법 위반행위에 대한 국가면제의 제한", 「국제법학회논총」 제31권 제2호(2006), 대한국제법학회, 12면.
63 최태현, 상게논문, 12면.
64 최태현, 상게논문, 12면.
65 류병운, 전게논문, 157면.

03 누가 과거를 소유하는가? / *135*

주권적·권력적·공법적 행위(acta jure imperii)와 비주권적·비권력적·상업적·사법적 행위(acta jure gestionis)를 구분하여 전자에 대해서는 외국의 주권면제가 인정되지만 후자에 대해서는 주권면제를 부정하여 수소법원이 타국에 대해 재판권을 행사할 수 있다는 것이다.[66] 오늘날 주권면제론은 과거와 달리 소송에 있어 외국주권의 면제를 제한하는, 다시 말하자면 주권면제의 "예외"에 해당하는 사유와 요건에 포커스가 맞추어지고 있다. 그러한 의미에서의 주권면제론에 큰 영향을 준 국제조약은 1926년「국유선박면제에 관한 브뤼셀협약」[67] 및 1972년「유럽국가면제협약」[68]이다. 브뤼셀협약은 거래목적에 사용되는 국유선은 기국(旗國)은 물론 외국의 재판권에도 복종하도록 함으로써 처음으로 제한적 주권면제원칙을 국제적으로 인정하였다는 점에서 의미를 있다. 또한 유럽국가면제협약은 제7조 제1항에서 "체약국이 법정지국 영토에 사무소, 기관 또는 다른 기구를 두어 사인과 동일한 방식으로 산업적, 상업적 또는 금융적 활동에 종사하는 경우 그리고 그 사무소, 기관 또는 다른 기구의 활동과 관련한 소송이 발생하는 경우 다른 체약국 법원의 관할권으로부터 면제를 주장할 수 없다"고 규정하여 현재까지 국가에 대해 전반적인 사법 분야에 관해 제한적 주권면제를 채택한 유일한 다자협약이라는 점에서 의미를 가진다. 이러한 국제협약의 발전에 터 잡아 UN국제법위원회는 1991년「국가 및 국가재산의 관할권면제에 관한 UN협약」 초안을 기초하였는데, 동 초안은 2004년 12월 2일 UN총회에서 같은 명칭의 협약[69]으로 채택되었다. 이 협약은 전문에서 "국가 및 그 재

---

66 Mark J. Chorazak, Clarity and Confusion: Did Republic of Austria v. Altmann Revive State Department Suggestions of Foreign Sovereign Immunity, Duke Law Journal, Vol. 55, Issue 2 (November 2005), p. 377.

67 정식명칭은 The Brussels Convention for the Unification of Certain Rules Concerning the Immunity of State Owned Ships(1926).

68 정식명칭은 The European Conventions on State Immunity(1972).

69 협약의 정식명칭은 "United Nations Convention on Jurisdictional Immunities of

산의 재판관할권면제가 국제관습법의 원칙으로 일반적으로 수락되었음"을 고려한다고 표현함으로써, 최근의 국가면제의 상대화를 최대한 반영한 것으로 평가되고 있지만,[70] 아직까지 발효되지는 않았다.[71]

이처럼 관습법의 영역으로 인정되던 주권면제론은 국제협약을 통해 제한적 주권면제론으로 규범화되었다. 그런데 이러한 제한적 주권면제론을 국내법으로 최초로 입법화한 것이 바로 1976년 미국의 외국주권면제법(Foreign Sovereign Immunities Act: FSIA)이다.[72]

미국도 처음부터 제한적 주권면제론을 채택한 것은 아니며, 1952년 이른바 "Tate Letter"가 채택되기 전까지는 절대적 주권면제론(theory of absolute immunity)이 지배하고 있었다.[73] 그런데 절대적 주권면제론을 고수하게 되면 미국법원은 타국에 대해 여전히 주권면제를 인정하는 데 반해, 20세기 이후 많은 서구 국가들이 제한적 주권면제론으로 돌아섬에 따라 미국은 타국의 법원에서 주권면제를 인정받지 못하게 됨에 따라 미국의 이익을 해치게 되었다. 이러한 문제점을 인식한 미국 정부는 당시 국무장관이던 Tate의 이름을 딴 "Tate Letter"를 법무장관에 보내게 되는데, 그 내용은 주권면제와 관련한 기존의 관행이었던 절대적

States and Their Property".

70 김석현, "국가면제의 기준 -면제의 제한과 관련하여-", 「국제법평론」 통권 제29호 (2009), 국제법평론회, 59면.

71 그 이유는 동 협약 제30조에서는 "… 30번째 국가가 비준, 수락, 승인 또는 가입 서류를 제출한 후 30일째 되는 날에 발효한다"고 되어 있는데, 2018년 2월 현재 21개국만이 당사국으로 가입되어서 아직 발효 요건을 충족하지 못했기 때문이다.

72 이후 영국은 1978년에 국가면제법(State Immunity Act)을, 캐나다는 1982년에 국가면제법(State Immunity Act)을 그리고 1985년에 호주는 외국주권면제법(Foreign States Immunities Act)를 제정하였다. 주권면제에 관한 연혁적 발전과정에 관해서는 류병운, 전게논문, 159면 이하 참조.

73 Andrew J. Extract, Establishing Jurisdiction over Foreign Sovereign Powers: The Foreign Sovereign Immunity Act, The Act of State Doctrine and the Impact of Republic of Austria V. Altmann, Journal of International Business and Law, Vol. 4 (2005), p 110.

면제론을 제한적 면제론(Theory of restrictive immunity)으로 전환해야 한다는 것이다.[74] Tate Letter이후 외국이 주권면제를 주장하기 위해서는 미국 국무부의 일정한 절차, 즉 Tate Letter의 기준에 부합하는지에 관한 행정적 심사를 거쳐야 했다. 그렇지만 어떤 외국의 행위가 Tate Letter의 기준에 부합하는지에 대한 행정부의 심사와 법원의 판결이 일치하지 않는 경우도 발생하였기 때문에, 이러한 혼란을 극복하기 위해 1976년 외국주권면제법(FSIA)이 제정된 것이다.

FSIA 제1604조는 "이 법이 제정될 당시 미국이 당사자인 현존하는 국제협약에 좇아, 외국은 본 장의 제1605조 내지 제1607조의 경우를 제외하고는 미국의 연방 및 주의 관할권에 복종하지 않는다."고 규정함으로써, 미국법원으로부터 외국의 원칙적인 주권면제를 선언하면서도 "제1605조 내지 제1607조의 경우를 제외"한다고 하여 주권면제의 예외를 명시하는 방식으로 제한적 주권면제론을 채택하고 있다.[75]

(2) 주권면제의 예외

FSIA는 제1605조 내지 제1607조에서 외국 주권면제에 대한 예외사유를 규정하고 있다.[76] 이를 개관하면 다음과 같다. 첫째 외국이 명시적 또는 묵시적으로 면제(waiver)를 포기한 경우이다[§1605(a)(1)]. 둘째, 외국이 미국 내에서 상업적 활동(commercial activity)을 한 것으로 판단되는 경우이다[§1605(a)(2)].[77] 셋째, 국제법을 위반하여 취득한 재산에 대한 권리

---

74 Jeremy Ledger Ross, Escaping the Hourglass of Statutory Retroactivity Analysis in Republic of Austria v. Altmann, Tulane Law Review, Vol. 79, Issue 4 (March 2005), p. 1114. Tate Letter의 탄생에 관한 자세한 설명은 양재혁, 『국가면제이론의 예외에 관한 연구 -미국 외국주권면제법(FSIA)의 '상업적 활동' 예외규정을 중심으로-』, 연세대학교 석사학위논문, 2004, 17면 이하 참조.

75 Jenny Adelman, Sovereign Immunity: Ramifications of Altmann, ILSA Journal of International & Comparative Law, Vol. 11, Issue 1 (Fall 2004), p. 177.

76 이에 관한 상세한 설명은 양재혁, 전게논문, 25면 이하 참고.

77 이 경우가 제한적 주권면제론의 중추적인 논거이다. FSIA가 외국의 상업적 활동을

가 문제되는 경우이다[§1605(a)(3)]. 넷째, 미국 내에서 발생한 비상업적 불법행위에 기해 손해배상 소송이 제기된 경우이다[§1605(a)(5)]. 다섯째, 미국 내에서 중재(arbitration)의 이행 또는 중재재판의 확인을 위해 소송이 제기된 경우이다[§1605(a)(6)].[78] 여섯째, 외국이 테러지원국으로 불법행위를 하여 손해배상 소송이 제기된 경우이다[§1605A].[79] 일곱째, 외국이 미국 법원에 제기한 소에 대해 그 외국을 상대로 반소(counterclaim)가 제기된 경우이다[§1607]. 여덟째, 미국에 소재하는 외국재산에 대한 압류나 집행을 하는 경우로서, 면제를 포기하거나 상업적 활동으로 외국재산이 사용되거나 국제법에 위반한 사항에 관련된 경우 등이다[§1610].[80]

그렇다면 본 클림트 그림 사건과 주권면제는 어떠한 관련이 있는 것인가? 마리아 알트만이 오스트리아 정부를 상대로 제소한 사건을 미국법원이 다루기 위해서는 오스트리아 정부의 행위가 주권면제의 예외 사유에 해당되어야 가능하다. 이에 대해 원고인 마리아 알트만은 오스트리아 정부의 행위가 FSIA §1605(a)(3)에서 정한 이른바 징발예외사유(expropriation exception) 즉, 국제법을 위반하여 취득한 재산에 대한 권리가 문제되는 경우에 해당한다고 주장한다. 동 조항에 의해 주권면제가

주권면제 사유로 규정하고 있는데, 구체적으로는 다음 세 가지 중의 하나에 해당하여야 한다. 첫째 외국이 미국에서 행한 상업적 활동(a commercial activity carried on in the United States by the foreign state), 둘째 외국이 미국영역 외에서 행한 상업적 활동과 관련하여 미국 내에서 행한 행위(an act performed in the United States in connection with a commercial activity of the foreign state elsewhere), 셋째 외국이 미국영역 외에서 행한 상업적 활동과 관련하여 미국의 영역 밖에서 행한 행위로서 미국 내에 직접적인 영향을 야기하는 행위(an act outside the territory of the United States in connection with a commercial activity of the foreign state elsewhere and that act causes a direct effect in the United States) 중 하나에 해당해야 한다.

[78] 이 조항은 1976년 제정 당시에는 없었으나, 1988년 1차 개정으로 1605조(a)(6)가 추가된 것이다.

[79] 이 조항은 2008년에 새로 FSIA에 추가되었다.

[80] 이 조항은 1996년에 새로 FSIA에 추가되었다.

되지 않기 위해서는 ① 국제법을 위반하여 취득한 재산에 대한 권리가 문제되면서 해당 재산 혹은 그 대상(代償: any property exchanged for such property)이 외국에 의해 미국 내에서 수행된 상업적 활동(commercial activity)과 관련되어 미국에 존재하는 경우, ② 해당 재산 또는 혹은 그 대상(代償)이 외국의 대표부나 기관(agency or instrumentality of the foreign state)에 의해 소유되거나 운영되면서 그 대표부나 기관이 미국 내 상업적 활동에 종사하고 있는 경우에 해당하여야 한다. 본 사건이 FSIA §1605(a)(3)의 징발예외사유에 해당하는지를 살펴본다.

우선 문제의 클림트 그림은 제2차 세계대전 당시 나찌에 의해 강제로 몰수된 것으로써, 미국법원은 오스트리아가 국제법을 위반하여 취득한 재산에 관한 권리가 문제되는 사안이라는 점을 인정하였다. 다음으로 클림트의 그림을 소장하고 있는 오스트리아 벨베데레 미술관이 FSIA에서 규정한 외국의 기관(instrumentality of the foreign state)에 해당한다는 점에 대해서는 다툼의 여지가 없다. 그렇다면 오스트리아가 벨베데레 미술관에 클림트의 그림을 전시하고 있는 것이 어떠한 점에서 미국 내에서 수행된 상업적 활동(commercial activity)으로 그 재산 혹은 그 대상(代償)이 미국에 존재한다는 것인가? 이에 대해 마리아 알트만의 변호사 랜돌 쇤베르크(Randol Schoenberg)는 다음과 같이 주장하였다. 오스트리아는 「클림트의 여인들」(Klimt's Women)이라는 제목의 책을 미국 내에서 저술·편집·출간하였으며 약탈된 다섯 작품의 사진이 포함된 영어판 가이드북을 발간하였으며, 또한 클림트 그림과 관련된 갤러리의 전시물에 대해 미국 내에서 광고를 하였다는 것이다. FSIA가 규정한 상업적 활동이란 미국 내에서 출판과 광고활동을 의미하

미국에서 간행된 「클림트의 여인들」(Klimt's Women) 표지

는 것으로써, 예컨대 「클림트의 여인들」은 예일(Yale)대 출판사에서 영어로 출판되면서 문제의 그림 3점을 이용하였으며, 그 책은 몰수된 그림들을 전시하는 대형 전람회장에서 함께 간행되었으며, 그 책의 저작권은 오스트리아 갤러리가 "저자"(author)로서 가진다고 적혀 있다. 또한 벨베데레 미술관의 안내책자는 영어로 출판되면서 그 표지에 Adele Bloch-Bauer I 그림이 장식되어 있는데, 이는 미국인 관광객들을 끌어들이기 위한 수단이라는 것이다. 미국의 하급법원은 이러한 주장을 그대로 받아들였고,[81] 연방법원도 이 문제에 대해서는 별다른 언급 없이 하급법원의 판단을 그대로 수용하였다.[82] 이로써 미국법원에서 오스트리아의 주권면제는 인정되지 않게 되었다.[83]

나. 외국주권면제법의 소급효 여부

다음으로 FSIA가 적용되는 시간적 범위도 문제가 되었다. 즉 주권면제의 예외에 해당하는 사항은 FSIA가 제정되기 이전의 것이라도 FSIA가 적용되는 것인지가 문제되었다. 앞서 본 바와 같이, FSIA에 따라 오스트리아가 자국의 기관을 통해 클림트 그림을 이용하여 미국 내에서 상업적 활동을 한 것으로 인정되더라도, 오스트리아가 문제의 클림트 그림을 입수한 시기는 미국의 FSIA가 제정된 1976년보다 훨씬 이전이므로 미국법원이 오스트리아 정부에 대해 재판관할권을 행사할 수 있기 위해서는 FSIA의 소급적용(retroactive application)을 인정하여야만 가능하다. 이에 대해 오스트리아 정부는 클림트 그림의 취득 문제는 미국

---

81 Maria Altmann v. Republic of Austria, et al., 142 F. Supp. 2d 1187(CD Cal. 2001); Maria Altmann v. Republic of Austria, et al.,317 F. 3d 954 (US Court of Appeals, 9th Circuit. 2002).

82 Republic of Austria et al. v. Maria Altmann, 541 U.S. 677 (U.S. 2004).

83 이러한 판결에 대해 국가행위론('Act of State' Doctrine)에 의거해서 오스트리아 정부의 행위가 주권면제로 간주될 여지도 있었다는 신중론에 대해서는 Andrew J. Extract, supra note 67, p. 122.

의 FSIA가 제정되기 이전인 제2차 세계대전 당시에 발생한 일로써, 그 당시에는 국제관습법상 재판권의 행사에 있어서 외국에 대해서는 절대적 면제(absolute immunity)가 통용되던 시기인데, 그 시기는 미국 행정부에서 제한적 면제(restrictive immunity)를 정책적 기준으로 삼기 시작한 Tate Letter(1952년)보다 이전이며 더욱이 FSIA는 1976년에야 비로소 제정된 것이므로 동법률의 면제예외 규정을 본 사건에 소급해서 적용해서는 안 된다고 주장하였다.

이에 대해 연방법원은 FSIA제정 당시 법률의 소급효 인정에 따른 부작용을 막기 위한 의회의 명확한 의도가 부재하였다면 이에 기속되지 않는다고 전제하면서, FSIA는 단순히 재판절차에 관한 법규 문제가 아니라 연방실체법의 관점(aspect of substantive federal law)에서 접근해야 한다고 설시하였다. 일반적인 소급금지원칙은 행위당시의 사인(私人)의 권리에 대해 사후 입법이 불필요하게 개입하는 것을 막기 위한 것이지만, 주권면제원칙은 외국국가로 하여금 소송에서의 불쾌함을 제거하기 위한 것이 그 목적이다. FSIA의 입법자는 전문(preamble)에서 외국의 주권면제가 "이후에(henceforth)" 미국 법정에서 결정된다고 표현하고 있지만, 이 표현이 소급금지를 명시한 것이라기보다, 오히려 문제된 사건이 언제 발생한 것이냐에 상관없이 동 법률이 시행된 이후부터는 "FSIA 원칙에 따라(in conformity with [FSIA] principles)" 처리하라는 의미로 해석될 수 있다고 한다. 그러한 점을 고려한다면 본 사건에 대해서도 FSIA가 적용될 수 있다고 판단하여 소급효를 긍정하였다. 그리하여 미국 법원은 FSIA의 소급적용을 통해 클림트의 그림에 대해 블로흐-바우어 집안의 상속인지위를 가진 알트만의 소유권을 인정하였다.

③ 오스트리아 중재판정부에서의 쟁점

가. 중재의 배경

1998년 오스트리아 탐사전문기자 체닌(Czenin)의 폭로 이후 알트만이 오스트리아 정부를 상대로 그림의 반환을 요구했을 때부터 오스트리아 정부는 시종일관 이를 거부하였고, 심지어 알트만이 벨베데레 미술관에 그림을 기증할 용의가 있음을 표시하였음에도 이를 거부한 오스트리아 정부에 대해 비난여론이 높아지게 되었다. 더구나 2000년 알트만이 미국 내에서 제기한 소송에서도 미국법원이 미국의 재판관할권을 인정하는 판결을 내리게 되자, 오스트리아 정부로서는 최악의 상황에 대비하여야만 했다. 결국 미국에서의 소송은 알트만의 승리로 돌아갔다. 그렇지만 미국에서의 판결로 그림의 인도를 받는다는 것은 다른 차원의 문제이다.

그래서 알트만의 입장에서도 소송에서의 판결결과가 실효성을 가지기 위해서는 오스트리아 법원에 제소해서 그곳에서 확실한 승소를 받아낼 필요가 있었다. 그렇다고 오스트리아 법원에서 처음부터 다시 소를 제기하여 연방대법원의 판결까지 받아내기까지는 많은 시간이 소요될 것이어서 당시 알트만이 종국판결까지 기다리기에는 나이가 너무 고령이라는 점,[84] 그리고 오스트리아에서 장기간의 소송이 진행될 경우 미국에 거주하는 알트만 및 알트만 측 변호사가 미국과 오스트리아를 오가면서 장기간의 소송비용을 감당하기가 사실상 불가능하다는 점 등, 여러 현실적인 고려에서 알트만 측 변호사 랜돌 쉰베르크는 오스트리아에서 한 번의 중재판정으로 사건을 종결하자고 전격적으로 제안하였다. 그리고 중재판정에서 적용될 준거법은 오스트리아 실체법과 절차법으로 하기로 하였다. 이러한 파격적인 제안에 오스트리아 정부로서

---

[84] 2004년 미국 법원에서 승소 당시 마리아 알트만의 나이는 89세였다.

도 이를 거부할 만한 명분은 없었으며, 이에 2005년 5월 18일 알트만 측과 오스트리아 정부는 미국 내에서의 모든 재판을 종결하고, 사건을 오스트리아 중재판정부의 결정에 따르기로 전격적으로 합의하였다. 이때 양측은 세 명의 오스트리아 출신의 전문가들[85]을 중재인으로 선임하는 것에 합의하였고 그들 중재인의 결정을 전적으로 수용하고 그 결정에 대해 더 이상 이의나 항소를 제기하지 않는 것에 동의하였다.[86]

오스트리아 중재판정부에서 다투어진 쟁점은 크게 2가지인데, 하나는 클림트 그림의 원소유자였던 아델레 블로흐-바우어의 유언의 효력을 어떻게 이해할 것인가 하는 점이고, 다른 하나는 사건의 클림트 그림이 1998년에 제정된 반환법(Restitutionsgesetz)의 대상에 해당하는가 하는 점이다. 아래에서 이에 관해 살펴본다.

나. 유증에 관한 문제

오스트리아 중재판정부에서 제기된 첫 번째 쟁점은 아델레 블로흐-바우어가 유언에서 포괄적 수유자로 남편을 지정하고 그의 남편(페르디난트 블로흐-바우어)에게 문제의 클림트 그림들을 오스트리아 갤러리에 기증할 것을 부탁(bitte)한 것이 남편으로 하여금 법적 구속력을 지우는가 하는 것이다.[87] 이 문제는 그림의 원소유자였던 아델레 블로흐-바우어가 사망한 시점(1925)에 그림에 대한 처분권 내지 소유권이 누구에게 귀속되느냐 하는 문제와 연결된다. 즉 아델레 블로흐-바우어의 유언에서 표기된 "부탁(bitte)"이 구속력을 가진다면 클림트의 그림은 유언

<ol>
<li value="85">변호사 Andreas Nödl 박사, 대학교수 Walter H. Rechberger 박사, 대학교수 Peter Rummel 박사(의장 중재인)</li>
<li value="86">미국법원에서의 원고는 마리아 알트만이었지만, 오스트리아 중재판정의 신청인으로는 다른 상속인들도 모두 참여하였다. 그래서 신청인은 Maria Altman, Francis Gutmann, Trevor Mantle, George Bentley 등 4인이다.</li>
<li value="87">아델레 블로흐-바우어의 유언에 관해서는 본절 II. 3. 가. [오스트리아의 입수과정] 참고.</li>
</ol>

자의 의사에 따라 수증자인 남편이 오스트리아 갤러리에 그림을 기증하여야 할 의무를 지게 되므로 그 그림에 대해서는 오스트리아 갤러리가 소유권의 귀속을 주장할 수 있게 된다. 그에 반해 유언자의 "부탁"이 구속력을 가지는 것이 아니라 단순한 희망사항에 불과한 것으로 보게 되면 유언자의 사망으로 인해 그 그림은 수증자인 페르디난트 블로흐-바우어에게 귀속되고 이후 유증받은 「클림트의 그림」을 오스트리아 갤러리에 기증할 것인지 말 것인지는 유언자의 의사에 따라서가 아니라 순전히 수증자인 페르디난트 블로흐-바우어의 의사에 따라 결정된다. 결국 아델레 블로흐-바우어가 한 유언에서 표현한 "부탁(Bitte)"이 어떠한 법적 성질을 가지느냐가 관건이다. 이것은 또한 유언의 해석에 관한 문제이기도 하다.

이에 대해 당시 의견서를 제출한 전문가들의 생각은 "부탁(Bitte)"이라는 표현에 대해서도 법적 구속력이 있음을 긍정하는 견해와 이를 부정하는 견해로 나뉜다.

긍정설을 주장한 크레치(Heinz Krejci) 교수에 의하면, 남편인 페르디난트 블로흐-바우어는 유언에 의해 포괄적 수유자(Universalerben)의 지위를 부여받았기 때문에 유언자인 아델레 블로흐-바우어의 재산에 대한 일체의 권리·의무를 부담하게 되고 따라서 유언에서 아델레 블로흐-바우어가 「클림트의 그림」을 오스트리아 갤러리에 기증할 것(zu hinterlassen)을 부탁한(bitte) 것은 수증자를 구속하는 효력이 있다고 한다.[88] 이때 "부탁"의 의미는 유언자의 진의를 파악해서 해석해야 하는데, 아델레 블로흐-바우어는 남편에게 구태여 '이렇게 하라'는 명령조(Befehle) 대신 정중한 표현으로 '부탁'이라고 했을 뿐 실제 진의는 그를 구속시킬 의도가 있었다고 보아야 한다는 것이다.[89] 또한 그는 유언에서 희망(Wunsch)

---

88 Heinz Krejci, Zum Fall Klimt/Bloch-Bauer, ÖJZ [2005] 19, S. 738. 또한 그의 책, Der Klimt-Streit, (Wien 2005), S. 61.
89 Heinz Krejci, Der Klimt-Streit, a.a.O.

또는 부탁(Bitte)이라는 표현으로 문제가 된 12건의 오스트리아 판례를 분석한 결과, 오스트리아 대법원(OGH)은 3건에 대해서만 구속력을 부정하고 나머지 9건에 대해서는 구속력을 긍정하여 유언에서 그러한 표현의 구속력을 넉넉하게 인정한 편이라고 주장한다.[90]

이에 반해 부정설을 주장하는 벨저(Rudolf Welser) 교수와 라블(Christian Rabl) 교수는 아델레 블로흐-바우어의 유언을 전체적으로 살펴보면 그녀는 평균적인 일반인들의 수준 이상으로 세밀하게 법적 용어들을 가려 쓰고 있음을 알 수 있다고 한다. 그래서 그녀가 유언에서 "부탁(Bitte)"이라는 표현을 쓴 이유는 자신이 사망하게 되면 그 재산은 남편이자 수증자인 페르디난트 블로흐-바우어의 소유로 포괄승계됨을 알고 있었기 때문에 자신의 사후에 클림트의 그림은 페르디난트 블로흐-바우어의 소유로 되는 것이고 따라서 그 그림들을 어떻게 처리할 것인지는 페르디난트 블로흐-바우어에게 처분권이 주어지지만, 자신은 유언을 통해 "부탁(Bitte)"함으로써 사후에 오스트리아 갤러리에 기증될 수도 있는 가능성을 표현하였을 뿐이라는 것이다.[91]

이에 대해 중재판정부는 양측의 의견을 모두 숙고한 결과 아델레 블로흐-바우어의 "부탁(Bitte)"은 구속력이 없는 것으로 봄이 타당하다고 판정하였다. 그 이유에 대해 중재판정부는 아델레 블로흐-바우어의 유언을 전체적으로 살펴보면 그의 남편에게 유증을 하면서도 남편에게 그 유증재산에 대한 처분의 자유를 열어주려고 하는 것이 기저를 이루며 그 남편은 수증재산을 아델레 블로흐-바우어의 뜻을 기려서 처

---

90 Heinz Krejci, Zum Fall Klimt/Bloch-Bauer, S. 739.

91 Welser/Rabl, Der Fall Klimt/Bloch-Bauer -Die rechtliche Problematik der Klimt-Bilder im Belvedere-, S. 51 ff. 이 문헌은 중재판정 당시 전문가의견서를 제출한 Welser교수와 Rabl교수의 보고서로써, 정식으로 출간된 책자는 아니지만 인터넷에서 PDF파일 형태로 내려 받을 수 있다. 〈http://www.bslaw.com/altmann/Klimt/Welser.pdf 2024. 12. 20. 최종방문〉

분할 "도덕적" 의무("moralische" Verpflichtung)를 가질 뿐이라고 한다.[92] 그렇다면 「클림트의 그림」들은 아델레 블로흐-바우어의 사망으로 남편인 페르디난트 블로흐-바우어에게 유증되어 그가 소유하게 되었으며, 그 그림들은 1948년에 이르러 페르디난트 블로흐-바우어의 상속인들을 대리한 리네쉬 박사와의 합의에 의해 오스트리아가 "취득"한 것으로 판단하였다. 그렇지만 그러한 중재판정부의 판단이 곧바로 오스트리아에 그림의 소유권을 인정한다는 것은 아니며, 바로 아래에서 살펴보는 바와 같이, 그림을 합법적으로 취득한 것으로 보아 소유권을 인정할 수 있느냐는 다른 차원의 문제이다.

다. 「반환법」의 적용대상 여부

다음으로 중재과정에서 논란이 된 것은 사건의 「클림트의 그림」이 1998년에 제정된 오스트리아 「반환법」(Restitutionsgesetz)의 대상에 해당되는가라는 문제이다. 동 법률은 제1조에서 반환의 대상을, 제2조에서 반환의 절차를 정한 단 2개 조항으로 구성되어 있다.[93] 동 법률 제1조는 연방재무상은 연방 박물관 및 컬렉션에 소장된 예술품(Kunstgegenstände) 중에서 일정한 사유에 해당하는 대상(Gegenstand)은 원소유자 및 원소유자의 사망으로 인한 법적 승계인에게 대가 없이 양도할 수 있다고 하면서, 그러한 대상으로 세 가지를 들고 있다. 첫째는 원소유자 및 그의 사망에 기한 법적 승계인에게 반환되는 물건 및(und) 1945년 5월 8일[94] 및 이와 연관된 절차 이후에 「역사적·예술적·문화적 가

---

92 Altmann gegen Republik Österreich, Schiedssache 15. Jänner 2006, S. 18.

93 1998년 반환법은 2009년 개정되면서 문화재반환법(Kunstrückgabegesetz-KRG)으로 명칭이 변경되면서 세부적인 절차에 관한 3개 조항이 추가되어 현재는 5개 조항으로 구성되어 있다.

94 제2차 세계대전에서 나찌 독일이 패망하고 연합국이 독일의 무조건 항복을 수용한 유럽전승기념일이다.

치를 가진 물건의 반출 금지에 관한 연방법률」(1918) **95** 규정에 따라 무상으로 정부에 양도되어 현재 연방정부가 보유하고 있는 물건이다(제1호). 둘째는 적법하게 정부재산으로 양도되었지만 그 이전에 1946년 5월 15일 제정된 「무효법」(Nichtigkeitgesetz)상 독일 점령 당시 법률행위 기타 이에 준하는 행위의 대상이었던 물건으로서 현재 연방정부가 보유하고 있는 물건이다(제2호). 셋째는 반환절차의 종료이후 원소유자 및 그 법적 승계인에게 반환될 수 없으면서 무주물로 간주되어 무상으로 연방재산으로 편입되어 현재 연방정부가 보유하고 있는 물건이다(제3호). 앞서 본 바와 같이 1948년에 오스트리아 정부가 「클림트의 그림」을 취득하였다고 하더라도, 그 그림들이 이들 사유 중 어느 하나에 해당하면 반환의 근거로 삼을 수 있게 된다.

사건에서 「클림트의 그림」이 세 번째 사유(제3호)에 해당하지 않음은 명백하다. 문제는 첫 번째(제1호) 또는 두 번째(제2호) 사유에 해당하느냐 하는 것이다. 이에 대해 우선 제2호 사유에 관해서 살펴보면, "적법하게" 양도된 재산을 전제로 하는데, 이를테면 오스트리아 정부가 선의취득과 같이 취득당시 정당한 권리를 보장할 수 있는 사유를 갖추었음에도 불구하고 취득한 재산이 독일 점령 당시 이루어진 법률행위의 대상이었음을 이유로 그 재산의 반환을 인정하는 것이다. 이것은 정부가 제3자를 통해 물건을 취득한 것을 전제로 하는 것이며, 만약 '직접' 그러한 물건을 취득하였다면 그 "취득" 자체가 '정당한 권리를 보장할 수 있는 사유'에 해당하지 않게 된다. 그런데 「클림트의 그림」은 오스트리아 정부가 당시 나찌정권이 임명한 처분권자인 퓌러 박사로부터 직접 취득한 것이다. 따라서 정부가 적법하게 양도받은 것이어야 한다는 요건을 결여하고 있다. 이로써 「클림트의 그림」에 대해서는 무효법 제2호의 적용대상이 아니라는 점에 대해서는 다툼이 없다. 문제는 제1호 사유이다.

---

95 StGBl Nr. 90/1918.

이에 대해 오스트리아 측의 입장을 대변하는 크레치 교수는 법률 문언상의 "원소유자 및 그의 사망에 기한 법적 승계인에게(ursprünglichen Eigentümern oder deren Rechtsnachfolgen von Todes wegen) 반환되는 물건(Gegenstand von Rückstellungen)"의 의미를 매우 엄격하게 해석한다. 본 사안과 관련하여 "원소유자 및 그의 사망에 기한 법적 승계인"이란 구체적으로 페르디난트 블로흐-바우어의 상속인들이다. "반환되는 물건"이란 반환절차법에 따라 반환절차신청의 대상이 된 물건을 말한다. 그런데 페르디난트 블로흐-바우어뿐만 아니라 그 상속인들도 「클림트의 그림」에 대한 반환절차 신청을 하지 않았기 때문에 그 요건을 결여한다고 주장한다. 또한 제1호는 그 요건이 문언상 "und"로 연결되어 있는데 이것을 '뿐만 아니라'로 해석한다. 즉 이것은 ① 원소유자 및 그의 사망에 기한 법적 승계인에게 반환되는 물건이어야 한다는 요건 und(뿐만 아니라) ② 1945년 5월 8일 및 이와 연관된 절차 이후에 「역사적·예술적·문화적 가치를 가진 물건의 반출 금지에 관한 연방법률」(1918) 규정에 따라 무상으로 정부에 양도되어 현재 연방정부가 보유하고 있는 물건이어야 한다는 요건을 모두 충족하여야 한다고 해석한다. 따라서 양 요건 중 ①의 요건을 충족하지 않으면 ②의 요건을 살펴볼 필요없이 제1호의 사유에 해당될 수 없다고 한다.[96]

그에 반해 알트만 측의 입장을 옹호하는 벨저/라블 교수는 제1호의 문언에서 "und"를 '또는'으로 해석하여 ①의 요건을 충족하든지 und(또는) ②의 요건을 충족하면 제1호의 사유에 해당될 수 있다고 해석하는 것이 당시의 입법자의 의사에 부합한다고 하면서 다음과 같이 주장한다.[97] 1948년 페르디난트 블로흐-바우어의 상속인들은 결국 오스트리

---

96 Heinz Krejci, Zum Fall Klimt/Bloch-Bauer, ÖJZ [2005] 19, S. 745 또한 그의 책, Der Klimt-Streit, (Wien 2005), S. 179.

97 Welser/Rabl, Der Fall Klimt/Bloch-Bauer -Die rechtliche Problematik der Klimt-Bilder im Belvedere-, S. 134 ff.

아 갤러리에 문제의 그림을 남겨두는 것으로 합의하였기 때문에[98] ①
의 요건에서 정한 반환절차신청을 하지 않은 것으로 볼 여지가 있다.
그렇지만 이를 문언대로 엄격하게 해석할 것은 아니고, 반환권리자가
오스트리아 정부를 상대로 그림의 반환절차를 밟은 경우나 그림의 반
출허가를 받기 위해 일시적으로 반환청구를 포기하기로 합의한 경우를
달리 취급할 이유가 없다고 한다.[99] 그렇다면 후자에 해당할 경우 페르
디난트 블로흐-바우어의 상속인들이 반환절차를 신청하지 않았다고
해서 ①의 요건에 부합하지 않는다고 볼 수 없다는 것이다. 또한 ②의
요건에 대해서도 오스트리아 정부가 아델레 블로흐-바우어의 유언을
이유로 클림트의 그림을 취득한 것은 실체관계와 부합하지 않는 것으
로써 아무런 대가 없이(unentgeltlich) 정부에 양도된 상태와 다름없는 바,
이러한 상황을 종합해 보면 문제의 클림트 그림들은 제1호의 사유에
해당될 수 있다고 주장한다.[100]

    이에 대해 중재판정부는 「반환법」 제1조 제1호의 해석에 있어서 벨
저/라블 교수의 의견서의 주장을 사실상 그대로 수용하여 문제의 클림
트 그림들이 반환법의 대상이 됨을 인정하였다.[101] 제2호는 양측 전문
가들의 의견에 의하면, 오스트리아 정부가 컬렉터와의 거래나 경매 등
을 통해 선의취득하는 경우와 같이 제3자를 통한 합법적 취득을 전제
로 한 것으로 이해하고 있지만, 중재판정부는 이와 달리 제2호를 「무효
법」에 저촉되는 물건을 오스트리아 정부가 직접 취득하든 독일제국을
통해 간접 취득하든 모두 그 대상이 된다고 해석하였다. 그런데 제2호
의 "적법하게"(rechtsmäßig) 정부재산으로 양도되어야 한다는 요건은 무

---

98   정확하게는 나찌에 의해 오스트리아 갤러리에 넘겨진 그림에 대해 페르디난트 블로
      흐-바우어의 유족들이 그림에 대한 반환절차(Rückstellungsverfahren)를 밟지 않고
      이미 갤러리에 넘겨진 상태대로 두는 것에 합의하였던 것이다.
99   Rabl, Der Fall Klimt/Bloch-Bauer, NZ 2005, S. 257 ff., 264 f.
100   Rabl, a.a.O.
101   Altmann gegen Republik Österreich, Schiedssache 15. Jänner 2006. S. 36 f.

효법상 무효로 인정되는 물건을 대상으로 하는 것인데 그 스스로 모순적인 내용이고 그러한 물건을 취득하였다는 것 자체가 오늘날의 시각에서는 적법하다고 할 수 없다고 하면서 문제의 클림트 그림들에 대해서는 제2호에는 적용되지 않는다고 한다.[102]

결과적으로 반환법의 적용여부에 관한 판단에 대해서도 중재판정부는 알트만 측의 논거를 대폭 수용하였다. 그에 따라 2006년 1월 15일 중재판정부는 최종적으로 문제의 클림트 그림의 소유권은 알트만 측에 있는 것으로 판정하면서, 중재비용에 대해서도 오스트리아 정부가 부담하는 것으로 결정하였다.[103]

Ⅳ 맺음말 -시사점을 겸하여-

1 미국 판결에서의 시사점

이상으로 「클림트의 그림」을 둘러싸고 오스트리아 정부를 상대로 한 마리아 알트만의 소송과 중재의 과정 및 결론에 이르기까지의 법적 쟁점들에 대해 살펴보았다. 마리아 알트만이 오스트리아 정부를 상대로 소송을 제기할 당시에 그의 승리를 예상한 사람은 거의 없었다. 더구나 그 소송은 '오스트리아'에 소재하는 그림에 대해 '미국' 법정에서 오스트리아 '정부'를 상대로 한 것이어서 원고의 승소가능성을 운운하기 이전에 미국 법원의 재판관할권의 행사가능성부터 의심스러운 사건이었다. 게다가 소송의 대상인 「클림트의 그림」은 미국의 외국주권면제법(FSIA)이 제정되기 훨씬 이전에 오스트리아가 취득한 것이었으며 재판 당시 이미 50년 이상을 공공갤러리에서 전시 중인 것이었다. 그

102　Altmann gegen Republik Österreich, Schiedssache 15. Jänner 2006. S. 47.
103　Altmann gegen Republik Österreich, Schiedssache 15. Jänner 2006. S. 1.

러나 정작 소송의 결과는 일반인들의 예상을 깨고 마리아 알트만에게 「클림트의 그림」의 소유권을 인정하는 것이었다.

미국 법원의 판결은 다음과 같은 의미를 가진다. 첫째 FSIA의 제정과 그 적용에 관해서 유의할 필요가 있다. 미국이 FSIA를 제정한 이유는 민사사건에 있어서 외국에 주권면제의 "원칙"을 보장하기 위한 것이라기보다는 주권면제의 "예외"를 분명히 함으로써 외국정부에 대해서도 재판권을 행사하고자 하였다는 점이다. 특히 미국 법원은 본 사건과 관련해서는 주권면제의 예외사유의 하나로 규정된 이른바 "징발예외"(expropriation exception)에 해당하는 것으로 판단하여 오스트리아 정부에 대해 주권면제를 인정하지 않았다는 점에 주목할 필요가 있다.[104] 즉 오스트리아 정부가 문제된 클림트 그림들을 취득하는 과정에서 국제법을 위반한 것으로 보았다는 점, 그리고 오스트리아 정부가 그러한 클림트의 그림들을 통해 미국 내에서 출판·광고·홍보 등의 행위를 한 것을 상업적 활동(commercial activity)으로 보았다는 점에 착안하여 주권면제를 인정하지 않은 것이다. 이 판결이 선례로 작용한다면 향후, 이른바 홀로코스트(Holocaust) 예술품·문화재뿐만 아니라 전시 또는 식민시기에 반출된 문화재는 취득경위에 대한 심사보다 출처(provenance)에 대한 심사에 의해 국제법을 위반한 것으로 판단될 가능성이 높으며, 그러한 예술품·문화재를 활용한 일체의 전시와 관련된 활동도 상업적 활동으로 분류될 수 있어서 이에 따라 FSIA법상 주권면제의 예외사항의 범위가 넓어졌다고 평가할 수 있다. 더욱이 미국 법원은 알트만 사건의 판결을 통해 시간적 적용범위에 대해서도 FSIA의 입법의도를 이유로 소급효(retroactive effect)를 인정하였는데, 이러한 논리라면 미국 법원이 전시 또는 식민시기에 반출된 문화재의 반환이 문제된 다른 유사한 사건에 대해서도 FSIA의 소급효를 부인할 이유는 없다고 본다.[105]

---

104 FSIA §1605(a)(3).
105 필자의 분석과 유사한 의견으로는 Carlos M. Vazquez, Altmann v. Austria and the

② 오스트리아 중재판정에서의 시사점

알트만 측이 미국 법원에서 승소하였음에도 불구하고 오스트리아에서 중재를 요청한 이유는 결국 외국(즉 미국) 법원의 판결에 기한 목적물소재지국가(즉 오스트리아)에서의 집행가능성에 대해 현실적인 어려움을 인지하였기 때문이라고 할 수 있다. 더욱이 오스트리아 법원에서 정식 재판에 의할 경우 종국판결을 받아 집행을 받아내기까지 걸리는 시간과 비용도 그들에게 소송보다는 중재를 택하게 된 이유라고 할 수 있다. 바로 이러한 점에서 대체적 분쟁해결의 방법(ADR)으로서 중재(arbitration)의 장점을 발견할 수 있다. 오늘날 민사분쟁의 해결방법으로 법원에서의 정식재판보다 ADR이 주목을 받고 있다. 특히 문화재법 전문가들은 문화재반환분쟁에 있어서 소송보다는 ADR을 통한 분쟁의 해결을 강조하고 있으며,106 UNESCO에서도 문화재반환분쟁에 대한 중재제도를 운영하고 있다.107 중재제도는 분쟁을 중재판정에 의해 일회적으로 신속하게 해결할 수 있다는 점에서 큰 장점을 가지고 있다. 그런 만큼 중재판정부의 판정은 신중하여야 하며 고도의 전문성을 갖

Retroactivity of the Foreign Sovereign Immunities Act, Journal of International Criminal Justice, Vol. 3, Issue 1 (March 2005), p. 222. 알트만 판결 이후에 나찌에 의해 강탈당한 예술품 반환에 관한 사례에 관한 소개로는 Sue Choi, The Legal Landscape of the International Art Market after Republic of Austria v. Altmann, Northwestern Journal of International Law & Business, Vol. 26, Issue 1 (Fall 2005), p. 180.

106 Marc Andre Renold, Arbitration and Mediation as Alternative Resolution Mechanisms in Disputes Relating to the Restitution of Cultural Property. In: Crossing Cultures: Conflict, Migration and Convergence—The Proceedings of the 32nd International Congress of the History of Art, Jaynie Anderson(edit), (Melbourne: Melbourne University Press 2009), p. 1104-1106.

107 UNESCO는 2010년 9월에 「중재·조정 규칙」(Rules of Procedure for Mediation and Conciliation)을 제정하여 UNESCO가 직접 문화재반환분쟁에 있어서 중재와 조정역할에 나서고 있다. 이에 관해서는 https://www.unesco.org/en/fight-illicit-trafficking/mediation-and-conciliation?hub=416 (2024.12.23. 최종접속).

춘 중재인으로 구성된 중재판정부의 역할이 대단히 중요하다. 특히 국제적인 문화재반환분쟁에 있어서 중재인은 결코 자국의 이익을 우선시하거나 민족주의적 감정에 치우쳐서 판단을 하여서는 안 되며, 사건에 대한 철저한 고증과 전문가로서의 법리적 판단에 입각하여 중립적인 입장에서 중재하여야 한다.108 이 사건에서 알트만 측이 오스트리아에서 오스트리아의 실체법 및 절차법에 의거하여 중재판정에 맡기겠다고 제안하였을 때, 대부분의 사람들은 그러한 제안을 무모한 것이며 오스트리아 정부가 '홈그라운드'에서 쉽게 이길 것으로 생각하였었다. 그러나 그 결론은 정반대였다. 여기서 오스트리아 중재판정부는 법리적인 판단에 충실하였음은 물론, 그 기저에 적어도 중재당사자의 주장과 반론에 충실하였을 뿐 자국의 이익을 우선시키지 않았으며 나찌시대의 부당한 재산권침해를 결코 가볍게 보지 않았음을 간취할 수 있다. 본 사건에 대한 중재판정은 향후 문화재반환분쟁의 대체적 해결방법으로서의 중재제도에 대한 신뢰를 한층 더 쌓을 수 있는 계기가 되었다고 평가할 수 있다.

3 결론

알트만 사건은 좁게는 나찌정권 당시 유대인들로부터 불법적으로 약탈한 이른바 홀로코스트 예술품·문화재의 법적 청산을 알리는 신호탄이라고 할 수 있으며, 넓게는 식민지시기 또는 전시 등 무력 강점기에 발생한 약탈문화재의 반환문제에 대해서도 중요한 해결의 착상을 제공한다. 최근에는 점령국의 문화재를 약탈하거나 불법 반출하는 행위를 재산권의 침해를 넘어서 인권의 침해문제로 바라보는 주장들이

---

108 Varner, Elizabeth. Arbitrating Cultural Property Disputes, Cardozo Journal of Conflict Resolution, Vol. 13, Issue 2 (Spring 2012), p. 513.

설득력을 얻고 있다.109 알트만 사례는 국가소유의(state-owned) 박물관
이나 미술관이 강제점령기에 불법적인 방법으로 취득한 다른 나라의
문화재에 대해 인권의 차원에서 그 반환을 가능케 하는 초국가적 법리
(transnational rule)로 발전될 여지가 있다.110 그러한 점에서 알트만 사례는
일제강점기나 미군정기에 수많은 문화재의 불법반출을 경험한 우리나
라로서는 향후 관련국과의 문화재환수분쟁에 대비해서 충분히 참고할
만한 법적 착상을 제공하고 있다고 생각된다.

---

109 예컨대 Silverman/Ruggels, Cultural Heritage and Human Rights, Springer, 2007,
     pp. 3.
110 Erik Jayme, Human Rights and Restitution of Nazi-Confiscated Artworks from
     Public Museums: The Altmann Case as a Model for Uniform Rules?, Uniform
     Law Review, Vol. 11, Issue 2 (2006), p. 398. 여기에서 Jayme 교수는 사립 박물관
     이나 수집상들에게는 이러한 경우에 1995년 UNIDROIT협약에서의 선의취득자에
     대한 공정보상의 원칙이 하나의 모델이 될 수 있을 것이라고 주장한다.

제4절

누가 「고려불상」을 소유하는가?

Ⅰ 들어가며

오늘날 문화재에 대한 국민들의 관심은 그 어느 때보다 높다. 그것은 2011년 프랑스 정부로부터 환수한 외규장각 의궤에서 촉발된 관심일 수도 있고 최근 한류의 바람을 타고 외국에서 문화강국으로 인정받는 우리 문화에 대한 자긍심의 연장선일 수도 있다. 어떻든 조상으로부터 물려받은 우리 문화재를 잘 보호하여 후손들에게 물려주어야 한다는 것은 현 세대의 당연한 사명이며, 국민들 사이에 문화재보호에 관한 의식이 날로 높아지고 있음은 매우 고무적인 일이다. 특히 역사적으로 일제강점기와 미군정기간동안 수많은 우리 문화재가 불법하게 또는 합법을 가장하여 부당하게 반출된 경험을 가지고 있는 우리 국민들로서는 그러한 불행한 사태를 재현해서는 안 된다는 무거운 소명을 가지고 있다할 것이다. 111 나아가 국외로 불법하게 반출된 문화재에 대해서도

---

111 특히 일제 강점기 우리 문화재 반출에 대한 상세한 연구로는 정규홍, 『우리 문화재 반출사』, 학연문화사, 2013, 27면 이하 및 황수영 편, 『일제기 문화재 피해자료』, 국외소재문화재재단, 2014, 62면 이하 참고.

적절한 수단을 동원해서 반드시 환수하는 노력을 계속 기울여야 한다. 그렇지만 외국에 소재하는 우리 문화재가 모두 불법하게 반출된 것은 아니듯이, 외국에 소재하는 우리 문화재가 모두 한국으로 돌아와야 하는 것도 아니다. 문화재에 지나치게 민족적 감정을 덧씌워 외국에 소재하는 우리 문화재는 어떠한 수단과 방법을 동원해서라도 우리나라로 돌아와야 한다는 생각은 대단히 위험천만하다. 더구나 외국에 있는 우리 문화재를 우리 문화재라는 이유만으로 절도 등의 범죄행위를 통하여 국내로 가져왔다고 하여 그러한 범죄행위가 정당화되거나 그 문화재가 당연히 우리의 소유권으로 귀속되지도 않는다. 다른 재화와는 달리 문화재는 한 국가나 민족의 정체성을 담고 있는 특수한 성격을 가지고 있기 때문에 누가 문화재를 소유하는가의 문제에 대해 국민감정과 법적 판단은 일치하지 않는 경우가 종종 있다. 본서 제2장 제3절의 레오나르도 다빈치의 작품 '모나리자' 절도사건에서 보았듯이, '모나리자'는 엄연히 프랑스 루브르 박물관이 적법하게 보유한 작품임에도 불구하고 이탈리아 국민들의 상당수는 아직도 이탈리아 화가인 레오나르도 다 빈치가 그린 작품임을 이유로 모나리자가 이탈리아로 돌아와야 한다고 생각하고 절도범인 빈센초 페루자(Vincenzo Peruggia)를 국민영웅으로 여기기도 한다. 최근 우리나라에서도 위와 같은 맥락의 사건이 발생하였다. 한국인 절도범들이 일본의 신사(神社)에서 불상을 훔쳐 국내로 반입하였다가 적발되었는데, 우리 정부가 절도범으로부터 압수한 불상을 일본 측에 돌려주려 하자, 불상의 소유권을 주장하는 국내 사찰(대한불교조계종 부석사)[112]이 우리 정부를 상대로 불상의 인도를 구하는 소를 제기한 사건이다. 이 사건에서 절도범들은 그들이 훔친 불상이 고려시대 문화재임을 내세워 마치 국익을 위한 일을 한 것처럼 여론에 업혀볼 생

---

[112] 아래에서 살펴볼 사건의 원고인 부석사는 충청남도 서산에 소재하는 사찰로써, 흔히 알려진 경상북도 영주의 부석사와 다른 사찰이다. 이를 구분하기 위해 본고에서는 '서산 부석사'로 표기한다.

각으로 국민참여재판을 신청하기도 하였다.[113] 그렇지만 대법원은 절도범들에 대해 유죄판결로 확정하였다. 이 사건은 처음에는 단순한 절도문제를 다룬 형사사건으로 출발하였지만, 불상의 소유권을 주장하는 사찰(서산 부석사)이 등장함에 따라 민사사건으로 사건의 성격이 변하게 되었다. 사건을 담당한 1심 법원은 원고인 서산 부석사에 불상의 소유권을 인정하였지만, 2심 법원과 대법원은 원고의 소유권을 인정하지 않았다. 사건은 문화재에 대한 일반적인 국민감정과 문화재의 소유권에 관한 법적 평가는 다를 수 있음을 보여준다. 이 사건을 돌이켜 보면서 무엇을 '우리' 문화재라고 할 수 있는지, 문화재의 반환분쟁에서 국제규범과 국내규범이 어떻게 작용하는지를 살펴보고자 한다.[114]

본 단원의 제목에서 「고려 불상」이란 아래 사건의 개요에서 보게 되는 바와 같이 문화재절도범들에 의해 국내로 반입된 불상을 가리키는 것으로써, 사안과 관련해서는 근대법질서가 확립되기 이전에 반출된 문화재를 상징하며, 넓게는 국제적인 문화재반환분쟁의 대상이 될 수 있는 우리나라 문화재를 상징하는 의미로 사용한 것이다.

Ⅱ 사건의 개요 및 법원의 판단

1 사건의 개요

2012. 10. 8. 일본 대마도에서 불상 2점이 절취되어 후쿠오카(福岡)를 경유하여 부산항을 통해 국내로 반입되었다. 절도범들은 부산 국제

---

113 뉴시스, 日서 국보급 문화재 훔친 절도범 '국민참여재판' 신청 (2013.03.13. 인터넷판 기사), https://news.naver.com/main/read.nhn?mode=LSD&mid=sec&sid1=102&oid=003&aid=0005026132 (2024.12.23. 최종접속)

114 본 사건에 대한 법적 분석으로는 송호영, "누가 「고려 불상」을 소유하는가?", 「법학논총」 제36권 제1호(2019), 한양대학교 법학연구소, 279면 이하를 참조.

여객터미널에서 세관원들에게 불상은 일본 골동품가게에서 구입한 모조품이라고 속여 국내로 반입하게 되었다. 그 중 한 점은 동조여래입상으로 대마도 가이진(海神) 신사(神社)에 소재하던 것으로써 1974. 6. 8. 일본 정부로부터 국가지정문화재로, 다른 한 점은 관세음보살좌상 대마도 관음사(觀音寺)115에 소재하던 것으로써 1973. 5. 18. 나가사키현 지정문화재로 등록된 것이었다.

대마도 신사의 위치   동조여래입상   관세음보살좌상
대마도의 사찰에서 도난된 고려불상들116

2012. 12. 17. 일본 경찰은 불상의 도난사건을 수사하면서 인터폴을 통해 한국경찰에 수사의뢰를 요청하였으며, 이에 한국 경찰은 부산세관에서의 반입기록 등을 조사하여 절도단들을 특정하여 이들을 검거하게 되었고, 2103. 1. 24. 문화재청은 경찰청과의 수사공조를 통해 도난당한 불상 2점을 압수하였다. 2013. 2. 15. 일본 정부(外務省)는 우리 외교부에 불상의 반환을 요구하였다. 법무부가 2점의 불상에 대해 절도사건의 피해물건 환부절차를 밟으려고 하자, 2013. 2. 19. 서산 부석

---

115 일본식 발음으로는 '간논지'라고 불리지만, 본고에서는 '관음사'라고 부르기로 한다.
116 출처: 헬로 아카이브 PYH20150715136600013, PYH20130129099700063

사는 그 중 관세음보살좌상에 관하여 불상의 소유권에 기한 반환청구권 내지 방해배제청구권을 피보전권리로 하여 불상에 대한 점유이전금지가처분을 대전지방법원에 신청하였다. 2013. 2. 25. 대전지방법원은 위 가처분신청을 인용하여 관세음보살좌상에 대해서는 일본으로 점유의 이전이 금지되었다. 민사소송과는 별개로 절도단에 대한 형사소송에서 2013. 6. 28. 유죄가 선고되고[117] 2점의 불상은 몰수되었다. 2점의 불상 중 동조여래입상은 2015. 7. 13. 형사소송법 절차에 의거하여 환부결정이 내려지고, 이에 2015. 7. 17. 동조여래입상은 일본 측에 인계되었다.

　서산 부석사는 2016. 4. 20. 대전지방법원에 대한민국을 상대로 몰수한 관세음보살좌상(이하 '불상'이라고 칭함)에 대해 유체동산인도를 내용으로 하는 본안소송을 제기하였다.

② 법원의 판단

가. 1심 법원의 판단[118]

　원고(서산 부석사)는 이 사건 불상이 원고에 봉안되기 위하여 제작된 것인데, 불상(관세음보살좌상)은 고려 말경에 왜구에 의해 약탈당한 것이기에 불상의 소유자인 원고에게 이를 인도하여야 한다고 주장하였다. 2017. 1. 26. 대전지방법원은 아래와 같은 이유로 "이 사건 불상은 원고의 소유로 넉넉히 추정할 수 있고, 과거에 증여나 매매 등 정상적인 방법이 아닌 도난이나 약탈 등의 방법으로 일본 쓰시마(대마도) 소재 관음사로 운반되어 봉안되어 있었다고 봄이 상당하다"고 하여 원고의 청

117　형사소송에 있어서는 2심(2013. 10. 30.)을 거쳐 대법원(2014. 1. 29.)에서 유죄로 확정되었다.
118　대전지방법원 2017. 1. 26. 선고 2016가합102119 판결.

구를 인용하였다.[119]

　　1) 이 사건 불상이 관음사에 봉안되어 있던 중인 1951. 5.경 당시 관음사의 주지인 안도가 우연히 불상을 들어 올리다가 이 사건 불상 내부에서 복장물을 발견하였다. 복장물로는 각종 만다라와 후령, 관음결연문, 목합 등이 있었다. 결연문에는 '남섬부주고려국서주부석사당주관음주성결연문'이라는 제목과 함께 다음과 같은 취지의 내용(번역)이 기재되어 있고, 시주자 32명의 이름이 기재되어 있다. '무릇 듣기에 모든 불보살들이 큰 서원을 내어 중생 제도에 너나를 떠나 평등하게 보인다. 그러나 부처님 말씀에 인연이 없는 중생은 교화하기 어렵다고 하였으니 이 금구(金口, 부처님 말씀)에 의거하여 제자 등이 함께 대서원을 내어 관음1존을 만들고 부석사에 봉안하고 영충 공양하는 까닭은 현세에서는 재앙을 소멸하고 복을 부르는 것이며 후세에서는 함께 극락에 태어나기를 원하는 바람 때문이다. 천력3년(1330년) 2월.' 현재 충남 서산지역의 고려시대의 명칭은 서주이고, 대한불교조계종은 고려말 서주지역에 소재한 부석사와 원고는 동일한 사찰이라고 밝히고 있으므로, 이 사건 불상은 1330년경 원고에 봉안하기 위하여 제작된 것으로 볼 수 있다(관음사에 있는 이 사건불상에 대한 안내문에도 이 사건 불상이 고려시대 말기에 만들어진 고려 불상이라는 취지로 기재되어 있다). 우리나라 사찰에서는 불상의 개금(改金), 보수, 이안(移安, 신주나 영정 따위를 다른 곳으로 옮겨 모심) 등의 불사가 있을 때에는 관련된 새로운 기록과 유물을 넣는 전통이 이어져 오고 있고, 위와 같은 복장물의 경우 신도들의 불심을 담는 기록물이기 때문에 정상적인 교류로서 불상이 이전될 경우에는 불상을 주는 측에서는 복장물을 빼고 대신 어느 사찰에서 조성하여 다른 사찰에 이안한다는 내용 등 불상의 이안에 대한 기록물을 넣는다는 것이 전문가들의 의견이다. 또한 대한불교조계종에 대한 사실조회회신 역시 불상을 이운(移運, 불상을 옮겨 모심)할 때에

119　아래에 법원의 판단 이유를 정확하게 전달하기 위해 이를 요약·정리하지 않고 원문을 그대로 인용한다. 밑줄은 이해의 편의를 위해 필자가 그은 것임.

는 불상의 내부에 원문을 적어 그 내용을 밝히고, 때로는 전각 내부에 사찰의 이력을 기록하는 현판 등에 그 기록을 남기기도 하며, 이는 사람의 경우 호적등본에 해당되는 것으로 불상의 내력을 종합적으로 살펴볼 수 있는 자료이고, 이러한 자료가 없을 경우 불상의 현상이 비정상적으로 변경된 것으로 간주할 수 있다는 내용이다. 그런데 앞서 본 바와 같이 이 사건 불상의 제작 당시 넣어두었던 복장물이 1951년경까지 발견되지 않은 상태로 있었고, 이안(또는 이운)에 관한 기록도 발견되지 않았다.

2) 관음사의 연혁약사에 의하면 관음사는 1526년경 창건되었고 당시 이 사건 불상을 봉안하였다. 따라서 이 사건 불상은 1330년 서산에서 제작된 후 1526년경 이전에 일본으로 이동되었다고 추정할 수 있다. 그런데 이 사건 불상과 관련하여, 재단법인 서일본문화협회가 발행한 '대마의 미술'에 전 일본 규슈대학(九州大學) 교수 키쿠다케 쥰이치는 다음과 같은 취지의 내용을 기고하였다. '관음사의 연혁에 의하면 코노헤이사에몬모리치카가 조선으로 건너가 악행을 저질러 절연을 당한 후 불교를 수양하여 귀국하여 관음사를 열었다고 한다. 왜구의 한 집단이었다고 생각되는 코노씨가 창립한 관음사에 천력3년(1330년) 제작된 고려불상이 존재한다는 것은 왜구에 의한 불상 등의 일방적 청구가 있었던 것으로 추측된다.' 위 글의 전체적인 취지는 왜구가 이 사건 불상을 정상적이지 않은 방법으로(일방적으로) 가져왔다는 것으로 보인다.

3) 고려사(조선시대에 편찬된 고려시대의 역사서)에는 이 사건 불상이 제작된 1330년 이후인 1352년부터 1381년까지 5회에 걸쳐 왜구들이 현재의 서산 지역을 침입하였다는 기록이 있고, 대마도 향토사학자 등이 발간한 잡지인 '대마도의 자연과 문화'에도 역시 그 무렵 왜구들이 서산 지역을 침탈한 사실이 있다는 내용이 기재되어 있다.

4) 이 사건 불상에는 화상의 흔적이 있고, 보관(寶冠)과 대좌(臺座)가 존재하지 않는 등 일부 손상된 상태이다. 이와 같은 불상의 형상에 비추어 볼 때, 이 사건 불상이 정상적인 경로로 이전되었다고 보기는 어려워 보인다. 증인 김문길(전 부산외국어대학교 교수, 현 한일문제연구소 소

^{장)}은 '문헌 등에 의하면 왜구들은 주로 사찰에 방화를 한 후 불상을 가지고 나온 것으로 보인다. 따라서 불상의 화상 흔적은 불상이 약탈되었다는 근거로 볼 수 있다. 관음사가 쓰시마(대마도) 내에서 몇 차례 이동하기는 하였으나, 본인이 아는 한도에서는 그 과정에서 화재로 인하여 이전되었다는 기록은 없었다.'라는 취지로 증언하였다.

나. 2심 법원의 판단[120]

피고 대한민국(소관청: 대전고등검찰청)은 대전고등법원에 항소하였는데, 국제사법공조 절차에 따라 대한민국 정부는 일본 쓰시마 관음사에 대해 소송을 고지하였고 이에 관음사가 피고 보조참가인으로 소송에 참가하게 되었다.

2심 법원은 몇 가지 쟁점에 대해 다음과 같은 이유로 원고의 청구를 기각하였다. 우선, 원고가 이 사건 불상의 소유권을 원시취득하였는지 여부가 문제되었다. 이에 대해 법원은 여러 사료를 통해 고려시대 서주 부석사가 불상의 제작자에게 의뢰하여 불상을 제작하였음을 인정할 수 있다고 하면서, 자기의 노력과 재료를 들여 건물을 건축한 사람은 그 건물의 소유권을 원시취득한다는 법리[121]를 이 사건 불상에 대해서도 적용하여 불상의 소유권은 서주 부석사에게 원시적으로 귀속되었다고 보았다. 그런데 원고인 서산 부석사가 고려국 서주 부석사와 동일한 권리주체라고 볼 수 있는지에 대해 법원은 서주 부석사가 현재의 원고에 이르기까지 동일성을 유지하면서 존속하였다고 인정하기에 부족하다고 판단하였다. 이에 따라 원고의 청구는 기각되는 결론에 도달하지만, 법원은 피고 보조참가인(일본 관음사)이 이 사건 불상의 소유권을 취득하였는지와 관련한 예비적 쟁점들에 대해서도 판단하였다. 피고 보조참가인이 시효취득하였는지를 판단하는 준거법의 결정에 관하여, 원

---

120   대전고등법원 2022. 12. 14. 선고 2017나10570 판결.
121   대법원 1992. 3. 27. 선고 91다34790 판결.

고는 공서양속에 따라 일본 민법이 아닌 대한민국 민법이 적용되어야 한다고 주장한 데 대해, 법원은 일본 민법을 적용하는 것이 공서양속에 위반된다고 보기 어려울 뿐만 아니라 대한민국 민법을 적용하더라도 불상의 취득시효 완성여부의 판단에 결론이 달라지지 않는다고 하여 원고의 주장을 배척하였다. 또한 법원은 당시 우리나라 문화재보호법상 일반동산문화재에 대하여 민법 제249조의 선의취득에 관한 규정의 적용을 배제하는 조항에 의하더라도 이를 취득시효에 확대 적용할수는 없고, 1970년 UNESCO협약상 피고 보조참가인이 (시효취득에 의하여) 불상에 관한 소유권을 취득할 수 없다는 원고의 주장에 대해서도 본 사건의 불상은 1970년 UNESCO협약의 발효 이전에 반출된 것이므로 협약의 대상이 아니라고 판단하였다.

법원은 방론으로 1995년 UNIDROIT협약의 취지를 고려하여 이 사건 불상이 일본으로 불법 반출된 것이라면 기원국인 우리나라에 반환되는 것이 바람직하다고 할 수 있다는 의견을 달아 두었다.

다. 대법원의 판단[122]

원심에 대해 원고는 상고하였는데, 여기서도 원고 서산 부석사가 고려국 서주 부석사와 동일성을 가진 권리주체인지가 문제되었다. 이에 대해 대법원은 여러 사료를 들어 고려국 서주 부석사가 독립한 사찰로서의 실체를 유치한 채 존속하여 현재의 원고에 이르렀다고 보아, 원심의 판단과는 달리 고려국 서주 부석사와 원고 서산 부석사의 동일성을 인정하였다. 그렇지만 대법원은 피고 보조참가인(일본 관음사)이 불상을 시효취득하였는지에 대한 원심의 예비적 판단을 그대로 수용하여 원고의 상고를 기각하였다. 구 섭외사법 제12조는 동산 및 부동산에 관한 물권 기타 등기하여야 할 권리는 그 목적물의 소재지법에 의하고,

---

122 대법원 2023. 10. 26. 선고 2023다215590 판결.

그 권리의 득실변경은 그 원인된 행위 또는 사실이 완성할 때의 목적물의 소재지법에 의하도록 규정하고 있으므로, 취득시효 완성으로 피고 보조참가인이 불상의 소유권을 취득하는지 여부를 판단하는 준거법은 구 섭외사법 제12조에 따라 그 시효기간 만료 시점에 불상이 소재하던 일본국에서 시행되던 민법이며 일본국 민법을 적용한 결과가 대한민국의 선량한 풍속 기타 사회질서에 위반된다고 보기 어렵다고 본 원심의 판단은 정당하다고 보았다. 이에 따라 피고 보조참가인이 법인격을 취득한 1953. 1. 26.부터 이 사건 불상을 도난당한 2012. 10. 6.경까지 계속하여 이 사건 불상을 점유하였고, 이 사건 불상이 고려 시대에 왜구에 의하여 약탈되어 일본으로 불법 반출되었을 상당한 개연성이 있다는 등의 사정만으로는 피고보조참가인의 이 사건 불상에 관한 자주점유의 추정이 번복되지 않으며, 이 사건 불상이 문화재에 해당하더라도 점유취득시효 규정의 적용이 배제되지 않으므로 피고보조참가인이 이 사건 불상에 관한 취득시효가 완성된 1973. 1. 26. 당시의 일본국 민법에 따라 이 사건 불상의 소유권을 취득하였기에 원고가 이 사건 불상의 원시취득자로 인정된다고 하더라도 이 사건 불상의 소유권을 상실하였다고 판단한 원심 판결에 잘못이 없다고 판시하였다.

Ⅲ 쟁점에 대한 검토

1 국제협약상 쟁점

가. 1970년 UNESCO협약의 의미

우선 이 사건의 피고가 대한민국 정부라는 점에 대해 생각해 볼 필요가 있다. 이 사건은 당초 한국 출신의 문화재절도단이 일본 사찰에서 불상을 훔쳐서 국내로 불법하게 반입하였다가 적발된 단순 절도사건에서 비롯되었다. 이에 따라 2013. 2. 15. 일본 정부(外務省)는 우리 외교부에 불상의 반환을 요구하였다. 일본 정부의 이러한 요구는 우리나라와 일본이 모두 가입한 국제협약에 따른 것이며, 그 국제협약이란 1970년 UNESCO협약을 의미한다.[123] 협약의 명칭에서 알 수 있듯이 동 협약은 불법 반출된 문화재의 반환에 주안점을 둔 것이 아니라, 문화재의 불법적인 반출·입과 불법적인 거래(소유권의 양도)를 '금지'하고 '예방'하기 위한 수단을 강구하는 데 맞추어져 있다. 그러한 점에서 불법 반출 문화재의 피해자가 동 협약을 근거로 '반환'을 요구할 수 있는 것은 아니다.[124] 그렇지만 1970년 UNESCO협약은 문화재의 불법적인 유통을 막는 국제적인 규범의 틀을 마련하였다는 점에서 큰 의미가 있다. 그런데 1970년 UNESCO협약과 관련하여 유의할 점은 동 협약에는 자기집행적(self-executing) 효력이 없다는 점이다. 즉, 동 협약에서 체약국 정부에 대해 요구하는 각종의 조치들은 직접 체약국에 효력을 미치는 것이 아니라, 체약국 정부가 협약의 규율내용을 반영하는 국내 입법(implementation)을 하거나 행정적 조치를 취함으로써 비로소 효력을 가지게 된다. 만약 체약국이 동 협약에는 가입하였더라도 협약에서 요구하는 사항들에 대한 국내 입법이나 상응하는 행정적 조치를 취하지 않았다면 협약의 내용이 그 체약국에는 적용되지 못하는 한계가 있다. 우리나라는 1970년 UNESCO협약의 이행을 위해 구 문화재보호법을 개

---

123 1970년 UNESCO협약에 우리나라는 1983년에, 일본은 2002년에 가입(Acceptance)하였다.

124 도난 또는 불법 반출된 문화재의 원소유자가 문화재의 현재 보유자에게 직접 반환을 청구할 수 있는 국제규범은 이른바 1995년 UNIDROIT협약이다. 동 협약의 정식명칭은 UNIDROIT Convention on Stolen or Illegally Exported Cultural Objects (Rome, 1995). 우리나라와 일본은 아직까지 동 협약에 가입하지 않았다.

정하여 제20조(외국문화재의 보호)를 신설하였고,[125] [126] 일본은 2002년에 1970년 UNESCO협약에 가입하면서, 동 협약을 이행하기 위해 "문화재의 불법적인 수출입 등의 규제 등에 관한 법률"(文化財の不法な輸出入等の規制等に関する法律)을 제정하였다.

나. 1970년 UNESCO협약에 따른 반환의 근거

본 사건에서 1970년 UNESCO협약을 검토해야 하는 이유는 불상의 소유권을 주장하는 원고의 청구에도 불구하고 피고인 대한민국이 일본 측에 불상을 돌려주어야 하는 의무가 있는지를 알아보기 위한 것으로써, 본 사건의 판단에 있어서 중요한 의미를 가진다. 이 사건과 관련하여 일본 측에서 볼 때 불상의 반환을 요구할 수 있는 UNESCO협약의 근거규정은 협약 제3조와 제7조 (b)항이다.

---

125 제20조(외국문화재의 보호)

① 인류의 문화유산을 보존하고 국가 간의 우의를 증진하기 위하여 대한민국이 가입한 문화재 보호에 관한 국제조약(이하 "조약"이라 한다)에 가입된 외국의 법령에 따라 문화재로 지정·보호되는 문화재(이하 "외국문화재"라 한다)는 조약과 이 법에서 정하는 바에 따라 보호되어야 한다.

② 문화재청장은 국내로 반입하려 하거나 이미 반입된 외국문화재가 해당 반출국으로부터 불법 반출된 것으로 인정할 만한 상당한 이유가 있으면 그 문화재를 유치할 수 있다.

③ 문화재청장은 제2항에 따라 외국문화재를 유치하면 그 외국문화재를 박물관 등에 보관·관리하여야 한다.

④ 문화재청장은 제3항에 따라 보관 중인 외국문화재가 그 반출국으로부터 적법하게 반출된 것임이 확인되면 지체없이 이를 그 소유자나 점유자에게 반환하여야 한다. 그 외국문화재가 불법 반출된 것임이 확인되었으나 해당 반출국이 그 문화재를 회수하려는 의사가 없는 것이 분명한 경우에도 또한 같다.

⑤ 문화재청장은 외국문화재의 반출국으로부터 대한민국에 반입된 외국문화재가 자국에서 불법 반출된 것임을 증명하고 조약에 따른 정당한 절차에 따라 그 반환을 요청하는 경우 또는 조약에 따른 반환 의무를 이행하는 경우에는 관계 기관의 협조를 받아 조약에서 정하는 바에 따라 해당 문화재가 반출국에 반환될 수 있도록 필요한 조치를 하여야 한다.

126 2014년 국가유산법제의 개편에 따라 「문화재보호법」은 폐지되고 해당조문은 「국가유산기본법」 제30조(외국문화유산의 보호)에서 규율하고 있다.

제3조

본 협약의 당사국이 본 협약상의 규정에 위반하여 문화재를 반입, 반출 또는 소유권을 양도함은 불법이다.

제7조

본 협약의 당사국은 다음 사항을 약속한다.

(중략)

(b) (i) 본 협약이 관계국가에서 발효된 이후에 그 국가 영역내의 박물관 및 그 유사기관이 타 당사국으로부터 출처되어 불법적으로 반출된 문화재의 취득을 방지하도록 국내입법에 따라 필요한 조치를 취한다. 본 협약이 양 관계당사국에서 발효된 이후, 언제나 가능한 때에 출처 당사국으로부터 불법적으로 이전된 문화재의 제공을 그 당사국에 통고한다.

(ii) 출처 당사국의 요청에 따라 본 협약이 양 관계당사국에서 발효된 후 반입된 상기 문화재의 회수 및 반환에 관한 적절한 조치를 취한다. 단, 요청국은 선의의 매수인이나 그 문화재의 정당한 권리자에게 공정한 보상을 지급하여야 한다. 회수 및 반환 요청은 외교관청을 통하여야 한다. 요청당사국은 회수 및 반환청구를 하는데 필요한 증빙서류 및 기타 증거를 자국의 경비 부담으로 제출해야 한다. 당사국은 본조에 의거하여 반환되는 문화재에 관세나 기타 부과금을 과하여서는 아니 된다. 문화재의 반환 및 인도에 부수되는 모든 비용은 요청 당사국이 부담하여야 한다.

협약 제3조는 본 협약상의 규정에 위반한 문화재의 반출·입 및 소유권양도를 불법(illicit)으로 천명하고 있다. [127] 다만 협약 자체가 불법성

127 아울러 협약은 제11조에서도 불법(illicit)에 관한 규정을 두고 있다. 즉, "외국 군대에 의한 일국의 점령으로부터 직접적으로 또는 간접적으로 발생하는 강제적인 문

의 기준을 제시하지는 않고 문화재보호를 위해 당사국이 제정한 국내법이 해당 문화재의 반출과 반입 및 소유권양도를 불법한 것으로 규정하고 있다면 동 협약에 의해서 불법으로 간주하는 것으로 해석된다.[128] 오키프(Patrick J. O'Keefe) 교수는 협약 제3조는 짧지만 가장 해석하기 어려운 규정이라고 하면서, 다음과 같은 해석론을 제시한다. 문화재가 반출된 국가의 국내법에서 문화재의 반출행위를 불법한(illicit) 것으로 규정하고 있다면, 그 문화재를 반입한 국가도 그 문화재의 반입행위를 불법한 것으로 다루어야 한다는 것이다. 왜냐하면 문화재의 반출·반입 행위에 대한 불법성 판단이 관련국 상호간에 엇갈려서는 안 되기 때문이다.[129] 따라서 일본의 문화재보호법에 의해 문화재의 무단 반출행위가 불법한 것이라면, 이를 반입한 우리나라에서도 UNESCO협약 제3조의 취지에 좇아 불법으로 판단하여야 한다. 특히 우리나라 구 문화재보호법에서는 제20조에서 외국문화재의 보호에 관한 특별규정을 두고 있는데, 동조 제5항은 대한민국에 반입된 외국문화재가 불법 반출된 것으로 증명되고 조약[130]에 다른 정당한 절차에 따라 그 반환을 요청하는 경우에는 문화재청장은 조약에서 정한 바에 따라 해당 문화재가 반출국에 반환될 수 있도록 필요한 조치를 하도록 규정하고 있다.

위 UNESCO협약의 규정에 의하면 사건의 불상은 한국과 일본 양 당사국이 모두 UNESCO협약에 가입한 이후에 도난되어 국내로 반입

화재의 반출과 소유권의 양도는 불법으로 간주된다."

128 석광현, "대마도에서 훔쳐 온 고려 불상의 서산 부석사 반환을 명한 제1심판결의 평석: 국제문화재법의 제문제", 「국제사법연구」 제23권 제1호(2017), 한국국제사법학회, 36면. 또한 같은 취지로 서헌제·박찬호, 『도난·불법반출 문화재에 관한 법리적 연구』, 한국법제연구원, 2007, 43면.

129 Patrick J. O'Keefe, Commentary on the 1970 UNESCO Convention, Second Edition, Institute of Art and Law, 2007, p. 41.

130 구 문화재보호법 제20조(현 국가유산기본법 제30조에 해당)에서 규정한 '조약'이란 대한민국이 가입한 문화재 보호에 관한 국제조약을 의미하는 것으로써, 1970년 UNESCO협약이 이에 해당한다.

된 것이므로, 일본 측으로서는 일응 우리 정부에 대하여 도난된 불상의 반환을 청구할 수 있는 것이다. 동 협약에 의하면 도난문화재반환의 요청은 협약의 당사국이 그리고 그 "반환에 관한 적절한 조치"를 취해야 하는 의무는 협약의 상대 당사국이 부담한다. 협약에서는 구체적으로 "회수 및 반환 요청은 외교관청을 통하여야 한다."고 규정하고 있다. 따라서 동 협약에 의거할 경우에 도난된 불상의 반환은 가이진 신사나 관음사가 청구할 수 있는 것이 아니라 일본 정부가 요청하게 되는 것이고, 그에 대한 반환에 필요한 조치는 한국 정부가 하게 되는 것이다. 이 것은 1970년 협약이 당초부터 체약국 정부가 취해야 할 행정법적 조치에 중점을 두고 있기 때문이다.

이에 따라 불상의 반환을 요청받은 우리 정부는 동 협약에 따라 우리나라 형사소송법상 절도 피해물건의 환부절차를 거쳐 일본 정부에 이를 반환하려 하였던 것이다. 실제로 2점의 불상 중에서 동조여래입상에 대해서는 2015. 7. 13. 형사소송법 절차에 의거하여 환부결정이 내려지고, 동조여래입상은 가이진 신사에서 위임한 일본 문화재청 관계자를 통해 일본으로 인도되었다.

다. 1970년 UNESCO협약의 적용대상 문화재

여기서 1970년 UNESCO협약의 적용대상인 문화재에 대해 좀 더 자세히 살펴볼 필요가 있다. 협약의 적용대상인 문화재는 시기적으로 분쟁의 당사국이 협약에 모두 가입한 이후에 불법 반입된 문화재가 그 대상이다. 협약에는 소급효가 적용되지 않기 때문에 동 협약이 당사국에 발효되기 이전에 발생한 사건에 대해서는 협약이 적용되지 않는다. 한국은 1983년 2월 14일에 그리고 일본은 2002년 9월 9일에 동 협약에 가입하였기 때문에 2002년 9월 9일 이후에 발생한 사안에 대해서는 양국간에 협약이 적용되므로, 2012년 발생한 본 사건에 대해 UNESCO협

약이 적용될 수 있다.131

다음으로 문제의 불상이 협약의 적용대상이 되는 문화재의 항목에 해당하는지를 검토하여야 한다. UNESCO협약은 제1조에서 문화재(cultural property)를 "고고학, 선사학, 역사학, 문학, 예술 또는 과학적으로 중요함으로써 종교적 또는 세속적 근거에서 각국에 의하여 특별히 지정된 재산으로, 다음 범주에 속하는 재산을 의미한다."고 하면서 그에 해당하는 범주들을 아래와 같이 열거하고 있다.

> (a) 진귀한 수집품과 동물군, 식물군, 광물군, 해부체의 표본 및 고생물학적으로 중요한 물체
> (b) 과학, 기술 및 군사의 역사와 사회사를 포함하여 역사와 관련되고 민족적 지도자, 사상가, 과학자 및 예술가의 생애와 관련되며, 국가적으로 중대한 사건과 관련된 재산
> (c) (정규적 또는 비밀리의) 고고학적 발굴 또는 고고학적 발견의 산물
> (d) 해체된 예술적 또는 역사적 기념물 또는 고고학적 유적의 일부분
> (e) 비문, 화폐, 판각된 인장같은 것으로 백년이상의 골동품
> (f) 인종학적으로 중요한 물건
> (g) 미술적으로 중요한 재산으로 다음과 같은 것.
> (i) 어떤 보조물의 사용 또한 어떤 재료를 불문하고 전적으로 손으로 제작된 회화, 유화 및 도화(손으로 장식한 공업용 의장과 공산품은 제외)
> (ii) 재료 여하를 불문한 조상 및 조각물의 원작
> (iii) 목판화, 동판화, 석판화의 원작
> (iv) 재료 여하를 불문한 미술적인 조립품 및 몽타주의 원작
> (h) 단일 또는 집합체를 불문하고(역사적, 예술적, 과학적 및 문학적등으로) 특별히 중요한 진귀한 고판본, 필사본과 고서적, 고문서 및 고출판물

---

131 석광현, 전계논문, 35면.

(i) 단일 또는 집합체를 불문하고 우표, 수입인지 또는 유사 인지물

(j) 녹음, 사진, 영화로 된 기록물을 포함한 고문서

(k) 백 년 이상 된 가구와 오래된 악기

즉, UNESCO협약 제1조는 문화재의 정의에 대해 일반적 정의방식132과 열거방식133을 결합하고 있다.134 1954년 헤이그협약에서의 문화재의 정의135에 비해 1970년 UNESCO협약은 문화재의 정의를 2중의 기준에 의해 더욱 세분화하였는데, 그 이유는 1954년 헤이그협약은 무력분쟁시의 문화재보호를 목적으로 하고 있기 때문에 문화재에 관한 정의를 개괄적으로 정의하더라도 당사국의 이해관계에 영향이 크지 않지만, 1970년 UNESCO협약은 반입국과 반출국 사이에서 무엇이 반환대상인 문화재로 인정될 것인지에 대해 관점이 대립될 수 있기 때문에 이를 좀 더 구체적으로 정의할 필요가 있었던 것이다.136

---

132 "고고학, 선사학, 역사학, 문학, 예술 또는 과학적으로 중요함으로써 종교적 또는 세속적 근거에서 각국에 의하여 특별히 지정된 재산"

133 위 (a)에서 (K)까지의 범주

134 Irini A. Stamatoudi, Cultural Property Law and Restitution, A Commentary to International Conventions and European Union Law, Edward Elgar 2011, p. 36.

135 제1조 [문화재의 정의] 이 협약상의 "문화재"라는 용어는 그 출처나 소유권에 관계없이 다음을 포함한다.
    가. 종교적이거나 세속적인 성격을 불문한 건축이나 예술, 역사적 기념물; 고고학 유적지; 역사적 혹은 예술적 가치를 지닌 건물의 집단 전체; 예술작품; 예술적, 역사적 또는 고고학적 중요성을 가지는 원고나 책을 비롯한 물건; 과학적 수집물과 상기 규정된 문화재에 관한 서적이나 기록문서, 복제물 등의 중요한 수집물 등과 같은 모든 민족의 문화유산으로서 큰 중요성을 가지는 동산이나 부동산
    나. 박물관과 대형 도서관, 기록물 보관소 등과 같이 가목에서 정의된 동산 문화재의 보존과 진열을 주목적으로 하는 건물이나 무력충돌시 가목에서 정의된 동산 문화재를 대피시키기 위한 보호시설
    다. "기념물 다량 보유지역"이라 일컫는, 가목과 나목에서 규정하는 문화재를 다수 보유하는 지역

136 Patrick J. O'Keefe, Commentary on the 1970 UNESCO Convention, Second Edition, p. 35.

그러한 점에서 UNESCO협약의 문화재정의는 문화재 반출국가와 반입국가 간의 타협의 결과물이라고 할 수 있다.[137] 그런데 UNESCO협약 제1조에서 열거하고 있는 범주에 해당한다고 해서 동 협약이 적용되는 문화재로 인정되는 것은 아니라, "각국에 의하여 특별히 지정된"(specifically designated by each State) 것이면서 위의 범주에 해당하여야 동협약의 적용을 받는 문화재(the term 'cultural property')라고 할 수 있다. 각국이 위 두 가지 조건(일반적 정의와 열거된 범주)을 전제로 무엇을 문화재로지정할 것인지는 각국의 재량에 맡겨져 있다.[138]

라. 1970년 UNESCO협약의 이행과 관련한 문제

그렇다면 이 사건의 불상이 "각국에 의하여 특별히 지정된" 문화재인지가 문제된다. 다시 말하자면, 협약의 국내이행을 위해 제정된 일본의 법률에 의할 때 사건의 불상이 '특별히 지정된' 문화재에 해당하는지가 관건이다. 일본이 동 협약의 이행을 위해 제정한「문화재의 불법적인수출입 등의 규제 등에 관한 법률」(文化財の不法な輸出入等の規制等に関する法律)은문화재를 다음과 같이 정의하고 있다.

제2조

이 법에서 "문화재"라 함은 국내 문화재 및 협약의 당사자인 외국(이하 "외국"이라 한다)이 협약 제1조 규정에 따라 지정된 물건을 말한다.

2. 이 법률에서 "국내 문화재"라 함은 협약 제1조 (a) 내지 (k)까지 적시된 분류에 속하는 물건 중 문화재보호법(昭和 25년 법률 제124호) 제27조 제1항의 규정에 의하여 지정된 중요문화재, 동법 제78조 제1항의 규정에 의하여지정된 중요유형민속문화재 및 동법 제109조 제1항의 규정에 따라 지정된사적, 명승, 천연기념물을 말한다.

---

137 김형만, 『문화재반환과 국제법』, 삼우사, 2001, 102면.

138 Irini A. Stamatoudi, op.cit, p. 36.

일본의 이행법률에 의하면 협약 제1조의 "지정된 물건"에 해당하는 '국내 문화재'는 일본의 문화재보호법상 유형문화재 중에서 지정된 중요문화재, 중요유형민속문화재, 사적·명승·천연기념물이 해당한다. 이는 일본 문화재보호법에 따른 유형문화재 중에서 지정된 중요문화재(국보)는 동 법률의 보호대상이지만 유형문화재 중에서 등록유형문화재는 그 대상에서 제외된다. 일본의 문화재보호법상 문화재의 분류를 도표로 정리하면 아래와 같다.

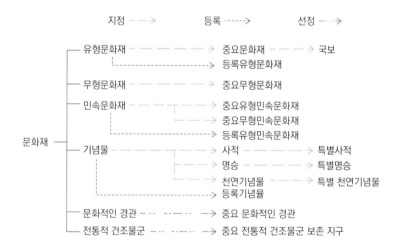

그렇다면 본 사건의 불상은 일본에서 어떤 문화재에 해당하였는지를 살펴본다. 2점의 불상 중에서 동조여래입상은 국가지정문화재로 그리고 문제의 관세음보살좌상은 나가사키현의 지정문화재로 등록된 것이다. 상기 일본의 법률에 비추어보면 동조여래입상은 일본 정부가 지정한 중요문화재로 협약의 이행법률에서 정한 보호대상에 해당하지만, 관세음보살좌상은 지방에 등록된 유형문화재로써 이행법률상의 보호대상에 해당하지 않는다.

그렇다면 동조여래입상은 UNESCO협약 제1조에서 규정하는 "각국에 의하여 특별히 지정된" 문화재에 해당하여 반환의 대상이 되지만, 관세음보살좌상은 그에 해당하지 않아 반환대상이 아니라고 주장할 수도 있다. 그렇지만 이러한 해석론을 합리적이라고 할 수는 없다. 왜냐하면 협약이 표현하고 있는 "각국에 의하여 특별히 지정된" 문화재를 체약국의 이행법률에 명시된 것으로만 한정해서 적용하는 것으로 새기게 된다면 명시되지 아니한 문화재는 협약의 보호대상에서 제외되는데, 그렇다면 체약국은 이와 같은 문제점을 피하기 위해 지정문화재를 무한정 늘리게 될 것이다.[139]

한편 우리나라의 사정을 살펴보면, 우리나라는 1983년에 UNESCO 협약에 가입하면서 협약의 이행을 위해 별도의 단행법률을 제정한 것이 아니라 기존의 문화재보호법을 개정하여 협약이 요구하는 사항들을 반영하는 방식을 취하였다. 특히 외국으로부터 문화재의 불법반입을 막기 위해 구 문화재보호법에 제20조(외국문화재의 보호)[140]를 신설하였다. 그런데 정작 우리나라 문화재에 대해서는 어떤 문화재가 협약에서 규정하는 "특별히 지정된" 문화재인지를 정하지 않았다. 다시 말하자면 우리 문화재보호법(개편된 국가유산법제)에서는 우리 문화재에 대해 특별한 지정을 하지 않았기 때문에, 만약 우리 문화재가 외국으로 불법 반출되더라도 상대국에 대하여 1970년 UNESCO협약에 의거하여 반환 요구를 할 수 없게 된다. 우리나라 구 문화재보호법은 제4장 [국가지정문화재]에서 제23조에 보물 및 국보의 지정, 제24조에 국가무형문화재의 지정, 제25조에 사적·명승·천연기념물의 지정 그리고 제26조에 국가민속문화재의 지정에 관한 규정을 두고 있었다. 또한 2024년 개편된 국가유산법제에 따른 「문화유산의 보존 및 활용에 관한 법률」 제4장 [국가지정문화유산]에서는 제23조에 보물 및 국보의 지정, 제25

---

139 한 국가의 모든 골동품과 예술품을 지정하게 되면 협약의 '특별지정'의 조항이 무색해질 우려가 있다는 비판에 대해서는 김형만, 『문화재반환과 국제법』, 105면 참고.
140 현 「국가유산기본법」 제30조(외국유산의 보호)에 해당.

조에 사적의 지정, 그리고 제26조에서 국가민속문화유산의 지정에 관한 규정을 두고 있다. 이는 국내 문화재(문화유산)의 분류에 관한 것이지 UNESCO협약에서 말하는 "특별한 지정"과는 다른 것이다. 그것은 우리나라가 1983년에 1970년 UNESCO협약에 가입하였던 때보다 훨씬 이전인 1962년에 제정되었던 문화재보호법에서 이미 제7조에서 [보물, 국보의 지정]에 관한 규정을 두었음을 볼 때, 그 당시 사용되었던 용어상 "지정"이 1970년 UNESCO협약의 이행을 위한 "지정"과는 거리가 있음을 알 수 있다. 그렇다면 엄밀히 따져서 우리나라 문화재는 국보로 지정된 것이더라도 UNESCO협약에서 말하는 "특별한 지정"을 받은 문화재가 아니기 때문에 비록 국보급 문화재가 다른 나라로 불법 반출되더라도 그 문화재를 보유한 국가를 상대로 UNESCO협약에 의거하여 문화재의 반환 요청을 할 수 없다는 결론에 이르게 되는 셈이다. 이러한 추론이 타당하다고 볼 수는 없다. 이것은 협약이행을 위한 국내입법의 불비의 문제일 수도 있지만, UNESCO협약의 기본정신에 부합하지 않는 해석이다. UNESCO협약에서의 "특별한 지정"은 협약 제1조에 열거된 항목의 범위 내에서 각 체약국에게 특정한 물건을 문화재로 취급할 수 있는 지에 대한 재량을 준 것으로 이해하여야 한다. 그렇다면 협약 제1조에 열거된 항목 유형에 해당하면서 해당 국가의 법률에 따라 문화재로 분류되어 문화재리스트에 등재되어 있으면 해당국으로부터 "특별한 지정"을 받은 문화재로 인정함이 타당하다.

나아가 UNESCO협약은 제1조가 요구하는 '특별한 지정'을 받지 못한 문화재에 대해서도 보호하기 위한 규정을 두고 있다. 즉, 협약 제4조는 비록 제1조에서의 '특별한 지정'을 받지 못한 문화재라 하더라도, "본 협약의 목적을 위하여"[141] 일정한 범주에 속하는 재산에 대해서

---

141 "본 협약의 목적"에 대해 협약은 구체적으로 규정하고 있지 않지만, 협약의 전문을 살펴보면 "자국의 영역 내에 존재하는 문화재를 도난, 도굴 및 불법적인 반출의 위험으로부터 보호하는 것은 모든 국가에 부과된 책임임을 고려하며, 이러한 위험을

는 각국의 문화적 유산(cultural heritage)으로 인정하고 있다.[142] 협약의 적용대상 문화재를 각국 법에 의한 특별지정에 맡겨두는 경우에 보호가치가 있는 문화재라도 특별지정에서 누락될 수도 있고 또한 어떤 문화재는 두 나라 이상의 문화유산에 걸쳐서 있는 수도 있기 때문에 그러한 문화재를 협약의 보호대상으로 하기 위해 보완적인 규정을 둔 것이다.[143] 또한 UNESCO협약 제13조 (d)항은 양도불능한 문화재의 유형에 대해 언급하고 있다. 동 조항에 의하면 협약의 당사국은 각국의 법률에 따라 "각 당사국의 파기할 수 없는 권리. 즉, 특정 문화재를 양도 불능으로, 따라서 사실상 반출되어서는 아니되는 것으로 분류하고 선언할 권리를 인정하고, 그것이 반출되었을 경우에는 관계국가에 의한 동 문화재의 회복을 용이하게 한다."는 점을 확인하여야 한다. 그러한 예로서 우리 문화유산법 제39조(수출 등의 금지)를 둘 수 있는데,[144] 동조 제1항은 "국보, 보물 또는 국가민속문화유산은 국외로 수출하거나 반출할 수 없다"고 규정하고 있는 바, 만약 우리나라의 보물로 지정된 문화재가 적법한

회피하기 위하여서는 모든 국가가 자국의 고유문화 유산과 다른 모든 국가의 문화유산을 존중할 도덕적 의무감에 대하여 보다 민감하여 지는 것이 필요하다는 점을 고려하고, … 문화재의 불법적인 반입과 반출 및 소유권의 양도가 국가간의 그러한 이해에 장애가 되며, 관계국가에 이러한 목적으로 국제협약을 권고함으로써 이해를 증진하는 것이 유네스코의 사명의 일부분임을 고려"하여야 한다는 표현에서 협약의 목적을 간취할 수 있다고 본다.

142 동 협약 제4조에 의하면 그러한 범주에는 (가) 관계국가 국민의 각 개인 또는 집단에 의하여 창조된 문화재, 또한 관계국 역내에 거주하는 외국인 또는 무국적인에 의하여 그 국가의 영역 내에서 창조된 관계국에 중요한 문화재, (나) 국가 영역 내에서 발견된 문화재, (다) 출처국 주무관청의 동의하에 고고학, 인종학 또는 자연과학 사절단에 의하여 획득된 문화재, (라) 자유로이 합의된 교환의 대상이 되어 온 문화재, (마) 출처국 주무관청 동의하에 선물로서 증여 받거나 합법적으로 구입한 문화재 등이 속한다.

143 Irini A. Stamatoudi, Cultural Property Law and Restitution, A Commentary to International Conventions and European Union Law, Edward Elgar 2011 p. 38. 또한 서헌제·박찬호『도난·불법반출 문화재에 관한 법리적 연구』, 41면.

144 구 문화재보호법 제39조(수출 등의 금지)에 해당함.

절차를 거치지 아니하고 반출된 경우에는 협약 제13조 (d)항을 근거로 반환을 청구할 수 있다. 이것은 결국 협약 제1조에서 정한 '특별한 지정'에 의하지 아니하더라도 반출국의 법률에 의해 양도불능으로 분류된 문화재에 대해서는 반입국도 그 양도불능의 효력을 인정하여야 함을 의미한다.

요컨대 1970년 UNESCO협약상 보호대상인 '특별히 지정된' 문화재에 대한 판단은 UNESCO협약의 취지를 고려할 때 다소 유연하게 해석하여야 한다. 그렇다면 문제된 관세음보살좌상도 동 협약의 보호대상에 해당할 수 있으며 이것이 불법적으로 반출되어 우리나라로 반입된 이상 우리 정부로서는 UNESCO협약 및 그 실행을 위한 우리 문화재보호법상 관련 규정에 따라 이를 일본 측에 반환할 의무가 있다.

② 국제사법상 쟁점

가. 준거법의 결정

문제된 사건에 "외국적 요소가 있는 법률관계"가 있을 때에는 국제사법에 따라 사건에 적용할 준거법을 정하게 된다. 이때 외국적 요소가 있는 법률관계가 무엇을 의미하는 지에 대해서는 학자에 따라 설명을 달리한다. 일설에 의하면 ① 대한민국에서의 외국인과 대한민국 국민 간의 법률관계 및 외국에서의 대한민국 국민과 외국인 간의 법률관계, ② 법률관계에 관련된 목적물이 외국에 있는 경우, ③ 외국에서 발생한 법률행위나 불법행위 등이 문제된 경우 등을 의미하는 것으로 설명한다.[145] 이러한 설명에 의할 때 본 사건의 불상이 도난당한 곳이 일본이었다는 점에서 ③의 경우에 해당될 수 있어 외국적 요소가 있는 법률관계로 다루어질 수 있다. 또한 외국적 요소가 있는 법률관계를 좀 더 넓

---

145 김연·박정기·김인유, 『국제사법』(제3판), 법문사, 2012, 4면.

게 이해하여, 국제사법이론상의 연결점(connecting factor)으로 승인되고 있는 요소들146에서 외국관련이 있는 때에는 일단은 섭외성(涉外性) 또는 국제성이 있는 섭외사건으로 보고, 다만 그러한 섭외사건이 구체적인 연결원칙을 정한 국제사법의 개별 조문의 적용대상이 되는지의 여부를 판단함에 있어서는 당해 조문의 해석의 문제로서 그러한 섭외성이 의미 있는 것인가의 여부를 판단하여야 한다는 설명도 있다.147 이러한 설명에 의하더라도 본 사건에서 불상에 대한 도난행위가 발생하였던 불법행위지 또는 도난당시 소유권의 대상이 된 불상의 소재지 등이 연결점으로 작용할 수 있기 때문에 일응 본 사건이 외국적 요소가 있는 법률관계로 볼 수 있음은 달라지지 않는다. 이와 같이, 이 사건은 "외국적 요소가 있는 법률관계"와 관련되어 있기 때문에 준거법의 결정문제가 등장하게 된다. 여기에는 시간적 저촉문제와 장소적 저촉문제가 있다.

(1) 시간적 저촉문제

1심 법원의 판결에 의하면 "이 사건 불상은 1330년 서산에서 제작된 후 1526년경 이전에 일본으로 이동되었다고 추정할 수 있다"고 하며, 일본에서 불상이 도난된 사건은 2012년에 발생하였다. 그렇다면 이와 같이 장기간 지속된 법률관계에 있어서 어느 시기의 국제사법을 적용할 것인지에 대한 시제법(intertemporales Recht)의 문제가 제기될 수 있다.148 그렇지만 불상이 서산에서 제작되어 일본으로 이동되었다고 추정되는 14세기 내지 16세기 당시에는 한반도와 일본지역에 통용되던 국제사법은 존재하지 않은 것으로 보인다.149 그렇다면 본 사건에서

---

146 당사자의 국적, 주소, 거소, 상거소, 행위지, 이행지, 불법행위지, 물건의 소재지, 등록지, 법인의 본거지 등.
147 석광현, 『국제사법 해설』, 박영사, 2013, 52면.
148 석광현, "대마도에서 훔쳐 온 고려 불상의 서산 부석사 반환을 명한 제1심판결의 평석: 국제문화재법의 제문제", 12면.
149 석광현, 상게논문 13면.

시제법의 결정은 별다른 의미를 가지지 못하고, 2012년 불상 도난 당시의 국제사법을 기준으로 삼아야 한다.[150]

(2) 장소적 저촉문제

(가) 준거법의 지정

우리 국제사법 제33조는 물권의 준거법으로 "동산 및 부동산에 관한 물권 또는 등기하여야 하는 권리는 그 동산·부동산의 소재지법에 따른다"고 하고(제1항), 물권의 득실변경에 관해서는 "그 원인된 행위 또는 사실의 완성 당시 그 동산·부동산의 소재지법에 따른다"고 하여 소재지법주의(lex rei sitae)를 채택하고 있다. 물권에 관한 준거법에 대해서는 비교법적으로도 동산과 부동산을 구별하지 않고(이른바 동칙주의) 목적물의 소재지법주의를 채택하는 것이 일반적이다.[151] 그렇다면 문화재에 관한 권리(특히 소유권)의 준거법은 어떠한가? 문화재도 동산인 문화재와 부동산인 문화재로 나뉠 수 있는데, 문화재의 소유권분쟁과 관련하여 주로 문제가 되는 것은 동산문화재이다.[152] 문화재에 대해서 별도의 준거법 규정을 두는 나라는 찾기 어렵다.[153] 물론 우리 국제사법도

---

150 同旨 석광현, 상게논문 13면.

151 Bernd von Hoffmann, Internationales Privatrecht, 7. Aufl., München 2002, S. 473.

152 부동산인 문화재에 대해서도 예컨대 건물을 해체하여 다른 나라로 반출하여 새로운 토지 위에 이를 다시 조립해서 복원한 경우에 섭외적인 소유권분쟁의 문제될 수 있다.

153 다만 국제법협회(Institut de Droit international)가 1991년 제65차 스위스 바젤회의에서 채택한 「문화유산의 보호 관점에서 예술품의 국제거래」(La vente internationale d'objets d'art sous l'angle de la protection du patrimoine culturel) 결의문(Resoultion) 제3조에서 "예술품의 반출에 관해서는 기원국(country of origin)의 법률규정이 적용된다."고 규정한 것과 유럽공동체 회원국간의 불법반출 문화재의 반환을 위한 1993년 유럽경제공동체 지침(Council Directive 93/7/EEC) 제13조는 "반환된 문화재의 소유권에 관한 사항은 청구한 국가의 법에 따른다."고 규정한 것 등은 기원국법주의를 채택한 것으로 평가된다. 그에 관한 상세한 설명은 Michael Anton, Internationales Kulturgüterprivat-und Zivilverfahrensrecht,

문화재에 관한 권리에 대해 별도의 규정을 두고 있지 않다. 문화재도 물건에 속하는 이상, 문화재에 관한 권리에 관한 준거법은 국제사법 제33조에 따라 소재지법주의에 따르게 될 것이다. 이에 관해서는 "법리적"으로는 아무런 문제가 없다. 그러나 필자는 그럼에도 불구하고 문화재에 대해서는 일반적인 물건에 적용되는 소재지법주의와는 다른 준거법원칙을 적용할 "현실적"인 필요성이 있다고 주장하여 왔다.[154] 그이유는 다음과 같다.

첫째, 문화재에 대해서 다른 일반적인 물건과는 다른 특성을 인정하여야 한다는 점이다. 역사적으로도 이미 동로마제국의 유스티니아누스 황제가 제정한 시민법대전(Corpus iuris civilis)에는 일정한 문화재를 불융통물(res extra commercium)로서의 성격을 가진 것으로 규정되어 있고,[155] 이를 계수하여 각국의 실정법(특히 문화재보호법)에서 문화재에 대한 권리를 제한하거나 양도를 금지하는 규정들을 두는 경우가 많이 있다. 문화재에 대해서는 거래의 안전보다 문화재 자체를 보호하는 것에 더 큰 가치를 두더라도 그리 부당하다고 하기 어렵다.

둘째, 소재지법주의가 자칫 문화재의 소유권을 세탁(ownership laundering)하는 수단으로 악용될 수 있다는 점이다. 소재지법주의의 연결점인 소재지를 변경함으로써 그 물건을 취득하였다고 주장하는 장소나 현재 그 물건이 소재하고 있는 장소는 쉽게 조작될 수 있다. 즉, 물건을 절취하거나 은닉한 자는 자신들에게 유리한 나라의 법령이 적용되는 소재지를 미리 정해 놓고, 그에 맞추어 물건의 소재지를 옮김으로

Berlin-New York, 2000, S. 812 ff. 참고.

154 송호영, "해외로 불법 반출된 문화재의 민사법상 반환청구법리에 관한 연구", 「비교사법」 제11권 4호(2004), 한국비교사법학회, 249면 이하 및 송호영, "국제사법상 문화재의 기원국법주의(lex originis)에 관한 연구", 「재산법연구」 제30권 제1호 (2013), 한국재산법학회, 79면 이하.

155 Amaile Weidner, Kulturgüter als res extra commercium im internationalen Sachenrecht, Berlin·New York, 2001, S. 15.

써 준거법의 변경(Statutenwechsel)을 가져올 수 있게 된다. 특히 문화재의 경우에 나라마다 문화재에 대한 법적 규율이 상이한데, 문화재를 밀거래하려는 자들은 여러 나라들의 관계법령을 살펴보고서 문화재에 대해서도 선의취득을 인정하거나 취득시효나 소멸시효가 상대적으로 짧은 나라를 택해서 그곳으로 문화재를 옮겨 선의취득이나 취득시효의 요건을 완성시켜 소유권을 세탁한 후에, 이를 합법적으로 유통시킬 수 있게 된다.

셋째, 문화재에 대해서도 소재지법주의를 고수하게 되면 문화재를 보호하는 다른 나라의 법규를 고려하지 않는 결과를 초래하게 되며, 또한 불법 반출된 문화재를 원소유자에게 반환하는 것을 기본정신으로 하는 국제규범156과도 어울리지 않게 된다.

이처럼 소재지법주의가 가지는 문제점을 극복하기 위한 대안으로 필자는 문화재에 관한 권리의 준거법을 정하는 원칙으로 기원국법주의(lex originis)를 제안한 바 있다.157 문화재에 대해 기원국법주의를 주장하는 대표적인 학자는 독일의 에릭 제임(Erik Jayme) 교수이다. 그는 기원국을 판단하는 기준으로 ① 신앙적 가치, ② 창작자의 국가적 정체성, ③ 문화재가 생성된 곳, ④ 문화재로 존치하는 곳, ⑤ 문화재가 소재하던 곳, ⑥ 문화재가 발견된 곳, ⑦ 문화재가 계수된 곳, ⑧ 역사적 관련성이 있는 곳, ⑨ 불융통물로 지정된 곳 등을 제시하며 이와 같은 다양한 요소들을 고려하여 기원국(originis)을 결정해야 한다고 주장한다.158 필자도 그의 주장에 동조하고 있다. 이러한 주장에 대해 석광현 교수

---

156 1970년 UNESCO협약 및 1995년 UNIDROIT협약 등.
157 송호영, "국제사법상 문화재의 기원국법주의(lex originis)에 관한 연구", 91면 이하 참조. 문화재에 대한 권리의 준거법적용원칙으로 기원국법주의를 채택해야 한다는 주장은 독일의 에릭 제임(Erik Jayme) 교수에서 비롯된 것이다.
158 Erik Jayme, Internationaler Kulturgüterschutz: Lex originis oder lex rei sitae - Tagung in Heidelberg, IPRax 1990, S. 347 f.; ders, Kunstwerk und Nation: Zuordungsprobleme im internationalen Kulturgüterschutz, Heidelberg 1991, S. 7 ff.

는 기원국법주의는 기원국의 개념이 불확실하다는 점과 기원국법이 적용되는 문화재의 범위와 준거법인 기원국법이 규율하는 사항의 범위가 명확하지 않다는 점을 비판하면서 문화재에 대해서도 여전히 소재지법주의를 적용하는 것이 타당하다고 주장한다.159 물론 필자도 소재지법주의에 입각한 그의 비판이 부당하다고 생각하지는 않는다. 다만 기원국법주의는 소재지법주의가 가지는 객관성에도 불구하고 준거법지정을 기계적으로 적용함에 따라 생기는 부작용을 개선하기 위해 등장한 학설이며 아직까지 보완해야 할 점이 많이 있음도 인정한다. 그럼에도 불구하고 필자가 기원국법주의를 주장하는 것은 문화재의 특수성을 강조하기 위함이다. 문화재의 불법적인 유통을 막기 위해서는 도난되거나 불법하게 반출된 문화재는 원소유자에게 돌아갈 수 있어야 한다. 그러한 정신을 담은 국제규범이 1995년 UNIDROIT협약이다. 동 협약은 문화재에 대한 선의취득을 인정하지 않고 원소유자에게 무조건적인 반환의무를 부과하고 있다(제3조 및 제5조).160 동 협약은 자기집행적 효력이 있기 때문에, 협약에 가입한 국가의 국내법이 선의취득제도를 인정하고 있더라도 동 협약 규정이 우선하게 되어 문화재의 선의취득은 인정되지 않는다. 따라서 문화재반환문제에 관해 분쟁에 관여된 모든 국가가 UNIDROIT협약에 가입하고 있다면, 동 협약의 효력으로 원소유자는 선의취득자에게 문화재의 반환을 청구할 수 있기 때문에 선의취득문제에 관한 한 준거법 지정을 운운할 필요가 없게 된다. 그러나 현실적으로는 UNIDROIT협약의 규정과 국내법 규정의 충돌의 이유로 많

---

159 석광현, "국제적 불법거래로부터 문화재를 보호하기 위한 우리 국제사법과 문화재보호법의 역할 및 개선방안", 「서울대학교 법학」 제56권 제3호(2015), 서울대학교 법학연구소, 136~137면 및 "대마도에서 훔쳐 온 고려 불상의 서산 부석사 반환을 명한 제1심판결의 평석: 국제문화재법의 제문제", 15~17면.

160 동 협약은 선의취득을 부정하는 대신에 선의취득자에게 일정한 요건하에서 공정하고 합리적인 보상의 지급을 요구할 권리를 인정하는 선에서 선의취득자와 원소유자 사이의 이해관계를 조정하고 있다(동 협약 제4조 및 제6조).

은 나라들이 협약가입에 주저하고 있는 형편이며, 설령 UNIDROIT협약에 가입하였더라도 협약에 소급효가 없어서 협약의 발효 이전의 문제에 대해서는 협약이 영향을 미칠 수 없으며, 협약 발효 이후라고 하더라도 선의취득 이외의 문제[161]에 대해서는 해결책이 될 수 없다. 이러한 사정에서 UNIDROIT협약의 제정에도 불구하고 국제적인 문화재 반환분쟁에 있어서는 국제사법상 준거법을 정하는 원칙이 여전히 중요한 문제로 남아 있다. 이에 대하여 필자는 문화재의 준거법을 정하는데 있어서 소재지법주의보다 기원국법주의가 UNIDROIT협약의 기본정신과 더 부합한다고 생각한다.

(나) 사안에의 적용

위에서 본 국제사법상 준거법선택 원칙을 사안에 적용해 본다. 우선 소재지법주의(lex rei sitae)에 의하게 되면, 우리 국제사법 제33조가 "동산 및 부동산에 관한 물권 또는 등기하여야 하는 권리는 그 동산·부동산의 소재지법에 따른다"고 하고 있으므로(제1항) 본 사건에서 2012년 당시 불상을 점유하고 있던 일본의 관음사가 그 소유자로 추정되는지를 규율하는 준거법은 불상의 소재지인 일본 민법이며,[162] 또한 물권의 득실변경은 "그 원인된 행위 또는 사실의 완성 당시 그 동산·부동산의 소재지법에 따른다"고 하여(제2항), 도난된 불상의 선의취득과 시효취득의 준거법에 대해서도 불상의 취득당시 또는 시효완성 당시 소재지법인 일본법이 준거법이 된다.[163]

그렇다면 기원국법주의(lex originis)에 의하면 어떻게 될 것인가? 현재 학계에서 필자를 제외하면 명시적으로 기원국법주의를 지지하는 입장을 찾아보기 어려우므로, 이에 대한 필자의 설명으로 답을 갈음한다.

---

161 예컨대 문화재에 대한 취득시효의 문제 등.

162 석광현, "대마도에서 훔쳐 온 고려 불상의 서산 부석사 반환을 명한 제1심판결의 평석: 국제문화재법의 제문제", 13면.

163 석광현, 상계논문, 15면.

기원국법주의에 대해 흔히 하기 쉬운 오해 중의 하나가 문화재가 생성된 곳을 문화재의 기원(origin)으로 생각하는 것이다. 이러한 생각에 의하면 사건의 불상은 고려시대 한반도에서 제작된 것이고 고려와 조선을 거쳐 대한민국이 국가승계를 한 것으로 보면 불상에 대한 기원은 한국이 될 것이다. 그렇지만 국제사법에 있어서 준거법결정을 위한 연결요소로서의 기원(起源: origin)과 역사적·문화적 분류를 위한 유래(由來: origin)는 엄연히 구분하여야 한다. 어떤 문화재가 어디에서 생성되었는지는 국제사법상 연결요소인 문화재의 기원국을 판단하는 데 있어서 여러 기준 중의 하나일 뿐이다. 역사적으로 고려에서 제작된 불상은 문화적·예술적으로 '한국' 문화재로 분류할 수는 있으나, 그것이 법적인 의미에서 한국이 기원국인 문화재로 이어지는 것은 아니다. 가령 1975년 전라남도 신안 앞바다에서 14세기 원나라 시대 침몰된 무역선에서 인양한 유물이 국외로 반출되어 거래되었다고 가정한다면, 그 유물은 역사적·문화적으로는 중국에서 유래한 것이더라도 그 유물에 관한 권리의 준거법을 정하는 연결요소로서의 기원은 한국이라고 할 것이다. 다시 말하자면, 국제사법상 기원국을 판단함에 있어서는 어느 하나의 기준이 아니라 여러 기준을 종합적으로 고려하여 판단하여야 한다. 비록 고려에서 제조된 불상이더라도 그 불상이 어떤 연유로 일본으로 건너와서 그곳 토착민들로부터 오랜 세기 동안 신앙의 대상으로 이어져 왔고 근자에는 불상의 역사적·문화적 가치에 터 잡아 일본 정부로부터 문화재로 지정되어 일본법의 보호대상이 되었다면, 국제사법상 준거법을 결정함에 있어서 그 불상의 기원국은 일본으로 보는 것이 타당하다. 여기서 기원국이란 준거법을 결정하는 연결요소로 작용한다는 것일 뿐이지, 그것이 해당문화재가 기원국가의 소유로 된다거나 기원국가에 귀속되어야 함을 의미하는 것이 아님을 유의하여야 한다.

결국 본 사건에서 법원은 국제사법상 준거법을 결정함에 있어서 소재지법주의(lex rei sitae)에 의하든 기원국법주의(lex originis)에 의하든 불상

에 관한 권리 또는 그 권리의 득실변경에 관한 사항은 일본법을 준거법
으로 하여 판단하여야 한다.

③ 실질법상 쟁점

가. 개설

실질법상 쟁점에서 가장 우선시되는 문제는 과연 원고가 고려국 서
주 부석사와 동일성이 인정되는 사찰인지 여부이다. 원심과 대법원은
여기에서 판단이 엇갈린다. 원고가 서주 부석사와 동일성이 인정되지
않는다면 소송에서 추가적으로 실질법상 쟁점을 논의할 실익은 없게되
므로 당사자들로서는 매우 중요한 문제이다. 그런데 사안의 부석사뿐
만 아니라 우리나라의 사찰 대부분이 목조로 건축되어 있어서 화재나
재난에 취약하여 고찰들은 대부분 중수를 거듭한 적이 많은 점을 감안
하면 그 동일성을 어떻게 판단할지가 매우 어려운 문제이다.[164] 본 사
안에서 대법원은 여러 사료를 들어 원고가 서주 부석사와 동일성이 있
는 것으로 판단하였는데, 이는 법리적인 문제라기보다 실질적으로는
사실관계의 확정에 관한 문제이므로 여기에서는 이에 관한 자세한 논
의는 생략한다.

국제사법의 준거법결정원칙에 따라 일본법을 준거법으로 정한 경
우에, 일본의 실질법에 따라 사건 불상에 관한 권리에 대해 살펴보아야
한다. 여기서 불상에 관한 권리란 결국 불상에 관하여 누구에게 소유권
이 인정되는 지에 관한 것이며, 소유권에 관하여 규율하는 법은 「민법」
이다. 이론상으로는 불상이 "1330년 서산에서 제작된 후 1526년경 이
전에 일본으로 이동되었다고 추정"되는 시기에 통용되던 법률과 현재

---

164 과거 현등사가 리움미술관을 상대로 현등사 사리구의 반환을 청구한 사건에서 법
     원은 사리구의 원소유자인 현등사와 현재의 현등사가 동일한 사찰임을 입증할 수
     없다고 판단한 적이 있다.

의 법률 사이에 적용될 법을 가리는 실질사법의 시제법에 관한 문제가 제기될 수 있으나,[165] 1526년경 전후에 통용되었던 실질사법의 존재를 확인할 수 없으므로 시제사법의 문제는 별다른 의미를 갖지 못하고, 2012년 일본에서 불상이 도난된 당시의 일본 민법을 적용하여야 한다. 그렇다면 2012년 관음사에서 도난사건이 발생한 당시에 불상의 소유권은 일본 민법상 누구에게 있었는지를 검토하여야 하며, 그것은 도난 당시 관음사가 불상을 점유하였던 상태에 대한 법적 평가에서 비롯된다. 이에 대해서는 민법상 다음과 같은 쟁점이 검토대상이 된다. 권리의 적법추정의 문제, 불상의 선의취득의 문제 및 취득시효의 문제가 그것이다. 이에 대해 차례대로 살펴본다.

나. 권리의 적법추정

1526년경 관음사가 사건의 불상을 '어떤 사유로' 취득한 이래로 현재 점유하고 있는 경우에 그로 말미암아 2012년 불상 도난 당시에 관음사가 소유자로 추정이 되는 것인지가 문제된다.

일본 민법 제188조는 "점유자가 점유물에 대하여 행사하는 권리는 적법하게 가지는 것으로 추정한다"고 규정하고 있다. 이는 우리 민법 제200조의 내용과 동일하다. 따라서 이에 관한 해석론도 우리 민법과 일본 민법 사이에 차이가 없다. 동 조문에 의해 점유자가 주장하는 점유의 정권원(正權原)이 추정되고, 특히 일본 민법 제186조 제1항[166]에 의하여 점유자는 특별한 사정이 없는 한 소유의 의사로 점유하는 것으로 추정되므로 점유자는 원칙적으로 소유자로 추정되는 결과가 발생한

---

165 석광현, "대마도에서 훔쳐 온 고려 불상의 서산 부석사 반환을 명한 제1심판결의 평석: 국제문화재법의 제문제", 18면.

166 일본 민법 제186조 제1항: 점유자는 소유의 의사를 가지고 선의이며 평온하고 공연하게 점유한 것으로 추정한다. 이는 우리 민법 제197조 제1항과 같은 내용이다.

다.167 추정의 효과는 반증을 들어서 깨드려질 때까지는 정당한 것으로 다루어진다. 동 조항이 인정하는 추정력의 법적 성질은 법률의 규정에 의해 인정된 법률상 추정이며, '권리'를 적법하게 가지는 것으로 추정하므로, 이는 권리추정이다.168 법률상 추정에는 증명책임의 전환이 수반되고169 권리추정에 의해 점유자는 일응 정당한 권리를 가진 것으로 취급되기 때문에 점유자에게 권리가 없음을 주장하는 자가 그에 관한 증명책임을 부담한다.170 즉, 점유자의 권리를 부정하고자 하는 자는 상대방의 점유 사실을 반증으로 동요시켜 추정의 적용을 회피하든가 아니면 점유자의 점유할 권리가 없음을 본증으로 입증하여 추정을 복멸시켜야 한다.171

이러한 법리를 사안에 비추어보면, 2012년 도난 당시에 불상을 점유하고 있던 관음사는 일본 민법 제186조 제1항에 의해 '소유의 의사'를 가지고 점유한 것으로 추정되고 또한 일본 민법 제188조에 의해 관음사가 불상에 대하여 행사하는 권리(즉, 소유권)는 적법한 것으로 법률상 추정되므로, 관음사의 소유권을 부정하는 원고가 그에 관한 증명책임을 부담하게 된다. 원고가 제시한 자료를 보면 몇 가지 정황을 통해 과거에 불상이 부석사에서 약탈된 것으로 여길만한 개연성을 보여주기는 하지만, 그것으로 법률상 권리추정을 복멸시킬만한 법적 의미를 갖는 증거에는 이르렀다고 보기 어렵다.172 대법원도 바로 이 점을 지적하고 있다.

---

167 谷口知平 [外]編.,『新版 注釋民法(7)』, 有斐閣, 2007, 91면(田中整爾 집필); 我妻榮 (著)·有泉享(補訂),『新訂 物權法(民法講義 II)』, 岩波書店, 2008, 491면; 松井宏興, 『物權法』, 成文堂, 2016, 250면.

168 김증한, 김학동,『물권법』(제9판) 박영사, 1998, 212면.

169 박재완,『민사소송법』(제2판) 박영사, 2018, 353면.

170 김증한, 김학동,『물권법』, 214면.

171 김용담(편집대표),『주석 민법』(물권 1) 제4판, 한국사법행정학회, 2011, 346면(김형석 집필).

172 同旨 석광현, "대마도에서 훔쳐 온 고려 불상의 서산 부석사 반환을 명한 제1심판결의 평석: 국제문화재법의 제문제", 20면.

다. 선의취득 및 취득시효

(1) 선의취득

판결에서 언급하고 있는 여러 기록을 보면 관음사는 불상을 부석사로부터 직접 취득한 것으로는 보이지 않는다. 그렇다면 관음사가 불상을 약탈한 왜구를 통해서 혹은 왜구로부터 이를 양수한 제3자를 통해서 이를 다시 양도받았다고 가정한다면, 관음사로서는 선의취득 또는 취득시효에 의해 불상의 소유권을 인정받을 수 있는 것인지가 문제된다.

일본 민법 제192조는 즉시취득(卽時取得)이라는 제목에서 거래행위에 의해 평온하고 공연하게 동산의 점유를 시작한 자는 선의이며, 과실이 없는 때에는 즉시 그 동산에 대해 행사할 권리를 취득한다고 규정한다. 만약 그러한 물건이 도품 또는 유실물인 때에는 피해자 또는 유실자는 도난 또는 유실된 때로부터 2년간 점유자에 대하여 그 회복을 청구할 수 있다(제193조). 이는 우리 민법에서 선의취득에 관한 민법 제249조 및 도품 및 유실물에 대한 특례인 제250조와 약간의 표현상 차이 외에는 동일한 내용이다. 선의취득의 요건에서 평온, 공연, 선의는 일본 민법 제186조 제1항에 의해 추정된다. 무과실도 추정되는가에 대해서는 다툼이 있으나,[173] 일본 판례는 선의취득을 주장하는 점유자가 자신에게 과실이 없었음을 입증하여야 한다는 입장을 취하고 있다.[174] 그런데 선의취득이 성립하려면 양수인이 양도인으로부터 '거래행위'를 통해 물건을 인도받아 점유하였어야 한다. 사안에서 관음사가 불상을 어떠한 과정에서 통해서 취득하였는지, 특히 증여 등 '거래행위'를 통해 취득하였는지는 알 수 없다. 따라서 불상의 취득경위가 밝혀지지 않는

---

[173] 국내에서는 권리의 적법추정에 관한 민법 제200조에 의하여 점유자의 무과실도 추정된다는 견해와 제200조는 무과실의 추정과는 무관하기에 점유자의 무과실은 추정되지 않는다는 견해로 나뉜다. 판례는 후자의 입장을 취하고 있다(대법원 1962. 3. 22. 선고 4294민상1174·1175 판결).

[174] 最判昭41·6·9 民集 第20卷 5号 1011頁.

한 부석사뿐만 아니라 관음사 측에서도 선의취득의 성립여부를 가지고 다투기는 매우 어렵다고 본다.

(2) 취득시효

그렇다면 관음사가 불상을 취득한 경위에 대해서는 불분명하므로 선의취득보다는 2012년 도난 당시 관음사의 점유상태에 터 잡아 취득시효가 성립하는지가 더 중요한 쟁점이 될 수 있다. 일본 민법 제162조는 20년 간 소유의 의사를 가지고 평온, 공연하게 타인의 물건을 점유한 자는 그 소유권을 취득한다고 하고(제1항), 10년 간 소유의 의사를 가지고 평온, 공연하게 타인의 물건을 점유 한자는 그 점유를 개시한 때에 선의이며 과실이 없는 경우에 그 소유권을 취득한다고 정하고 있다(제2항). 일본 민법이 취득시효에 있어서 부동산과 동산을 구별하지 않고 규정한 것을 제외하면 동산소유권의 취득시효에 관한 우리 민법 제246조와 유사하다.175 취득시효에서 요구되는 소유의 의사, 평온·공연한 점유는 일본 민법 제186조 제1항에 의해서 점유자에게 추정되므로, 이러한 사실상 추정을 다투는 자가 반증으로 이를 부인하여야 한다. 관음사가 어떤 연유로 사건의 불상을 취득하였을 당시에 '악의의 무단점유'가 아니었던 이상 법률에 의해 소유의 의사를 가진 자주점유로 추정되므로, 비록 불상의 취득 당시에 관음사에게 소유권이 없음을 알고 있었더라도 평온·공연하게 20년간 점유를 하였다면 관음사에게 불상의 소유권이 인정된다. 관음사의 소유권을 부인하려면 그 소유권을 부인하는 자가 관음사의 점유가 타주점유라는 점 또는 20년 간의 점유가 평온·공연하지 않은 점유였음을 증명하여야 한다. 만약 관음사가 불상을 점유하기 시작한 때부터 선의이며 과실이 없는 점유였다면 취득시효

---

175 다만 우리 민법은 점유자가 악의인 때에는 시효기간은 10년이고 선의·무과실인 때에는 5년으로 시효기간에 있어서 차이가 있다.

기간은 10년으로 단축된다. 취득시효기간의 기산이 문제될 수 있으나, 취득시효제도를 규정한 일본민법이 제정된 시점을 기산점으로 잡더라도 불상이 도난당한 2012년 현재 위 기간은 이미 완료되었다.

사안에서 관음사는 취득시효 요건을 충족하였다고 할 수 있고, 이를 번복할 만한 증거가 제시되었다고 보기는 어렵다.[176] 이에 따라 관음사에 대한 취득시효의 요건이 완성되면 그 반사적 효과로써 불상에 관하여 원시취득한 원고의 소유권은 상실한다.

Ⅳ 맺으며

1 판결의 정리

심에서의 사안은 하나의 물건(고려 불상)을 두고 이해관계가 서로 대립하는 당사자 사이에서 누구에게 소유권이 귀속되어야 하는지를 다투는 것이 아니라, 불상의 소유권을 주장하는 측(서산 부석사)과 불상을 피해자(일본 관음사)에 반환해야 하는 의무를 부담하는 측(대한민국 정부) 사이의 다툼이라는 점에서 특이한 면이 있다. 피고 대한민국이 부담하는 반환의무는 1970년 UNESCO협약에 따른 것이므로, 이때까지는 원고의 소유권에 대한 사법상 쟁점과 과 국제협약에 따른 피고의 반환의무에 대한 공법상 쟁점이 혼재되어 있다. 그렇지만 2심에서부터는 불상의 소유권을 주장하는 일본 관음사가 피고 보조참가인으로 참가함으로써 사안의 쟁점은 불상의 소유권에 관한 사법상 문제로 집중되었다. 다툼의 대상이 된 문제의 불상은 처음부터 줄곧 우리나라에 소재하였던 것이 아니라, 고려시대 제조되어 서주 부석사에 보존되어 있었지만 확인되

---

176 同旨, 석광현, "대마도에서 훔쳐 온 고려 불상의 서산 부석사 반환을 명한 제1심판결의 평석: 국제문화재법의 제문제", 27-28면.

지 않은 사유에 의해 오랜 기간 동안 외국(일본)에 소재하고 있다가 도난에 의해 국내로 반입된 것이라는 점에서 불상의 소유권을 둘러싸고 실질법상 문제뿐만 아니라 국제법적 문제와 국제사법적 문제가 얽혀 있다. 따라서 사안에서 불상의 소유권을 판단함에 있어서 국제협약상의 문제, 국제사법적 문제 및 국내 실질법상 문제들에 대해 정교한 심사가 요구된다.

첫째, 국제협약, 즉 한국과 일본이 모두 가입한 1970년 UNESCO협약상의 문제에 있어서는 문제의 고려 불상이 동 협약의 보호대상인 이른바 "특별히 지정된"(specially designated) 문화재인지를 검토하여야 한다. 일본이 동 협약의 이행을 위해 제정한 법률에 의하면 도난당한 2점의 불상 중 국가지정문화재로 지정된 동조여래입상은 이에 해당하지만, 문제된 관세음보살좌상은 나가사키현의 지정문화재에 등록된 것에 그치므로 협약이 의미하는 '특별한 지정'의 대상에서 제외된다고 볼 수도 있다. UNESCO협약의 보호대상을 좁게 해석해야 할 합리적인 이유가 없을 뿐만 아니라, 우리나라에서는 아직까지 협약이 요구하는 '특별한 지정'이 이루어지지 않은 상황에서 협약에 대한 상호주의 원칙을 고려한다면 관세음보살좌상에 대해서도 협약의 보호대상으로 인정하는 것이 타당하다. 그렇다면 일본에서 불법하게 국내로 반입된 문화재에 대해서 우리 정부로서는 UNESCO협약상 '문화재의 회수 및 반환에 관한 적절한 조치'를 취할 의무가 있게 되고(제7조 b항 ii호) 또한 이를 이행하기 위한 구 문화재보호법의 관련규정상 반입된 문화재를 일본 정부 또는 피해자에게 반환할 의무가 있다(제20조 제4항 및 제5항).[177] 사안에서처럼 불상의 '소유권'을 다투는 사건에서 UNESCO협약 및 문화재보호법상 정부에게 부여된 불법반입 문화재의 반환의무가 곧바로 원고의 소유권을 배척하는 근거로 바로 이어지는 것은 아니다. 그렇지만 우리 정부가 형

---

[177] 현 「국가유산기본법」 제30조 제4항 및 제5항에 해당됨.

사소송법상 절도사건의 피해물건 환부절차에 따라 불상을 일본 측에 반환(점유이전)하려 했던 것에 대해 가처분신청이 있었고 이어서 유체동산인도를 내용으로 하는 소가 제기되었던 이상, 우리 정부에 관음사를 포함한 일본 측으로 불상을 반환할 의무가 있는지에 대해 검토할 필요성이 있었던 것이다.

둘째, 국제사법상의 문제이다. 처음 사안이 단순한 절도사건에 머물렀을 당시에는 국제사법상 문제와는 직접적인 관련이 없었으나, 국내에서 불상에 대해 소유권을 주장하는 소가 제기됨으로써 사안은 "외국적 요소가 있는" 사법상 법률관계로 성격이 전환되어 국제사법상 준거법의 결정이 중요한 문제로 부각된다. 이에 대해서는 "1330년 서산에서 제작된 후 1526년경 이전에 일본으로 이동되었다고 추정"되는 시점과 2012년 일본에서 도난당한 시점의 격차에 따라 적용될 시제법 문제가 있을 수 있으나, 불상이 일본으로 이동되었다고 추정되는 14세기 내지 16세기 당시에는 한반도와 일본지역에 통용되던 국제사법은 존재하지 않은 것으로 보여서 사안에서 시제법은 별다른 의미를 가지지 못한다. 장소적 저촉문제와 관련하여서는 우리 국제사법 제33조가 물권의 준거법으로 목적물 소재지법주의(lex rei sitae)를 채택하고 있어서 도난당시 불상의 소재지였던 일본법이 준거법이 된다. 필자는 이에 대해 문화재의 특수성을 감안하여 문화재에 대해서는 기원국법주의(lex originis)를 채택하여야 한다고 주장하지만, 기원국법주의에 의하더라도 사안의 경우 준거법은 일본법이 된다는 점에서 소재지법주의와 차이가 없다.

셋째, 실질법상 문제이다. 국제사법에 따라 준거법이 일본법으로 지정되면 일본 민법에 따라 불상에 관한 권리를 검토하여야 한다. 여기에도 이론적으로는 시제법의 문제가 있을 수 있으나 국제사법의 경우에서와 마찬가지 이유로 2012년 도난 당시의 일본 민법을 적용하여야 한다. 여기에는 권리의 적법추정의 문제, 불상의 선의취득의 문제 및 취득시효의 문제가 검토대상이다. 점유자에 대한 권리의 적법추정에 관한 규정은 법률상 추정이자 권리추정이므로 역사적 개연성에 의해서 권리의 추정을 복멸시키기에는 한계가 있다. 일본 관음사가 선의취득 또는 취득시효에 의해 불상의 소유권을 가지는지에 관해서 선의취득의 전제가 되는 '거래행위'를 통한 물건의 인도여부가 불명확하기 때문에 선의취득의 성립여부는 판정하기 어렵다. 그렇지만 관음사가 불상을 입수한 당시에 '악의의 무단점유'를 한 것이 아닌 한, 불상에 대한 취득시효가 완성하여 관음사가 소유권을 취득하였다고 보아야 한다.

② 법리적용의 과제

필자는 이 사건을 '우리 문화재'라는 선입견을 떠나서 최대한 객관적이고 학리적으로 분석하고자 하였다. 그렇지만 상기의 결론이 문화재에 대한 필자의 평소 주장과 완전히 맞아 떨어지지 않는 부분도 있다. 필자는 문화재에 대해서는 다른 재화와 달리 불융통물(res extra commercium)로서의 성질을 감안하여 선의취득이나 취득시효의 성립을 해석상 제한할 필요가 있다거나,[178] 전시(戰時) 또는 식민통치시기에 반출된 문화재 및 유통을 상상하기 어려운 문화재(예, 종교문화재나 왕실문화재)에 대해서는 증명책임을 전환하여 현재의 소지자가 적법하게 취득하였음을 증명하도록 하자고 주장한 바 있다.[179] 이러한 주장의 기저에는 문화재의 불법거래를 막기 위함에 있다. 문화재분쟁에 관련된 국가들이 모두 1995년 UNIDROIT협약에 가입하여 동 협약이 각국의 실질사법의 역할을 하기까지는 사법부가 문화재의 특수성을 감안한 판단을

---

[178] 송호영 "해외로 불법 반출된 문화재의 민사법상 반환청구법리에 관한 연구", 257면.
[179] Ho-Young Song, International Legal Instruments and New Judicial Principles for Restitution of Illegally Exported Cultural Properties, Penn State Journal of Law & International Affairs, Vol. 4 Issue 2, p. 744-746.

하여 이를 보완할 필요가 있다는 것이 필자의 생각이다. 국제사법상 준거법의 결정에 있어서도 기원국법주의(lex originis)를 주장하는 것도 같은 맥락이다. 더욱이 1995년 UNIDROIT협약에 가입하더라도 협약의 소급효가 없는 이상 과거에 불법 반출된 문화재가 실효적으로 반환될 수 있도록 하기 위해서는 이와 같은 '예외적인' 법리 구성이 필요하다고 생각한다. 그렇지만 이러한 법리를 모든 문화재에 대해 일률적으로 적용하는 것은 전체 법질서를 해칠 위험이 있다. 이러한 법리는 예외적이고 제한적으로 적용되어야지 문화재라는 이유로 일반화해서는 안 된다고 생각한다. 예외 없는 원칙이 없지만, 예외는 원칙을 증명하는 선에서 존재의 의미를 갖는 것이지 예외가 원칙을 압도해서는 안 된다. 사안처럼 근대법질서가 형성되기 훨씬 이전에 발생한 사건에 대해, 더구나 오랜 세월 동안 그 지역의 신앙의 대상으로 여겨져 왔던 문화재에 대해서까지 '예외적인' 법리를 적용하는 것은 지나치다는 생각이다. 만약 이러한 예외적인 법리를 본 사안에도 적용하는 것이 타당한지에 대해 다툴 필요가 있더라도 그것은 일단 도난된 불상을 현재의 피해자인 관음사에 돌려주고 난 다음에 그 불상에 대해 정식으로 소유권을 다투는 소송에서 이를 다루어야 한다. 그 과정에서 문화재에 대한 특수한 성격에 따른 예외적인 법리를 적용할 것인지가 검토되어야 할 것이다. 대법원 판결의 결과가 국민감정상으로는 아쉬울 수 있으나, 법리적으로는 올바른 판단이다. 다만 이러한 법리를 도난 또는 불법 반출된 문화재에 대하여 기계적으로 적용하는 것은 피해야 한다. 왜냐하면 예컨대 도난 문화재라도 어떤 연유로 이를 점유한 자가 취득시효 기간을 넘겨 점유하고 있다면 취득시효의 완성을 이유로 원소유자로서는 더 이상 반환을 청구할 수 없다는 결론으로 이어지기 때문이다. 이러한 이유에서 민법의 일반 법리를 원칙으로 하면서도 문화재의 불융통적 성질을 고려한 특수한 법리를 법원에서 어느 정도 수용할 필요가 있다고 본다.

불법반출 문화재의 환수를 위한
국제규범과 국내규범

"해인사는 단지 놈들이 지리산 근거지로 통하는 통로에 불과합니다. 무엇보다도 그 사찰에는 공비와 바꿀 수 없는 팔만대장경이 있습니다. 이것은 세계적인 국보이며, 우리 민족의 정신적인 지주인 문화재입니다."*

- 김영환 -

* 김영환 대령은 6·25 전쟁 중이던 1951년 8월, 공군 제10전투비행전대장으로서 지리산 공비토벌 항공작전을 수행할 당시 상부로부터 해인사를 폭격하라는 지시를 받았지만, 그는 끝내 폭격을 하지 않아 팔만대장경과 해인사의 숱한 국보급 문화재를 지킬 수 있었다.

제1절

총설 : 국제규범과 국내규범

I 국제규범

1 다자협약과 양자협약

불법 반출된 문화재의 환수를 위한 규범에는 국가 간에 통용되는 국제규범과 해당국가 내에서 효력이 미치는 국내규범으로 구분할 수 있다. 대표적인 국제규범은 협약인데, 협약에는 이해관계를 가진 모든 나라에 적용될 수 있는 다자협약과 해당당사국 사이에서만 체결되어 효력을 가지는 양자간 협약이 있다. 문화재의 환수와 관련한 대표적인 다자협약은 1954년 헤이그협약, 1970년 UNESCO협약, 1995년 UNIDROIT협약이라고 할 수 있다. 3대 협약이 형성되기까지 인류는 수많은 문화재의 파괴와 약탈 그리고 문화재의 불법반출과 불법유통을 경험하면서 이를 타개하기 위한 국제규범으로 3대 협약을 안출하였다. 3대 협약이 형성되기까지의 배경과 협약의 발전과정에 대해서는 본장 제2절에서 알아본다. 또한 3대 협약의 구체적 내용에 관해서는 제3절에서 살펴본다.

다자협약은 모든 이해당사국의 공통적 관심사를 담아내어야 하기 때문에 내용적으로 구체적인 사항을 담기 힘들다. 그에 반해 양자협약은 해당 양 당사국 간의 구체적인 이해관계를 담아낼 수 있기 때문에 결과의 도달에 있어서 보다 효과적이다. 따라서 A국과 B국 사이에 특정한 문화재의 반환이 문제된 경우에는 양 당사국 사이에 해당 문화재의 반환에 관한 협정을 맺음으로써 문제를 해결하는 경우가 많이 있다. 예컨대 프랑스 국립도서관(BnF)에 소재하는 외규장각 의궤의 반환을 위해서 2011년 한국과 프랑스 사이에 외규장각 반환협정을 통해 의궤를 반환받은 사례가 대표적이다. 또한 같은 해 일본 궁내청에 소재하는 외규장각 도서의 반환을 위해 한국과 일본 사이에 도서반환협정1을 통해 외규장각 도서를 반환받은 것도 이와 같다.

한편 양자협약은 특정한 문화재의 반환을 목적으로 해서뿐만 아니라, 양 당사국 사이에 발생한(또는 발생할 수 있는) 문화재반환과 관련한 전반적인 문제들을 포괄적으로 다룰 수도 있다. 이에 해당하는 사례로는 1970년 체결된 벨기에-자이레 문화협정(Belgo-Zairian Cultural Agreement)을 들 수 있다. 이 협정을 통해 벨기에는 콩고국에 대해 식민지기간 동안 취득한 인종학적·예술적 소장품을 모두 양도하기로 하였다. 또한 1970년 체결된 미국-멕시코 문화재반환협정도 대표적인 양자간 협정에 해당한다. 동 협정에서는 멕시코 정부가 도난당한 문화재의 반환을 요청하면 미국 정부가 이를 회수하여 반환해 주는 것을 내용으로 하고 있다. 미국 정부는 또한 1997년 캐나다 정부와 1970년 UNESCO협약에 좇아 고고학적·민족학적 자료가 되는 물건의 반출과 반입을 금지하는 협정을 체결하였다.2 양자협약은 인접국가 사이에 문화재의 불법거

---

1 정식명칭은 「도서에 관한 대한민국 정부와 일본국 정부 간의 협정」(조약 제2048호). 양국 정부는 2010. 11. 4. 동 협정에 서명하였고 2011. 6. 10.에 발효되었다.
2 미국이 체결한 일련의 양자협약에 관한 상세한 내용에 관해서는 Jihon Kim, International Cooperation to Prevent Trafficking and Facilitate Restitution of Cultural Property: Evolving Normative Frameworks, Graduate School of International Studies Seoul National University, 2013, p. 34 이하 참고.

래를 방지하는 데 효과적인데, 그 예로 2006년 이탈리아와 스위스 사이에 체결된 문화재의 불법수출입 방지에 관한 협정을 들 수 있다.[3]

오늘날 다자간 협약이 문화재반환에 있어서 그다지 효과적인 결과를 주지 않는다는 인식이 넓어지면서 양자협약이 많이 확산되고 있다. 특히 중국, 이탈리아 등 많은 문화재가 유출된 적이 있는 국가에서 개별국가와 접촉하여 양자 간 문화재반환협정의 체결에 적극적이다. 최근 중국은 우리나라에 양국 간의 문화재반환협정의 체결을 제안한 바 있다. 양자협약은 그 효과가 직접적이기 때문에 이에 관한 체결여부는 신중한 고려를 필요로 한다.

② 한·일 문화재 및 문화협력에 관한 협정

우리나라가 맺은 문화재반환에 관한 양자간 협정의 대표적인 예가 1965년 「대한민국과 일본국간의 문화재 및 문화협력에 관한 협정」[4]이다. 한국과 일본은 1951년부터 1965년까지 제7차에 거친 한일회담을 통해 국교수립과 기본관계의 설정을 규정한 「한일기본관계조약」을 체결하게 되었는데, 이 기본관계조약에 근거하여 「한·일문화재협정」도 체결되었다. 협정은 전문, 본문 4개조 및 부속서로 구성되어 있다.

---

3   Jihon Kim, *Id.* p. 35.
4   이하 「한일문화재협정」이라고 약칭함.

대한민국과 일본국간의 문화재 및 문화협력에 관한 협정

대한민국과 일본국은, 양국 문화의 역사적인 관계에 비추어, 양구의 학술 및 문화의 발전과 연구에 기여할 것을 희망하여, 다음과 같이 합의하였다.

제1조 대한민국 정부와 일본국 정부는 양국 국민 간의 문화 관계를 증진시키기 위하여 가능한 한 협력한다.

제2조 일본국 정부는 부속서에 열거한 문화재를 양국 정부 간에 합의되는 절차에 따라 본 협정효력 발생 후 6개월 이내에 대한민국 정부에 인도한다.

제3조 대한민국 정부와 일본국 정부는 각각 자국의 미술관, 박물관, 도서관 및 기타 학술문화에 관한 시설이 보유하는 문화재에 대하여 타방국의 국민에게 연구의 기회를 부여하기 위하여 가능한 한의 편의를 제공한다.

제4조 본 협정은 비준되어야 한다. 비준서는 가능한 한 조속히 서울에서 교환한다. 본 협정은 비준서가 교환된 날로부터 효력을 발생한다. 이상의 증거로서 하기 대표는 각자의 정부로부터 정당한 위임을 받아 본 협정에 서명하였다.

1965년 6월 22일 토오쿄오에서 동등히 정본인 한국어 및 일본어로 본서 2통을 작성하였다.

* 부속서는 생략

또한 동 협정에 대해서는 협정을 보완하는 「합의의사록」이 추가되었다.

한국측 대표는, 일본 국민의 사유로서 한국에 연유하는 문화재가 한국측에 기증되도록 희망한다는 뜻을 말하였다.

일본측 대표는 일본 국민이 소유하는 이러한 문화재를 자발적으로 한국측에 기증함은 한일 양국간의 문화협력의 증진에 기여하게도 될 것이므로, 정부로서는 이를 권장할 것이라고 말하였다.

1965년 6월 22일
토오쿄오에서

동 협정에서 문화재환수와 관련하여 가장 중요한 조항은 제2조이다. "일본국 정부는 부속서에 열거한 문화재를 양국 정부간에 합의되는 절차에 따라 본 협정효력 발생 후 6개월 이내에 대한민국 정부에 인도한다."는 내용이다. 여기에 간략하지만 문화재의 인도주체, 인도대상, 인도절차, 인도시기에 대한 내용을 담고 있다. 우선 인도주체는 일본 정부이고 인수주체는 대한민국 정부다. 인도대상은 부속서에 열거한 문화재이다.[5] 부속서에는 인도의 대상이 되는 총 1,326점에 달하는 문화재 품목이 ① 도자기, 고고자료 및 석조미술품, ② 도서, ③ 체신관계 품목으로 구분되어 규정되어 있다. 인도절차는 한·일 양국간에 합의되는 절차에 따른다. 인도시기는 본 협정 효력 발생 후 6개월 이내로 되어 있다.

그런데 우리 정부와 일본 정부 사이에 동 협정의 체결에 이르기까지 실무상 많은 노력에도 불구하고 결과적으로는 다음과 같은 문제점들이 있다. 첫째 일본 정부가 식민기간 동안 반출한 문화재는 불법적

---

5 김형만,『문화재반환과 국제법』, 삼우사, 2001, 348면은 부속서에 열거되지 아니하고 양국간에 합의되지 아니한 일본정부 차우언의 소장 한국문화재는 본 협정 제2조의 규정으로 그 반환이 종결되었거나 포기되었다고 볼 수는 없다고 주장한다.

인 것으로써, 이를 되돌려주는 것은 '환수' 내지 '반환' 또는 '회수'이어야 함에도 불구하고 이를 '인도'(引き渡)라고 표현함으로써, 반출문화재의 불법성을 담아내지 못하고 있다는 점이다.[6] 둘째, 반환대상인 문화재에 관해서인데, 협정에서 반환대상문화재는 부속서에 열거된 1,326점의 문화재로 한정되어 있다는 점이다. 또한 비록 일제강점기에 반출된 것이더라도 개인이 소유하는 문화재에 대해서는 구속력이 없는 한계가 있다. 즉, 협정에 대한 합의의사록에 의하면 한국 측에서는 일본 국민이 사유(私有)로서 한국에 연유하는 문화재가 한국 측에 기증되도록 희망한 데 대해,[7] 일본 측에서는 그러한 문화재를 한국 측에 기증함을 '권장'할 것이라고 표현되어 있다. 이에 따라 우리 정부가 염두에 두었던 데라우치의 전적·서화·불상과 오구라 컬렉션 등은 사유문화재에 해당된다는 이유로 반환의 대상에서 벗어나게 되었다.[8]

Ⅱ 국내규범

1 국가유산기본법 및 문화유산법

가. 개설

종래 문화재의 보호에 관한 국내의 기본적인 규범은 「문화재보호법」이었다. 문화재보호법은 1962. 1. 10. 법률 제961호로 제정·시행된

---

6 같은 취지, 김형만, 위의 책, 348면.

7 당초 우리 정부는 합의의사록에 "일본국 정부는, 일본국 국민의 사유하에 있는 한국 문화재가 대한민국 측에 기증되도록 적극적인 지도를 행하며, 특히 다음의 문화재가 우선적으로 포함되도록 한다."는 안을 제시하였으나, 일본 정부의 반대로 현재와 같은 문언으로 타협되었다.

8 「한일문화재협정」의 협상과정과 협정결과에 대한 평가에 관해서는 류미나, 『한일회담과 문화재반환 협상』, 경인문화사, 2022, 39면 이하 참고. 류미나 교수는 같은 책, 106면에서 한일문화재협정에 관하여 아쉬운 점이 많지만, 협정에 의해 '일본에서 한국으로 문화재가 돌아왔다'는 전례를 남겼다는 점에서 중요하다고 평가하고 있다.

이후 수차례의 개정을 거쳐 이어져 오다가 2023년 「국가유산기본법」의 제정으로 '문화재'라는 명칭을 '유산'으로 변경하면서 통칭은 '국가유산'으로 하고, 이를 문화유산·자연유산·무형유산으로 분류하는 국가유산 체제가 도입됨에 따라, 종전의 「문화재보호법」은 「문화유산의 보존 및 활용에 관한 법률」⁹로 변경되고 천연기념물 등에 대해서는 「자연유산의 보존 및 활용에 관한 법률」¹⁰에서 규율하고 국가유산과 관련한 공통적·기본적인 규정은 「국가유산기본법」으로 이관되는 등 문화유산과 관련한 대대적인 개편이 이루어졌다.

우리나라가 1983년에 가입한 1970년 UNESCO협약의 국내법적 이행(implementation)은 구 문화재보호법 제20조(외국문화재의 보호)를 통해 이루어졌는데, 동 규정은 현 국가유산기본법 제30조(외국유산의 보호)에 이관되어 규율되고 있다. 동 규정은 UNESCO협약이 요구하는 의무사항과 밀접한 관련이 있다. 그 외 구 문화재보호법상 문화재보호를 위한 각종 규정은 현 문화유산법으로 이관되었는 바, 문화유산법은 국내문화유산의 보호에 관한 규정, 국외소재문화유산의 보호에 관한 규정 및 문화유산의 불법거래에 관한 처벌규정 등 문화유산보호에 관한 전반적인 규정들을 두고 있다. 아래에서 국가유산기본법과 문화유산법상 주요 내용을 간략히 살펴본다.

나. 국내문화유산의 보호

(1) 수출 및 해외반출의 제한

국가지정문화유산 가운데 이동이 가능한 국보, 보물 또는 국가민속문화유산은 원칙적으로 국외로 수출하거나 반출할 수 없다(문화유산법 제39조 제1항 전단). 또한 자연유산 중에서 천연기념물도 국외로 수출하거

---

9   이하 '문화유산법'으로 약칭함.
10   이하 '자연유산법'으로 약칭함

나 반출할 수 없음이 원칙이다(자연유산법 제20조 제1항 전단). 다만 예외적으로 반출이 허용되는데 문화유산의 국외 전시, 조사·연구 등 국제적 문화교류를 목적으로 반출하되, 그 반출한 날부터 2년 이내에 다시 반입할 것을 조건으로 국가유산청장의 허가를 받아야 한다(문화유산법 제39조 제1항 후단). 마찬가지로 천연기념물에 있어서도 문화교류의 목적으로 천연기념물을 국외에서 전시하는 경우 또는 학술연구의 목적으로 천연기념물을 반출하는 경우 그 반출한 날로부터 2년 이내에 다시 반입할 것을 조건으로 국가유산청장의 허가를 받은 경우에는 천연기념물을 반출할 수 있다(자연유산법 제20조 제2항). 문화유산의 국외 반출을 허가받으려는 자는 반출 예정일 5개월 전에 관세청장이 운영·관리하는 전산시스템을 통하여 문화체육관광부령으로 정하는 반출허가신청서를 국가유산청장에게 제출하여야 한다(문화유산법 제39조 제2항). 국가유산청장은 반출을 허가받은 자가 그 반출 기간의 연장을 신청하면 당초 반출목적 달성이나 문화유산의 안전 등을 위하여 필요하다고 인정되는 경우 문화체육관광부령으로 정한 연장허가 심사기준에 부합하는 경우에 한정하여 2년의 범위에서 그 반출 기간의 연장을 허가할 수 있다(문화유산법 제39조 제3항). 천연기념물에 있어서도 천연기념물의 반출 허가를 받은 자가 그 반출 기간을 연장하려는 경우에는 허가기간 만료일 5개월 전까지 문화체육관광부령으로 정하는 바에 따라 국가유산청장에게 기간 연장을 신청하여야 하며(자연유산법 제20조 제3항), 이때 국가유산청장은 반출목적 달성이나 천연기념물의 안전 등 문화체육관광부령으로 정하는 바에 따라 필요하다고 인정하는 경우 2년의 범위에서 그 반출 기간의 연장을 허가할 수 있다(동법 제20조 제4항). 이와 같은 수출 및 국외반출의 제한에 관한 규율은 시·도지정문화유산 및 문화유산자료에도 그대로 준용된다(문화유산법 제74조 제1항). 또한 문화유산법에 따른 지정 또는 「근현대문화유산의 보존 및 활용에 관한 법률」에 따라 등록되지 아니한 문화유산 중

동산에 속하는 문화유산[11]에 관해서도 상기 수출 또는 국외 반출 제한에 관한 규정이 준용된다(문화유산법 제60조 제1항). 다만, 일반동산문화유산의 국외전시, 조사·연구 등 국제적 문화교류를 목적으로 일정한 사항에 대해서는 국가유산청장의 허가를 받아 국외로 반출을 할 수 있다(문화유산법 제60조제1항 단서).[12] 또한 일반동산문화유산으로 오인될 우려가 있는 동산을 국외로 수출하거나 반출하려면 미리 국가유산청장의 확인을 받아야 한다(문화유산법 제60조 제5항).

(2) 국유문화유산의 처분의 제한

국유문화유산은 문화유산법에서 특별한 규정을 두지 않는 한, 이를 양도하지 못하며 담보권 등의 사권(私權)을 설정할 수 없다. 다만, 그 관리·보호에 지장이 없다고 인정되면 공공용, 공용 또는 공익사업에 필요한 경우에 한정하여 일정한 조건을 붙여 그 사용을 허가할 수 있다(문화유산법 제66조).

(3) 선의취득의 배제

문화유산법은 일정한 범위의 문화유산에 대해서는 민법상 선의취득을 금지한다. 동법 제87조 제5항에 의하면, 어떤 문화재가 ① 국가유산청장이나 시·도지사가 지정한 문화유산, ② 도난물품 또는 유실물인 사실이 공고된 문화유산, ③ 그 출처를 알 수 있는 중요한 부분이나 기록을 인위적으로 훼손한 문화유산 중의 하나에 해당되면 민법 제249조

---

11 이를 '일반동산문화유산'이라 칭한다.
12 문화유산법이 예외적으로 일반동산문화유산의 반출을 허용하는 경우란 ① 「박물관 및 미술관 진흥법」에 따라 설립된 박물관 등이 외국의 박물관 등에 일반동산문화유산을 반출한 날부터 10년 이내에 다시 반입하는 경우 또는 ② 외국 정부가 인증하는 박물관이나 문화유산 관련 단체가 문화유산 보호시설을 갖춘 자국의 박물관, 공공연구 기관 등에서 전시, 조사·연구 목적으로 국내에서 일반동산문화유산을 구입 또는 기증받아 반출하는 경우를 말한다.

의 선의취득에 관한 규정을 적용하지 아니한다. 다만, 이 경우에 양수인이 경매나 문화유산매매업자 등으로부터 선의로 이를 매수한 경우에는 피해자 또는 유실자는 양수인이 지급한 대가를 변상하고 반환을 청구할 수 있다.

다. 국외소재문화유산의 보호

문화유산법은 국외소재문화유산에 대한 보호를 내용으로 하는 여러 규정을 두고 있다. 문화유산법은 "국외소재문화유산"을 외국에 소재하는 「국가유산기본법」 제3조 제2호에 따른 문화유산13으로서14 대한민국과 역사적·문화적으로 직접적 관련이 있는 것을 말한다. 문화유산법에 의하면 국가는 국외소재문화유산의 보호·환수 등을 위하여 노력하여야 하며, 이에 필요한 조직과 예산을 확보하여야 한다(제67조). 국가유산청장 또는 지방자치단체의 장은 국외소재문화유산의 현황, 보존·관리 실태, 반출 경위 등에 관하여 조사·연구를 실시할 수 있으며(제68조 제1항), 국외소재문화유산 보호 및 환수를 위하여 필요하면 관련 기관 또는 단체를 지원·육성할 수 있다(제69조 제1항). 국가유산청장은 국외소재문화유산 환수 및 활용 관련 중요 정책 등에 대하여 관계 전문가 또는 관계 기관의 의견을 들을 수 있으며(제69조의2), 국외소재문화유산의 현황 및 반출 경위 등에 대한 조사·연구, 국외소재문화유산 환수·활용과 관련한 각종 전략·정책 연구 등 국외소재문화유산과 관련한 각종 사업을 종합적·체계적으로 수행하기 위하여 국가유산청 산하에 국외소재문화유산재단을 설립한다(제69조의3).

---

13 국가유산기본법 제3조 제2호: "문화유산"이란 우리 역사와 전통의 산물로서 문화의 고유성, 겨레의 정체성 및 국민생활의 변화를 나타내는 유형의 문화적 유산을 말한다.

14 문화유산법 제39조제1항 단서 또는 제60조제1항 단서에 따라 국가유산청장의 허가를 받아 합법적으로 반출된 문화유산은 제외한다.

라. 외국문화재의 보호

국가유산기본법은 외국문화재가 국내에 반입된 경우에 발생하는 상황에 관해서 비교적 자세한 규정을 두고 있다. 동법 제30조는 표제로 "외국유산의 보호"라고 하여, "인류의 유산을 보존하고 국가 간의 우의를 증진하기 위하여 대한민국이 가입한 유산 보호에 관한 국제조약에 가입된 외국의 법령에 따라 지정·보호되는 유산"을 외국유산이라고 정의하고 있다. 그런데 개편된 국가유산법제에서는 문화재를 대체한 문화유산이라는 개념을 사용하면서도 종래 외국문화재에 대해서는 '외국국가유산'이 아닌 '외국유산'이라고 사용함으로써 용어상의 혼선을 초래하고 있다.15 국가유산기본법 제30조는 1970년 UNESCO협약의 이행과 관련한 조문이므로 동 협약에서 사용하는 '문화재'(cultural property)라는 용어를 사용하는 것이 규율 대상을 더 정확하게 포착하기에16 여기서도 '외국유산'을 '외국문화재'라고 칭하기로 한다.

국가유산기본법 제30조는 외국문화재(법문에는 '외국유산')는 조약과 국가유산기본법에서 정하는 바에 따라 보호되어야 함을 천명하고 있다(제1항). 이에 따라 국내로 반입하려 하거나 이미 반입된 외국문화재가 해당 반출국으로부터 불법 반출된 것으로 인정할 만한 상당한 이유가 있으면, 국가유산청장과 관계 중앙행정기관의 장은 그 외국문화재를 유치할 수 있다(제2항). 이때 외국문화재를 유치하게 되면, 국가유산청장과 관계 중앙행정기관의 장은 그 외국문화재를 박물관 등에 보관·관리하여야 한다(제3항). 만약 보관 중인 외국문화재가 그 반출국으로부터 적법하게 반출된 것임이 확인되면, 국가유산청장과 관계 중앙행정기관의 장은 유치하던 문화재를 지체 없이 그 소유자나 점유자에게 반환하여

---

15 이와 같은 비판으로는 석광현, "2024년 개편된 국가유산법제와 유네스코 체계의 정합성 -국가유산·세계유산·문화유산·자연유산·무형유산의 개념을 중심으로-, 「국제거래법연구」 제33권 제1호(2024.7), 204면 이하 참조.

16 동지 석광현, 상계논문 제210면.

야 한다(제4항 제1문). 그 외국문화재가 불법 반출된 것임이 확인되었으나 해당 반출국이 그 문화재를 회수하려는 의사가 없는 것이 분명한 경우에도 국가유산청장과 관계 중앙행정기관의 장은 유치하던 문화재를 그 소유자나 점유자에게 반환하여야 한다(제4항 제2문). 만약 외국문화재의 반출국으로부터 대한민국에 반입된 외국문화재가 자국에서 불법 반출된 것임을 증명하고 조약에 따른 정당한 절차에 따라 그 반환을 요청하는 경우 또는 조약에 따른 반환 의무를 이행하는 경우에는, 국가유산청장과 관계 중앙행정기관의 장은 관계 기관의 협조를 받아 조약에서 정하는 바에 따라 해당 문화재가 반출국에 반환될 수 있도록 필요한 조치를 하여야 한다(제5항).

마. 문화유산의 불법거래에 대한 처벌

문화유산법은 제90조에서 [무허가 수출 등의 죄]라는 표제로 문화유산의 불법거래에 대한 처벌규정을 두고 있다. 지정문화유산 또는 임시지정문화유산을 허가없이 국외로 수출 또는 반출하거나 반출한 문화유산을 허가 받은 기한 내에 다시 반입하지 아니한 자는 5년 이상의 유기징역에 처하고 그 문화유산은 몰수한다(제1항). 일반동산문화유산을 허가없이 국외로 수출 또는 반출하거나 반출한 문화재를 허가 받은 기한 내에 다시 반입하지 아니한 자는 3년 이상의 유기징역에 처하고 그 문화유산은 몰수한다(제2항). 지정문화유산 및 임시지정문화유산 또는 일반동산문화유산을 허가없이 국외로 수출 또는 반출하는 사실을 알고 해당 문화유산을 양도·양수 또는 중개한 자는 3년 이상의 유기징역에 처하고 그 문화유산은 몰수한다(제3항).

문화유산법 제90조에 따라 해당 문화유산을 몰수할 수 없을 때에는 해당 문화유산의 감정가격을 추징한다(동법 제90조의2).

② 민법

민법에는 '문화재'(현 국가유산법제에서는 '문화유산')의 반환이나 환수에 관한 직접적인 규정은 없다. 다만 일반적인 '물건'을 대상으로 한 권리·의무 관계를 규율하고 있다. 그렇지만 문화재의 반환 또는 환수와 관련하여 민법은 중요한 역할을 담당하고 있다. 그 이유는 문화재의 보호를 목적으로 하는 문화유산법(구 문화재보호법)은 주로 문화유산(문화재) 행정에 관한 규율을 중심으로 하고 있다. 다만 국유문화유산의 양도 및 사권설정의 금지(문화유산법 제66조) 또는 특정문화재에 대한 선의취득의 금지(문화유산법 제87조 제5항) 등 사법(private law)상 권리관계에 관한 규정을 일부 두고 있지만, 그 외 보호대상에서 제외되는 문화재나 기타의 환수제도에 관해서는 별도의 규정이 없기 때문에 일반사법에 해당하는 민법을 적용하게 되기 때문이다. 문화재의 반환문제와 관련하여 민법상 작용하는 제도는 다음과 같다.

첫째, 소유물반환청구권의 행사이다. 소유자는 그 소유에 속한 물건을 점유한 자에 대하여 반환을 청구할 수 있는데(민법 제213조 본문), 이를 소유물반환청구권(rei vindicatio)이라고 한다. 다만 점유자가 목적물을 점유할 정당한 권리가 있는 경우에는 점유자에게 소유물의 반환을 청구할 수 없다(동조 단서). 따라서 문화재의 원소유자는 타인이 점유하는 문화재의 반환을 청구할 수 있다. 다만 현재 문화재를 점유하는 자가 점유할 수 있는 정당한 권리가 있는 경우에는 그러하지 아니하다.

둘째, 선의취득제도이다. 선의취득이란 동산을 점유하고 있는 자를 정당한 권리자로 믿고 평온·공연·선의·무과실로 거래한 자는 비록 양도인이 정당한 권리자가 아니더라도 그 동산에 관한 권리(특히 소유권)를 취득하는 것을 말한다(민법 제249조). 다만 물건이 도품 또는 유실물인 경우에는 취득자가 선의취득의 요건을 갖추었더라도 피해자 또는 유실자는 도난 또는 유실한날로부터 2년 내에 점유자에 대하여 그 물건의 반환을 청구할 수 있다(민법 제250조). 이때 선의취득자가 도품·유실물을 경매나 공개시장에서 또는 동종류의 물건을 판매하는 상인으로부터 선의로 매수한 때에는 피해자 또는 유실자는 선의취득자가 실제로 구입한 대가를 변상하여야 그 물건의 반환을 청구할 수 있다(민법 제251조). 예컨대 문화재를 고미술상가게에서 정당하게 구입했지만, 그것이 도난문화재였을지라도 매수인은 정당하게 소유권을 취득하게 된다. 하지만 피해자는 도난당한 날로부터 2년 내에 매수인에게 물건의 반환을 청구할 수 있고, 그러한 경우에 매수인은 피해자에게 대가변상을 청구할 수 있다.

셋째, 취득시효제도이다. 동산을 10년간 소유의 의사로 평온·공연하게 점유한 자는 그 소유권을 취득한다(민법 제246조 제1항). 한편 점유를 개시한 때에 선의·무과실이었고 5년간 소유의 의사로 평온·공연하게 동산을 점유한 자는 그 소유권을 취득한다(동조 제2항). 동산소유권의 취득시효제도는 앞의 선의취득에 관한 요건이 충족되지 않는 경우에 적용된다. 예컨대 타인의 문화재를 습득한 자가 소유의 의사로 평온·공연하게 10년간 점유하게 되면 그 소유권을 취득하게 된다.

넷째, 소멸시효제도이다. '권리의 불행사'라는 사실상태가 일정기간 계속된 경우에 권리의 소멸을 인정하는 제대가 소멸시효이다. 민법은 권리의 종류에 따라 일정기간(보통의 경우 10년)의 경과로 권리를 소멸시키는데, 소유권은 소멸시효의 대상이 되지 않는다(민법 제162조 제2항). 따라서 문화재의 원소유자가 행사하는 도난당한 물건의 반환청구권은 시효로 소멸하지 않는다.

③ 국제사법 및 민사소송법

민법이 누가 소유자로서 정당한 권리를 가지는지, 그러한 소유자는 어떠한 권리를 행사할 수 있는지에 관한 사항을 정해 주는 역할을 한다면, 실제 다른 나라와 관련한 물건의 반환을 구하는 소송에서는 어느 국가의 법원이 관할권이 있는지, 법원은 어느 나라의 법률을 근거로 판결하여야 하는지, 그리고 외국법원에서 내린 판결을 우리 법원이 받아들여야 하는지가 문제된다. 이러한 문제들을 규율하는 법이 국제사법과 민사소송법이다.

재판관할에 대해 우리 국제사법이나 민사소송법은 '문화재'에 관한 소송의 특별재판적이나 국제재판관할에 관한 별도의 규정을 두고 있지 않다. 따라서 재판관할에 관한 일반론에 의거해서 정할 수밖에 없다. 우리 민사소송법상 문화재반환사건의 재판관할의 기준으로는 거소지, 의무이행지, 재산소재지 및 불법행위지 등이 관련지점으로 고려될 수 있다.

재판의 준거법[17]에 대해서도 우리 국제사법은 문화재반환소송에 적용될 준거법규정을 두고 있지 않아 일반론에 의거해서 판단해야 한다. 이에 대해 우리 국제사법 제33조는 동산 및 부동산에 관한 물권은 그 동산·부동산의 소재지법에 따르도록 하고, 이때 동산 및 부동산에 관한 물권의 취득·상실·변경은 그 원인된 행위 또는 사실의 완성 당시 그 동산·부동산의 소재지법에 따르도록 하여 물건의 소재지법을 준거법으로 지정하도록 규정하고 있다. 문화재에 대해서도 이러한 준거법 지정원칙이 타당한 지는 의문이다. 이에 대해 필자는 문화재에 대해서는 다른 일반 물건과 달리 기원국법(lex originis)을 준거법으로 채택해야 한다는 생각을 가지고 있는데 이에 대해서는 후술한다.[18]

---

17 준거법이란 법원이 어느 나라의 법률에 근거해서 판단할 것인가 하는 문제에서 재판의 근거로 삼는 법을 말한다. 예컨대 우리나라 문화재가 일본으로 불법 반출되었는데, 수년 후 미국관광객이 일본의 골동품가게에서 그 문화재를 구입하였는데, 우리나라의 원소유자가 미국관광객을 상대로 문화재의 반환을 구하는 소를 제기하였다고 가정한다면, 법원은 어느 나라 법률에 근거해서(즉 한국법, 일본법, 미국법) 판단할 것인지를 결정하여야 한다. 이를 준거법의 지정이라고 한다.

18 본장 제4절 [불법반출 문화재의 반환에 관한 국내법적 쟁점], Ⅱ. [문화재의 반환과 관련한 국제사법상 쟁점], 2. [준거법의 지정에 관한 문제] 및 본장 제5절 [보론: 국제사법상 문화재의 기원국법주의(lex originis)]에서 상론한다.

마지막으로 외국법원에서 내린 판결을 우리 법원이 수용할 것인가 하는 문제에 대해 민사소송법은 ① 대한민국의 법령 또는 조약에 따른 국제재판관할의 원칙상 그 외국법원의 국제재판관할권이 인정될 것, ② 패소한 피고가 소장 또는 이에 준하는 서면 및 기일통지서나 명령을 적법한 방식에 따라 방어에 필요한 시간여유를 두고 송달받았거나 송달받지 아니하였더라도 소송에 응하였을 것, ③ 그 판결의 효력을 인정하는 것이 대한민국의 선량한 풍속이나 그 밖의 사회질서에 어긋나지 아니할 것, ④ 상호보증이 있을 것 등의 요건을 모두 갖추었다면 외국법원의 확정판결도 우리 법원에서 수용하도록 규정하고 있다(민사소송법 제217조).

국제규범의 형성과정

I 국제규범 형성의 역사적 과정

인류의 역사는 한편으로는 문명발전의 역사이면서도 그 이면은 전쟁의 역사이기도 하다. 고대로부터 전쟁의 결과는 수많은 인명의 살상뿐만 아니라 대규모의 문화재 약탈이 수반되었다. 고대사회에서는 전쟁에서 약탈한 문화재는 승자에게 주어지는 전리품으로써 그 취득을 당연한 것으로 여겨졌었다.[19] 그렇지만 고대 알렉산더(Alexander) 대왕시대에도 문화재를 원산지(land of origin)에서 보존하도록 해야 한다는 원칙이 존재하였다. 그러나 그러한 원칙은 북아프리카의 이집트와 지중해 세력 간의 무력충돌 시기에 와해되었다.[20] 마케도니아인들은 이집트를 침략하여 문화재 약탈을 주도하였고, 이후 그리스인들도 알렉산드리아를 침략하여 이집트 왕립도서관에 불을 지르고 그곳에 소장된 각종 문서들을 약탈하였다. 로마시대에도 정복국가에 의한 문화재 약

---

19 백충현, "해외유출·불법반출문화재 반환의 국제법적 규제", 『서울대학교 법학』, 제30권 3·4호(1989), 서울대학교 법학연구소, 38면.
20 김형만, 『문화재반환과 국제법』, 삼우사, 2001, 144면.

탈은 계속되었다. 이후 로마의 키케로(Cicero)는 전시의 문화재 약탈과 식민지배를 받는 지역의 평시 약탈을 구분하여, 평시 약탈의 부당함을 지적했다. 즉 BC 70년 로마 집정관 베레스(Veres)가 식민지 시실리(Sicily) 지방의 문화재를 약탈하여 로마로 반입하자, 키케로는 이를 비난하면서 베레스를 소추하여 형사 및 민사책임을 물었던 것이다.[21]

중세시대에도 전쟁을 통한 전리품으로써 문화재의 약탈을 정당화하는 문화는 계속되었다. 특히 6세기 몬테카시노(Monte Cassino)에 소재하는 베네딕트 수도원을 비롯한 수도원을 중심으로 하여 사원박물관이 건설되었는데, 십자군 전쟁을 위시하여 정복자들은 문화재의 약탈을 일삼고 노획한 문화재를 수도원의 사원박물관으로 유입시켰다.[22] 16세기 르네상스 시대에 접어들면서 문화예술 부흥운동이 일어나면서, 전시 문화재의 약탈 행위는 불법행위라는 인식이 확산되기 시작하였다. 이에 당시 갓 태동한 국제법에서 전시(戰時) 문화재의 보호에 관하여 이와 같은 공감대를 형성하게 된다.[23]

1618년에서 1648년까지 유럽 전역은 30년 전쟁을 겪었는데, 프랑스 루이13세와 14세는 타국의 영토를 합병할 때에도 문화적·예술적·과학적 기념물에 대한 약탈을 자제시켰다. 30년 전쟁을 종결시킨 베스트팔렌 평화조약(1648)에는 전쟁 중에 반출된 공문서 및 예술작품들은 원산국으로 반환하여야 한다는 내용이 포함되었다. 18세기에 접어들면서 전쟁의 양상도 많이 바뀌게 되는데, 국제법학자 바텔(Emmerich de Vattel)은 전쟁은 적군의 군사력을 제압하는 데 한정되어야 하며 적성(敵性)이 없는 일정한 자원은 전쟁의 목표가 될 수 없고 이를 보호하여야 한다고 주장하였다. 이에 따라 교전 국가들은 전쟁 중이더라도 적성이

---

21 김형만, 상게서, 144면.
22 한국박물관협회 편 - 이보아 집필, 『인류에게 왜 박물관이 필요했을까?』, 민속원, 2014, 268면.
23 이보아, 『루브르는 프랑스박물관인가?』, 민연, 2002, 80면; 김형만, 전게서, 146면.

없는 타국의 건축물이나 인류의 문화유산들은 보호하여야 한다는 주장이 확산되었다. 그러나 이러한 전시 국제법에서 형성된 문화재보호에 관한 원칙은 나폴레옹의 등장과 더불어 유럽정복전쟁 과정에서 자행된 광범위한 문화재약탈에 의해 무력화된다. 나폴레옹의 집권으로 프랑스 정부는 '자국중심의 새로운 범유럽문화 창조'라는 기치를 내걸며 정복지역마다 유럽거장의 예술작품과 진귀한 보물들을 약탈하여 루브르(Louvre) 박물관을 채웠다.24 나폴레옹 이전에 계몽주의 사상가들에 의해 형성된 '문화재귀환의 도덕적 원칙', 즉 과학적·예술적 문화재는 영원히 당해 국가의 지적 욕구를 충족시켜 줄 수 있는 상태로 보존되어야 하며 약탈의 대상이 될 수 없다는 원칙은 퇴색하고 타국에서 반입된 문화재도 자국의 제2의 문화유산이라고 주장하는 '수집자 소유의 원칙'(collection doctrine)이 팽배하게 된 것이다. 이후 나폴레옹의 몰락과 함께 1815년 비인회의(Congress of Vienna)에서는 유럽의 질서회복 및 재편뿐만 아니라 나폴레옹 정복전쟁 당시 약탈된 문화재의 원상회복에 대한 논의가 이루어졌는데, 동 회의에서 오스트리아-영국-프러시아-러시아-프랑스 사이에 최종평화조약(Definitive Treaty of Peace)이 체결됨으로써25 루브르 박물관에 소장되어 있던 일부 예술작품과 이탈리아를 비롯해 나폴레옹이 약탈한 대부분의 예술품들이 반환되었다.

이후에도 인류는 제1차 세계대전(1914~1918년)과 제2차 세계대전(1939~1945년)이라는 인류가 여태껏 겪지 못한 미증유의 전쟁을 경험하면서

---

24 나폴레옹이 전쟁과정에서 약탈한 문화재로 채운 나폴레옹 박물관(Musée Napoléon)은 이후 루브르 박물관이 된다. 나폴레옹의 문화재 약탈과 루브르 박물관의 관계에 관해서는 Merryman/Elsen/Urice, Law, Ethics and the Visual Arts, Fifth Edition, The Netherlands: Kluwer Law International BV, 2007, p 5 이하 참고.
25 프랑스는 루브르에 소장 중인 방대한 나폴레옹의 약탈문화재가 본국귀환됨으로써 박물관이 공동화될 것을 우려하여 문화재를 보관·전시하는 박물관은 보호하여야 한다는 조항을 1815년 파리협약(1815 Convention of Paris)에 추가시키려 하였지만 거부되었다.

또 다시 엄청난 규모의 문화재 파괴와 약탈 및 불법거래를 경험하게 된
다. 이에 대한 각성으로 국제사회는 1954년 헤이그협약을 필두로 문화
재의 불법반출 및 불법거래를 근절하기 위해 더욱 진화된 국제협약들을
안출하게 된다. 즉, 1970년 UNESCO협약과 1995년 UNIDROIT협약이
그것인데, 1954년 헤이그협약과 함께 이 세 협약은 문화재의 보호와 불
법유통 근절을 위해 형성된 3대 국제협약이다. 세 협약의 세부적인 내
용에 대해서는 다음 단원에서 살펴보기로 하고, 이하에서는 1954년 헤
이그협약의 제정 이전까지 형성된 국제규범의 발전과정을 알아본다.[26]

Ⅱ 3대 국제협약 이전의 국제규범의 발전

1 리버법령(1863)

1863년 4월 24일 당시 미국 대통령이었던 에이브러햄 링컨(Abraham
Lincoln)이 서명한 리버법령(Lieber-Code)은 남북전쟁(1861~1865년) 당시 전쟁
범죄와 반인도적 범죄에 대한 지휘책임과 전쟁의 수행과정에서 준수해
야 할 군사적 책임에 관해 광범위하게 규율한 최초의 군사법(military law)
으로 알려져 있다.[27] 리버법령은 미군에게만 적용하기 위해 제정된 것
이지만 이후 전쟁법의 형성에 상당한 영향을 미친 것으로 알려져 있
다.[28] 리버법령은 독일출신 법학자 프란츠 리버(Franz Lieber)가 기초한 것

---

26 아래 내용은 송호영, "문화재의 불법유통 근절을 위한 국제규범의 형성과 발전", 「법
    학논총」 제41권 제3호(2024), 한양대학교 법학연구소, 225면 이하를 발췌·정리하
    였다.

27 Krenz, Rechtliche Probleme des internationalen Kulturgüterschutzes, Frankfurt
    am Main: Peter Lang GmbH, 2003, S. 176.

28 이성덕, "무력충돌시 문화재 보호: 1954년 무력 충돌시 문화재보호에 관한 헤이그 협
    약을 중심으로", 「법학논문집」, 제33집 제2호(2009), 중앙대학교 법학연구원, 215면.

으로써29, 정식명칭은 「일반명령 제100호: 야전에서의 미합중국정부 군대를 위한 지침」(The General Orders No. 100: Instructions for the Government of the Armies of the United States in the Field)이다. 리버법령은 총 157개 조항으로 구성되어 있는데, 그 중 세 개의 조항에서 전시 문화재보호에 관한 규정을 두고 있다.

Franz Lieber(1798-1872)
(출처: WIKIPEDIA)

리버법령에 의하면 승리한 군대는 정부의 지시가 있을 때까지 모든 공공동산을 압류할 수 있지만(제31조 제1문), 그에 관한 예외로서 교육기관이나 예술·과학에 관한 박물관에 속한 재산은 압류할 수 있는 공공재산(public property)에 해당하지 않는다(제34조). 또한 고전 예술작품, 도서관문고, 과학 컬렉션 또는 천체 망원경과 같은 귀중한 소품들은 공격을 당하거나 포격을 당하는 동안 비록 요새화된 장소에 있는 경우에도 가능한 한 모든 파손으로부터 안전하게 보호되어야 한다(제35조). 적대국에 속한 예술품, 도서관문고, 수집품 기타 물품 등을 손상하지 않고 이전할 수 있다면 정복국은 해당국가의 이익을 위해 이를 확보하여 이동시키도록 명령을 할 수 있는데, 최종적인 소유권은 평화조약에 의해 결정된다(제36조). 이러한 내용을 담고 있는 리버법령은 이후 무력충돌 시 문화

---

29 Franz Lieber(미국식 이름은 Francis Lieber)는 프로이센의 베를린에서 태어나서 나폴레옹군대를 상대로 전투에 참전한 군인으로 1820년 독일 예나(Jena) 대학에서 박사학위를 받고 1827년 미국 보스톤으로 이주하여, 1835년에 사우스캐롤라이나 대학에서 역사 및 정치학교수로 그리고 1856년부터 1865년까지 콜롬비아 대학에서 교수로 활동하였다. 그에 관한 일생과 Lieber Code의 의미에 관해서는 Theodor Meron, Francis Lieber's Code and Principles of Humanity, 36 COLUM. J. TRANSNAT'l L. 269 (1998), p 269 이하 참고.

재보호를 위한 1954년 헤이그협약의 모태가 된다.[30]

2 브뤼셀선언(1874)

1874년 8월 27일 러시아 황제 알렉산더 2세가 주도한 브뤼셀 국제회의에서 유럽 15개국의 대표가 참석하여 유럽지역에 적용될 전쟁법에 관한 「브뤼셀선언」(Brussel Declaration)[31]의 초안이 채택되었다. 브뤼셀선언 제8조는 전시 문화재의 보호에 관한 규정을 두고 있다.

제8조

지자체의 재산, 종교, 자선, 교육, 예술 및 과학에 기여하기 위한 시설의 재산은 국유재산에 해당할지라도 사유재산으로 간주되어야 한다. 그러한 시설물, 역사적 기념물, 예술품 및 과학작품에 대한 압류, 파괴 또는 고의적 손상은 권한 있는 당국에 의해 사법처리되어야 한다.

그러나 브뤼셀선언은 구속력 있는 협약으로 받아들이기를 꺼려하는 각국 정부의 태도로 비준되지 못하였다. 그럼에도 불구하고 브뤼셀선언 프로젝트는 전쟁법의 성문화를 위한 최초의 국제적 공조라는 점에서 중요한 의미를 가진다.[32] 브뤼셀선언 이후 국제공동체가 채택한 문화재보호에 관한 선언이나 협약 규정들은 상기 제8조와 유사한 내용을 담고 있다. 예컨대 브뤼셀 국제회의 이후 1880년 국제법학회(Institut

---

30 김형만, 전게서, 154면.

31 정식명칭은 The Brussels International Declaration of 1874 concerning the Laws and Customs of War. 브뤼셀선언의 전문은 다음 URL에서 내려받을 수 있다. https://ihl-databases.icrc.org/assets/treaties/135-IHL-7-EN.pdf (2024.12.23. 최종 접속)

32 Krenz, Rechtliche Probleme des internationalen Kulturgüterschutzes, 177면.

de Droit International)가 성안한 「육상전쟁법」(The Laws of War on Land)[33] 제34조
와 제53조는 다음과 같이 규정하고 있다.

제34조

포격 시 종교, 예술, 과학 및 자선 목적의 건물, 병원, 환자가 수용된 장소 등을
직·간접적으로 방어에 활용되지 않는 한, 가능한 모든 필요한 조치를 취해야
한다. 포위된 자는 이러한 건물의 존재를 공격자에게 미리 눈에 띄는 표지판으
로 알려야 할 의무가 있다.

제53조

지자체의 재산과 종교, 자선, 교육, 예술 및 과학에 이바지하는 기관의 재산은
압류될 수 없다.

3 헤이그 제2협약(1899)

1899년 개최된 헤이그 만국평화회의에서는 26개국 정부대표들이
참여하여 전쟁과 관련한 다양한 안건에 대해 3개의 협약(Convention), 3개
의 선언(Declaration) 및 1개의 결의(Resolution)를 채택하였다. 그 중 3개의
협약 가운데 문화재보호와 관련한 협약은 「육상전에 대한 법률과 관습
에 관한 제2협약」[34]이다.[35] 헤이그 제2협약에서 문화재보호와 관련하

---

33 정식명칭은 The Laws of War on Land, Manual published by the Institute of
    International Law (Oxford Mnaual), Adopted by the Instutute of International
    Law at Oxford, September 9, 1880.
34 정식명칭은 Convention (II) with Respect to the Laws and Customs of War on
    Land and its annex: Regulations concerning the Laws and Customs of War on
    Land, The Hague, 29 July 1899.
35 다른 두 개의 협약은 Convention for the Pacific Settlement of International

여 의미 있는 규정을 발췌하면 다음과 같다.

제27조

포위 및 포격 시 종교, 예술, 과학, 자선 단체에 헌정된 건물, 병원, 환자가 모이는 장소 등은 군사적 목적으로 동시에 사용되지 않는 한, 가능한 한 이를 보호하기 위해 필요한 모든 조치를 취해야 한다. 포위된 자는 이러한 건물이나 장소를 눈에 잘 띄는 특정 표지판으로 표시해야 하며, 사전에 공격자에게 알려야 한다.

제47조

약탈은 공식적으로 금지된다.

제56조

공동체의 재산, 종교, 자선 및 교육 기관의 재산, 예술 및 과학의 재산은 국유 재산일지라도 사유재산으로 취급되어야 한다. 그러한 기관, 역사적 기념물, 예술작품 또는 과학작품에 대한 모든 압수, 파괴 또는 고의적인 손상은 금지되며 소추의 대상이 된다.

④ 헤이그 제4협약(1907) 및 헤이그 제9협약(1907)

1907년 제2차 헤이그 만국평화회의가 열렸는데, 동 회의에는 44개국 정부대표들이 참여하여 전쟁법과 관련하여 다양한 분야에 걸쳐 총 12개 조약을 안출하였다. 그 중 문화재보호와 관련된 것은 이전의

Disputes(태평양 국제분쟁해결을 위한 협약: 제1협약)과 Convention for the Adaptation to Maritime Warfare of the Principles of the Geneva Convention of 22 August 1864(1864년 8월 22일자 제네바협약의 제원칙을 해전에 적용하기 위한 협약: 제3협약)이다.

1899년 헤이그 제2협약을 이어받은 「육상전에 대한 법률과 관습에 관한 제4협약」[36]이다. 양자는 내용상 큰 차이는 없기 때문에 1899년 헤이그 제2협약은 1907년 헤이그 제4협약을 인준하지 아니한 당사국에 대해서만 효력을 가질 뿐이다.[37]

헤이그 제4협약 제27조는 육상전에 있어서 문화재보호에 관한 규정인데, 이는 앞선 헤이그 제2협약 제27조와 내용상 대동소이하다. 다만 그 차이는 포위 및 포격 시 보호되어야 할 대상으로 헤이그 제2협약 제27조는 일정한 건물(buildings), 병원, 장소 등을 중심으로 규정하는 데 반해, 제4협약 제27조는 건물 외에도 역사적 기념물(historic monuments)을 명시적으로 열거하고 있다는 점이다.

1907년 헤이그 제9협약은 일명 「전시 해군에 의한 폭격에 관한 협약」[38]으로써, 협약 제5조에 문화재보호와 관련하여 다음과 같은 규정을 두고 있다.

제5조

해군에 의한 포격에서 지휘관은 신성한 건축물, 예술적, 과학적 또는 자선 목적으로 사용되는 건물, 역사적 기념물, 병원 및 환자나 부상자가 모이는 장소를 군사 목적으로 동시에 사용되지 않는다는 전제하에 가능한 한 이를 보존하기 위해 필요한 모든 조치를 취해야 한다.

이러한 기념물, 건축물 또는 장소를 눈에 보이는 표지판으로 표시하는 것은 주민의 의무이며, 표지판은 크고 단단한 직사각형 패널을 대각선으로 두 가지 색상의 삼각형 부분으로 나누어 윗부분은 검은색, 아랫부분은 흰색으로 구성해야 한다.

---

36 정식명칭은 Convention (IV) respecting the Laws and Customs of War on Land and its annex: Regulations concerning the Laws and Customs of War on Land. The Hague, 18 October 1907.

37 Odendahl, Kulturgüterschutz, Tübingen: Mohr Siebeck, 2005, S. 110.

38 정식명칭은 Convention (IX) concerning Bombardment by Naval Forces in Time of War. The Hague, 18 October 1907.

헤이그 제9협약 제5조는 육상전에 있어서 문화재보호에 관한 제4협약 제27조의 내용을 해군의 포격에 적용한 규정이다.[39]

⑤ 제1차 세계대전의 전후처리를 위한 협정

1914년 7월 28일부터 1918년 11월 11일까지 유럽은 전역에 거쳐 제1차 세계대전을 겪게 되는데, 전쟁 중 점령지역의 문화재반출이 횡행하였다. 결국 전쟁은 동맹국이 연합국에게 패배하면서 종결되었는데, 전후처리를 위해 연합국은 패전국인 독일과 오스트리아와 각각 베르사유조약(Treaty of Versailles)과 생제르맹조약(Treaty of Saint-Germain-en-Laye)을 맺게 된다. 전쟁 중 반출된 문화재의 반환과 관련하여 1919년 연합국과 독일 사이에 체결된 베르사유조약은 제1차 세계대전뿐만 아니라 1870년 보불전쟁으로 야기된 모든 문화재반출에 대하여 독일 정부가 책임을 지도록 하였다. 또한 1919년 연합국과 오스트리아 사이에 맺은 생제르맹조약에서는 오스트리아가 1718년까지 소급하여 반출문화재를 반환하도록 하는 의무규정을 두었다.[40]

---

39 Odendahl, Kulturgüterschutz, S. 110.
40 백충현, 전게논문, 39년.

6 뢰리히 협약 및 워싱턴조약(1935)

1935년 4월 15일 범미연합(Pan-American Union)[41]의 회원국들은 워싱턴 D.C. 백악관에서 「예술 및 과학기관 및 역사적 기념물 보호에 관한 조약」[42]을 체결하였다. 이 조약은 러시아 출신으로 미국에 귀화한 화가이자 작가이며 고고학자이면서 철학자인 니콜라우스 뢰리히(Nicholas Roerich)가 주창하여, 일명 「뢰리히 협약」(Roerich-Pakt)이라 불린다. 뢰리히 협약은 오로지 문화재보호에 관한 주제에 한정하여 성안된 최초의 국제협약이라는 점

Nicholas Roerich (1874-1947)
(출처: WIKIPEDIA)

에서 의미가 크다.[43] 특히 뢰리히 협약은 전문(Preamble)에서 국민의 문화유산을 형성하는 정착된 기념물들(immovable monuments)은 국가 소유이든 개인 소유이든 이를 구분함이 없이 보호해야 한다는 것[44]과 또한 문화유산은 전시뿐만 아니라 평시에도 존중되고 보호되어야 함을 천명하고 있다는 점[45]에 주목할 필요가 있다. 이러한 점은 후술하는 전시(戰時) 문화재보호에 관한 1954년 헤이그 조약과 평시(平時) 문화재보호에 관한 1970년 유네스코 협약의 뿌리가 되고 있다는 점에서 중요한 의미가 있다.

---

41 범미연합(Pan-American Union)은 라틴아메리카 21개 국가와 미국간의 협력을 촉진하기 위해 1890년 결성된 조직이다.
42 정식명칭은 Treaty on the Protection of Artistic and Scientific Institutions and Historic Monuments (RoerichPact). Washington, 15. April 1935.
43 Krenz, Rechtliche Probleme des internationalen Kulturgüterschutzes, S. 183.
44 백충현 교수는 뢰리히 협약의 의미에 대해 국가의 문화재보호의무는 공적 소유대상뿐만 아니라 사적소유문화재에도 확대된다고 규정한 것은 또 하나의 의식의 전환이라고 평가하고 있다. 백충현, 전게논문, 39면.
45 Odendahl, Kulturgüterschutz, S. 115.

뢰리히 협약은 총 8개 조문으로 구성되어 있는데, 그 중 핵심적인 조문은 제1조 및 제2조이다.

제1조

역사적 기념물, 박물관, 과학, 예술, 교육 및 문화 기관은 중립적인 것으로 간주되며 교전국으로부터 존중과 보호를 받아야 한다. 위에 언급된 기관의 직원에 대해서도 동일한 존중과 보호가 이루어져야 한다. 역사적 기념물, 박물관, 과학, 예술, 교육 및 문화 기관은 전쟁 시뿐만 아니라 평화 시에도 동일한 존중과 보호를 받아야 한다.

제2조

전 조에 언급된 기념물 및 기관의 중립성과 그에 따른 보호 및 존중은 해당 기념물 및 기관의 국가관여도에 관계없이 각 서명국 및 가입국의 주권이 미치는 영토의 전 범위에서 인정된다. 각 정부는 상기 보호와 존중을 보장하는 데 필요한 국내법 조치를 취하는 데 동의한다.

협약 제3조는 제1조에서 언급된 기념물과 기관을 식별하기 위해 흰색 바탕에 3개의 빨간색 원으로 구성된 표기를 사용하도록 하고 있다.

뢰리히 협약이 문화재보호를 중심내용으로 하는 최초의 국제조약이라는 성과에도 불구하고 동 조약은 정착된 기념물(immovable monuments)과 박물관 등 부동산에 해당하는 문화유산에만 한정되어 있어서 동산문화재나 기록물(Documents) 등에 대한 보호에는 미치지 못하는 한계가 있었다.46 이러한 문제점 때문에 같은 회의시

Roerich-Pakt의
적용 심벌

---

46 Krenz, Rechtliche Probleme des internationalen Kulturgüterschutzes, S. 183;

기에 동산문화재의 보호에 관해서는 별도의 조약을 성안하여 이를 규정하였는데, 이른바 「워싱턴조약」(Washington Treaty)이 그것이다.47 워싱턴조약은 동산문화재에 관하여 뢰리히 협약과 마찬가지로 전시뿐만 아니라 평시에도 보호대상임을 분명히 하고 있다. 특히 워싱턴조약 제8조는 "가입국 정부는 동산기념물(movable monuments)을 전리품으로 취급할 수 없음을 선언한다"고 규정하여 무력충돌상황에서 동산문화재의 보호를 특히 강조하고 있다.

7 제네바협약(1949) 및 추가의정서(1977)

가. 제네바협약(1949)

제1차 세계대전에 이어 1939년 9월 1일부터 1945년 9월 2일까지 인류는 다시금 제2차 세계 대전을 겪었다. 특히 독일의 나찌정권은 전쟁 중 유럽 전역에 걸쳐 막대한 문화재의 파괴와 약탈을 자행하였다. 제2차 세계대전이 종료된 후 국제사회는 1949년 기존에 체결되었던 3개의 제네바 협약을 개정하면서48 이에 더해 「전시에 있어서 민간인의 보호에 관한 제네바협약」(제네바 제4협약)49을 채택하였다. 위 4개의 제네

Odendahl, Kulturgüterschutz, S. 131.

47 정식명칭은 Treaty on the Protection of Movable of Historic Value, Washington. 15. April 1935. 유감스럽게도 필자는 동 조약의 원문을 구하지 못해 동 조약에 대해 분석한 문헌을 인용하여 간접적으로 설명함을 밝힌다.

48 기존 3개의 제네바협약이란 제네바 제1협약: 육전에 있어서 군대의 부상자 및 병자의 상태개선에 관한 제네바협약(1864년에 처음 체결되었고 1949년에 개정됨), 제네바 제2협약: 해상에 있어서 군대의 부상자, 병자 및 조난자의 상태개선에 관한 제네바협약(1906년에 제1차 협약을 해전으로 확장하여 채택하였고 1949년에 개정됨), 제네바 제3협약: 전쟁포로의 대우에 관한 제네바협약(1929년에 채택되어 1949년에 개정됨)을 말한다.

49 정식명칭은 Geneva Convention relative to the Protection of Civilian Persons in Time of War of 12 August 1949.

바협약은 매우 중요한 국제인도법(Interational Humanitarian Law)의 법원(法源)
이다.50

　　전시 문화재보호와 관련한 협약은 제네바 제4협약이라고 할 수 있
는데, 동 협약은 문화재보호만을 목적으로 한 것이 아니라, 전시에 있
어서 민간인 보호에 관한 내용 중에 문화재의 보호에 관한 내용이 추론
되는 형식으로 구성되어 있다. 이를테면 제네바 제4협약 제33조 제2항
은 "약탈은 금지된다"고 명시하여 일반적 약탈금지를 선언함으로써, 이
에 따라 문화재나 예술품 등에 대한 약탈도 내용상 당연히 금지되도록
한 것이다. 이는 헤이그 제2협약(1899) 제47조의 내용을 계승한 것이다.
또한 제네바 제4협약 제33조 제4항은 "보호를 받는 자 및 그의 재산에
대한 보복은 금지된다"고 하여 문화재를 포함한 개인의 재산에 대한 약
탈 등의 보복을 금지하고 있다. 또한 제53조에서는 군사 작전에 의해
절대적으로 필요한 경우를 제외하고는 개인, 국가, 기타 공공 기관 또
는 사회단체가 소유한 부동산 또는 동산에 대한 점령군의 파괴행위는
금지된다고 규정하고 있는바, 이 조문에 의해서도 문화재의 파괴행위
에 대한 금지를 유추할 수 있다.51 제네바 제4협약에서의 문화재보호
에 관한 규정은 추후 1954년 헤이그협약의 중요한 모태가 된다.52

나. 추가의정서(1977)

　　1977년 「제1추가의정서」53는 제네바 제 협약에 대한 추가 및 국제

50　김영석, 『국제인도법』(개정판), 박영사, 2002, 9면.

51　Krenz, Rechtliche Probleme des internationalen Kulturgüterschutzes, S. 185.

52　Kevin Chamberlain, War anf Cultural Heritage, A Commentary on the Hague
Convention 1954 and its Two Protocols, Second Edition, Institute of Art and Law,
2013, p. 20.

53　정식명칭은 Protocol Additional to the Geneva Conventions of 12 August 1949,
and relating to the Protection of Victims of International Armed Conflicts (Protocol
I), 8 June 1977.

적 무력충돌의 희생자 보호에 관한 의정서이다. 제1추가의정서에는 명시적으로 문화재보호(Protection of cultural objects)에 관한 규정을 두고 있는데, 제53조가 그것이다.

제53조

[문화재 및 예배 장소의 보호]
1954년 5월 14일 무력충돌 시 문화재 보호를 위한 헤이그 협약 및 기타 관련 국제 협약의 조항을 침해하지 않는 범위 내에서 다음과 같은 행위는 금지된다.
(a) 국민의 문화적 또는 정신적 유산을 구성하는 역사적 기념물, 예술 작품 또는 예배 장소에 대한 적대 행위를 저지르는 행위
(b) 군사적 노력을 지원하기 위해 위 대상을 사용하는 행위
(c) 그러한 대상을 보복의 목표물로 삼는 행위

의정서 제85조는 의정서 위반에 대한 제재(Repression)를 규정하고 있는데, 협약 또는 의정서를 고의적으로 위반한 특정한 행위는 본 의정서의 중대한 위반으로 간주하고 있다(동조 제4항). 그러한 행위에 속하는 것으로는 위에서 언급한 의정서 제53조 (b)호의 행위[54]를 상대국이 한다는 증거가 없으면서, 그러한 역사적 기념물, 예술작품 및 예배 장소가 군사 목표와 근접한 곳에 위치해 있지 않음에도 불구하고 국제기구의 협정을 통해 특별보호를 받고 있는 공인된 역사적 기념물, 예술작품 또는 예배장소를 공격대상으로 삼아 이들을 파괴하는 결과를 초래한 경우가 이에 해당한다(동조 제4항 d). 이러한 중대한 위반행위는 전쟁범죄로 간주된다(제85조 제5항).
1977년 「제2추가의정서」[55]는 제네바 제 협약에 대한 추가 및 비국

---

54 즉, 군사적 노력을 지원하기 위해 국민의 문화적·정신적 유산을 구성하는 역사적 기념물, 예술 작품 또는 예배 장소 등을 사용하는 행위
55 정식명칭은 Protocol Additional to the Geneva Conventions of 12 August 1949,

제적 무력충돌의 희생자 보호에 관한 의정서이다. 제2추가의정서는 제16조에서 문화재보호에 관한 규정을 두고 있다. 이 규정에 의하면, 무력충돌 시 문화재보호를 위한 헤이그협약의 규정을 침해하지 않는 범위 내에서 국민의 문화적·정신적 유산을 구성하는 역사적 기념물, 예술작품 또는 예배장소에 대한 적대행위(any acts of hostility)와 그러한 기념물 등을 군사적 용도로(in support of the military effort) 사용하는 것은 금지된다. 이는 국제적 무력충돌을 전제로 한 제1추가의정서 제53조에 상응한다.56 그렇지만 제2추가의정서는 '비국제적' 무력충돌을 전제로 한 것이어서 제16조의 적용범위는 제1추가의정서에 비해 더 넓게 해석된다. 예컨대 제2추가의정서에서 금지되는 문화재에 대한 적대행위는 반드시 문화재에 대한 파괴에 이르지 않더라도 문화재의 보호에 위협이 되는 행위도 이에 해당될 수 있다는 것이다.57

---

and relating to the Protection of Victims of Non-International Armed Conflicts (Protocol II), 8 June 1977.

56 Odendahl, Kulturgüterschutz, S. 122.

57 Krenz, Rechtliche Probleme des internationalen Kulturgüterschutzes, S. 195

제3절

3대 국제협약

I 1954년 헤이그협약

1 협약의 제정배경과 경과

제2차 세계대전 동안 인류는 막대한 문화재의 약탈과 파괴를 경험하면서, 문화재보호와 관련한 기존의 산발적인 국제규범으로는 한계가 있음을 인식하게 되었다.[58] 이에 따라 국제사회는 전시 또는 무력충돌 시 초래될 수 있는 문화재에 대한 위험을 방지하게 위하여 국제적인 공조를 담보할 수 있는 포괄적인 협약제정의 필요성을 공감하면서 협약의 제정에 착수하게 된다. 특히 네덜란드 정부의 주도로 개최된 1949년 UNESCO총회(General Conference) 제4세션회의에서 '문화적 가치를 가진 모든 대상'(all objects of cultural value)을 협약의 보호대상으로 삼기로 결의하였다.[59] UNESCO사무국은 국제박물관협회(ICOM: International Council of Museums)와의 공동작업으로 안출한 협약초안을 1950년 UNESCO총

---

58 Toman, The Protection of Cultural Property in the Event of Armed Conflict, Dartmouth Publishing Company, 1996, p. 21.

59 Resolution 6.42.

회에서 발표하였다. 이를 기초로 1952년 UNESCO사무국은 협약초안에 대한 의견과 평가를 묻기 위하여 회원국 및 관련전문가들에게 초안을 회람하였다. 그 회신을 수합한 사무국은 워킹그룹을 구성하여 협약초안을 기초로 회원국 및 전문가들이 보낸 의견을 반영한 협약안을 작성하여, 1954년 네덜란드 정부의 초청으로 개최된 56개국이 참가한 UNESCO 정부간회의(Inter-Governmental Conference)60에 이를 제출하였다. 동 회의에서 1954년 5월 14일 최종적으로 37개국이 협약안을 채택함으로써, 이른바 1954년 헤이그협약(the Hague Convention)이라고 불리는 「무력충돌 시 문화재 보호를 위한 협약」61이 성립하였다. 동 협약은 협약 시행을 위한 규칙62과 함께 일체를 이루는 조약으로써, 무력충돌 상황에서 발생하는 문화재의 보호를 주된 관심사로 하여 채택된 최초의 보편적인 조약이다.

② 협약의 주요 내용

헤이그협약은 전시 또는 무력충돌 시 문화재의 보호를 위한 법적·제도적 장치의 마련에 주안점을 두고 있다.63 협약의 전문(Preamble)에는 "모든 민족이 세계의 문화에 기여하고 있으므로 어떤 민족에 속한 문화재인지를 불문하고 문화재의 손상이 전 인류의 문화유산의 손상을 의미"하고 "문화유산의 보존은 세계 모든 민족에게 큰 중요성을 가지

---

60 동 회의는 1954년 4월 21일부터 5월 14일까지 개최되었다.

61 정식명칭은 Convention for the Protection of Cultural Property in the Event of Armed Conflict, Signed at the Hague on 14 May 1954. 동 협약은 1954년 5월 14일 채택되어 1956년 8월 7일 발효되었으며 2024년 7월 현재, 협약에는 135개 국가가 가입을 하였다.

62 정식명칭은 Regulations for the Execution of the Convention for the Protection of Cultural Property in the Event of Armed Conflict.

63 동 협약 및 의정서의 주요 내용에 관한 자세한 설명으로는 이성덕, 전게논문, 223면 이하 참고.

며, 그리하여 이러한 유산에 대한 국제적 보호가 절실하다"고 규정하여 문화재에 대한 국제적 보호주의를 기본착상으로 하고 있다. 동 협약에서는 국제전이나 내란을 불문하고 무력충돌 시 문화재 파괴를 금지하며, 문화재의 소유에 있어서도 공사를 구별하지 않고 모든 형태의 공격으로부터 문화재를 보호한다는 것을 주된 내용으로 한다. 이를 세부적으로 살펴본다.

동 협약은 제1장 문화재의 보호에 관한 일반규정(제1조~제7조)과 제2장 특별보호에 관한 규정(제8조~제11조)으로 구분된다. 문화재의 일반적 보호와 관련하여 협약은 체약국에 대해 평시에도 적절한 조치를 취함으로써 무력충돌 시 예견되는 결과로부터 자국의 영역 내에 있는 문화재를 보호하기 위한 방호의무를 부여한다(제3조). 또한 문화재의 존중의무와 관련하여 체약국은 문화재와 그 주변 또는 무력충돌 시 파괴와 손상에 노출되기 쉬운 문화재를 보호하는 목적으로 사용되는 장치의 사용과 그러한 문화재에 대한 훼손을 금지하여 다른 체약국의 영역뿐 아니라 자국의 영역 내에 있는 문화재를 존중할 의무를 지며(제4조 제1항), 모든 형태의 문화재의 절도, 약탈, 유용 및 파괴행위를 금지하거나 방지하여야 하며, 필요한 경우에는 중지시켜야 하며, 다른 체약국의 영역 내에 있는 동산문화재를 징발할 수 없으며(제4조 제2항), 체약국은 문화재의 보복적 위해의 방식으로 이루어지는 어떠한 행위도 금지하여야 한다(제4조 제1항). 한편 협약은 제2장에서 '특별보호(special protection)'제도를 규정하고 있는바, 무력충돌 시 동산문화재의 보호를 목적으로 지어진 보관소와 기념물의 수장고 및 매우 중요한(of very great importance) 기타 부동산 문화재의 일부를 다음의 조건을 갖춘 경우에 특별보호하에(under special protection) 둘 수 있다. 즉, ① 공항, 방송국, 국가 방위에 관련된 시설물, 항구, 철도의 주요 노선이나 상대적으로 중요한 기차역 등과 같이 공격을 받기 쉬운 지점을 포함하는 중요 군사목표물이나 대형 산업 중심부로부터 충분한 거리를 유지하고, ② 군사적 용도로 사용되지 않아야 한다(제8조 제1항). 문화재의 특별보호는 '특별보호대상 문화재 국제

등록부'(International Register of Cultural Property under Special Protection)에 등재되어야 효력이 발생한다(제8조 제6항).

헤이그협약은 동 협약에 따라 보호되는 문화재임을 외부에서 인식할 수 있도록 표식을 갖추도록 요구하는데, 협약 상 특별보호의 대상이 아닌 문화재는 청백색 방패 문양 1개짜리 표식이(제16조, 제17조 제2항) 그리고 특별보호를 받는 부동산문화재 및 특별수송 또는 긴급수송하에 있는 문화재와 문화재의 임시보관소에 대해서는 3개짜리 표식이 부착된다(제17조 제1항).

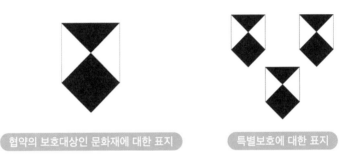

협약의 보호대상인 문화재에 대한 표지   특별보호에 대한 표지

협약을 위반한 자에 대한 제재와 관련하여, 체약국은 일반 형사재판소의 규율로써 협약 위반자를 국적에 관계없이 기소하고 형사상의 제재를 부과하거나 징계하기 위하여 필요한 모든 조치를 취할 의무가 있다(제28조).

③ 1954년 헤이그협약 제1의정서 및 1999년 제2의정서

1954년 헤이그협약은 협약과 함께 같은 시기에 채택된 「제1의정서」[64]와 1990년대 발생한 걸프전 및 구 유고슬라비아 사태 등의 영향

---

64 정식명칭은 Protocol to the Convention for the Protection of Cultural Property in

으로 1999년 채택된 「제2의정서」[65]에 의하여 보완되고 있다.[66] 제1의정서와 제2의정서는 무력충돌 시 발생될 수 있는 문화재의 보호를 목적으로 하고 있지만, 헤이그협약과는 구별되는 별도의 조약이기 때문에 헤이그협약의 체약국이라 하더라도 의정서에 가입하지 않으면 의정서의 효력을 적용받지 않는다. 협약과 의정서를 별도의 문건으로 채택한 이유는 협약상 내용을 분리하여 규율함으로써 미국이 보다 용이하게 협약에 가입할 수 있도록 하기 위함으로 알려져 있다.[67]

제1의정서는 무력충돌 상황에서 피점령지의 문화재의 반출을 금지하고 반출된 문화재를 반환하도록 하는 것을 주된 내용으로 하고 있다. 제1의정서에 의하면, 각 체약국은 헤이그협약상의 문화재가 무력충돌 과정에서 자신이 점령한 영토로부터 반출(exportation)되지 않도록 할 의무를 부담하며(Part I, 1), 여하한 피점령지로부터 직·간접으로 자신의 영토로 반입된 문화재를 압류하여야 한다(Part I, 2). 각 체약국은 자국의 영토에 있는 문화재가 의정서에 규정된 원칙에 반하여 반출된 것인 경우에는 적대행위가 종료되는 시기에 이를 이전에 점령되었던 영토의 권한 있는 당국에게 반환하여야 하며, 그러한 문화재는 전쟁배상물로 유치할 수 없다(Part I, 3). 점령지로부터 문화재의 반출을 방지할 의무를 부담하는 체약국은 반환해야 할 해당문화재를 선의로 보유한 자에 대하여 배상을 하여야 한다(Part I, 4). 또한 무력충돌의 위험으로부터 문화재를 보호하기 위하여 체약국이 자신의 영토로부터 다른 체약국의 영토

---

the Event of Armed Conflict 1954. 제1의정서는 1954년 5월 14일 채택되어 1956년 8월 7일 발효되었다. 2024년 7월 현재, 제1의정서는 112개 국가가 채택하였다.

65 Second Protocol to the Hague Convention of 1954 for the Protection of Cultural Property in the Event of Armed Conflict. 제2의정서는 1999년 3월 26일 채택되어 2004년 5월 5일 발효되었다. 2024년 7월 현재, 제2의정서는 88개 국가가 채택하였다.

66 제2의정서 제2조는 [협약과의 관계]라는 표제하에 "본 의정서는 당사국간의 관계에 있어서 협약을 보완한다"고 하여 이를 명시하고 있다.

67 이성덕, 전게논문, 231면.

에 기탁한 문화재는 적대행위가 종료되는 시기에 그 반출된 영토의 권한있는 당국에게 반환되어야 한다(Part II, 5).

1954년 헤이그협약은 국제인도법의 발전과 더불어 1990년대 구 유고슬라비아 내전을 계기로 많은 문제점을 노정하게 되었다. 특히 구 유고슬라비아 내전 당시 막대한 문화재의 파괴와 약탈이 있었음에도 헤이그협약은 국내적 성격의 무력충돌에는 적용상 한계를 드러내었다. 또한 헤이그협약에서 무력충돌 시 문화재보호 의무에 대한 예외로써 인정되는 '군사적 필요성(military necessity)'의 개념이 모호하다는 점68과 헤이그협약의 핵심이라 할 수 있는 특별보호(special protection)의 대상이 되는 문화재의 등록이 매우 저조하여 동 제도의 실효성에 대한 비판69도 제2의정서의 채택을 촉발하게 되었다. 이에 따라 1999년 채택된 제2의정서는 당사국 간에 발생하는 모든 무력충돌에 적용되는 것은 물론이며, 당사국 중 하나의 영역 내에서 발생하는 비국제적 성격의 무력충돌의 경우에도 적용되는 것으로 규정하였다(제22조 제1항). 헤이그협약에서 제4조에서 규정된 '군사적 필요성'(military necessity)에 의해 당사국은 문화재에 대한 적대행위 금지의무를 면제받을 수 있었으나, 제2의정서는 그 조건을 보다 명확히 하였다. 즉, 제2의정서는 ① 문화재가 그 기능상 군사목표물로 전용되었으며, ② 그 목표물에 대한 적대행위를 지시함으로써 얻어질 수 있는 것과 유사한 군사적 이익을 얻기 위하여 가용한 다른 적절한 수단이 없는 경우로써 상황이 지속되는 동안에 한하여 '긴급한 군사적 필요성'을 인정하여 문화재에 대한 적대행위가 가능한 것으로 제한하였다(제6조). 헤이그협약에서 규정된 '특별보호' 제도는 그 요건을 충족하기가 매우 까다로워 그 활용이 저조했던 것에 대한 반성으로 제2의정서는 '강화된 보호(enhanced protection)' 제도를 도입하여 문

68　이성덕, 전게논문, 32면
69　국제법평론회, 『1954년 헤이그협약 운용체계 및 국내제도·법률 정비방안 연구』, 문화재청, 2010, 76면

화재에 대한 실질적인 요건이 충족되면70 해당 문화재를 강화된 보호 하에 두도록 규정하였다(제10조).

II 1970년 UNESCO협약

1 협약의 제정배경과 경과

1954년 헤이그협약은 무력충돌 시 문화재 보호라는 특수한 상황을 전제로 성안된 것이므로, 문화재 보호를 더 폭넓게 실현하기 위해서는 전시뿐만 아니라 평시에도 적용될 수 있는 보다 포괄적인 문화재 보호체제를 마련할 필요가 있게 되었다.71 제1차 세계대전 직후 국제연맹(League of Nations)은 문화재의 불법적 약탈문제에 대해서 논의하였다. UNESCO는 1933년 국제박물관사무국(Office International des Musees: OIM)과의 공조로 불법 반출된 예술적·역사적·과학적 물품의 반환에 관한 협약초안을 마련하였었다.72 그러나 이 작업은 1939년 발발한 제2차 세계대

---

70 그 요건이란 다음과 같다. 문화재가 ① 인류에게 중요성이 큰 문화유산일 것, ② 특별한 문화적 및 역사적 가치를 인정하고 수준 높은 보호를 확보하는 적절한 국내의 법적 및 행정적 조치에 의하여 보호되고 있을 것, ③ 군사적 목적으로 또는 군사시설을 방어하기 위하여 사용되고 있지 않으며, 그 문화재를 통제하는 당사자에 의하여 그것이 그와 같이 사용되지 않을 것임을 확인하는 선언이 있을 깃 등 세 가지 요건이 충족되어야 한다(의정서 제10조).

71 이하 UNESCO협약의 성립과정에 대해서는 Jihon Kim, International Cooperation to Prevent Trafficking and Facilitate Restitution of Cultural Property: Evolving Normative Frameworks, Graduate School of International Studies Seoul National University, 2013, 15면 이하의 설명을 참고하였음.

72 1930년대 유네스코 협약초안의 성안과정에 관한 상세한 고찰로는, 이근관, "1970년 유네스코협약의 성안과정에 대한 고찰 -1930년대 국제연맹하에서 작성된 협약초안의 영향을 중심으로-", 「국제사법연구」, 제26권 제2호(2020), 한국국제사법학회 299면 이하 참고.

전으로 인해 더 이상 진척되지 못하였고, 이후 UNESCO는 전시 문화재 보호를 목적으로 하는 1954년 헤이그협약에 전념할 수밖에 없었다.

　1954년 헤이그협약이 제정된 이후, 문화재의 환수에 각별한 관심을 가진 신생독립국가들과 동유럽국가들의 참여가 증가함에 따라 새로운 국면에 접어들게 된다. 특히 1960년 멕시코와 페루는 문화재의 불법적 반출·반입 및 소유권양도에 대해 문제를 제기하면서, 당시 헤이그협약 제1의정서로는 이러한 문제를 포괄적으로 다룰 수 없음을 지적하였다. 이에 따라 1964년 UNESCO는 협약의 준비단계로「문화재의 불법반출·입 및 소유권이전방지와 예방수단에 관한 권고」73를 채택하였다. 이를 기초로 1968년 회원국들의 의견조회를 위해 협약초안이 회람되었고, 마침내 1970년 11월 14일 제16차 UNESCO총회에서「문화재의 불법적인 반출·입 및 소유권 양도의 금지와 예방수단에 관한 협약」74이 채택되었다. 이것이 흔히 부르는「1970년 UNESCO협약」이다. 동 협약은 문화재의 불법적 유통을 막는 국제적인 규범의 틀을 마련하였다는 점에서 큰 의미가 있다.75

73　정식명칭은 Recommendation on the Means of Prohibiting and Preventing the Illicit Export, Import and Transfer of Ownership of Cultural Property.

74　정식명칭은 Convention on the Means of Prohibiting and Preventing the Illicit Import, Export and Transfer of Ownership of Cultural Property.

75　이근관, 전게논문, 336면은 1970년 UNESCO협약에 대해 국제적인 차원에서 문화재의 불법 거래 규제와 관련하여 1970년을 기점으로 명확히 시대구분이 된다고 하면서 동 협약의 의미를 평가하고 있다.

2 협약의 주요 내용

가. 개설

1970년 UNESCO협약은 전문과 함께 총26개조로 구성되어 있는데, 내용상 사법(private law)적 측면보다는 국제공법(public international law) 및 행정규제(administrative control)에 관한 내용을 주로 담고 있다.⁷⁷ 즉, 협약은 문화재의 불법적인 반출·입을 막기 위해 협약당사국 정부가 이행해야 할 공적 의무를 중심으로 구성되어 있다. 협약의 주요 내용은 다음과 같다. ① 협약 규정에 위반한 문화재 반출·입 및 소유권의 양도를 불법한 것으로 천명하고(제3조), ② 문화재보호 업무를 담당하는 국가기관을 설립하고 그 국가기관으로 하여금 보호대상인 문화재를 목록화하도록 하며(제5조), ③ 문화재의 반출증명서 제도를 도입하도록 하며(제6조), ④ 협약당사국은 불법 반출된 문화재의 취득을 방지하도록 국내입법에 따라 필요한 조치를 취하고 불법 반출된 문화재가 반입된 경우 그 문화재의 회수 및 반환에 관하여 적절한 조치를 취하도록 하며(제7조), ⑤ 문화재의 불법 반출·입에 관여한 자에 대하여 형벌 및 행정적 제재를 가

---

76   출처: 게티이미지뱅크(콘텐츠 ID: 2178473636)
77   제성호, "문화재 불법이동의 국제법적 규제 -약탈문화재의 반환을 중심으로-", 「법조」, 제582호(2005), 법조협회, 85면.

하며(제8조), ⑥ 협약상의 조치를 위해 국제적인 공조를 취하며(제9조), ⑦ 외국군대 점령 시 강제적인 문화재이전을 불법한 것으로 간주한다(제11조). 또한 협약당사국은 문화재의 불법반출·입 및 소유권의 양도를 금지하고 예방하기 위한 모든 적절한 조치를 취하여야 하며(제12조), 각국의 법률에 따라 불법 반출·입의 우려가 있는 문화재 소유권의 양도를 방지할 적절한 수단을 강구하고, 불법 반출·입된 문화재를 적법한 소유자에게로 조기 반환할 수 있도록 협력을 보장하고 유실 또는 도난된 문화재의 회복을 위한 소송을 인정하고 각 당사국의 파기할 수 없는 권리(indefeasible right)**78**를 인정하여야 한다(제13조).

아래에서 이를 좀 더 자세히 살펴본다.

나. 불법성 천명(제3조)

제3조

본 협약의 당사국이 본 협약에 따라 채택된 규정에 위반하여 문화재를 반입, 반출 또는 소유권을 양도함은 불법이다.

본 조항은 협약에서 요구하는 의무조항을 위반하여 문화재를 반입, 반출 또는 소유권을 양도하는 것을 불법(illicit)한 것으로 선언하고 있다. 이때 무엇이 불법한 것인지는 각 체약국들이 협약에 기초하여(under this Convention) 국내법으로 제정한 규정을 위반하였는지에 따라 결정된다. 다시 말하자면, 제3조는 협약을 위반한 문화재 반출·입 및 소유권양도의 불법성을 천명하고 있지만, 무엇이 불법한 것인지는 협약 자체에 명기하지 않고 있다. 협약에 따라 각 체약국은 협약의 내용을 국내법 규범에 수용하여야 하는데, 그러한 국내법으로 수용된 협약내용을 위반

---

78 '파기할 수 없는 권리'란 특정문화재를 양도 불능, 즉 사실상(ipso facto) 반출되어서는 안되는 것으로 분류하고 선언할 권리를 의미한다(협약 세13조 d).

했을 때 비로소 불법(illicit)으로 판단되는 것이다.[79] 따라서 협약 제3조의 불법성은 그 자체만으로 요건충족의 판단이 될 수 있는 것이 아니라, 협약 제6조(문화재반출 증명서제도), 제7조(다른 당사국의 기관에서 도난된 문화재의 반입금지), 제9조(국제적 협력에의 참여) 및 제13조(문화재의 불법적 반출·입을 조성할 우려가 있는 문화재 소유권의 양도에 대한 조치) 등 협약상 체약국에게 요구되는 일련의 이행요구조항과의 관계에서 판단되어야 한다.

요컨대 동 협약에서 요구하는 이행사항에 따라 체약국이 문화재보호를 위해 제정한 국내법규범을 위반해서 문화재를 반출·반입하거나 소유권을 양도하는 행위는 불법이고, 협약에 의해서 금지된다.

다. 문화재보호 국가기관 설립 및 문화재의 목록화(제5조)

제5조

불법적인 반입과 반출 및 소유권 양도로부터 문화재의 보호를 확실하게 하기 위하여 본 협약의 당사국은 문화유산의 보호를 위하여 다음 기능을 효율적으로 수행할 수 있는 충분한 수효의 유자격 요원을 갖춘 국가기관이 아직 없는 경우에, 각국의 적절한 바에 따라 그 영역안에 하나 또는 그 이상의 국가기관을 설립할 것을 약속한다.

(a) 문화유산의 보호 특히 중요 문화재의 불법적인 반입과 반출 및 소유권 양도의 방지를 확고히 하기 위한 법안, 규칙안의 작성에 기여하고

(b) 보호되어야 할 재산의 국가적인 조사를 기초로 하여 그 반출이 국가문화유산을 상당히 고갈시킬 정도로 중요한 공공 및 개인의 문화재의 목록을 작성, 최신으로 유지하고

---

[79] Patrick J. O'Keefe, Commentary on the 1970 Convention, Builth Wells: Institute of Art and Law, 2007, p. 41.

(c) 문화재의 보존과 일반 공개를 보장하기 위하여 필요한 과학 및 기술연구 기관(박물관, 도서관, 기록보관소, 실험실, 작업장…)의 발전 또는 설립을 증진하고

(d) 고고학적 발굴의 감독을 조직화하고, 특정문화재를 "본래의" 장소에 보존함을 보장하고, 장래의 고고학적 탐사를 위하여 지정된 특정구역을 보호하고

(e) (박물관 관리자, 수집가, 골동품 취급자등) 관계자의 이익을 위하여 본 협약에 규정된 윤리원칙에 따라 규칙을 제정하고, 이 규칙의 준수를 확고히 하기 위한 조치를 취하고

(f) 모든 국가의 문화유산에 대한 존중심을 고취하고 증진하기 위한 교육적 조치를 취하고, 본 협약 규정의 지식을 전파하고

(g) 문화재의 어떠한 품목이든 그 상실에 대하여 적절한 홍보조치가 취하여지도록 한다.

협약 제5조에 의하면 불법적인 문화재의 반출·입 및 소유권의 양도로부터 문화재를 확실하게 보호하기 위한 조치로써, 체약국은 문화재 보호를 목적으로 하는 국가기관을 설립하여야 한다. 그러한 기관을 통하여 문화재의 반출·입을 규제하기 위한 문화재보호법령의 제정, 국가적인 조사를 기초로 한 문화재의 목록화, 문화재보존기관의 지원, 문화재 관련기관에 종사하는 자들을 위한 윤리강령의 제정과 그 이행감독, 문화재 관련교육과 홍보 등이 이루어져야 한다. 우리나라에서는 국가유산기본법상 국가유산청이 그러한 기능을 하고 있다.

이러한 사항을 실현하기 위해서는 충분한 예산이 확보되지 아니하면, 그저 이상적인 구호로 그칠 가능성이 있다. 이에 따라 협약 제14조는 이러한 제도를 실현하기 위해서 체약국 정부로 하여금 충분한 예산을 제공하도록 요구하고 있다.

문화재의 불법적인 반출을 방지하고 본 협약의 시행에서 발생하는 제의무를 이행하기 위하여 본 협약의 각 당사국은 가능한 한 충분한 예산을 문화유산의 보호 책임을 지는 국가기관에 제공하여야 하며, 필요하다면 이 목적을 위한 기금을 설치하여야 한다.

라. 문화재 반출증명서 제도의 도입(제6조)

제6조

본 협약의 당사국은 다음 사항을 약속한다.

(a) 문제된 문화재의 반출이 인가되었음을 반출 국가가 명기한 적절한 증명서를 도입한다. 그 증명서는 규정에 따라 반출되는 문화재의 모든 품목을 포함하여야 한다.

(b) 전기 반출증명서에 포함되지 않는 한 그들의 영역으로부터 문화재의 반출을 금지한다.

(c) 이러한 금지를 적절한 방법으로 특히 문화재를 반출 또는 반입할 가능성이 있는 사람들에게 주지시킨다.

UNESCO협약은 반출증명서 제도를 통하여 문화재의 반출·입을 통제하고 있다. 즉 문화재의 국제적인 불법거래를 차단하기 위해서 문화재의 반출증명서가 구비되어 있지 아니하면 체약국으로부터 문화재의 반출이 금지된다.

이러한 반출증명서 제도는 종래 캐나다, 영국, 미국, 프랑스, 이탈리아 등에서 이미 시행되고 있던 관행을 반영하여 도입한 것이다. 다만 체약국의 반출증명서에 어떤 내용이 담겨야 하는가에 대한 기준이 없기 때문에 반출증명서가 각국마다 서로 상이할 경우에 효율적인 운용이나 집행이 어려울 수 있기 때문에 UNESCO는 국제관세기구(ccc)와 협력하여 문화재모범반출증명서(Model Export Certificate for Cultural Objects)를 제정하여 보급하고 있다.[80] 그렇지만 문화재 반출증명서 제도에 대해서 그 발급의 승인이나 거절에 대한 기준을 제시하고 있지 않다는 문제점이 지적되고 있다.[81]

마. 불법반출 문화재의 취득방지 및 반입금지 등(제7조)

제7조

본 협약의 당사국은 다음 사항을 약속한다.

(a) 본 협약이 관계국가에서 발효된 이후에 그 국가 영역 내의 박물관 및 그 유사기관이 타 당사국으로부터 출처되어 불법적으로 반출된 문화재의 취득을 방지하도록 국내입법에 따라 필요한 조치를 취한다. 본 협약이 양 관계당사국에서 발효된 이후, 언제나 가능한 때에 출처 당사국으로부터 불법적으로 이전된 문화재의 제공을 그 당사국에 통고한다.

(b) (i) 본 협약이 관계국가에서 발효된 이후 본 협약의 타 당사국의 박물관이나 종교적 또는 세속적 공공기념관 또는 유사기관에서 도난된 문화재가 그 기관의 물품목록에 소속됨이 문서로 기록되어 있을 경우 그 반입을 금지한다.

(ii) 출처 당사국의 요청에 따라 본 협약이 양 관계당사국에서 발효된 후 반입된 상기 문화재의 회수 및 반환에 관한 적절한 조치를 취한다. 단, 요청국은 선의의 매수인이나 그 문화재의 정당한 권리자에게 공정한 보상을 지급하여야 한다. 회수 및 반환 요청은 외교관청을 통하여야 한다. 요청당사국은 회수 및 반환청구를 하는데 필요한 증빙서류 및

---

80 동 양식은 http://unesdoc.unesco.org/images/0013/001396/139620E.pdf에서 내려받을 수 있다.

81 서헌제, "불법문화재반환에 관한 국제협약과 국내법적 이행", 「법학논문집」 제31집 제1호 (2007), 중앙대학교 법학연구원, 525~548면.

기타 증거를 자국의 경비 부담으로 제출해야 한다. 당사국은 본조에 의거하여 반환되는 문화재에 관세나 기타 부과금을 과하여서는 아니 된다. 문화재의 반환 및 인도에 부수되는 모든 비용은 요청 당사국이 부담하여야 한다.

위에서 살펴본 반출증명서 제도만으로는 문화재의 불법적인 반출을 규제하는 데 한계가 있다. 따라서 협약 제7조는 문화재의 반입통제와 그에 따른 반환과 회수조치에 관한 규정을 두고 있는데, 동 협약에서 가장 중심되는 조항으로 평가된다.

반입의 경우 반출할 때보다 그 적용범위가 완화되어 있다. 협약 제7조 (a)항에 의하면 체약국들은 자국 내에 소재하는 박물관 등으로 하여금 다른 체약국에서 불법적으로 반출된 문화재의 취득을 방지하도록 할 의무를 부담한다. 또한 체약국은 다른 출처 당사국으로부터 불법적으로 이전한 문화재의 제공을 어느 때라도 그 당사국에게 통보하여야 한다. 그런데 체약국이 반입방지를 위해 취해야 할 필요한 조치 (necessary measures)를 위해서는 체약국이 국내법상 입법을 전제로 한다.[82] 또한 불법문화재 반입방지를 위한 체약국의 '필요한 조치'나 다른 출처국에 대한 통고의무는 "본 협약이 관계국가에서 발효된 이후에" 발생한 반입상황에만 적용된다.

한편 협약 제7조 (b) (i)에 의하면, 본 협약이 관계국가에서 발효된 이후 다른 체약국의 박물관 등에서 도난된 문화재는 반입이 금지되는데, 반입이 금지되는 문화재는 도난당한 박물관 등의 기관에 속하는 것이었음을 증명하는 물품목록에 기록된 문화재에 한정된다. 따라서 그러한 목록에 기재되지 아니한 문화재의 반입은 합법적으로 가능하다.

---

[82] 즉 협약 조문에는 "국내입법에 따라"(consistent with national legislation)라고 표현되어 있다.

또한 협약 제7조 (b) (ii)의하면, 관계당사국에 의해 협약이 발효된 후 발생한 상기 문화재의 반입상황이 발생하게 되면 체약국은 출처 당사국의 요청에 따라 반입된 문화재의 회수 및 반환에 관한 적절한 조치를 취하여야 한다. 이때 요청국은 선의의 매수인이나 그 문화재의 정당한 권리자에게 공정한 보상을 지급하여야 한다. 이 규정은 선의취득자에 대한 보상을 정하고 있다는 점에서 의미가 있다.

바. 형벌 및 행정적 제재의 부과(제8조)

제8조

본 협약의 당사국은 상기 제6조 (b)항 및 제7조 (b)항에 규정된 금지의 위반에 대하여 책임을 져야 하는 자에게 형벌 및 행정적 제재를 부과할 것을 약속한다.

체약국은 앞서 살펴본 반출증명서에 포함되지 아니한 문화재를 반출하거나[제6조 (b)항], 반입금지 문화재[제7조 (b)항]를 불법적으로 반입한 자에 대해서 형벌 및 행정적 제재를 부과하여야 한다.

사. 국제적 공조(제9조)

제9조

본 협약의 어느 당사국도 자국의 문화적 유산이 고고학적 또는 인종학적 물품의 약탈로 인하여 위험에 처하게 될 경우, 이에 영향을 입을 타 당사국에 대하여 주의를 환기할 수 있다. 이러한 경우에 본 협약의 당사국은 관계된 특정물품의 반출이나 반입 및 국제교역의 통제를 포함하는 필요한 구체적인 조치를 결정하고 수행하기 위한 합의된 국제적 노력에 참가할 것을 약속한다. 합의에 이르기까지 각 관계당사국은 요청국의 문화적인 유산에 대한 회복할 수 없는 손상을 방지하기 위하여 실행 가능한 한도의 잠정적인 조치를 취해야 한다.

협약 제9조는 한 국가의 문화적 유산이 위험에 처했을 때(in jeopardy) 이에 대응하기 위한 다국적인 협력을 촉구하는 것을 목적으로 하고 있다. 다만 이 규정은 고고학적(archaeological) 또는 인종학적(ethnological)인 문화재에 대해서만 적용된다.

동 조항은 체약국들로 하여금 직접적으로 어떠한 수입제한조치를 취할 의무를 부과하지는 않고, 그러한 조치를 이끌어내기 위한 "국제적 노력에 참가"하도록 하여 그 결론에 따라 각 사안별로 필요한 구체적인 조치(concrete measures)를 취하도록 하는 방식을 규정하고 있다. 따라서 그러한 국제적 합의에 따라 구체적인 조치가 취해질 때까지에는 상당한 시간이 소요될 수 있기 때문에 협약은 문화유산의 손상을 방지하기 위하여 "실행가능한 한도의 잠정적인 조치"를 취하도록 하고 있다.

아. 외국군대 점령 시 강제적 문화재이전의 불법간주(제11조)

제11조

외국 군대에 의한 일국의 점령으로부터 직접적으로 또는 간접적으로 발생하는 강제적인 문화재의 반출과 소유권의 양도는 불법으로 간주된다.

본조의 의미는 협약 제3조와 관련하여 이해할 필요가 있다. 제3조에서는 불법성(illicitness)을 판단함에 있어서 협약 자체에서 불법판단의 기준을 제시하지 않고, 각 체약국들이 협약에 따라 국내법으로 채택하여 하여야 하는 규정을 위반한 경우를 불법으로 보고 있다. 그에 반해 제11조는 국내법과의 관련성이나 국내법의 원용을 언급하지 않고 점령(occupation)으로부터 야기된 불법성을 규정하고 있다는 점에서 의미가 있다.[83]

이와 유사한 규정으로 1954년 헤이그협약 제1의정서 제1조가 있는

---

[83] 김형만, 전게서, 262면.

데, 동 조항은 점령영토로부터의 문화재의 반출금지를 목적으로 하고 있다. 그에 반해 UNESCO협약 제11조는 점령당국과 관련해서뿐만이 아니라, 동 협약의 모든 체약국들과 관련해서 문제된 문화재의 반출과 소유권의 양도를 불법으로 간주하고 있는 것이다.[84] 즉 본조는 1954년 헤이그협약 제1의정서 제1조와는 달리 무력점령시 문화재 반출의 불법성뿐만 아니라, 그러한 문화재에 대한 소유권의 양도 또한 불법하다는 것을 명시한 점에서 차이가 있다.

자. 협약 당사국 의무의 장소적 확장(제12조)

제12조

본 협약의 당사국은 각기 그들이 그 국제관계에 대하여 책임져야 할 영역 내의 문화적 유산을 존중하고, 그 영역에 있어서 문화재의 불법적인 반입과 반출 및 소유권의 양도를 금지하고 예방하기 위한 모든 적절한 조치를 취하여야 한다.

협약 제12조의 취지는 협약 당사국의 의무가 영토적으로(territorial) 확장될 수 있음을 확인한다. 예컨대 어떤 협약당사국이 다른 나라의 영토를 실효적으로 지배하고 있거나, 그 나라의 정치적 주권이 미치는 다른 국가나 지역(예, 영국령 케이맨 제도, 포클랜드 제도 등)에 대해서 협약은 "각기 그들이 그 국제관계에 대하여 책임져야 할 영역"이라고 표현한 것이다. 협약은 그러한 영역내의 문화재에 대해서도 협약당사국은 문화재의 불법적인 반입과 반출 및 소유권의 양도를 금지하고 예방하기 위한 모든 적절한 조치를 취하여 할 의무가 있음을 확인함으로써, 의무가 적용되는 장소적 효력범위를 넓히고 있다.

---

84 김형만, 전게서, 262면.

차. 각국 법률에서 취해야 할 내용(제13조)

본 협약의 당사국은 또한 각국의 법률에 따라 다음 사항을 약속한다.

(가) 문화재의 불법적인 반입과 반출을 조성할 우려가 있는 문화재 소유권의 양도를 모든 적절한 수단에 의하여 방지하고,

(나) 당사국의 주무관청이 불법적으로 반출된 문화재의 적법한 소유자에의 가능한 조기 반환을 용이하게 하는데 협력할 것을 보장하고

(다) 적법한 소유자 또는 그 대리인이 제기하는 유실 또는 도난된 문화재의 회복을 위한 소송을 인정하고

(라) 본 협약의 각 당사국의 파기할 수 없는 권리. 즉, 특정문화재를 양도 불능으로, 따라서 사실상 반출되어서는 아니되는 것으로 분류하고 선언할 권리를 인정하고, 그것이 반출되었을 경우에는 관계국가에 의한 동 문화재의 회복을 용이하게 한다.

협약 제13조는 협약 제7조와 함께 협약이 당사국에 대해 요구하는 구체적 의무를 명시한 핵심적 규정이면서도 가장 혼란스러운 규정이다. 왜냐하면 협약 제7조에서도 당사국에 요구되는 각종 의무사항이 규정되어 있는데도 제13조에서 당사국의 의무를 또 다시 언급하고 있기 때문이다. 여기서 제13조는 "각국의 법률에 따라"(consistent with the laws of each State) 본조에서 열거된 의무가 이행되어야 하는 데 방점이 있다. 즉, 협약당사국은 본조 (가)~(라)항에 언급된 의무사항을 자국의 법률에 반영하는 입법적 조치를 취하여야 한다.

특히 (가)항에서 언급된 의무(문화재의 불법적인 반입과 반출을 조성할 우려가 있는 문화재 소유권의 양도를 모든 적절한 수단에 의하여 방지한 의무)는 1970년 UNESCO협약의 정식명칭(문화재의 불법적인 반출·입 및 소유권 양도의 금지와 예방수단에 관한 협약)

이 표방하는 핵심사항을 집약적으로 담고 있다.[85]

(나)항에서는 주무관청(competent services)으로 하여금 불법적으로(illicitly) 반출된 문화재가 적법한 소유자(rightful owners)에게 조속히 반환될 수 있도록 협력할 것을 보장하는 의무를 부과하고 있다. 이때 여기서 무엇을 기준으로 '불법적'인지 또는 '적법한' 것인지를 판단할 규범이 필요하기에 협약당사국으로서는 자국법에 불법 또는 적법을 판단할 수 있는 규정을 두어야 한다. 그렇지만 타국의 법률에 따라 '불법적'으로 반출된 문화재라 하더라도 자국의 법률에서는 '적법한' 소유자가 취득하는 경우도 발생할 수도 있기에 이러한 문제에 대해 협약은 양 당사국이 협력(co-operate)할 것을 보장해야 한다는 선에서 타협하고 있다.

(다)항에 따라 협약당사국은 유실 또는 도난된(lost or stolen) 문화재의 회복을 위한 소송을 허용하는 법률을 갖추어야 한다. 무엇이 '유실' 또는 '도난'된 상태인지에 대해서도 각국의 법률이 이를 판단할 수 있는 규정을 두어야 한다.

(라)항에서 협약은 각 협약당사국으로 하여금 그들의 특정한 문화재에 대해서는 양도 불능한(inalienable) 것으로 선언할 수 있는 권리를 보장하고 있다. 그러한 문화재가 반출되면 그 자체가 불법한 것이므로 관계국으로서는 그 회복을 용이하게 할 의무를 부담한다.

③ 협약의 부속규범

평시 문화재의 불법적인 반출·입을 근절하기 위해 제정된 1970년 UNESCO협약은, 2024년 7월 현재 145개국 정부가 가입을 하여 국제사회로부터 가장 광범위하게 지지를 받고 있는 국제규범이라고 할 수 있다. 그럼에도 불구하고 UNESCO협약에 내재된 한계는 분명히 있

---

85 Patrick J. O'Keefe, Commentary on the 1970 UNESCO Convention, p. 82.

다. 우선 동 협약은 자기집행적 효력이 없어서 협약의 이행을 위해서는 각국마다 국내적 입법작용을 통해서만 협약내용이 실현될 수 있기 때문에 각국마다 협약에 대한 규범적 이행수준에 차이가 날 수밖에 없다. 또한 동 협약은 해당국가의 협약가입 이후에 불법반출·입된 문화재에 대해서만 적용되므로 과거 식민지시대에 횡행하였던 약탈문화재의 반환문제에 대해서는 적용되지 않는다. 아울러 동 협약은 등록된 문화재에 대해서만 불법반출·입의 금지대상에 해당하므로 등록되지 아니한 매장문화재 등은 동 협약의 보호대상이 되지 못하는 한계가 있다. 협약의 시행과정에서 이러한 문제점들이 드러나자 UNESCO 사무국은 1970년 UNESCO협약의 근간을 유지하면서도 위와 같은 문제점들을 개선하기 위해 여러 방책을 내놓았다. 첫째 2015년 5월 개최된 제3차 UNESCO 당사국총회에서 1970년 UNESCO협약에 관한 운영지침(Operational Guidelines)86을 채택하였다.87 운영지침은 협약의 해석을 둘러싼 법적 분쟁과 관련된 위험을 최소화함으로써 협약의 이행을 강화·촉진하는 것을 목적으로 한다(지침 제8문단). 그러한 목적에서 운영지침은 협약상 각종 개념에 대한 설명88과 협약의 실행을 위한 예시89나

---

86 정식명칭은 Operational Guidelines for the Implementation of the Convention on the Means of Prohibiting and Preventing the Illicit Import, Export and Transfer of Ownership of Cultural Property (UNESCO, Paris, 1970).

87 운영지침(Operational Guidelines)에 대한 UNESCO의 소개는 https://www.unesco. org/en/fight-illicit-trafficking/operational-guidelines?hub=416 (2024.12.23. 최종접속). 또한 운영지침 전문은 아래 URL에서 내려받을 수 있다. https://www. unesco.org/sites/default/files/medias/fichiers/2022/03/operational_guidelines_ en_final_final_1%20%282%29.pdf (2024.12.23. 최종접속).

88 예컨대 협약 제2조 및 제3조의 불법(illicit)에 관한 개념 설명, 제5조 및 제13조 제14조의 국가기관(National Service에 관한 개념 설명 등.

89 예컨대 협약 제6조의 반출증명서(Expert certificates)에 기재되어야 할 사항.

구체적인 내용의 설명90 기타 운영방안91 등에 관하여 협약해석에 관한 일응의 기준을 제시함으로써, 각국의 이행법률을 동화시키는 데 기여를 하고 있다. 또한 2011년 UNESCO사무국은 사법통일국제연구소(UNIDROIT)와의 협업으로 「매장문화재에 대한 국가소유 표준규정」92을 제정하여 아직 발굴되지 아니한 미등록 문화재를 국가소유로 인정하는 입법규정의 모델을 제시하고 있다.93 이는 체약국들로 하여금 자국의 입법기관이 미발굴문화재에 대한 국가소유권을 인정하는 입법을 채택할 수 있도록 지원함으로써, 그러한 문화재가 타국으로 불법 반출된 경우에도 반환을 가능토록 하는 데 기여한다.

한편 1970년 UNESCO협약에 가입한 국가들로 구성된 정부간위원회(Intergovernmental Committee: ICPRCP)는 조직상 1970년 UNESCO협약으로부터 독립된 상설기관(permanent body)이지만 협약체결 이전에 불법 반출되어 협약의 적용대상에 속하지 않는 문화재의 반환분쟁에 대해서도 중재와 조정하는 기능을 수행하고 있다. 이를 위해 동 정부간위원회는 「불법반출 문화재의 원소유국으로의 반환을 촉진하기 위한 중재·조정 규칙」94을 제정하여 운영하고 있다.

---

90 예컨대 협약 제7조 (b)항의 반환청구를 위한 증명(evidence to establish a claim), 공정한 보상(just compensation) 및 (due diligence)에 대한 용례 등.

91 예컨대 협약에는 언급되어 있지 않지만 인터넷이나 경매을 통한 문화재의 거래 시 주의사항 등.

92 정식명칭은 UNESCO-UNIDROIT Model Legislative Provisions on State Ownership of Undiscovered Cultural Objects (2011).

93 표준규정 전문은 아래 URL에서 볼 수 있다. https://www.unidroit.org/instruments/cultural-property/2012-model-provisions/ (2024.12.23. 최종접속).

94 정식명칭은 Rules of Procedure for Mediation and Conciliation in accordance with Article 4, paragraph 1, of the Statutes of the Intergovernmental Committee for Promoting the Return of Cultural Property to its Countries of Origin or its Restitution in Case of Illicit Appropriation. 중재·조정 규칙은 아래 URL에서 볼 수 있다. https://unesdoc.unesco.org/ark:/48223/pf0000192534_eng (2024.12.23. 최종접속).

Ⅲ 1995년 UNIDROIT협약

1 협약의 제정배경

1995년 UNIDROIT협약의 성립배경에는 1970년 UNESCO협약의 문제점이 깔려 있다. 첫째 1970년 UNESCO협약 규정은 대부분 자기집행적(self-executing) 효력이 없기 때문에 협약당사국은 자국의 국내법에 협약내용을 수용하는 입법조치를 하지 않으면 UNESCO협약 그 자체에 기해 문화재의 불법적인 반출·입 및 소유권양도를 막는 법적 조치를 취할 수는 없다. 둘째, UNESCO협약 당사국들이 협약의 국내법적 이행을 위해 취하는 자국의 입법조치들은 자국의 상황에 따라 각기 달라 각국마다 협약을 받아들이는 내용이나 수준이 통일되지 않아 협약이 추구하는 문화재의 반출·입 및 소유권 양도의 금지라는 목적을 달성하는 데 장애가 되고 있다. 셋째, UNESCO협약은 박물관 등의 물품목록에 등록된 문화재에 한해서 반입을 금지하고 있는 바(제7조 b항), 비록 등록되지 않았지만 가치있는 문화재의 반입을 막을 수 있는 협약상 근거가 없다는 점이 지적된다. 넷째, UNESCO협약은 체약국으로 하여금 불법반출·입된 문화재의 반환의무를 규정하고 있지만 그 문화재의 소유권을 둘러싼 선의취득의 문제와 같은 사법적 내용들은 언급되어 있지 않다.

이러한 문제를 해결하고자 UNESCO는 사법을 전문으로 하는 기관에 연구를 의뢰하기로 하여, 당시 「유체동산의 선의취득에 관한 통일법 초안(Uniform Law on the Acquisition in Good Faith of Corporeal Movables: LUAB)」을 성안하였던 「사법통일국제연구소(International Institute for the Unification of Private Law: UNIDROIT)」에 1970년 UNESCO협약의 실질적인 이행을 위한 사법적 규정의 보완을 요청하였다. 이에 따라 1986년 UNIDROIT 상임이사회는 제65차 회의에서 1987-1989년의 사업계획에 문화재의 국제적 보호를 내용으로 하는 과제를 포함하기로 결의하였고, 이에 오스트리아 라이헬트(Gerte Reichelt) 교수를 비롯한 학자들의 초안을 중심으로 한 연구그룹(study group)의 토의결과 협약 예비초안이 마련되고 이를 다시 정부전문가위원회(committee of governmental experts)에서 수차례 논의를 거쳐 UNIDROIT협약안을 안출하였다. 1994년 5월 UNIDROIT이사회는 이 협약안의 채택을 위해 협약안을 외교회의에 제출할 것을 결의하였고, 이에 따라 1995년 6월 이탈리아 정부의 주최하에 협약안의 채택을 위한 외교회의가 로마에서 개최되어, 동년 6월 24일 회원국들의 표결을 통해 협약으로 채택되었다. 이것이 「문화재의 도난 및 불법반출에 관한 UNIDROIT협약」[95]이며, 통칭 「1995년 UNIDROIT협약」이다. 요컨대 UNIDROIT협약은 1970년 UNESCO협약에 내재한 문제점을 해결하고 동 협약상의 규정들을 구체화하여 특히 도난당하거나 불법 반출된 문화재의 '반환'에 초점을 맞추어 국가간의 통일적인 규칙을 꾀하고자 한 것이다.

② 1970년 UNESCO협약과 1995년 UNIDROIT협약의 비교

무력충돌이 아닌 평시의 문화재 도난이나 불법반출에 대응하기 위한 국제규범은 1970년 UNESCO협약과 1995년 UNIDROIT협약이다. 2025년 2월 현재까지 1970년 UNESCO협약에는 147개국이 가입한 데 반해, 1995년 UNIDROIT협약에는 56개국이 가입한 데 그치고 있다. 그 것은 단지 양 협약이 발효된 시간상의 차이 외에도 규범적인 측면에서

---

95 정식명칭은 UNIDROIT Convention on Stolen or Illegally Exported Cultural Objects (Rome, 1995). 협약은 1995년 6월 24일 채택되어 1998년 7월 1일부로 발효되었다.

양자가 적지 않은 차이가 있기 때문이다. 이를 설명하면 다음과 같다.

1970년 UNESCO협약에서는 협약상의 권리 또는 의무의 주체는 체약국 정부이다. 즉 협약에서 요구하는 사항들을 체약국 정부가 이행하여야 한다. 그에 반해 1995년 UNIDROIT협약에서는 체약국가뿐만 아니라 기관이나 개인 등 불법문화재에 대한 권리·의무를 가진 모든 자가 대상이다.

협약의 규범적 속성에 있어서도 1970년 UNESCO협약은 체약당사국을 상대로 한 공법적·행정법적 속성을 띄는 데 반해, 1995년 UNIDROIT협약은 문화재의 원소유자와 현점유자 사이의 반환의무를 중심으로 하는 민사법적 속성을 가지고 있다.

협약의 내용에 있어서도 1970년 UNESCO협약은 문화재보호기관의 설립, 문화재목록의 작성, 문화재의 반출 및 반입의 통제, 국제적 공조 등 행정적 내용이 주를 이루는 데 반해, 1995년 UNIDROIT협약은 도난문화재 및 불법반출 문화재의 반환청구, 선의취득자에 대한 보상, 반환청구권의 시효 등 실체적 권리관계를 주로 다루고 있다.

문화재의 불법성(illicitness)에 대한 판단에 있어서도 1970년 UNESCO협약은 체약국의 국내법규정에 의해 판단하도록 하고 있음에 반해, 1995년 UNIDROIT협약은 '도난'과 '불법반출' 행위를 규제의 대상으로 직접 규정하고 있다.

또한 양 협약은 협약의 수범자들에 대한 구속력에 있어서도 큰 차이를 보이고 있는데, 1970년 UNESCO협약은 이른바 자기집행적 (self-executing) 효력이 없어 협약을 위반하더라도 이를 집행할 효력이 담보되어 있지 않은 데 반해, 1995년 UNIDROIT협약은 자기집행력을 가지고 있어서 체약국의 법원은 협약을 재판의 규범으로 직접 원용해서 쓸 수 있고 그에 따라 협약위반자에 대해서도 협약을 근거로 직접 집행을 할 수 있다.

《1970년 UNESCO협약과 1995년 UNIDROIT협약의 비교》

비교대상	1970년 UNESCO협약	1995년 UNIDROIT협약
협약상 권리 · 의무의 주체	체약 당사국(정부)	국가, 기관, 개인
규범의 속성	공법적 · 행정법적 속성	민사법적 속성
불법성에 대한 판단기준	체약국의 자국 법률규정	조약에서 직접 규정
자기집행력 유무	없음	없음
주요 내용	문화재보호기관의 설립, 문화재목록의 작성, 문화재의 반출 및 반입의 통제, 국제적 공조 등	도난문화재 및 불법반출 문화재의 반환청구, 선의취득자에 대한 보상, 반환청구권의 시효 등

　　이러한 차이는 결과적으로 각국의 협약체결의 결정에 중요한 요소로 작용하게 된다. 즉 1970년 UNESCO협약은 체약국의 문화재행정에 관한 내용을 주로 담고 있기 때문에 협약의 이행이 그리 어렵지 않을 뿐만 아니라, 협약 자체가 자기집행력이 없어서 체약국으로서는 규범적 구속력을 크게 의식하지 않을 수 있기 때문에 협약가입에 크게 부담이 되지 않지만, 1995년 UNIDROIT협약은 협약의 효력이 체약국 정부뿐만 아니라 일반국민에게도 직접 효력을 미치기 때문에, 각국의 민법 등 국내법규의 체계와 충돌이 발생할 수 있어서, 협약과 국내법규와의 관계가 정립될 때까지는 협약가입에 주저할 수밖에 없는 사정이다. 그렇지만 최근 문화재의 불법거래를 막는 실효적인 방법은 결국 민사적인 규율의 통일이 가장 효과적이라는 인식이 팽배하면서 1995년 UNIDROIT협약에 관한 관심이 크게 늘고 있다. 이러한 상황에서 1970년 UNESCO협약에 가입한 국가들로서는 당장은 1995년 UNIDROIT협약에까지 가입하는 것으로 넘어가지 않고, 1970년 UNESCO협약의 국내이행에 즈음하여 1970년 UNESCO협약에서의 이행사항보다는 좀 더 강화된 내용으로 1995년 UNIDROIT협약의 내용을 일부 수용하는 선

에서 자국의 문화재보호법을 보완하는 타협을 하기도 한다(이른바 '1970 UNESCO Convention Plus').

③ 협약의 주요 내용

가. 개설

1995년 UNIDROIT협약은 전문과 5개 장(章) 21개 조(條) 및 부속서(Annex)로 구성되어 있다. 제1장은 적용범위 정의(제1조 및 제2조), 제2장은 도난문화재의 환수(Restitution)(제3조 및 제4조), 제3장은 불법반출 문화재의 반환(Return), 제4장은 총칙규정(제8조-제10조), 제5장은 최종규정(11조-21조)으로 짜여 있는데, 핵심적인 내용은 제2장과 제3장에 집중되어 있다. 협약은 도난문화재와 불법반출 문화재를 구분하는데, 도난문화재의 점유자는 이를 반환해야 하며 협약상 위법하게 발굴되었거나 적법하게 발굴되었어도 위법하게 보유된 문화재는 도난당한 것으로 간주된다(제3조). 도난문화재에 대한 선의취득은 인정되지 않으며, 다만 선의의 점유자는 공정하고 합리적인 보상을 청구할 수 있는 권리를 가진다(제4조 제1항). 불법반출 문화재에 대해서는 체약국은 다른 체약국의 법원 또는 기타 권한 있는 당국에 대하여 자국의 영역에서 불법 반출된 문화재의 반환을 명하도록 요청할 수 있다(제5조 제1항). 불법 반출된 문화재에 대해서도 선의취득은 인정되지 않으며, 선의의 점유자는 공정하고 합리적인 보상의 지급을 청구할 수 있을 뿐이다(제6조 제1항). 협약은 도난문화재의 환수 또는 불법 반출된 문화재의 반환을 청구할 수 있는 권리에 대해 소멸시효의 적용을 인정한다(제3조 제3항 및 제5조 제5항). 협약은 문화재가 협약의 발효 이후에 도난 되거나 불법 반출된 경우에 적용됨으로써 소급효를 인정하지 않는다(제10조).

나. 적용범위: 국제적 성격의 청구(제1조)

제1조

이 협약은 다음과 같은 국제적 성격을 갖는 청구에 적용된다:

(a) 도난문화재의 환수;

(b) 문화적 유산 보호를 위해 문화재의 반출을 규제하는 체약국의 법에 위반하여 그 영역으로부터 반출된 문화재(이하 "불법반출 문화재"라 함)의 반환

UNIDROIT협약 제1조는 다음과 같은 몇 가지 의미를 가지고 있다.

첫째, 동 협약은 도난이나 불법반출로 인하여 발생한 "국제적 성격(international character)"을 갖는 청구(claim)에 한해 적용된다. 다시 말하자면 국내에서 발생한 도난사건이나 불법반출 사건에는 동 협약이 적용되지 아니한다. 당초 협약의 초안단계에서는 도난문화재의 회수와 관련한 국내적 또는 국제적 청구권을 모두 포함하는 규정을 마련하였으나, 정부전문가위원회의 심의과정에서 국제적인 청구권만을 협약의 적용대상으로 한정하게 되었다.[96] 여기서 무엇이 "국제적 성격"을 갖는 청구에 해당하는지가 문제된다. 도난된 문화재 또는 불법 반출된 문화재가 다른 나라로 넘어 들어간 경우에는 이것의 반환요구가 국제적 성격을 갖는 청구에 해당함은 자명하다. 문제는 도난 또는 불법 반출된 문화재가 외국으로 넘어 들어간 후 전전유통되는 과정에서 다시 원산국으로 들어와서 그 문화재에 대한 반환을 청구하는 경우에도 국제적 성격을 갖는 청구에 해당하는지의 여부이다. 그에 해당하는 사례가

---

[96] 서헌제·박찬호, 『도난·불법반출 문화재에 관한 법리적 연구』, 한국법제연구원, 2007, 71면 이하.

Winkworth vs Christie Manson & Woods Ltd[97] 사건이다.[98] 그러한 경우에도 문화재가 다른 나라에서 전전유통하는 과정에서 다른 나라의 법률과 충돌될 수 있으므로 국제적 성격을 갖는 청구에 해당한다고 봄이 타당하다.

둘째, 협약 제1조는 그러한 국제적 성격의 청구를 발생시키는 사유를 크게 두 가지로 나누고 있는데, 하나는 문화재가 도난(stolen)당한 경우이고, 다른 하나는 불법 반출된(illegally exported) 경우가 그것이다. 두 경우 모두 불법적인 상황임에는 공통적이지만, 행위반가치의 측면에서 보면 도난이 불법반출보다 더욱 위법한 행위로 평가된다.

셋째, 위의 구분과 관련하여 문화재를 되돌려주는 것에 대해 표현을 달리하고 있다. 즉 도난문화재에 대해서는 환수(restitution)라고 하고, 불법반출 문화재에 대해서는 반환(return) 이라는 용어를 사용한다.

이러한 착상에 따라 협약은 제2장(도난문화재의 환수)과 제3장(불법반출 문화재의 반환)으로 나뉘어 규정하고 있다.

---

97 [1980] 1 Ch. 496 = [1980] 2 W.L.R. 937 = [1980] 1 All E. R. 1121 (Slade, J.). S. Carter, Decisions of Britisch Courts During 1981 Involving Questions of Public or Private International Law, 52 B.Y.B.I.L. 319, 329-334 (1981); Rowe, Stolen Property in the Conflict of Laws, 1 Cant. L. Rev. (N.Z.) 71 ff. (1980).
98 동 사건의 사안은 다음과 같다. 일본산 목재조각예술품을 수집하던 영국인 윌리암 윈크워드(Wiliam Winkworth)는 그가 주소로 있는 영국에서 일본조각예술품을 도난당하였다. 도난당한 예술품은 이탈리아로 반출되고 그곳에서 도난품임을 모르는 이탈리아인 마르체스(Marchese Paolo)에게 팔리게 된다. 그 물건을 취득한 마르체스는 수년 후 그 예술품을 런던으로 가지고 와서 런던에 소재하는 크리스티 회사에서 경매로 처분하기로 하였다. 예술품의 원소유자였던 윈크워드는 목재예술품이 자신이 소장하였던 물건과 같은 것임을 알게 되었고, 이에 윈크워드는 크리스티 회사와 경매를 의뢰한 마르체스를 상대로 예술품에 대한 경매의 철회 및 예술품의 반환을 요구하는 소송을 영국법원에 제기하였다. 사건을 담당한 영국법원은 이 사건을 국제사법적 문제로 보아 영국법이 아닌 이탈리아법을 준거법으로 정하여 판단하였다. 이 사건의 의미에 대한 상세한 설명으로는 송호영, "국제사법상 문화재의 기원국법주의(lex originis)에 관한 연구", 「재산법연구」 제30권 제1호 (2013. 5.), 한국재산법학회, 82면 이하 참고.

다. 도난 문화재의 환수 및 선의취득자 보상(제3조, 제4조)

(1) 도난 문화재의 환수(제3조)

제3조

(1) 도난된 문화재의 점유자는 이를 반환하여야 한다.

(2) 이 협약의 목적상, 어떠한 문화재가 발굴이 이루어진 국가의 법에 의할 경우 불법적으로 발굴되었거나 합법적으로 발굴된 물건이 불법적으로 소지되고 있는 경우에는, 도난문화재로 간주된다.

(3) 환수에 관한 어떠한 청구이든 청구인이 당해 문화재의 소재 및 점유자의 신원을 안 때로부터 3년의 기간 내에 제기되어야 하며, 어떠한 경우에든 도난 시로부터 50년의 기간 내에 제기되어야 한다.

(4) 그러나, 확인된 기념물 내지 고고학적 유적의 불가분의 일부를 구성하는, 또는 공공 수집품에 속하는 문화재의 회복에 관한 청구는 당해 청구인이 문화재의 소재와 점유자의 신원을 안 때로부터 3년이라는 기간 이외의 시효의 적용을 받지 않는다.

(5) 전항의 규정에도 불구하고, 체약국은 75년 또는 자국법에 규정된 보다 장기의 시효의 적용을 받는다고 선언할 수 있다. 위와 같은 선언을 행한 체약국의 기념물, 고고학적 유적지 또는 공공 수집품에서 이탈된 문화재의 회복을 위해 다른 체약국내에서 제기된 청구도 그러한 시효의 적용을 받는다.

(6) 전항에서 언급된 선언은 서명, 비준, 수락, 승낙 내지 가입시에 행하여져야 한다.

(7) 이 협약의 목적상, "공공 수집품"은 다음의 주체가 소유하고 있으며 목록화된, 또는 기타의 방법으로 식별된 일단의 문화재로 구성된다:

(a) 체약국;

(b) 체약국의 종교적 또는 지역적 당국;

(c) 체약국의 종교기관; 또는

(d) 체약국 내에서 본질적으로 문화적, 교육적 내지 과학적 목적으로 설립되었으며 당해 국가에서 공익에 봉사하는 것으로 인정된 기관.

(8) 또한, 체약국 내의 종족 내지 원주민 공동체에 속하며 이들이 사용하고, 당해 공동체의 전통적 내지 의식적 이용의 일부인 성물(聖物) 내지 공동체 내에서 중요한 문화재의 회복을 위한 청구는 공공 수집품에 적용가능한 시효의 적용을 받는다.

협약 제3조 제1항은 "도난된(stolen) 문화재의 점유자(posessor)는 이를 반환하여야 한다."고 규정하고 있다. UNIDOIT협약에 있어서 가장 핵심적인 조항이다. 문화재가 도난되어 그러한 사실을 모르는 제3자에게 양도된 경우에 원소유자와 이를 취득하여 현재 보유하고 있는 선의의 제3자(점유자) 사이의 이해관계를 어떻게 조정할 것인가는 매우 어려운 문제이다. 이에 대해 유럽 등의 대륙법계(civil law system)와 영국·미국 등의 영미법계(common law system)에서는 서로 다른 입장을 취하고 있다. 대륙법계에서는 이러한 경우에 원소유자의 이익보다 거래의 안전에 치중하여 선의로 취득한 제3자의 이익을 중시한다. 따라서 일정한 요건하에서 제3자가 무권리자로부터 물건을 양수받았더라도 적법하게 소유권을 취득하는 이른바 선의취득(good faith acquisition 또는 bona fide acquisition)을 인정한다. 이에 반해 영미법계에서는 "누구도 자신이 보유하지 않은 것을 양도할 수 없다(nemo dat quod non habet)"라는 법언(法諺)에 따라 제3자는 무권리자로부터 어떠한 권리도 취득할 수 없다는 원칙(이른바 nemo dat원칙)이 확립되어 선의취득이라는 제도 자체를 인정하지 않는다. 이러한 상반된 법계 사이에서 협약은 도난 문화재의 절대적 또는 무조건적인 반환의무를 채택하였다. 그 이유는 이 방안만이 문화재의 불법적인 거래를 억제할 수 있는 현실적인 접근방법으로 판단하였기 때문이다. 다만 영미법계가 도난당한 물건에 대한 선의취득자에게 보상을 지급하지 않고도 반환을 청구할 수 있는 데 반해, 협약은 도난문화재의 원칙적으로 선의취득자에게 소유권의 취득을 인정하지 않고 무조건적인 반환의무

를 부과하되, 뒤에서 보는 바와 같이, 협약 제4조에서는 선의취득자에게 일정한 요건하에서 공정하고 합리적인 보상의 지급을 요구할 권리를 인정하고 있다. 이러한 점에서 도난문화재의 원칙적 반환의무라는 영미법계적 요소와 선의취득자에 대한 보상청구권의 인정이라는 대륙법계의 요소가 가미된 중간적인 방식을 채택하고 있는 셈이다.99

여기서 이때 도난(stolen)의 개념에 대해서는 좁은 의미의 '절도'만을 의미하는 것인지 아니면, '횡령'이나 '사기'까지 포함하는 것인지에 대해 해석상 다툼의 여지가 있으나, 협약은 이를 명시하지 않고 개별국가들에게 보다 광범위한 규정을 둘 수 있는 재량을 부여하고 있다.100 다만, 협약 제3조 제2항은 고고학적 유물의 발굴과 관련해서는 체약국의 법률에 따라 위법하게 발굴되거나 적법하게 발굴되었더라도 위법하게 보유한 문화재에 대해서는 도난된 것으로 간주함으로써, 도난의 개념을 확장하고 있다.

도난문화재의 반환청구와 관련해서, 협약 제3조 제3항은 청구권의 행사가 소멸시효(prescription)에 걸린다는 것을 명시하고 있다. 여기서 청구권의 소멸시효에는 2가지 종류를 두고 있다. 하나는 청구인이 당해 문화재의 소재와 점유자의 신원을 안 때로부터 3년이 지났거나,101 도난당한 때로부터 50년이 경과하면102 반환청구를 제기하지 못한다. 그러나 예외적으로, 확인된(identified)103 기념물 내지 고고학적 유적의 불

---

99 Bettina Thorn, Internationaler Kulturgüterschutz nach der UNIDROIT-Konvention, De Gruyter: Berlin, 2005, S. 117 ff.

100 Lyndel V. Prott, Commentary on The UNIDROIT Convention, Leicester: Institute of Art and Law, 1997, p. 31.

101 이를 '상대적 행사기간' 또는 '주관적 행사기간'이라고 부를 수 있다.

102 이를 '절대적 행사기간' 또는 '객관적 행사기간'이라고 부를 수 있다.

103 여기서 '수록된(inventoried)'이 아니라 '확인된(identified)'이라고 표현한 것은 적절한 동록목록을 갖추지 못한 국가들도 유물의 확인을 통해 소멸시효의 적용을 배제할 수 있도록 하려는 의도에서이다.

가분의 일부를 구성하는, 또는 공공 수집품104에 속하는 문화재의 회복에 관한 청구에는 3년의 소멸시효(상대적 행사기간)만이 적용되고 50년의 소멸시효기간(절대적 행사기간)은 적용되지 않는다(협약 제3조 제4항). 따라서 만약 반환대상 문화재의 소재나 그 점유자의 신원을 모른 상태라면 영원히 반환청구를 제기할 수 있게 된다. 이러한 결과는 문화재나 미술품 거래시장이 활성화되어 있는 나라로서는 매우 불리한 결과를 가져온다. 이에 따라 제3조 제5항은 이에 대한 특례를 다시 인정하여, 제4항의 규정에도 불구하고 체약국은 75년 또는 자국법에 규정된 보다 장기의 시효의 적용을 받는다고 선언할 수 있도록 하였다. 즉 체약국으로 하여금 제4항의 규정에도 불구하고 청구권 행사기간을 제한할 기회를 준 것이다. 이 경우에 체약국 사이에 상호주의가 적용되어 그러한 시효제한의 선언(예컨대 75년의 시효선언)을 한 체약국은 자국의 문화재반환을 다른 체약국에 청구하는 경우에도 동일한 시효제한을 받게 된다. 이러한 선언은 서명, 비준, 수락, 승낙 내지 가입시에 행하여져야 한다(협약 제3조 제6항).

(2) 선의취득자에 대한 보상(제4조)

제4조

(1) 도난문화재의 반환을 요구받는 점유자는 당해 문화재가 도난되었음을 알지 못했거나 합리적으로 알 수 없었을 경우, 그리고 당해 문화재 취득 시에 상당한 주의를 행사하였음을 입증할 수 있는 경우, 그 회복 시에 공정하고 합리적인 보상의 지급을 요구할 권리가 있다.

(2) 전항에서 언급된 점유자의 보상청구권에 영향을 주지 않으면서, 당해 문화재를 당해 점유자 내지 이전의 양도인에게 양도한 자가 당해 보상을 지불하는 것이 당해 청구가 제기된 국가의 법에 합치하는 경우 그렇게 하기 위한 합리적인 노력이 기울여져야 한다.

---

104   동조 제7항 및 8항은 공공 수집품을 더 상세히 설명한 조항이다.

(3) 청구인에 의한 점유자에 대한 보상의 지급이 요구될 경우 이는 청구인이 그 금액을 기타의 자로부터 구상할 권리에 영향을 주지 않는다.

(4) 점유자가 상당한 주의를 행사하였는지를 결정할 때에는 당사자의 성격, 지불된 가격, 당해 점유자가 합리적으로 접근가능한 도난문화재 등록부 및 합리적으로 획득하였을 수 있는 기타의 관련정보 및 문서를 참조하였는지의 여부, 그리고 동 점유자가 접근가능한 기관들에 조회하였거나 합리적인 자라면 당해 상황에서 취하였을 수 있는 기타의 조치를 취하였는지의 여부를 포함하여, 당해 취득의 모든 상황을 고려하여야 한다.

(5) 당해 점유자는 상속 또는 기타 무상의 방법으로 당해 문화재를 양도한 자보다 유리한 지위에 놓여서는 안 된다.

앞서 본 바와 같이, 협약은 도난 문화재에 대해서는 선의취득을 인정하고 무조건적인 반환원칙을 관철하는 대신에, 선의취득자에 대해서는 상당한 보상을 인정함으로써 형평을 유지하려고 한다.

선의취득자가 보상을 청구할 수 있기 위해서는 다음의 요건을 충족시켜야 한다. 첫째, 도난 문화재의 반환을 요구받은 점유자가 그 문화재가 도난당한 것이라는 사실을 알지 못하였거나 또는 합리적으로 볼 때 알 수 없었어야 한다. 둘째, 도난당한 문화재를 구입할 당시에 상당한 주의(due diligence)를 다하였다는 점을 입증할 수 있어야 한다. 선의취득자가 보상을 받기 위해서는 선의취득자가 위의 두 가지 요건의 충족을 입증하여야 한다. 특히 협약 제4조 제4항은 선의취득자가 '상당한 주의'를 기울였는지를 판단함에 있어서 4가지를 제시하고 있다. 즉 당사자의 성격,[105] 지불된 가격, 물적 조회의 여부, 인적 조회의 여부 등이다. 물적 조회의 대상은 도난문화재 등록부 및 기타의 관련정보 및

---

[105] 예컨대 취득자가 예술품딜러나 경매회사라면 일반인보다 훨씬 높은 주의의무가 요구된다.

문서 등이다. 인적 조회대상은 기관들에 대한 조회하는 것과 당해 정황에서 통상적으로 취하는 조치의 수행여부 등이다.

만약 선의취득자가 상기한 2가지 요건을 충족시킨다면, 보상청구권이 인정되는데, 이때 보상액수를 정하는 기준은 공정성(fair)과 합리성(reasonable)이다. 이때 선의취득자는 누구에게 보상청구권을 행사해야 하는지가 문제된다. 즉 선의취득자의 보상청구권에 대응하여 보상금의 지급의무를 누가 부담하는가 하는 문제이다. 예를 들어 원소유자 A, 이를 절취하여 처분한 B, 그러한 사정을 모르고 매수한 C가 있다고 가정하자. A가 도난문화재임을 이유로 C에게 반환청구를 한 경우에, 만약 C가 그 문화재가 도난당한 것이라는 사실을 알지 못하였고 또한 문화재를 구입할 당시에 상당한 주의를 다하였다는 것을 입증함으로써, 보상을 청구할 경우에 누가 보상금을 지급해 주어야 하는가? 통상적으로는 A가 보상금을 지급하여야 할 것이다. 그렇지만 체약국의 법률에 따라 B가 보상금을 지급해야 하는 것으로 규율될 수도 있다. 협약 제4조 제2항은 그러한 상황(즉 B가 보상을 해야 하는 상황)을 표현한 것이다. 만약 이러한 경우에 A가 보상금을 지급하였다면, A는 B에게 구상권을 행사할 수 있다. 협약 제4조 제3항은 그러한 구상권 행사에 관한 규정이다.

마지막으로 협약 제4조 제5항은 가령 문화재구입 당시에 그 문화재가 도난품이라는 사실을 알았던 사람이 이러한 하자를 치유하기 위해 문화재를 선의의 제3자에게 유증하거나 증여한 경우에 수증자는 증여자보다 더 유리한 지위에 놓여서는 안 된다. 따라서 수증자는 문화재의 반환 시 자신이 선의취득자임을 이유로 보상을 청구할 수 없다.

라. 불법반출 문화재반환 및 선의취득자 보상(제5조, 제6조)

(1) 불법반출 문화재의 반환(제5조)

제5조

(1) 체약국은 다른 체약국의 법원 또는 기타 권한 있는 당국에 대하여 자국의 영역에서 불법 반출된 문화재의 반환을 명하도록 요청할 수 있다.

(2) 전시, 연구 내지 복구의 목적상, 문화유산의 보호를 위해 반출을 규제하는 국내법에 따라 발급된 허가에 의해 요청국의 영역에서 일시적으로 반출되었으나 그 허가의 조건에 따라 반환되지 않은 문화재는 불법 반출된 것으로 간주되어야 한다.

(3) 요청을 받은 국가의 법원 또는 기타 권한 있는 당국이 불법반출 문화재의 반환을 명하는 경우는 요청국이 당해 문화재의 자국 영역에서의 제거가 다음 중 하나 이상의 이익을 중대하게 해함을 확립하거나:

　(a) 당해 문화재 내지 그 맥락의 물리적 보존;

　(b) 복합적 문화재의 완전성;

　(c) 과학적 내지 역사적 성격을 지닌 정보를 비롯한 각종 정보의 보존;

　(d) 부족 내지 토착민 공동체에 의한 당해 문화재의 전통적 또는 의식(儀式)적 사용, 또는 당해 문화재가 요청국에 상당한 문화적 중요성을 갖고 있음을 확립한 때이다.

(4) 이 조 제1항에 따른 어떠한 요청이든 요청을 받은 국가의 법원 또는 기타 권한 있는 당국이 제1항 내지 3항의 요건이 충족되었는지를 결정하는 데 도움을 줄 수 있는 사실적 내지 법률적 성격의 정보를 포함하거나 이를 동반하여야 한다.

(5) 어떠한 반환요청이든 요청국이 당해 문화재의 소재 및 점유자의 신원을 안 때로부터 3년의 기간 내에, 그리고 어떠한 경우이든 반출일로부터 또는 당해 문화재가 이 조 제2항에 언급된 허가에 따라 반환되었어야 하는 날로부터 50년의 기간 내에 제기되어야 한다.

제2장(도난문화재의 환수)의 규정들이 문화재의 도난에 관련된 민사적인 문제들을 해결하기 위한 통일적인 법규라고 한다면, 제3장(불법반출 문화재의 반환)의 규정들은 협약 당사국들이 문화재보호에 관한 자국의 공법 규정들의 존중을 다른 체약국에 요구할 수 있도록 하고 있다는 점에서 일종의 사법적·행정적 공조협정이라고 할 수 있다.[106] 그 주요 내용을 분설하다.

우선, 문화재가 도난당한 경우에는 원소유자가 현재의 점유자를 상대로 문화재의 반환을 청구할 수 있는 데 반하여, 문화재가 불법 반출된 경우에 그 문화재의 반환을 요청(request)할 수 있는 주체는 당해 문화재가 그 영토로부터 반출된 체약국이다(협약 제5조 제1항). 그러한 요청은 상대 체약국의 법원이나 기타 권한있는 당국을 상대로 하게 된다. 이때 법원 외에 권한 있는 당국(competent authority)을 요청의 상대로 정한 이유는 문화재반환에 관한 결정권한을 행정권한을 행사하는 기관에 두는 나라들도 많이 있기 때문이다.

협약 제5조 제2항은 불법반출의 개념을 넓히고 있다. 이에 의하면 일정한 목적에 따라 적법한 절차에 거쳐 외국으로 일시적으로 반출된 문화재라도 그 허가의 조건에 따라 반환되지 아니하게 되면 불법 반출된 것으로 간주한다.

문화재가 불법 반출된 체약국에서 소재지 체약국에 문화재의 반환을 요청하면, 요청을 받은 국가(법원 또는 기타 권한 있는 당국)로서는 크게 두 가지 경우에 문화재를 의무적으로 반환해 주어야 한다. 하나는 불법반출로 인해 "중대하게 이익이 손상되는 경우"이고, 다른 하나는 불법반출 문화재가 "상당한 문화적 중요성(significant cultural importance)을 가진 경우"이다. 불법반출로 인해 "중대하게 이익이 손상되는 경우"는 문화재의 반출로 인해 ① 당해 문화재 내지 그 맥락의 물리적 보존, ② 복합적

---

106 이근관, 『유니드로와협약 가입을 위한 국내법 개정방향 연구』, 문화재청, 2007, 36면.

문화재의 완전성, ③ 과학적 내지 역사적 성격을 지닌 정보를 비롯한 각종 정보의 보존, ④ 부족 내지 토착민 공동체에 의한 당해 문화재의 전통적 또는 의식(儀式)적 사용 등의 이익에 하나 이상의 이익을 중대하게 해함이 입증된 경우이다. 이러한 유형에는 해당하지 않더라도 요청국으로서는 "상당한 문화적 중요성"을 가진 문화재라면 의무적 반환대상에 해당한다. 이러한 반환을 요청받은 국가의 법원이나 권한 있는 당국으로서는 반환요건에 충족되는 것인지를 심사하기 위해 판단의 자료가 필요한데, 요청국으로서는 반환요청을 할 때에 그러한 판단에 도움이 되는 사실적·법적 정보를 제공하여야 한다(협약 제5조 제4항).

한편 불법반출 문화재의 반환 요청(request)도 시효기간의 제한이 있다. 여기서도 도난문화재의 반환청구에 대한 소멸시효와 마찬가지로 2가지의 시효기간이 설정되어 있다(협약 제5조 제5항). 하나는 문화재의 소재 및 점유자의 신원을 안 때로부터 3년의 기간 내에 행사하지 않으면 요청은 시효로 소멸한다('상대적 행사기간' 또는 '주관적 행사기간'의 주과로 인한 소멸). 다른 하나는 문화재의 반출일로부터 또는 제2항에 언급된 허가에 따라 반환되었어야 하는 날로부터 50년의 기간 내에 요청을 제기하지 않으면, 이 기간의 만료로 요청은 소멸한다('절대적 행사기간' 또는 '객관적 행사기간'의 주과로 인한 소멸). 도난의 경우에는 제3조 제4항에서 특정유형의 문화재에 대한 특별시효의 규정을 두고 있으나, 불법반출 문화재에 대해서는 그러한 예외가 없다.

(2) 선의취득자에 대한 보상(제6조)

제6조

(1) 문화재가 불법 반출된 이후에 이를 취득한 점유자는 그 취득시에 당해 문화재가 불법 반출되었음을 알지 못했거나 합리적으로 알 수 없었을 경우, 반환시에 요청국으로부터 공정하고 합리적인 보상을 지급받을 권리가 있다.

(2) 점유자가 당해 문화재가 불법 반출되었는지를 알았거나 알 수 있었는지를 결정할 때에는 요청국의 법에 따라 요구되는 반출증명서의 부재를 포함하여 당해 취득상황을 고려하여야 한다.

(3) 보상 대신, 그리고 요청국과의 합의에 따라, 당해 문화재를 반환하여야 하는 점유자는 다음과 같이 결정할 수 있다:

  (a) 당해 문화재의 소유권 보유; 또는

  (b) 요청국 내에 거주하고 있으며 필요한 보장을 제공하는, 자신이 선택한 자에게 소유권을 유·무상으로 이전할 것.

(4) 이 조에 따라 당해 문화재를 반환하는 비용은 요청국이 부담하여야 하며, 이는 당해국이 기타의 자로부터 비용을 구상할 권리에 영향을 주지 않는다.

(5) 당해 점유자는 상속 또는 기타 무상의 방법으로 당해 문화재를 양도한 자보다 유리한 지위에 놓여서는 안 된다.

불법반출 문화재의 선의취득자에 대한 보상을 규정한 협약 제6조는 도난문화재의 선의취득자에 대한 보상을 규정한 협약 제4조와 짝을 이룬다. 두 조항은 유사한 내용을 담고 있지만, 구체적인 요건을 살펴보면 중대한 차이가 있다. 우선 협약 제4조에 따라 도난문화재의 선의취득자가 공정하고 합리적인 보상을 받기 위해서는 ① 점유자가 그 문화재가 도난당한 것이라는 사실을 알지 못했거나 합리적으로 알 수 없었어야 하고, ② 문화재를 취득할 당시에 상당한 주의(due diligence)를 다하였음을 입증할 수 있어야 한다. 이에 반해 협약 제6조에 따르면 불법 반출된 문화재의 선의취득자는 문화재의 취득시에 해당 문화재가 불법

반출된 것임을 알지 못했거나 합리적으로 알 수 없었음을 입증하기만 하면 보상청구권을 취득한다. 즉 불법반출의 경우에는 도난의 경우와는 달리 선의취득자가 보상청구를 하기 위해 문화재를 취득할 당시에 상당한 주의를 다하였음을 입증할 필요가 없다. 이때 점유자가 당해 문화재가 불법 반출되었는지를 알았거나 알 수 있었는지를 결정할 때에는 요청국의 법에 따라 요구되는 반출증명서의 부재를 포함하여 당해 취득상황을 고려하여야 한다(협약 제6조 제2항).

도난의 경우에 비해 불법반출의 경우에 선의취득자의 보상청구를 위한 입증사유를 완화하는 이유는 다음과 같다. 도난의 경우에는 원소유자의 의사에 반하여 문화재가 이탈되는 상황이므로 원소유자로서는 이를 되찾기 위한 여러 조치들을 할 터이어서 취득자로서는 문화재를 취득하는 과정에서 상당한 주의를 기울였다는 사실에 관한 증명의 필요성이 요구되지만, 불법반출의 경우에는 원소유자 자신의 의사에 따라 은밀하게 국외로 반출시키는 경우가 대부분이어서 이를 취득한 사람으로서는 당해 문화재에 게재된 하자를 파악하기가 쉽지 않기 때문이다.

또한 불법 반출된 문화재의 선의취득자에게는 도난문화재의 선의취득에 비해 보상의 대안을 인정받는다는 점에서 또 다른 우대를 받고 있다(협약 제6조 제3항). 즉 불법반출 문화재의 선의취득자는 보상에 갈음하여 ① 문화재의 소유권을 계속 유지하거나, ② 요청국 내에 거주하고 있으며 필요한 보장을 제공하는, 자신이 선택한 자에게 소유권을 유·무상으로 이전시킬 수 있다.

협약 제6조 제4항은 문화재의 반환비용에 관해서 규정하고 있는데, 동 규정에 의하면 반환비용은 요청국이 부담한다. 이때의 반환비용은 협약 제4조 제1항의 점유자에 대한 보상(compensation)과는 관련이 없는 것으로 순수히 문화재반환에 소요되는 행정적·실질적 비용을 의미한다. 107 비용을 지급한 요청국은 불법반출에 책임이 있는 제3자에게 구상을 할 수 있다. 협약 제6조 제5항의 규정은 앞서 본 협약 제4조 제5항과 같은 취지이다.

마. 불법반출 적용의 제외(제7조)

제7조

(1) 이 장의 규정은 다음의 경우에는 적용되지 않는다:
  (a) 문화재의 반출이 그 반환이 요청될 때에는 더 이상 불법적인 것이 아닌 경우; 또는
  (b) 당해 문화재가 이를 창작한 자가 생존하고 있던 중 또는 해당인의 사망 후 50년의 기간 내에 반출된 경우.
(2) 전항의 (b)호의 규정에도 불구하고, 문화재가 부족 내지 토착민 공동체의 전통적 내지 의식적 사용을 위해 당해 공동체의 일원 내지 일원들이 제작한 경우 이 장의 규정이 적용되며, 당해 문화재는 이들 공동체에 반환된다.

협약 제7조는 불법반출에 관한 제2장의 규정이 적용되지 아니하는 경우로 2가지를 설정하고 있다. 하나는 문화재의 반출이 반출 당시에는 불법이었지만, 반환요청을 할 때에는 더 이상 불법이 아닌 경우에는 불법반출로 보지 않는다[제1항 (a)]. 다른 하나는 문화재의 창작자의 생존기간 동안 또는 그 창작자의 사망 후 50년의 기간 내에 반출하는 것은 불법반출로 보지 않는다[제1항(b)]. 이 조항은 예술작품의 자유로운 유통이 예술가들의 창작활동에 유리한 환경을 조성한다는 점과 현실적으로 생존하는 작가나 사망한 작가의 유족으로 하여금 경제적 이익을 보호하기 위한 고려에서 둔 것이다. 그렇지만 문화재가 부족 내지 토착민 공동체의 전통적 내지 의식적 사용을 위해 당해 공동체의 일원 내지 일

107　주로 운송비나 보험료 등이 이에 해당한다.

원들이 제작한 경우에는, 비록 문화재를 제작한 작가가 생존 중이거나 사망한 지 50년이 경과하지 않았더라도 불법반출에 관한 규정이 적용된다(협약 제7조 제2항).

바. 재판관할(제8조)

제8조

(1) 제2장에 따른 청구 및 제3장에 따른 요청은 체약국 내에서 적용되는 규칙에 따라 달리 관할권을 갖는 법원 내지 기타 권한 있는 당국 외에도 문화재가 소재한 체약국의 법원 내지 기타 권한 있는 당국에 제기될 수 있다.

(2) 당사자들은 당해 분쟁을 법원 내지 권한 있는 당국, 또는 중재에 회부할 수 있다.

(3) 당해 문화재의 회복청구 내지 반환요청이 다른 체약국의 법원 내지 기타 권한 있는 당국에 제기된 때에라도, 당해 문화재가 소재한 체약국 법에 따라 이용가능한 보호조치를 포함한 잠정적 조치가 활용될 수 있다.

도난 또는 불법반출 문화재의 반환청구는 문화재가 가지는 가치에 비추어 볼 때 궁극적으로는 소송의 형태로 이어질 가능성이 대단히 높고, 이 경우 반환청구소송을 제기할 관할법원이 어디인가 하는 점이 중요한 쟁점이 된다.[108] 협약 제8조는 도난 또는 불법 반출된 문화재의 반환청구와 관련하여 법원의 통일적인 관할권을 정하기 위한 규정이다. 협약 제8조 제1항에 의하면, 문화재반환사건은 체약국에서 발효 중인 법규정에 의해 사법권을 가지고 있는 법원 기타 관할당국이 일반적인 관할규칙에 따라 관할권을 가질 수도 있고, 문화재가 소재하는 체약국의 법원 또는 당국도 협약에 따라 특별히 관할권을 가질 수도 있다. 이것은 일반법과 특별법의 관계처럼 후자가 특별한 관할권으로서

---

108 이근관, 전게 연구보고서, 83면.

우선적으로 적용되어야 한다는 것이 아니라, 전자 혹은 후자의 어느 기준으로든지 관할권행사가 가능하다는 의미이다. 예를 들어 브뤼셀 협약이나 루가노 협약에 가입한 국가들 사이에는 피고의 주소지법정, 불법행위지 법정, 공동피고의 주소지 법정 등의 관할을 이용할 수 있을 것인데,[109] 이러한 일반적인 관할기준에 따라서도 문화재반환청구에 관해서는 관할권을 행사할 수 있는 근거로 작용할 수 있는 것이다. 그럼에도 불구하고 협약 제8조 제1항은 일반적인 관할규칙에 따른 관할권 보다는 문화재가 소재하는 체약국의 법원 또는 당국에 관할권을 인정하고 있다는 점에서 중요한 의미를 가진다.[110]

협약 제8조 제2항은 소송을 통한 분쟁해결 외에 당사자들의 자유로운 선택에 따라 중재를 통해 분쟁을 해결할 수 있도록 하고 있다.

협약 제8조 제3항은 제1항의 관할에 관한 규정을 보충하는 것인데, 문화재소재지 이외의 국가의 법원이나 권한있는 당국에 회복청구나 반환요청이 제기되었더라도 문화재 소재지법에 의한 처분금지 등 잠정적 보호조치를 원용할 수 있도록 하였다.

사. 체약국의 보호조치 확대(제9조)

제9조

(1) 이 협약의 어떠한 내용도 체약국이 이 협약에 규정된 것보다 도난문화재 내지 불법반출 문화재의 회복 내지 반환에 더욱 유리한 규칙을 적용하는 것을 방해하지 않는다.

(2) 이 조는 이 협약의 규정을 이탈하는 다른 체약국의 법원 내지 기타 권한 있는 당국의 결정을 인정하거나 집행할 의무를 창설하는 것으로 해석되어서는 안 된다.

---

109 이근관, 전게 연구보고서, 45면.
110 서헌제·박찬호, 『도난·불법반출 문화재에 관한 법리적 연구』, 108면.

UNIDROIT협약의 목적은 문화재보호를 위한 최소한도의 통일적인 규칙을 마련하는 것이다. 그렇다면 동 협약에서 정한 문화재보호의 정도보다 더 강도 높은 문화재보호 규정을 가지고 있는 국가의 법을 협약의 수준에 맞추어 떨어뜨릴 필요는 없는 것이다. 그러한 의미에서 협약 제9조 제1항은 "이 협약의 어떠한 내용도 체약국이 이 협약에 규정된 것보다 도난문화재 내지 불법반출 문화재의 회복 내지 반환에 더욱 유리한 규칙을 적용하는 것을 방해하지 않는다"고 규정하고 있다. 따라서 체약국으로서는 협약의 규정보다 더욱 강한 국내법규정을 적용할 수 있는 것이다. 그렇다면 "이 협약에 규정된 것보다 도난문화재 내지 불법반출 문화재의 회복 내지 반환에 더욱 유리한 규칙"이 무엇인지가 문제된다. 여기에는 ① 도난에 관한 제2장의 규정을 절도와 유사한 기타의 불법적 행위(예컨대 횡령, 사기 등)에도 적용하는 것, ② 도난 또는 불법반출이 1995년 협약의 발효이전에 발생한 경우에도 당해 협약을 적용하는 것, ③ 회복 또는 반환청구의 제기가능기간을 협약상의 규정보다 연장하는 것, ④ 상당한 주의의무를 다하였음을 입증하는 경우에도 도난문화재의 반환에 따른 보상청구권을 인정하지 않는 것, ⑤ 불법반출 문화재의 경우에 협약 제5조 제3항에 규정된 것 이외의 반환 요청국의 이익을 고려하는 것, ⑥ 협약 제6조에 규정된 점유자의 보상청구권을 인정하지 않는 것, ⑦ 협약 제5조의 규정을 제7조에 규정된 적용 예외의 경우에도 적용하는 것, ⑧ 협약 제6조 제3항에 규정된 선택권을 점유자에게 인정하지 않는 것, ⑨ 협약 제6조 제4항에 규정된 반환관련 비용을 반환청구국가 이외의 관계인이 부담하는 것을 허용하는 것, ⑩ 협약 제3조 및 제5조에 규정된 시효기간의 도과 이후에도 회복청구나 반환요청을 수용하는 것, ⑪ 협약 규정을 국내거래에도 적용하는 것 등이 해당한다.[111]

---

111 이근관, 전게 연구보고서, 47~48면.

문제는 동조 제2항의 의미이다. 협약의 성안과정에서 일부 국가들은 만약 동조 제1항의 규정에 의해 반환청구자의 입장에서는 협약보다 유리한 국가를 찾아 소송을 제기하는 이른바 법정지쇼핑(forum shopping)이 조장될 수도 있고, 또한 선의취득자에게는 일체의 보상이 주어지지 않을 수도 있다는 우려를 표명하였다. 동조 제2항은 이러한 우려를 불식시키기 위해 주의적으로 둔 규정이다.

아. 협약의 비소급효(제10조)

제10조

(1) 제2장의 규정들은 다음과 같은 경우 당해 청구가 제기되는 국가와 관련하여 이 협약이 발효된 이후 도난 당한 문화재에 관하여서만 적용된다:

   (a) 당해 문화재가 이 협약이 체약국에 대하여 발효한 이후 체약국의 영역에서 도난되어 반출되었을 것 또는

   (b) 이 협약이 당해 체약국에 대하여 발효한 이후 당해 체약국에 소재하고 있을 것

(2) 제3장의 규정들은 이 협약이 당해 요청이 제기되는 국가 및 요청국에 대하여 발효한 이후에 불법 반출된 문화재와 관련하여서만 적용된다.

(3) 이 협약은 어떠한 방식으로든 이 협약의 발효 이전에 발생하였거나 이 조의 (1)항 및 (2)항에 따라 적용제외된 모든 성격의 불법거래를 적법화하는 것은 아니며, 이 조약의 체계 외에서 이용가능한 구제조치에 따라 이 협약의 발효 이전에 도난되었거나 불법 반출된 문화재의 회복 내지 반환에 관한 청구를 행할 국가 내지 기타의 자의 권리를 제한하는 것도 아니다.

UNIDROIT협약의 성안과정에서 협약의 체결이전에 발생한 도난 또는 불법반출 문화재의 반환에도 협약이 적용될 것인가 하는 점에서 많은 논란이 있었다. 자국 문화재의 도난 또는 불법반출로 큰 피해를 입은 국가들로서는 만약 협약의 소급효(retroactivity)의 배제가 명시된다

면 협약 이전에 행해졌던 불법적인 행위가 일거에 합법화되는 것으로 인식될 우려가 있다는 입장이었던 데 반해, 문화재의 유통시장을 지배하고 있는 국가들은 소급효를 배제하는 규정을 명시하지 않는다면 협약 이전의 문화재에 대해서도 소급적용되는 것으로 확대해석될 우려가 있다는 입장이었다. 이러한 양자간의 팽팽한 대립은 협약 제10조를 통해 절묘하게 절충적인 타협으로 매듭짓게 되었다.

협약은 문화재가 도난당한 경우이든 불법 반출당한 경우이든 "협약이 발효된 이후(after this Convention enters into force)" 발생한 도난문화재 또는 불법반출 문화재에 관해서만 적용되는 것으로 하여 소급효의 배제를 명시하고 있다(협약 제10조 제1항 및 제2항). 다만 도난의 경우와 불법반출의 경우 그 적용범위를 달리한다.

협약 제10조 제1항은 도난의 경우에는 당해 문화재가 ① 협약이 체약국에 대하여 발효한 이후 체약국의 영역에서 도난당하였거나, ② 협약이 체약국에 대하여 발효한 이후에 그 체약국에 소재하게 된 경우에 적용된다. ①의 경우는 가령 A국에서 협약발효 후 문화재가 A국에서 도난당하여 그 문화재가 다른 체약국인 B국에 있든지 아니면 비체약국인 C국에 있든지 상관없이 협약은 적용된다. ②의 경우는 A국에서 협약이 발효된 이후에 도난문화재가 A국에 소재하게 된 경우로써, 이때 그 문화재가 다른 체약국 B국에서 도난당한 것이든 아니면 비체약국인 C국에서 도난당한 것이든 상관없이 협약은 적용된다.

협약 제10조 제2항은 불법반출 문화재에 대하여 요청국과 피요청국이 모두에 대하여 발효된 이후에 불법 반출된 경우에만 적용되는 것으로 규정하고 있다. 이것은 불법반출 문화재의 반환에 관해서는 협약이 일종의 사법적·행정적 공조협정이라는 점에서 상호주의가 적용된다.

협약 제10조 제3항의 규정은 협약 성안과정에서 협약의 비소급효로 말미암아 자국의 문화재의 도난 또는 불법반출로 피해를 입은 국가들을 달래기 위해 삽입한 규정이다. 동 규정에 의하면 동 협약에 의해서 협약의 발효 이전에 발생하였거나 제1항 및 제2항의 적용범위에서 제외된 도난 또는 불법반출 문화재의 거래가 정당화되는 것은 아니며, 협약발효 이전에 발생한 도난 또는 불법반출 문화재의 반환을 위한 조약외의 구제조치를 제한하는 것도 아님을 밝히고 있다. 따라서 협약의 발효 이전에 발생한 문화재의 환수에 관해서는 동 협약에 의해 반환을 위한 청구 기타 조치들이 제한되지 않는다.

④ 협약의 영향

1995년 UNIDROIT협약에는 2024년 7월 현재 54개국이 가입하여 다른 협약에 비해 가입률이 상대적으로 저조한 편이다. 동 협약은 도난 또는 불법 반출된 문화재에 대한 선의취득을 부정하고 문화재를 원래의 소유자에게 반환하도록 하는 사법(私法)적 규율을 주된 내용으로 하고 있다. 아직까지 많은 나라들이 동 협약가입에 주저하는 이유는 동 협약이 가지는 자기집행적 효력에 의해 협약규정과 개별국가의 국내 사법규범과의 충돌을 우려하기 때문이다. 또한 동 협약이 선의취득을 부정함에 따라 예술품의 유통시장이 크게 위축될 수 있다는 현실적인 우려도 작용하고 있다.

그렇지만 지역적으로는 동 협약이 지향하는 도난 또는 불법 반출된 문화재의 반환을 실효적으로 하기 위해 국내법과 동조화하려는 노력들도 나타나고 있다. 예컨대 유럽연합 28개 회원국은 2014년 「불법반출 문화재의 반환을 위한 EU지침」[112]을 제정하여 회원국들로 하여금 국내법상 불법반출 문화재의 반환에 관한 절차와 효력을 동화하도록 요구하고 있다. 이에 따라 예컨대 독일은 위 EU지침을 반영하여 2016년

---

112 정식명칭은 Directive 2014/60/EU of the European Parliament and of the Council of 15 May 2014 on the return of cultural objects unlawfully removed from the territory of a Member State and amending Regulation (EU) No 1024/2012 (Recast).

「문화재보호법」(KGSG)113을 전면 개정하였다.114 동 법률에서는 불법 반출된 문화재의 반환청구권(제49조), 반환절차(제58조), 반환에 대한 보상(제66조) 및 문화재 출시(出市)에 따른 상당한 주의의무(제41조) 등에 대해 상세히 규율하고 있는데, 이는 비록 UNIDROIT협약에 가입하지 않고서도 불법반출 문화재의 반환에 관한 국내법규정의 동화를 통해서 동 협약에 가입한 것과 유사한 효과를 발휘하고 있는 셈이다.

Ⅳ 소결

인류는 문명을 발전시키면서도 다른 한편으로 문화재를 약탈하고 반출하는 역사를 되풀이하였다. 특히 인류의 역사는 다른 한편으로 전쟁의 역사라고 할 수 있으며, 전쟁과 같은 무력충돌 과정에서 문화재는 승자의 전리품으로 취급받으면서 약탈과 반출이 정당한 것으로 여겨지던 시기도 있었고 실제로 수많은 문화재가 정복지에서 무단 반출되어 약탈국의 박물관에 채워지기도 하였다. 이러한 폐해를 막기 위하여 인류는 우선 군사법(military law)의 형식으로 전쟁지역에서의 문화재보호에 관한 규범을 창출하였다. 1863년 제정된 리버법령이 대표적이다. 이후 브뤼셀선언(1874), 헤이그 제2협약(1899), 헤이그 제4협약(1907), 헤이그 제9협약(1907) 및 제네바협약(1949) 등을 통해 전쟁법(law of war) 내지 국제인도법의 틀 내에서 전쟁 중의 문화재보호를 위한 국제규범을 꾸준히 발전시켜 왔다. 이때 형성된 국제규범은 특히 제2차 세계대전을 계기로

---

113 정식 명칭은 Gesetz zum Schutz von Kulturgut이지만. Kulturgutschutzgesetz 또는 더 줄여서 KGSG라고 통칭된다.

114 2016년 전면개정된 독일의 문화재보호법에 관한 상세한 설명으로는 송호영, "독일의 새로운 문화재보호법(KGSG)에 관한 고찰", 「국제사법연구」, 제28권 제2호(2022), 한국국제사법학회, 339면 이하 참고.

1954년 헤이그협약의 제정으로 체계화되었다. 특히 무력충돌 시에 반출된 문화재의 반환을 목적으로 하는 1954년 헤이그협약 제1의정서의 주요 내용은 이후 평시에 불법 반출된 문화재의 반환을 목적으로 하는 1970년 UNESCO협약의 주요 내용으로 발전되었으며 또한 제1의정서에서 반환대상인 문화재를 선의로 보유한 자에 대한 배상에 관한 규정(Part I, 4)은 1995년 UNIEROIT협약상 문화재반환에 따른 보상 규정(제66조)과 맞닿아 있다. 문화재의 보호가 전시뿐만 아니라 평시에도 필요하다는 인식의 확산은 뢰리히 협약 및 워싱턴조약(1935)에 힘입었다. 이러한 선도적인 규범 덕택으로 국제사회는 전시상황을 전제로 한 1954년 헤이그협약을 넘어서서 평시 문화재의 불법적인 반출·입을 금지하는 1970년 UNESCO협약으로 발전시킬 수 있었다. 나아가 국제사회는 도난 또는 불법 반출된 문화재의 거래를 근절하기 위한 각국 정부의 의무를 규정한 공법적 효력을 넘어서서 실효성있는 방안으로 실질적인 거래주체인 사인(私人)에 대해서도 사법적 효력에 대한 통제가 가능하도록 한 1995년 UNIDROIT협약을 안출하게 되었다. 1970년 UNESCO협약은 불법문화재의 '반출·입 및 소유권의 양도'를 금지시키는 것에 목적이 있다면, 1995년 UNIDROIT협약은 도난 또는 불법 반출된 문화재의 '반환'에 초점을 맞추고 있어서 양 협약의 제정목적이 다를 뿐만 아니라, UNESCO협약은 '국가'가 주체가 되어 불법문화재의 반출·입을 막기 위한 '행정적' 조치를 주된 규정으로 삼고 있는 데 반해, UNIDROIT협약은 도난 또는 불법 반출된 문화재의 '소유자'나 '국가'가 직접 문화재의 반환을 청구할 수 있는 '사법적' 권한을 부여하고 있다는 점에서 차이가 있지만, 문화재의 불법유통을 근절하기 위한 규범의 지향점은 같다는 점에서 양 협약은 서로 보완적인(complementary) 관계에 있다.[115]

우리나라의 경우 남북간 군사적 대치라는 특수한 상황에 따라 현재

---

[115]   Lyndel V. Prott, Commentary on The UNIDROIT Convention, Leicester: Institute of Art and Law, 1997, p. 15.

까지 1954년 헤이그협약 및 협약의 의정서에도 가입하지 못하였다. 그렇지만 무력충돌 상황에서 문화재보호를 위해 군사적 작전이 제한될 수 있는 1954년 헤이그협약과는 달리, 동 협약의 제1의정서는 무력충돌 과정에서 피점령지로부터의 문화재 반출을 금지하고 반출된 문화재의 반환을 주된 내용으로 하고 있어서 우리의 안보상황에서도 어느 정도 수용가능하다고 생각된다. 따라서 우리 정부로서는 적어도 제1의정서의 가입에 대해서는 보다 전향적으로 검토할 필요가 있다. 우리나라는 1970년 UNESCO협약에는 1983년에 가입하였고 협약의 내용을 국내법적으로 수용하기 위해 구「문화재보호법」제20조에서 외국문화재의 보호에 관한 규정116을 두는 등 협약의 의무사항에 대해 상당히 잘 대응한 것으로 평가받고 있다.117 그렇지만 우리 국내입법이 UNESCO 당사국총회에서 채택된 1970년 UNESCO협약의 이행강화를 위한 운영지침(Operational Guidelines)에 부합하는 수준까지는 아직 이르지 못하고 있다고 판단되므로118 운영지침을 반영하는 보다 적극적인 입법적 관심이 필요해 보인다. 또한 협약발효 이전에 불법 반출된 문화재의 반환을 위한 노력의 일환으로 1970년 UNESCO협약의 정부간위원회(ICPRCP)에서 제공하는 중재 및 조정 프로그램을 보다 적극적으로 활용하는 방안도 강구할 필요가 있다.

한편 우리나라는 1995년 UNIDROIT협약에는 아직 가입하고 있지 않으나, 현재 국제사회에서는 동 협약에 가입하는 국가가 점차 늘어나

---

116 구「문화재보호법」제20조(외국문화재의 보호)는 새로 제정된「국가유산기본법」(법률 제20309호, 시행 2024. 5. 17.) 제30조(외국유산의 보호)에 규정되어 있다.

117 김지현, "문화재 불법 거래 방지에 관한 1970년 유네스코 협약의 국내법적 이행 검토",「문화재」, 제53권 4호(2020), 국립문화재연구소, 282면.

118 김지현 UNESCO한국위원회 선임전문관은 위의 논문에서 운영지침에 비추어볼 때 우리 이행입법에 개선이 필요한 사항으로 '상당한 주의'에 대한 구체적 조건 명시, 인터넷 거래 관련 조항의 추가, 양자 협력 등의 국제 협력 근거 강화 등을 지적하였다. 김지현, 위의 논문, 282면 이하.

는 추세이다. 따라서 우리 정부로서도 불법반출 문화재의 유통근절에 기여한다는 국제적 요청에 부합하여 동 협약의 가입에 대한 준비도 충분히 하여야 할 것이다. 동 협약은 특히 자기집행적 효력으로 인해 우리 실정법에 직접적으로 영향을 미치게 되므로 민법을 비롯한 국내실체법 및 문화재보호법(현재는 「문화유산의 보존 및 활용에 관한 법률」) 등 관련 법률의 개정 필요성 등을 면밀히 검토한 후 가입여부를 판단해야 할 것이다.

보론: 2017년 니코시아(Nicosia)협약

2017년 5월 3일 유럽평의회는 1970년 UNESCO협약 및 1995년 UNIDROIT 협약을 기초로 하여 문화재의 파괴행위와 불법반출을 근절하기 위하여 문화재 범죄에 대한 형사법적 공조를 내용으로 하는 니코시아(Nicosia)협약[119]을 채택하였다.

협약은 유럽연합의 회원국을 대상으로 하면서도 비회원국가에 대해서도 가입이 개방되어 있다. 협약은 최소 3개국 이상의 유럽연합 회원국을 포함하여 5개이사의 국가가 비준한 때에 발효하도록 규정되어 있는데, 2024년 12월 현재 유럽연합 회원국가 12개국 중에서 서명만 마친 국가 7개국과 비준을 마친 국가 5개국 및 비회원국가 2개국 중 서명만 마친 1개국(러시아)과 비준을 마친 국가 1개국(멕시코)으로 되어 있어서 현재 협약은 발효된 상태이다(2022. 4. 1.부터 요건충족으로 발효). 협약은 전문(Preamble)과 8개 장(Chapter)으로 구성되어 있는데, 제1장 목적, 범위, 용례, 제2장 형사실체법, 제3장 수사, 기소 및 절차법, 제4장 예방조치 및 행정조치, 제5장 후속 조치, 제6장, 다른 국제규범과의 관계, 제7장, 협약의 개정, 제8장, 최종 조항으로 편성되어 있다.[120] 협약은

---

119 정식명칭은 Council of Europe Convention on Offences relating to Cultural Property (CETS No. 221). 동 협약은 키프로스의 수도 니코시아에서 개최된 회의에서 채택되었기에 일명 '니코시아협약("Nicosia Convention")'이라고 불린다.

120 협약의 세부내용에 관해서는 주강원, "문화재의 불법적 국제거래에 대한 형사 책임에 관한 연구", 「강원법학」, 제64권(2021), 강원대학교 비교법학연구소, 355면 이하 참조.

문화 재범죄에 대한국제적 형사제재 협력 체계를 최초로 이끌어 냈다는 점에서 큰 의의를 가지지만, 현재까지 주요 문화재거래 국가들이 비준하지 않아 문화 재거래가 빈번하게 이루어지는 곳에서의 형사적 제재가 적극적으로 이루어지기 어렵다는 점에서 한계를 가지고 있다.[121]

---

121 이유경, "국제 아트페어에서의 문화재 거래 -아트페어 주최측의 법적 책임을 중심으로-", 「문화·미디어·엔터테인먼트법」 제18권 제1호(2024), 중앙대학교 법학연구원 문화·미디어·엔터테인먼트법 연구소, 158면.

제4절

불법반출 문화재의 반환에 관한 국내법적 쟁점

I 개설

　문화재가 도난이나 약탈 등으로 불법적으로 타국으로 반출된 경우에 이를 반환받기 위한 법적 분쟁에서 제기될 수 있는 국내법적 쟁점을 살펴본다.

　우선 반출문화재를 반환받기 위해 소송을 제기하기 위해서는 어느 곳에서 소송을 제기할 것인지가 문제된다(국제재판관할의 문제). 달리 말하면, 문화재반환소송이 제기된 경우에 어느 국가의 법원이 무엇을 기준으로 재판관할권을 가지게 되는지를 가려야 한다. 소송이 재판관할권이 있는 곳에서 제기되었다면 다음 단계로 법원으로서는 어느 나라의 법에 따라 문화재의 소유권을 판단할 것인지를 정해야 한다(준거법지정의 문제). 위 두 가지는 국제사법과 관련한 쟁점들이다.

　다음으로 불법 반출된 문화재의 소유권은 누구에게 있는지에 관한 문제는 민사실체법에 의해 결정된다. 이에 관여되는 민사법상 제도로는 선의취득, 취득시효, 소멸시효 등이 있다. 즉, 불법 반출된 문화재임을 모르고 거래를 통해 이를 취득한 자는 그 문화재의 소유권을 취득할 수 있는지(선의취득의 문제), 불법 반출된 문화재를 거래외의 방법으로 취득하게 된 자가 오랜 기간 동안 이를 계속 점유하였다면 그 문화재의 소유권을 취득할 수 있는지(취득시효의 문제), 반대로 불법 반출된 문화재의 원소유자가 주장하는 소유권의 행사에는 소멸시효가 적용되지 않는지(소멸시효의 문제) 등이 문제된다. 아래 이러한 문제들에 대해 자세히 살펴본다.[122]

II 문화재의 반환과 관련한 국제사법상 쟁점

1 국제재판관할의 문제

국제재판관할권(internationale Zuständigkeit)이란 어느 특정한 외국적 요소가 있는 사건 즉, 섭외사건에 대해 어느 나라에서 재판을 할 것인가 하는 문제를 일컫는 것으로, 이를 당사자의 입장에서 본다면 어느 나라의 법원에 제소하여야 할 것인가의 문제이고 특정한 국가의 입장에서 보면 특정사건에 대해 재판권을 행사할 수 있는가 하는 문제이다.[123] 문화재반환과 관련해서는 해외로 불법 반출된 문화재의 반환을 위한 소송은 어느 국가의 법원에서 제기하여야 하는가 하는 문제이다. 이에 관한 재판관할의 기준으로는 문화재가 불법으로 '거래'된 것을 기초로 하여 거소지 또는 의무이행지 국가의 법원[124](민사소송법 제8조 참조), 또는

---

122 아래 내용은 송호영, "해외로 불법 반출된 문화재의 민사법상 반환청구법리에 관한 연구", 「비교사법」, 제11권 제4호(2004), 한국비교사법학회, 237면 이하를 발췌·정리하였다.

123 김연·박정기·김인유, 『국제사법』(제3판), 법문사, 2012, 66면.

124 우리 민사소송법 제8조에서는 재산권에 관한 소의 경우에 거소지외에도 의무이행지의 법원에도 관할권을 인정하고 있지만, 불법거래의 경우 의무이행지를 상정하

문화재의 반출행위가 불법행위라는 점을 기초로 하여 불법행위지 국가의 법원(민사소송법 제18조 참조) 등을 생각할 수도 있으나, 현실적으로는 판결을 통한 강제집행의 실현가능성을 생각할 때 반출된 문화재의 현소재지 국가의 법원(민사소송법 제11조 참조)에 재판관할을 인정함이 타당하다고 생각한다. 우리나라 국제사법 제2조 제2항 후단에서는 국제재판관할을 정함에 있어서 "국제재판관할의 특수성을 충분히 고려"하도록 하고 있는데, 이것 또한 현실적으로 문화재에 대한 집행을 고려할 경우의 특수성을 생각한다면 문화재의 현소재지를 재판관할로 하는 것이 타당할 것이다.

② 준거법의 지정에 관한 문제

준거법의 지정이란 외국과 관련된 요소가 있는 법률관계에 관하여 어떤 요소를 연결점(Anknüpfungspunkt)으로 하여 어느 나라의 법으로 판단할 것인지를 정하는 문제이다. 물건에 관한 권리여부가 섭외적으로 문제된 경우에 연결점은 목적물의 소재지이고 그에 따른 준거법은 목적물의 소재지법(lex rei sitae)으로 지정된다는 것이 국제사법상의 일반적인 원칙이다. 이를 이른바 소재지규칙(Situs - Regel)이라고도 한다.125 소재지법주의는 현재 각국의 국제사법이 물권에 관한 준거법지정원칙으로 채택하고 있으며,126 우리나라 국제사법도 제33조에서 동산 및 부동산에 관한 물권 또는 등기하여야 하는 권리는 그 동산·부동산의 소재지법

　　는 것은 곤란하기 때문에 이에 관한 적용가능성은 전적으로 배제한다.

125　Chriatian Armbrüster, Privatrechtliche Ansprüche auf Rückführung von Kulturgütern ins Ausland, NJW 2001, 3581 ff, 3582.

126　독일 민법시행법(EGBGB) 제43조 제1항, 스위스 국제사법(IPRG) 제99조 제1항 및 제100조 제1항, 일본 法例 제10조, 오스트리아 국제사법(IPRG) 제31조 및 제32조, 이탈리아 국제사법 제51조 등.

에 따른다고 규정하고 있다. 물권에 관한 소재지법주의는 부동산의 경우에는 거래안전, 법적용의 일관성과 예견가능성이 확보될 수 있기 때문에 충분한 타당성이 있다. 반면에 동산에 관하여는 물건이 한 나라에서 다른 나라로 손쉽게 이동될 수 있기 때문에 소재지법주의가 꼭 바람직한 것은 아니지만 그나마 물건의 소재지라는 객관적인 기준으로 거래안전을 이끌어 낼 수 있다는 점 때문에 각국의 국제사법이 동산에 대해서도 이를 채택하는 것이다. 문화재에 관한 권리가 문제된 경우에도 마찬가지이다. 문화재도 동산인 문화재와 부동산인 문화재로 나뉠 수 있는데, 불법 반출된 문화재에 관한 권리에 대한 다툼은 대개 동산 문화재가 문제된다.127 그런데 소재지법주의는 물건의 지속적인 소재를 전제로 한 것인데, 동산의 경우는 손쉽게 잦은 장소이동이 가능하다는 점에서 소재지법주의의 약점이 있다.128 이러한 소재지법주의의 약점은 특히 무권리자로부터의 동산의 선의취득에 있어서 두드러진다. 만약 그 동산이 불융통물(res extra commercium)인 문화재라고 한다면 문화재의 선의취득을 특별히 금하지 않는 나라에 문화재를 잠시 빼돌려 그곳을 소재지법으로 선택하는 이른바 소재지법쇼핑(lex rei sitae-shoppings)129에 의해 불법 반출된 문화재를 더 이상 회수할 수 없도록 만들 수 도 있게 된다. 따라서 소재지법주의는 국제사법의 오랜 전통임에도 불구하고 문화재 분쟁에 있어서는 "국제사법의 세탁소"130로 악용될 수 있음을 유의해야 한다. 이러한 문제점을 인식하고 최근에는 그 대안으로 문

---

127 돌탑 등 토지에 정착된 부동산인 문화재의 경우도 반출을 위해서는 해체과정을 거치면서 동산화하게 될 것이다.

128 MünchKomm/Kreuzer, Nach Art. 38 EGBGB, Anh. I Rn. 64.

129 Anna Gardella, Nuove prospettive per la protezione internazionale dei beni culturali: La convenzione dell'UNIDROIT del 24 giugno 1995, Dir. com. int. 1998, 997 ff. 1006.

130 Lyndel V. Prott, The Protection of the Cultural Heritage, Académie de droit international, RdC 217 (1989), 215 ff. 258.

화재에 관한 권리의 준거법에 관해서는 기원국법주의(lex originis)를 새로운 준거법 지정의 원칙으로 주장하는 견해가 주장되고 있다. 즉, 문화재의 특수성을 감안하여 문화재가 유래(Herkunft)한 곳을 연결점으로 하여 그곳의 법을 준거법으로 삼아야 한다는 것이다. 여기서는 무엇을 문화재의 '유래'로 보아 준거법을 정하는 연결점으로 삼을 것인지가 문제된다. 필자는 기본적으로 문화재의 특수성을 고려할 때 준거법지정원칙으로 소재지법주의보다는 기원국법주의를 적용하는 것을 지지한다. 기원국법주의에 관한 상세한 설명은 본장 제5절에서 상론한다.

③ 지정된 준거법의 내용이 공법규정일 때의 문제

국제사법상 준거법의 지정과 관련하여, 준거법으로 외국법이 지정된 경우 법원은 당해 국가의 사법규정만을 가지고서 판단해야 하는가 아니면 공법규정도 함께 고려해야 하는지가 문제될 수 있다. 이를테면 외국의 문화재보호법을 위반하여 국내로 반입된 외국문화재의 양도를 목적으로 하는 계약은 유효한가 하는 문제에서 혹은 반대로 우리나라의 문화재보호법을 위반하여 외국으로 밀반출된 문화재를 외국에서 매매하기로 한 경우에 그 계약의 효력은 어떠한가 하는 문제에서 당해법원은 목적물 소재지법(lex rei sitae) 혹은 기원국법(lex originis)의 사법규정만으로 계약의 유·무효를 판단해야 하는가 아니면 준거법국가의 문화재보호법상 유통금지규정(즉, 공법규정) 등을 고려해서 계약의 효력을 판단해야 하는지 하는 문제이다.

전통적인 국제사법 이론에 의하면 국제사법에 의하여 지정되는 외국법은 사법이며 공법은 제외되는 것이 원칙이었다.[131] 그러나 공법규정과 사법규정을 구별하는 것은 쉽지 않을 뿐만 아니라, 전통적인 사

---

131 석광현, 『국제사법 해설』, 박영사, 2013, 137면.

법영역에 대해서도 공법적인 규제가 개입되는 현상이 늘고 있다. 따라서 오늘날의 국제사법이론은 이른바 법규통일의 원칙(Prinzip der Einheit der Rechtsordnung)[132]에 따라 준거법으로 지정된 국가의 공법규정과 사법규정을 구분하지 않고 당해국가의 법질서를 총체적으로 파악해서 결정함이 일반적이다. 2022년 개정된 우리나라 국제사법 제19조(준거법의 범위)에서도 준거법으로 지정되는 외국법의 규정은 공법적 성격이 있다는 이유만으로 그 적용이 배제되지 않음을 명언하고 있다. 요컨대 불법 반출된 문화재취득의 유효성이 섭외적으로 문제된 경우에 당해법원은 준거법으로 지정된 국가의 사법규정뿐만 아니라 지정국의 문화재보호에 관한 법규를 탐색하여, 이들 규정의 상호관계를 종합해서 판단해야 할 것이다.

④ 공서(odre public)의 문제

문화재반환에 관하여 준거법으로 지정된 외국법적용의 마지막 단계로 국제사법상 공서(公序: ordre public)의 문제를 검토할 필요가 있다. 필자가 찾아본 바로는, 이에 관한 유일한 사례로 네덜란드 파기원(Hooge Rad) 판결인 De Raad v. OvJ 사건[133]을 들 수 있다. 사안은 다음과 같다. 프랑스 국가문화재인 카톨릭 교회의 마돈나상이 절취되어 벨기에를 거쳐 네덜란드로 반입되어 네덜란드 골동품상인 De Raad가 이를 구입하였다. 그리고는 절취 후 3년 만에 네덜란드의 골동품전시회에 등장하는데, 경찰의 신고로 마돈나상은 압수되고 검찰은 De Raad에게 프랑스로의 반환처분을 내렸다. 이에 대해 De Raad는 항고하였는데, 항고법원은 판결에서, 일차적으로 프랑스법을 고려해야 하며 목적

---

132 v. Bar/Mankowski, Internationales Privatrecht, Bd. I, 2 Aufl., München 2003, S. 261.
133 18. Januar 1983, (1983) NJ Nr. 445, S. 1402.

물 소재지법(lex rei sitae)에 따라 네덜란드법을 적용하게 되면 국가문화재를 보호하려는 프랑스 법규를 공허하게 만들게 되므로, 이는 공서(ordre public)에 반한다고 판시하였다. 그런데 항고법원의 판결은 이후 파기원에서 파기되는데, 그 이유는 항고법원이 골동품상의 이익과 권리를 충분히 반영하지 않았다는 것이다. 즉 De Raad는 목적물 소재지법인 네덜란드의 법에 따라 선의취득자로서 3년의 경과로 소유자로 인정될 수도 있었다는 것이다. 그런데 이 판결에서 학자들이 주목하는 대목은 파기원의 판결내용보다 오히려 항고법원이 인정한 공서에 관한 부분이다.[134]

국제사법상 공서란 원래 준거법으로 지정된 외국법을 적용한 결과가 국내법질서와 정의의 관념에 반할 때 이를 배제하는 법리이다.[135] 그런데 국내적 공서(internal public policy)는 자국법규의 기본적인 법원칙에 그치지만, 국제적 공서(international public policy)는 국가공동체의 공통적 확신과 기본적 원칙에 관한 사항으로,[136] 국제사법상 공서란 바로 후자의 것을 의미한다. 현재 거의 대부분의 국가들이 문화재의 거래 및 반출에 대한 제한규정을 두고 있는데, 이러한 법규들은 바로 문화재의 불법적인 거래를 금지함으로써 모든 국가구성원이 향유해야 할 문화재에 관한 이익을 보장하고 있다. 결국 이러한 법규들은 자국의 문화재의 보호에 한정한 것이라기보다는 국제적인 문화재보호질서에 관한 사항으로

---

134 특히 Amalie Weidner, Kulturgüter als res extra commercium im internationalen Sachenrecht, S. 169 이하.

135 Bernd von Hoffmann, Internationales Privatrecht, 7. Aufl., München 2002, S. 251. BGH 18. 6. 1970, BGHZ 54, 123 (130, 132, 140); BGH 12. 5. 1971, BGHZ 56, 180 (191); BGH 20. 6. 1979, BGHZ 75, 32 등.

136 Amalie Weidner, Kulturgüter als res extra commercium im internationalen Sachenrecht, Berlin·New York: de Gruyter, 2001 S. 171. 이에 반해 국내적 공서와 국제적 공서를 구분하는 것은 "공서위반의 여부를 판단함에 있어 국내적 기준에만 따를 것이 아니라 외국의 관념도 참작할 것을 요구하는 것을 지적하는 점에서는 적절하나, 국제적으로 타당한 공서의 개념이 있는 것처럼 오해를 줄 여지가 있다"는 비판에 대해서는 석광현,석광현,『국제사법 해설』, 박영사, 2013, 176~177면 참조.

보아야 하고, 이것이 바로 문화재와 관련한 섭외사건에 관해서는 하나의 공서로서 작용할 수 있는 것이다. 네덜란드의 항고법원은 바로 이러한 관점에서 공서를 네덜란드 국내법질서와의 충돌여부를 초월하여 국제적인 문화재보호질서라는 높은 차원에서 판단하였던 것이다. 이러한 시각은 타당한 것으로 평가된다. 요컨대 문화재반환문제에 관한 한 목적물 소재지법(lex rei sitae)의 법규적용 대신에 국제적인 문화재보호질서라는 공서의 차원에서 국제적인 문화재보호의 표준137 또는 기원국의 문화재보호규정을 적용하는 것이 타당하다고 생각된다.

Ⅲ 민사실체법상 쟁점

1 문화재의 선의취득 성립여부

甲이 타인의 문화재를 훔쳐서 이를 해외로 반출시켜 이러한 사정을 모르는 乙에게 매도하였을 때 乙은 이를 선의취득 할 수 있는가? 대답은 그러한 거래행위가 어느 나라에서 이루어졌는지에 따라 달라질 수 있다. 영미법계 국가에서는 동산양도에 관하여 이른바 「Nemo Dat의 원칙」(nemo dat quod non habet: "아무도 자신이 소유한 권리이상을 남에게 양도할 수 없다")이 지배하고 있기 때문에 도난당한 물건에 대해서는 선의취득을 인정할 수 없고, 이에 따라 원소유자는 선의취득자에게 보상금의 지급 없이도 목적물의 반환을 청구할 수 있다.138 그에 반해 이탈리아 민법 제1153

---

137 이런 관점에서 보면, 앞서 살펴본 나이제리아 해상보험사건에서 독일연방재판소가 문화재보호에 관하여 그 당시 독일이 아직 체약하지도 않은 1970년 UNESCO협약을 공서양속의 판단기준으로 삼았다는 것은 획기적이면서도 타당한 판결이라고 생각된다.

138 Hermann J. Knott, Der Anspruch auf Herausgabe gestohlenen und illegal expotierten Kulturguts, Baden-Baden 1990, S. 32.

Cc조에 의하면 도품에 대해서도 선의자의 즉시취득이 인정된다.[139] 따라서 문화재를 절취하여 도난문화재의 선의취득을 인정하는 국가로 반출하여 그곳에서 선의자에게 양도해버리면 문화재의 원소유자가 이를 회수할 수 있는 길이 막히게 된다. 이러한 점 때문에 선의취득을 인정하는 나라는 불법문화재를 합법문화재로 세탁하는 곳으로 이용되곤 한다. 그러한 대표적인 사례가 Winkworth v. Christie 사건이다.[140] 이 사건에서 영국에서 절취된 일본조각품이 이탈리아로 반출되고 그곳에서 한 이탈리아인이 이를 선의로 매수하였는데 그가 이를 런던으로 반입하여 크리스티 경매장에서 경매에 출시하게 된다. 이 사실을 런던에 살던 원소유자가 알게 되어 크리스티 경매장과 이탈리아 경매의뢰인을 상대로 조각품의 반환 및 경매의 철회를 요구하는 소송을 제기한 사건이다. 영국법원은 국제사법상 준거법으로 이탈리아법을 적용하여 매수인의 선의취득을 인정하여 원소유자의 청구를 기각하였다.[141]

이 사건과 같은 상황을 우리나라에서 재현해 본다면, 우리나라 문화재가 다른 나라로 반출되어 그곳에서 선의취득이 이루어진 다음 우리나라로 다시 반입되어 타인에게 양도되었을 때, 문화재의 원소유자는 현재의 점유자를 상대로 반환을 요구할 수 있을 것인가? 우리나라 문화유산법 제87조 제5항은 ① 국가유산청장이나 시·도지사가 지정한

---

139 다만 이에 관한 예외로 중요문화재는 이른바 *demanio pubblico*라고 하여 선의취득을 인정하지 않는다(Andrea Francesco Giovanni Raschèr, Kulturgütertransfer und Globalisierung, Zürich 2000, S. 25).

140 [1980] 1 Ch. 496 = [1980] 2 W.L.R. 937 = [1980] 1 All E. R. 1121 (Slade, J.). S. Carter, Decisions of Britisch Courts During 1981 Involving Questions of Public or Private International Law, 52 B.Y.B.I.L. 319, 329-334 (1981); Rowe, Stolen Property in the Conflict of Laws, 1 Cant. L. Rev. (N.Z.) 71 ff. (1980).

141 이 사건은 어느 나라의 법을 준거법으로 삼을 것인지에 관한 준거법지정의 원칙에 있어서 목적물 소재지법주의(즉, 취득 당시 이탈리아법)를 취하고 있다. 이에 관해서는 많은 비판이 제기되는데, 상세한 설명은 본장 제5절 [보론: 국제사법상 문화재의 기원국법주의(lex originis)] 참고.

문화유산, ② 도난물품 또는 유실물인 사실이 공고된 문화유산, ③ 그 출처를 알 수 있는 중요한 부분이나 기록을 인위적으로 훼손한 문화유산의 거래행위에 대해서는 민법 제249조의 선의취득에 관한 규정을 정용하지 아니함을 명문으로 규정하고 있다. 그렇지만 만약 지정문화유산이 도난되어 이탈리아로 반출되어 그곳에서 누군가에게 선의취득되어 영국에 소재하고 있다면, 그 문화재의 원소유자는 선의취득을 부정하면서 문화재의 반환을 주장할 수 있을 것인가? 사건으로는 목적물이 영국에 있고 영국에서 소송을 제기할 경우 영국법원이 목적물 소재지법의 원칙을 들어 이탈리아법을 준거법으로 삼는다면 이의 반환이 어렵다고 생각된다. 따라서 이러한 경우에 우리나라 법을 준거법으로 삼을 수 있는 논리의 개발이 필요한데, 이에 관한 대안적 논리가 기원국법주의(lex originis)라고 할 수 있다.[142] 만약 영국법원이 기원국법주의에 따라 우리나라 법을 준거법으로 채택하게 되면 우리 문화유산법상 지정문화유산에 대해서는 선의취득을 인정하지 아니하므로 문화재의 반환이 가능하게 된다.

한편 사유(私有)문화재에 대해서는 문제가 더욱 심각하다. 우리 법은 사유문화재의 양도를 특별히 금하지 않기 때문에 선의취득의 개연성도 그만큼 커지게 되고 이에 따라 문화재 도난의 유혹은 계속 상존할 수밖에 없게 된다.[143] 현행법상으로는 이들 문화재가 도난 혹은 불법 거래되면 선의취득에 관한 한 다른 일반동산과 똑같이 다루어지게 된다. 도

---

[142] 이러한 목적물 소재지법주의의 문제점을 지적하고 그 대안으로 필자는 준거법의 지정에 있어서 기원국법주의(lex originis)를 채택할 것을 주장한다. 기원국법주의에 관해서는 본장 제5절에서 상론한다.

[143] 최근의 사례를 보면 2003년 5월 15일 밤에 국립 공주박물관에서 국보 제247호 금동보살입상과 분청사기 등 3점이 도난당한 사건이 발생하여 충격을 준 바 있다. 이에 관한 기사로는 동아일보, 국립 공주박물관 어이없는 보안불감증 (2009.09.29. 인터넷판 기사), https://www.donga.com/news/article/all/20030516/7944833/1 (2024.12.23. 최종접속)

난문화재가 선의취득 된 경우 이에 대한 반환의 유일한 길은 민법 제 250조의 [도품, 유실물에 대한 특례] 조항에 의하는 것인데, 이것도 도난 후 2년이 경과하면 의미가 없다. 이러한 문제점은 우리나라 문화재에 대해서뿐만 아니라, 반대로 국내에 불법으로 반입된 외국문화재에 대해서도 똑같이 적용된다. 일본의 경우는 2002년「문화재의 불법적인 수출입 등의 규제 등에 관한 법률」을 제정하여, 동법 제6조에서 선의취득에 관한 일본민법 제193조의 특칙을 두어 도난당한 외국문화재의 경우 도난당한 때로부터 10년의 기간 내에 회복청구의 소의 제기가 가능한 것으로 정하고 있다. 우리나라에서도 문화재의 도난 및 불법거래를 근절하기 위한 조치의 일환으로 문화재의 경우 일반 민법상의 선의취득에 대한 예외규정을 신설해야 한다는 주장이 제기되고 있다.[144] 충분히 고려할만한 사항이라고 생각한다. 사견으로는 현행법의 해석에 기한 보완방법으로 민법 제249조를 엄격하게 적용할 필요가 있다고 생각한다. 즉, 양수인이 미술품·골동품 등 문화재의 거래를 영업으로 하는 자인 경우에는 선의·무과실의 의미를 보다 엄격히 해석하여 높은 차원의 주의의무를 요구함으로써, 선의취득의 성립을 제한할 필요가 있다. 또한 일반 수집가인 양수인의 경우에도 문화재를 취득함에 있어서는 문화재의 출처를 문의토록 하는 등 최소한의 주의의무를 요구하도록 하여 선의취득의 운영을 다른 일반동산을 취득하는 경우와는 달리 취급할 필요가 있다.[145] 독일에서는 우리법과는 달리 도품·유실물

---

144 세계일보(2001.08.02.) 및 문화일보(2001.08.04.) 기사. 이근관, "동아시아지역의 문화재 보호 및 불법거래방지에 관한 법적 고찰",「서울대학교 법학」, 제44권 제3호 (2003), 서울대학교 법학연구소, 118면에서 재인용.

145 선의취득의 요건인 평온·공연·선의·무과실에 대한 입증책임에 대해서 점유자의 선의는 민법 제197조 제1항에 의해서 평온·공연과 함께 추정되지만, 무과실에 대해서는 누가 입증책임을 지는가에 대해서 권리의 적법추정에 관한 민법 제200조를 근거로 선의자의 무과실도 추정된다고 주장하는 견해[곽윤직·김재형, 『물권법』, (제9판), 박영사, 2024, 166면; 고상용, 『물권법』, 법문사, 2001, 161면; 김증한·김학동, 『물권법』, (제9판), 박영사, 1998, 126면]와 민법 제200조는 무과실의 추정과

에 대해서는 선의취득이 인정되지 않는데도(독일민법 제935조 참조), 문화재의 선의취득 성립가능성을 줄이기 위해서, 마치 자동차거래에서 자동차등록원부를 교부해야 하듯이, 문화재 거래 시 문화재등록증(Kunstbrief)을 교부하도록 하자는 의견이 제시되기도 한다.[146]

② 문화재의 취득시효 성립여부

각국의 민법은 선의취득과는 별도로, 타인의 물건을 일정기간 점유한 자에게 그 물건에 대한 소유권의 취득을 인정하는 취득시효(Ersitzung)를 두고 있다. 취득시효에는 점유물의 종류에 따라 부동산취득시효(민법 제245조)와 동산취득시효(민법 제 246조)로 구분되는데, 문화재의 밀반출은 부동산과 동산을 가리지 않고 이루어지지만,[147] 특히 취득시효에 관

는 무관하기에 점유자가 무과실을 입증해야 한다는 견해[이영준, 『물권법』(전정신판), 박영사, 2009, 288면; 송덕수, 『물권법』(제6판), 박영사, 2023, 215면]가 대립한다. 판례는 후설을 취하고 있다(대법원 1959. 8. 27. 선고 4291민상678 판결; 대법원 1968. 9. 3. 선고 68다169 판결; 대법원 1981. 12. 22. 선고 80다2910 판결 등). 이 문제의 당부에 대해서는 상론의 여유가 없지만, 적어도 문화재의 선의취득에 관해서는 취득자가 자신의 무과실을 입증해야 한다는 후설과 판례의 태도가 타당하다고 생각한다.

146 Amalie Weidner, Kilturgüter als res extra commercium im internationalen Sachenrecht, S. 140-141.

147 흔히들 부동산문화재의 밀반출은 쉽게 연상하기 힘들지만, 일제시대에 많은 석탑이 해체된 상태로 일본으로 반출된 적이 있다. 그중 하나가 국보86호인 경천사십층석탑인데, 1907년 일본으로 반출되었다가 조선인들의 거센 항의로 1919년에 되돌아왔다(이구열, 한국문화재수난사, 서울 돌베개, 1996, 77면 이하 및 이에 관한 상세자료로 같은 책의 부록 298-323면 참고). 더 나아가 일본인 오쿠라 기하치로(大倉喜八郎)은 1915년에 경복궁의 자선당(資善堂)을 통째로 뜯어 일본으로 무단 반출하여 자신의 집 안에 다시 조립해 세워서 사설미술관으로 운영하였다. 자선당은 이후 1923년 발생한 관동대지진으로 소실되어 유구석만 남게 되었는데, 오쿠라 호텔은 1996년 11월 삼성문화재단에 자선당을 기증형식으로 돌려주었는데, 실제 돌아온 것은 110톤의 유구석 288개에 불과했다(이보아, 『루브르는 프랑스 박물관인가』, 민연, 2002, 181면 이하 참고).

해서는 물건의 유통이 용이한 동산의 경우에 더욱 문제된다. 「국유재산법」 제7조 제2항은 "행정재산은 민법 제245조에도 불구하고 시효취득의 대상이 되지 아니한다"고 정하고 있지만, 민법 제246조(점유로 인한 동산소유권의 취득기간)에 관한 언급은 없다. 따라서 문언대로라면 국유재산이더라도 동산의 경우는 시효취득의 대상이 될 수 있는 것으로 해석되어, 만약 거래행위 이외의 방법으로148 동산인 국유문화유산을 취득한 자는 일정기간의 경과로 문화유산(문화재)의 소유권을 취득할 수 있다는 결과에 이른다. 그러나 국유문화유산에 대해서는 문화유산법 제66조가 국유문화유산의 양도 및 사권설정을 금지하므로, 동 규정을 비록 양도이외의 방법으로 문화유산을 취득하였다 하더라도 국유문화유산에 대한 권리는 국가가 계속 보유한다는 취지로 이해한다면, 국유문화유산에 대한 시효취득은 인정될 수 없는 것으로 해석해야 할 것이다.

문제는 사유(私有)문화재에 있다. 사유문화재는 취득시효의 대상이 된다. 그렇지만 문화재의 도난이나 불법적인 유통을 막기 위해서는 취득시효를 제한적으로 해석할 필요가 있다고 생각한다. 우리 민법은 동산의 취득시효의 경우, 소유의 의사로 평온, 공연하게 동산을 점유한 경우에는 10년, 그리고 그러한 점유가 선의이며 과실없이 개시된 때에는 5년의 경과로 소유권을 취득하는 것으로 정하고 있다. 동산취득시효 성립의 관건은 "소유의 의사"를 어떻게 이해하느냐 하는 것이다. 부동산시효취득에 있어서는 대법원이 과거와는 달리 무단점유의 경우에 자주점유성을 부인함으로써 시효취득의 성립을 제한하고 있는데,149 동산, 특히 동산인 사유문화재에 대해서도 이를 절취하거나 무단으로

---

148 만약 거래를 통해서 양도하는 경우는 '선의취득'의 성립이 문제될 수 있는데, 문화유산법 제66조가 국유문화유산의 양도를 금지하기 때문에 선의취득은 성립할 수 없게 된다.

149 대법원 1997. 8. 21. 선고 95다28625 전원합의체 판결. 나아가 대법원은 착오로 인하여 인접토지를 점유한 경우에도 자주점유를 부정하고 있다(대법원 2001. 5. 29. 선고 2001다5913 판결).

점유한 경우에는 시효취득의 성립을 부정해야 할 것이다.

한편 문화재가 외국으로 반출된 경우에 취득시효의 인정여부 및 시효기간은 각 나라마다 상이한데,150 이때 문화재가 국외로 유통되어, 문화재의 소재지가 변경되었을 때 어느 나라 법으로 취득시효의 성립과 취득시효기간의 완성여부를 정하느냐 하는 문제가 발생한다. 스위스연방법원은 Koerfer v. Goldschmidt사건에서 이에 관한 문제를 방론(obiter dictum)으로 다룬바 있다.151 여기서 스위스연방법원은 목적물이 독일에서 스위스로 이전되었을 때, 취득시효의 성립요건(특히 시효기간)은 현재의 목적물소재지인 스위스법으로 결정되고, 이 경우에도 취득시효의 기간은 구소재지(독일)에서 경과한 기간과 신소재지(스위스)에서 경과한 기간을 전체기간으로 합산하여 정한다고 판결하였다. 현재 우리나라의 국제사법학계도 취득시효의 준거법결정에 관해서는 시효완성당시의 목적물 소재지법설을, 그리고 시효기간의 산정에 관해서는 구·신소재지의 점유기간을 모두 합산하는 이른바 통산주의를 통설로 받아들이고 있다.152 그렇다면 사례와 관련하여 예컨대 우리나라에서 도난된

---

150 가령 동산의 취득시효 완성기간에 관하여 오스트리아는 3년(§ 1460 ff. ABGB), 스위스는 5년(Art. 728 ZGB), 독일(§ 937 BGB), 이탈리아(Art. 1161 Cc.) 및 일본(第162條)은 10년이고 프랑스는 원칙적으로 30년(Art. 2262)을 요구한다.

151 Schweizer Bundesgericht, Entscheidung v. 13. 12. 1968, BGE, Bd. 94, Teil II, 297 ff. 이 사건의 사안은 다음과 같다. 1931년 독일태생의 유대인인 Goldschmidt는 은행에 대출을 위한 담보로 로트렉(Toulouse-Lautrec)의 그림 2점을 입질시켰다. 1933년 그는 독일을 떠나 망명하게 되고 1940년에 나찌로부터 국적을 박탈당하게 되고 1941년에 그의 그림은 압수되어 공매된다. 2점의 로트렉 그림은 Jakob Koerfer가 낙찰받아서 1944년에 스위스에 있는 그의 처에게 선물로 주기 위해서 스위스로 송부하였고, 그해에 그는 사망한다. 1948년과 1949년에 Goldschmidt의 단독상속인 아들은 Koerfer의 처와 아들을 상대로 그림의 반환을 청구하였고 반환청구소송은 1956년에 제기하였다. 스위스법에서는 동산취득시효기간은 5년이고 독일법에서는 10년인데, 이에 대해 스위스연방법원은 목적물소재지인 스위스법에 따라 시효취득의 완성을 인정하여 Goldschmidt의 청구를 기각하였다.

152 김연·박정기·김인유,『국제사법』(제3판), 법문사, 2012, 289면; 신창선,『국제사법』(제8판), 도서출판 fides, 2012, 2486면; 윤종진,『현대 국제사법』(개정판), 한울출판

문화재가 스위스로 반출되어 스위스의 취득시효법상 요건과 기간을 충족한다면, 목적물소재지인 스위스법에 따라 점유자의 소유권을 인정함이 타당한가? 여기에 목적물 소재지법주의(lex rei sitae)의 맹점이 도사리고 있다. 이를 극복하기 위해서는 새로운 준거법원칙을 찾아야만 할 것이다. 153

③ 문화재반환청구권의 소멸시효 성립여부

도굴이나 절도 등을 통하여 해외로 불법 반출된 문화재의 반환을 위한 청구권의 행사는 소멸시효에 걸리는가? 이것은 각국의 물권법 및 소멸시효법에 따라 결론이 달라진다. 영미 보통법(common law) 국가들은 물권에 기한 반환청구권 제도를 두지 않는 대신, 불법행위법상의 replevin(동산점유회복소송)154을 통하여 도품의 반환을 청구할 수 있는 길을 열어놓고 있다. 점유자가 타인의 물건을 소유자나 그보다 정당한 권리자에게 반환하는 것을 거부한다면, 그의 행위를 일종의 불법행위로 간주하는 것이다. 155 이러한 불법행위법상의 청구권은 시효에 걸리는데, 시효기간은 영국의 경우는 6년이고156 미국의 경우는 주(州)에 따라

사, 2003, 343~344면; 서희원, 『국제사법강의』(신고판), 일조각, 1991, 202-203면; 황산덕·김용한, 『신국제사법』, 박영사, 1987, 207~209면 등.

153 이에 관해서는 본장 제5절 [보론: 국제사법상 문화재의 기원국법주의(lex originis)] 에서 상론한다.

154 replevin을 동산점유회복소송으로 번역한 것은, 鴻 常夫 편수, 英美商事法辭典, 서울 대광서림, 1997, 624면에 의거한 것임. 그에 의하면 replevin은 불법으로 동산의 점유를 빼앗긴 사람이 그 물건자체의 반환을 청구할 경우에 이런 소송형식이 일반 적으로 이용된다고 설명한다.

155 Kurt Siehr, Herausgabe gestohlener Kulturgüter, in: Wiedererlangung widerrechtlich entzogener Vermögenswerte mit Instrumenten des Straf-, Vollstreckungs-, und internationalen Rechts, Zürich 1999, S. 8.

156 Sec. 2 Limitation Act 1980, Halsbury's Statutes of England, Bd. 50 (1), 1253, 1255.

2년 내지 10년이다.[157] 그런데 여기서 중요한 것은 시효의 기산점인데, 기산점의 진행시기는 주에 따라 달리한다. 예컨대 캘리포니아법에서는 이른바 discovery rule이 적용되어, 원고가 피해 발생사실을 알았거나 알 수 있었을 때부터 진행된다. 이에 반해 뉴욕법에서는 '요구 및 거부의 법칙'(demand and refusal rule)에 따라 시효는 원고가 물건의 반환을 청구한 데 대하여 피고가 이를 거부한 시점부터 진행한다.[158] 미국이나 영국에서는 물건을 수십 년 전에 절취 당하였거나 유실한 원소유자가 반환에 성공하는 많은 사례를 볼 수 있는데, 그 이유는 바로 여기에 있다.[159] 그렇다면 영미국가에서 절취된 문화재의 반환청구권을 행사하는 경우에는, 청구권의 행사자체는 문제되지 않지만 replevin 소송을 제기한 후의 시효기간에 대해 유의하여야 할 것이다.

이에 비해 대륙법계국가는 소멸시효에 대하여 원소유자에게 인색한 편이다. 독일법의 경우를 본다면, 물권자체는 소멸시효에 걸리지 않는 것으로 보지만[160] 물권적 청구권은 일종의 청구권(Anspruch)으로써 소멸시효의 대상이 된다는 것이 일반적인 설명이다. 다만 독일민법 제902조 제1항이 등기된 권리에 기한 청구권은 소멸시효에 걸리지 않는 것으로 규정하고 있어 부동산에 관한 물권적 청구권은 이 조항에 근거해서 보호받게 될 것이므로[161] 소유물반환청구권의 시효소멸여부는

---

157 미국 각州의 replevin의 시효에 대한 설명은 International Art Trade and the Law, in: Recueil des Cours / Acddemie de Droit Intrenational de le Haye 243 (1993-VI), Dordrecht, Boston, London, S. 69-72 참고.

158 Solomon R. Guggenheim Foundation v. Lubell, 567 NYS2d 623 (1991) 참고.

159 대표적인 사례로 1981년의 Kunstsammlungen zu Weimar v. Elicofon 사건, 1998년의 City if Gotha, Federal Republic of Germany v. Sotheby's and Cobert Finance S.A. 사건 등.

160 이에 관한 명문규정은 없지만 독일민법 제194조 제1항이 청구권은 시효에 걸린다고 정하였기 때문에 이에 대한 반대해석으로 물권은 시효에 걸리지 않는 것으로 이해한다(Hans Henning Kunze, Restitution "Entartetr Kunst" Sachenrecht und Internationales Pivatrecht, Berlin·New York 2000, S. 234).

161 Fritzsche-Bamberger/Roth BGB Komm., Bd. 2, 2003, § 985 Rz. 38.

현실적으로 동산에 관한 권리에 문제된다. 2002년 새로 개정된 독일민법 제197조 제1항 제1호에 의하면 소유권 및 물권에 기한 청구권은 30년의 기간으로 소멸한다고 정하므로,[162] 현재 독일의 통설은 소유물반환청구권(독일민법 제985조)은 30년의 소멸시효에 걸린다고 해석한다. 이러한 해석론에 의하면 절취당한 문화재에 대한 반환청구권도 30년의 경과로 시효소멸하게 된다.[163] 30년이라는 시효기간이 영미의 replevin에 비해서는 긴 듯하지만, 시효의 기산점은 청구권의 성립시로부터 진행하기 때문에[164] 반환청구자입장에서는 영미의 경우보다 유리하다고 할 수 없다. 또한 소유물반환청구권이 시효로 소멸한다고 하면 반사적으로 절도범을 보호하게 되는 문제점이 있으므로, 독일에서도 소유물반환청구권의 시효소멸을 해석론으로 제한하려는 시도가 있다. 즉 절도범에 대해서는 원소유자가 점유를 침탈해서라도 회수할 수 있다고 한다든지,[165] 절도처럼 정당한 권리의 승계 없이 이루어진 점유의 이전에 있어서는 새로운 점유마다 새로이 시효가 기산된다고 하는 주장 등이 그것이다.[166] 그러한 해석론은 여전히 소수의 견해로 머물고 있지만, 외국으로 반출되어 그곳에서 이미 시효기간이 지나버린 문화재의 반환을 요구할 수 있는 논거로 개발할 수 있는 여지가 있다고 생각된다.

---

162 2002년 개정된 독일채권법-특히 소멸시효법-에 관해서는 송호영, 2002년 개정된 독일채권법의 주요 내용 -소멸시효법과 채무불이행법을 중심으로-, 「인권과 정의」 제312호(2002), 대한변호사협회, 116면 이하 참조.

163 Anette Hipp, Schutz von Kulturgüter in Deutschland, Berlin·New York, 2000, S. 160.

164 개정된 독일채권법은 일반소멸시효(3년)의 기산점은 채권자가 채권성립 및 채무자의 인식시점을 기준으로 하지만(이른바 주관주의)(§ 199 ①), 그 외의 채권의 기산점은 여전히 채권의 성립시(이른바 객관주의)를 기준으로 하고 있음(§ 200)을 주의해야 한다(이에 관해서는 송호영, 위의 논문, 120면 이하 참조).

165 Wolfram Henckel, Vorbeugender Rechtsschutz im Zivilrecht, AcP 174 (1974), S. 97 ff., 130.

166 Medicus-MünchKomm. BGB, § 985 Rz. 25.

우리나라 학계에서 문화재의 반환청구권의 시효소멸여부에 대해서는 다뤄진바 없지만, 물권적 청구권이 소멸시효에 걸리는가 하는 문제에 대해서는 많이 논의된 바 있다. 우리 민법에는 이에 관한 명문규정이 없어 해석론으로 해결해야 하는데, 이에 대해서는 물권적 청구권도 소멸시효에 걸린다고 보는 소수의 견해[167]가 있지만, 우리 판례[168]와 다수설[169]은 물권적 청구권의 시효소멸을 부정하고 있다. 그렇다면 우리 법에 의할 때 문화재의 소유자는 선의취득이나 시효취득의 경우를 제외하고 권원 없는 점유자를 상대로 언제든지 반환을 청구할 수 있게 된다. 만약 국내문화재가 절도 등으로 해외로 밀반출된 경우에 반환청구권이 시효소멸 했는지의 여부가 문제된 때에, 만약 우리 법을 준거법으로 지정하게 되면 문화재의 원소유자로서는 다른 나라 법에 의할 경우 보다 더욱 유리하게 된다.

④ 문화재의 양도를 목적으로 하는 계약의 효력 여부

문화재의 양도를 목적으로 하는 계약의 효력은 유효한가? 이에 대한 해답은 각 나라마다 문화재에 대한 거래를 어떻게 규율 내지 규제하

---

167 이영준, 『물권법』(전정신판), 박영사, 2009, 53면.

168 대법원 1979. 2. 13. 선고 78다2412 판결; 대법원 1982. 7. 27. 선고 80다2968 판결; 대법원 1993. 12. 21. 선고 91다41170 판결 등.

169 곽윤직·김재형, 『물권법』(제9판), 박영사, 2024, 30면; 고상용, 『물권법』, 법문사, 2001, 35면; 김증한·김학동, 『물권법』(제9판), 박영사, 1998, 28면; 김상용, 『물권법』(전정증보판), 법문사, 2003, 53면; 이은영, 『물권법』(제4판), 박영사, 2006, 79면; 송덕수, 『물권법』(제6판), 박영사, 2023, 35면. 물권적청구권의 시효소멸을 부정하는 학설 중에서는 다시 소유권과 제한물권을 구별하여 소유권에 기한 물권적 청구권은 시효로 소멸하지 않지만, 제한물권에 기한 물권적 청구권은 소멸시효에 걸린다고 주장하는 견해가 있으나(곽윤직·김재형, 상게서, 30면), 제한물권에 기한 물권적 청구권의 불행사가 문제되는 경우란 실제로는 제한물권 자체의 불행사로 제한물권이 시효소멸하는 경우이므로, 제한물권과 독립한 제한물권에 기한 물권적 청구권의 시효소멸여부는 논의의 실익이 없다(동지, 김증한·김학동, 상게서, 29면).

고 있느냐에 따라 달라진다.170 현행 우리나라 문화유산법은 국유문화유산에 대하여 양도 및 사권설정을 금지하고 있다(제66조). 따라서 국유인 문화재의 양도를 목적으로 하는 매매나 증여 등의 계약은 일종의 법률적 불능(juristische Unmöglichkeit)인 계약으로 효력이 없다. 무효인 계약에도 불구하고 문화재가 타인에게 양도되었을 경우에는, 그러한 물권변동의 효력은 인정될 수 없고 소유권은 여전히 국가가 보유한다고 새겨야 할 것이다.171 또한 사권설정도 금지하고 있으므로 국유 문화재를 대상으로 한 질권의 설정이나 양도담보권의 설정 등도 그 효력이 없다. 이에 반해서 사유문화재의 경우는 문화재가 국내에 존재하는 한 양도나 사권설정 등의 계약목적이 될 수 있다. 다만 그 문화재가 국가지정문화유산이라면 소유자의 변경이 있는 경우에 신·구 소유자가 그 사실과 경위를 기재한 신고서에 함께 서명하여 국가유산청장에게 신고하여야 한다(문화유산법 제40조). 만약 문화재를 해외로 수출 혹은 반출하는 것을 목적으로 하는 계약이 체결된 경우에는, 현행 문화유산법이 국보·보물·국가민속문화유산은 물론이고 일반동산문화유산에 대해서도 국가유산청장의 허가 없이는 수출·반출을 허용하지 아니하므로(제39조 및 제60조), 그러한 계약의 효력은 원칙적으로 무효이고 예외적으로 허가를 받은 경우에 효력을 가질 수 있게 된다.

---

170 가령 ① 역사적 가치가 있는 모든 문화재를 국가소유로 지정한다든지(그리스, 이탈리아 등), ② 개인소유문화재라도 공법상 양도금지규정을 통하여 거래를 제한한다든지(프랑스 등), ③ 허가조건부로 반출을 금지한다든지(뉴질랜드 등), ④ 일정 기간 동안은 반출을 제한한다든지(영국 등), 혹은 ⑤ 반출금지에 관한 규제 자체가 없는 경우(스위스, 리히텐슈타인 등)도 있다. 이에 관한 자세한 설명은 Kurt Siehr, Nationaler und Internationaler Kulturgüterschutz -Eingriffsnormen und der internationale Kunsthandel-, in: Festschrift für Werner Lorenz zum siebzigsten Geburtstag, Tübingen 1991, S. 525 ff. 특히 527 ff. 참고.

171 이러한 해석은 물권행위의 유인성·무인성 논의와 관련이 있는데, 필자는 원인행위가 실효하였다면 그에 따른 물권변동의 효력도 상실된다고 보는 것이 일반인의 법감정과 거래현실에도 부합한다고 생각한다.

문제는 외국의 문화재보호법을 위반하여 국내로 반입된 외국문화재를 우리 법에 따라 양도하기로 하는 계약은 유효한가 하는 점이다. 이에 관한 국내의 논의는 아직 찾아볼 수 없다. 다만 이와 관련한 유일한 독일판례로 일명 나이지리아 해상보험사건172을 소개한다. 사안은 다음과 같다. 나이지리아 상인인 원고는 나이지리아 문화재인 아프리카 마스크와 청동인물상을 세 개의 상자에 담아 선박에 적재하여 독일 함부르크로 밀반출하면서 독일의 보험회사와 해상보험계약을 체결하였다. 물론 나이지리아 문화재보호법은 이러한 밀반출행위를 금지하고 있다. 그런데 운송도중 6개의 청동인물상을 분실하여 원고는 보험회사를 상대로 보험계약상의 보험금의 지급을 청구하였다. 이에 대하여 독일연방재판소(BGH)는 원고의 청구를 기각하였는데, 그 이유는 보험계약의 내용을 실현시켜 원고의 이익을 보호하게 되면 문화재의 반출금지를 규정한 나이지리아법을 위반하는 것으로써, 이러한 결과는 독일민법 제138조의 선량한 풍속(guten Sitten)에 반하게 된다는 것이다. 여기서 독일연방재판소는 양속위반(Sittenwidrigkeit)의 판단기준으로 1970년 UNESCO협약을 제시하였는데, 그 당시에는 정작 독일은 동 협약에 가입하지 않은 상태였다. 그러나 독일의 협약체결여부와 관계없이 문화재의 밀반출을 금지하는 UNESCO협약의 기본정신을 일종의 국제법적 공서(ordre public)로 받아들이고 이를 다시 독일 국내법의 공서양속의 판단기준으로 삼음으로써 보험계약을 무효로 판단한 것이다.173 이러한 판지는 우리의 법률현실에서도 참고할 만하다고 생각된다.

---

172 BGH vom 22. 6. 1972, BGH, NJW 1972, 1575 = BGHZ 59, 82.
173 Amalie Weidner, Kulturgüter als res extra commercium im internationalen Sachenrecht, S. 149; Gerte Reichelt, Kulturgüterschutz und Internationales Privatrecht, IPRaX 1986, S. 74.

Ⅳ 소결

로마법에서 이미 문화재를 불융통물(res extra commercium)의 일종으로 다룬 이래로 우리나라를 비롯한 대부분의 나라들은 문화재의 거래를 제한하거나 국내문화재의 해외반출을 원칙적으로 금지하는 규정들을 두고 있다. 그럼에도 수많은 문화재가 다양한 경로로 불법 반출되고 있는 것이 현실이다. 이때 그것의 반환을 위해서 국제적인 협약을 통하는 방법을 생각할 수 있지만, 국제협약은 각국의 이해관계가 맞물려서 특히 체약하지 않은 국가에 대해서는 그 실효성을 기대하기는 어려운 점이 있다. 따라서 종국적으로는 민사적인 법리로써 반출된 문화재를 회수할 수 있는 방안을 모색할 필요가 있다. 이것은 국제사법적인 문제와도 관계된 것으로, 외국의 법원이 우리나라 법을 준거법으로 지정할 경우를 대비해서 문화재의 반환문제와 관련한 국내법의 정비가 필요하다. 문화재에 대한 선의취득의 성립요건을 강화하거나 취득시 요구되는 주의의무를 구체화하는 것을 생각할 수 있다. 또한 동산인 국유문화재에 대해서도 취득시효의 대상이 되지 않음을 명시할 필요가 있다(국유재산법 제7조 제2항 참조). 또한 국내법원에서도 목적물이 문화재인 경우의 법률문제에 대해서는 다른 일반물건과는 달리 거래안전의 측면보다는 문화재 자체의 보호를 중시하여 선의취득이나 시효취득의 성립을 해석상 제한할 필요가 있다.

한편 국제사법상 물권의 준거법지정에 관한 종래의 목적물 소재지법주의(lex rei sitae)는 자칫 문화재세탁의 방편으로 악용될 우려가 있으므로, 문화재에 관해서는 새로운 준거법 지정원칙으로 기원국법주의(lex originis)를 채택하는 것을 고려할 필요가 있다. 이러한 태도는 우리나라 법원에서 제기된 다른 나라 문화재의 반환에 관한 소송에서도 마찬가지로 적용되어야 할 것이다. 기원국법주의에 따라 지정된 국가의 법을 적용함에 있어서는 사법규정에 국한하지 않고 문화재의 반출을 금지하는 공법상의 규정이 있으면 이것도 함께 고려하여 판단하여야 한다. 만약 준거법으로 지정된 국가의 법이 문화재보호에 소홀하다면, 최종적으로는 국제적인 문화재보호질서를 국제사법상 공서(ordre public)로 삼아 그 법률의 적용을 배제하는 것을 생각할 수 있다.

제5절

보론: 국제사법상 문화재의
기원국법주의(lex originis)

Ⅰ 들어가며

각 나라마다 문화재의 밀반출과 불법유통을 방지하기 위하여 문화재보호법을 제정하고 위반자에 대한 형사처벌 규정도 두고 있지만, 불법 반출된 문화재가 국경선을 넘어서는 순간 문화재반환에 관한 문제는 이른바 '외국과 관련된 요소가 있는 법률관계'로 그 성격이 변하게 된다(국제사법 제1조 참조). 가령 우리나라 문화재가 다른 나라로 밀반출되어 그곳의 고미술상을 통해 소비자에게 인도되었다면, 그 문화재를 반환받을 수 있는지에 대한 법률적 판단은 우리나라의 문화재보호법이나 민법뿐만 아니라 그 문화재가 소재하는 국가의 민법이나 문화재보호법 및 국제사법 등을 고려하여 이루어지게 된다.174 문화재(cultural property)

---

174 각 나라마다 문화재의 불법적인 반출과 양도를 금지하는 문화재보호법을 가지고 있는데, 문화재보호법은 기본적으로 공법적 성격을 띤다. 섭외적인 문화재반환분쟁에 있어서는 민법뿐만 아니라 공법적 성격의 문화재보호법의 관련규정이 준거법으로 지정될 수 있는지가 문제되는데, 이에 대해 현재 국제사법학계의 주류적 입장

도 기본적으로 재화(property)의 일종이라는 점에서 사인 간에 문화재가 유통된 경우에 형사법 및 행정법상 처벌이나 제재를 논외로 한다면 그 문화재에 대한 적법한 유통·취득 및 보유의 법률관계는 민사상의 법률관계에 해당하게 되며, 따라서 한 나라의 문화재가 국경을 넘어 유통됨으로 말미암아 '외국과 관련된 요소'를 가지게 되면 국제사법상의 규범이 작동하게 된다. 그런데 물권에 관한 준거법을 정하는 국제사법상 원칙은 목적물이 소재하는 나라의 법을 적용한다는 이른바 목적물 소재지법주의(lex rei sitae)이다. 문화재도 법률적 성질상 일종의 물건임은 분명하므로 문화재의 반환이 문제된 섭외적 사건에 있어서 준거법을 정하는 기준은 반출된 문화재가 소재하는 국가의 법이 적용되어야 할 것이다. 그러나 필자는 이에 대해 문화재의 반환이 문제된 섭외적 분쟁에 대해 목적물 소재지법주의를 적용하는 것은 문화재가 다른 물건과는 다른 특성을 가지고 있다는 점을 도외시한 것이며, 그것을 대체할 새로운 준거법지정의 원칙으로 이른바 기원국법주의(lex originis)를 제안한 바 있다.[175] 필자가 관찰한 바로는 섭외적 문화재반환사건에 적용될 준거법의 지정에 있어서 학계의 통설은 소재지법주의인 데 반해, 기원국법주의를 지지하는 견해는 필자를 제외하고는 찾아볼 수 없었다. 이에 본 단원에서 필자가 주장하는 기원국법주의에 대해 자세히 설명하고자 한다.[176] 기존의 소재지법주의가 어떤 문제를 내포하고 있는지에 대해 우선 아래에서 주요 사례를 살펴보자.

에서는 준거법으로 지정된 외국의 법이 공법적 성격을 가지더라도 이를 적용할 수 있는 것으로 본다. 이러한 입장에서 우리나라 국제사법 제19조도 준거법으로 지정되는 외국법의 규정은 공법적 성격이 있다는 이유만으로 그 적용이 배제되지 않는 것으로 정하고 있다.

175 송호영, "해외로 불법 반출된 문화재의 민사법상 반환청구권에 관한 법리에 관한 연구", 비교사법, 제11권 4호(2004.12.), 229면 이하 특히 249면 이하 참고.

176 아래 내용은 송호영, "국제사법상 문화재의 기원국법주의(lex originis)에 관한 연구", 「재산법연구」 제30권 제1호(2013), 한국재산법학회, 79면 이하를 발췌·정리하였다.

1 주요 사례

가. Winkworth vs Christie 사건

문화재의 반환문제에 있어서 국제사법과 관련하여 많은 논란을 일으킨 대표적 사례로는 Winkworth vs Christie Manson & Woods Ltd177 사건을 들 수 있다. 일본산 목재조각예술품을 수집하던 영국인 윌리암 윈크워드(Wiliam Winkworth)는 그가 주소로 있는 영국에서 일본조각예술품을 도난당하였다. 도난당한 예술품은 이탈리아로 반출되고 그곳에서 도난품임을 모르는 이탈리아인 마르체스(Paolo Marchese)에게 팔리게 된다. 그 물건을 취득한 마르체스는 수년 후 그 예술품을 런던으로 가지고 와서 런던에 소재하는 크리스티 회사에서 경매로 처분하기로 하였다. 예술품의 원소유자였던 윈크워드는 목재예술품이 자신이 소장하였던 물건과 같은 것임을 알게 되었고, 이에 윈크워드는 크리스티 경매장과 경매를 의뢰한 마르체스를 상대로 예술품에 대한 경매의 철회 및 예술품의 반환을 요구하는 소송을 영국법원에 제기하였다.

이러한 사안에서 영국법원의 결정에 중요한 것은 어느 나라 법을 준거법으로 하여 판단하느냐 하는 것이었다. 준거법에 관한 판단은 무엇을 연결점(connecting factor)으로 할 것이냐에 따라 다르게 나타난다. 이에 대해서는 ① 예술품이 도난당한 곳, ② 원소유자가 주소로 있는 곳, ③ 경매를 위해 예술품이 소재하는 곳, ④ 소송이 제기된 곳 등을 연결점으로 삼는다면 영국법이 준거법이 될 수 있다. 이에 반해 문제된 예

---

177 [1980] 1 Ch. 496 = [1980] 2 W.L.R. 937 = [1980] 1 All E. R. 1121 (Slade, J.). S. Carter, Decisions of Britisch Courts During 1981 Involving Questions of Public or Private International Law, 52 B.Y.B.I.L. 319, 329-334 (1981); Rowe, Stolen Property in the Conflict of Laws, 1 Cant. L. Rev. (N.Z.) 71 ff. (1980).

술품을 이탈리아인 마르체스가 이탈리아에서 구입한 것이 선의취득으로 될 수 있는 것인지를 연결점으로 삼는다면 마르체스가 거래한 곳의 법, 즉 이탈리아법이 연결점이 될 수 있다. 이에 대해 영국법원은 연결점에 있어서 영국법과의 많은 관련성에도 불구하고 마르체스가 그 예술품을 구입할 당시에 소재하였던 나라의 법(lex rei sitae)이었던 이탈리아법을 준거법으로 판정하였다. 이때 이탈리아법(구체적으로는 이탈리아 민법)에 의하면 도품이나 유실물에 대해서도 선의취득을 인정하고 있기 때문에 마르체스가 취득한 예술품이 비록 도품이었다고 하더라도 적법하게 소유권을 취득한 것으로 인정되고 따라서 그 후 그 예술품이 영국으로 다시 되돌아왔다고 하더라도 원소유자인 윈크워드는 마르체스와 크리스티 경매회사에 대해 아무런 권리도 주장할 수 없다고 판시하였다.

나. Koerfer vs Goldschmidt 사건

이 사건에서 스위스연방법원은 예술품이 취득시효기간 동안 다른 나라로 반출된 경우에 발생하는 법적 문제점을 다루었는데, 이 사건의 사안은 다음과 같다.[178]

1931년 독일태생의 유대인인 야콥 골드슈미트(Jakob Goldschmidt)는 은행으로부터 대출을 하면서 이를 위한 담보로 로트렉(Toulouse-Lautrec)이 그린 작품 2점[179]에 대해 양도담보를 설정하였다. 즉 담보로 설정한 그림에 대해 골드슈미트는 여전히 점유권과 내부적 소유권을 가지고 있었던 것이다.

1933년 나찌정권이 들어서자, 그는 독일을 떠나 망명하게 되었고 1940년에 나찌로부터 국적을 박탈당하게 된다. 1941년에 그의 그림은 나찌로부터 압수되었는데, 당시 재무상은 이 그림이 담보권을 가진

---

178 Schweizer Bundesgericht, Entscheidung v. 13. 12. 1968, BGE, Bd. 94, Teil II, 297 ff.

179 2점의 작품이란 "Le premier tricot"와 "Dans la loge"이다.

은행의 소유가 아니라 골드슈미트의 것으로 판단하여, 나찌정권은 국적을 박탈당한 그의 재산을 압수하여 공매로 넘기게 된다. 이에 따라 1941년 2점의 로트렉 그림은 베를린에 사는 야콥 코에퍼(Jakob Koerfer)가 낙찰받게 된다. 코에퍼는 1942년 그의 처와 세 아들에게 이 그림을 증여하였다. 코에퍼의 처는 스위스 볼링엔(Bollingen) 출신으로 결혼 후 남편과 함께 베를린에서 거주하여 왔었다. 코에퍼의 처는 남편으로부터 증여받은 그림을 볼링엔으로 가지고 갔고, 이후 그 그림은 계속해서 스위스 볼링엔에 소재하게 된다. 1944년 코에퍼의 처는 사망하게 되고, 그 그림은 코에퍼의 세 아들이 상속받게 된다. 1948년과 1949년에 골드슈미트는 코에퍼의 상속인들을 상대로 문제가 된 로트렉의 그림이 나찌정권에 의해 불법적으로 강탈된 것이라는 이유로 반환할 것을 요구하였지만, 이를 소송을 통해 청구하지는 않았었다. 1955년 골드슈미트는 미국 뉴욕에서 사망한다. 이후 야콥 골드슈미트의 아들이자 단독상속인인 알프레드 어빈 골드슈미트(Alfred Erwin Goldschmidt)는 코에퍼의 세 아들을 상대로 문제된 그림의 반환을 요구하는 소를 스위스법원에 제기하게 된다.

이 사건에서는 양도담보로 제공한 그림의 소유권이 누구의 것인지, 또한 나찌정권하의 압수 및 공매처분이 적법한 것인지 등 여러 쟁점들이 복합적으로 얽혀 있다. 그런데 특히 국제사법상의 쟁점으로는 야콥 코에퍼가 나찌정권의 공매를 통하여 취득한 그림이 선의취득의 대상이 되지는 않는다고 하더라도 취득시효의 완성을 원인으로 소유권을 취득할 수 있는지가 문제되었는데, 이때 취득시효의 요건을 정하는 법을 어느 나라의 법으로 할 것인지가 문제된다. 즉 독일법과 스위스법 중에서 어느 법으로 판단할 것인지가 문제된다. 만약 독일법에 의하게 되면 이러한 사안에서 야콥 코에퍼 및 그의 상속인의 취득시효는 인정될 수 없다. 왜냐하면 독일민법에 의하면 동산의 취득시효기간은 10년이며, 특히 자주점유를 요하므로, 만약 취득자가 물건의 취득시에 선의가 아니거나 나중에 자신에게 소유권이 없음을 알게 된 경우에는 취득시효가 인정되지 않는다(독일 민법 제937조 참조). 따라서 1941년에 야콥 코에퍼가 선의로 그림을 공매에서 낙찰받았더라도 골드슈미트가 코에퍼의 상속인들에게 공매의 불법성을 이유로 그림의 반환을 요구한 때인 1948년부터는 코에퍼의 상속인들은 소유권 없음을 알게 되었으므로 취득시효는 인정될 수 없다. 그에 반해 스위스 민법에서는 취득자가 동산을 취득한 때로부터 선의로 5년간 중단 없이 점유한 때에는 소유권을 취득한다(스위스 민법 제728조 제1항). 따라서 1941년 야콥 코에퍼가 공매에서 그림을 선의로 취득하였고 이후 5년이 경과한 후에는 취득시효가 완성하므로 이후 골드슈미트가 그림의 반환을 요구한 1948년 이전에 이미 그그림의 소유권은 코에퍼에게 귀속된다는 것이다.

이에 대해 스위스연방법원은 목적물소재지, 즉 로트렉의 그림이 소재하던 스위스의 법에 따라 시효취득기간의 완성을 인정하여 알프레드 어빈 골드슈미트의 청구를 기각하였다.

다. 그리스정교회 vs Christie's, Inc. 사건

그리스정교회(Greek Orthodox Patriarchate of Jerusalem)는 10세기경 아르키메데스(Archimedes)가 양피지에 작성한 것으로 추정되는 복기지(Palimpsest)**180**를 분실하였다. 이 고서는 1920년대에 프랑스 공무원이었던 시리엑스(Marie Louis Sirieix)가 취득하였는데, 그의 취득경위는 밝혀지지 않았다. 시리엑스는 1956년에 사망하였는데, 1947년부터는 그의 딸 안나 구에상(Anne Guersan)과 그의 남편 및 아들이 관리하였다. 구에

---

180 팰림프세스트, 즉 복기지(複記紙)는 썼던 글자를 지우고 그 위에 다시 글을 쓸 수 있도록 만든 양피지를 의미하며 과거에는 주로 양피지에 성경을 적었던 기도서로 많이 이용되었는데, 그리스정교회가 소유하던 팰림프세스트 중의 일부에는 아르키메데스의 수학서적도 포함되어 있었다. 그리스정교회가 소유하던 패림프세스트 중에서 아르키메데스의 수학기술부분만 예리하게 분리되어 외부로 반출된 것이다. 팰림프세스트에 관한 자세한 내용은 http://en.wikipedia.org/wiki/Palimpsest 참고.

상 가족은 복기지 상태를 점검하기 위하여 전문가에게 점검을 의뢰하였는데, 몇몇 전문가들은 복기서의 정식 보존을 권유하였다. 그에 따라 1970년대 접어들어 구에상 가족은 복기지의 판매를 고려하게 되고, 이에 따라 복기지를 알리기 위한 200권의 팜플렛을 제작하여 유럽과 미국에 전파하게 된다. 그에 따라 많은 대학과 수집가들이 관심을 가지게 되고, 그중 잠재적인 구매자에게 팔기 위해 구에상 가족은 복기지를 뉴욕에 있는 크리스티 경매회사로 인도하였다. 크리스티는 1998년 10월 29일에 복기지를 경매할 것이라고 공고하였는데, 경매 1주일 전인 10월 22일에 그리스정교회는 복기지의 정당한 소유자는 그리스정교회라고 선언하고 경매 전날인 10월 28일 뉴욕법원에 복기지의 반환을 청구하는 소를 제기하게 된다.[181]

이 사건에서도 핵심은 법원이 복기지의 정당한 권원여부를 판단함에 있어서 어느 법을 준거법으로 삼을 것인가 하는 점이었다. 목적물이 현재 소재한 뉴욕법을 적용할 것인가, 아니면 시리엑스가 복기지를 취득하였던 프랑스법을 적용할 것인가의 문제이다. 이에 대해 뉴욕법원은 시리엑스가 취득하고 구에상가족이 보유하고 있었던 당시의 프랑스법에 따라 판단하였다. 프랑스 민법 제2262조에 의하면 "모든 소권은 물적 또는 인적 소권의 여하를 불문하고, 30년간 이를 행사하지 아니하면 시효가 완성한다. 이러한 시효를 주장하는 자는 그 권원을 인용할 의무가 없으며, 누구든지 이 자에 대하여 악의가 있다는 항변을 가지고 대항하지 못한다."고 규정하고 있다. 따라서 시리엑스가 복기지를 취득한 지 30년이 훨씬 지난 이상 그리스 정교회는 소유권을 주장할 수 없다고 판단하였다.

---

181 Greek Orthodox Patiarchate of Jerusalem v. Christie's, Inc, 1999 WL 673447, 1999 U.S. Dist. Lexis 13257 (S.D.N.Y 1999).

② 사례에서 제기되는 문제점

위에서 본 사례들은 문화재(또는 예술품)가 어떤 사유에 의하여 어느 나라로부터 반출되어 다른 나라에서 존재하는 경우에 그 문화재에 대한 소유권을 판가름함에 있어서 준거법의 결정이 얼마나 중요한 것인지를 잘 보여준다. 이때 반출된 문화재의 소유권에 관한 실체법적 쟁점은 주로 문화재가 불법하게 반출되어 유통된 경우에 그러한 문화재의 불법성을 알지 못하고 제3자가 이를 취득한 경우에 제3자에게 선의취득을 인정할 수 있을 것인지, 또한 만약 제3자가 문화재를 취득한 경위가 거래에 의한 것이 아니거나 기타 선의취득의 요건을 충족시키지 못한 경우에는 취득시효의 완성을 이유로 소유권을 인정할 수 있을 것인지 또는 문화재에 대한 반환청구권이 시효로 소멸될 수 있는지 등이 문제된다.[182] Winkworth vs Christie 사건은 선의취득의 성립여부가 문제된 사례이고, Koerfer vs Goldschmidt 사건은 취득시효의 완성여부가 문제된 사례이며, 그리스정교회 사건은 반환청구권의 소멸시효의 완성여부가 문제된 사례이다. 그런데 선의취득이나 취득시효 및 소멸시효의 요건이나 행사방법 등은 나라마다 상이하다. 따라서 '외국적 요소가 있는 법률관계'에서 어느 나라의 법을 준거법으로 삼아서 판단할 것인가는 소송의 승패에 있어서 매우 결정적인 요소로 작용한다. 상기한 사례에서 사건을 맡은 법원은 모두 준거법을 정함에 있어서 이른바 목적물의 소재지법주의(lex rei sitae)에 따라 판단하였다. 좀 더 정확하게 표현하면, 문화재를 취득한 행위나 사실의 완성 당시 문화재가 소재하던 곳의 법을 준거법으로 삼아 판단하였던 것이다. 그리하여 Winkworth vs Christie 사건에서는 불법반출에 대해 선의였던 마르체

---

[182] 반출문화재의 반환과 관련하여 실체법상 제기되는 문제점에 대해서는 송호영, "해외로 불법 반출된 문화재의 민사법상 반환청구권에 관한 법리에 관한 연구", 237면 이하 참고.

스가 목적물을 매수하여 선의취득이 성립하였던 당시에 목적물이 소재하였던 이탈리아의 법이 준거법으로, Koerfer vs Goldschmidt 사건에서는 취득시효의 완성이 문제되었던 당시 목적물이 소재하였던 스위스의 법이 준거법으로, 그리고 그리스정교회 사건에서는 시리엑스가 목적물을 취득함으로써 원소유자의 반환청구권의 소멸시효가 문제된 당시 목적물이 소재하였던 프랑스의 법이 준거법으로 지정된 것이다. 물건, 특히 동산에 관한 권리를 정함에 있어서 권리의 득실변경의 원인된 행위 또는 사실의 완성당시 목적물이 소재하던 곳의 법을 준거법으로 지정하는 하는 것은 기본적으로 잘못된 태도가 아니며, 오히려 일반적인 원칙이다. 또한 소재지법주의에 의하게 되면 목적물이 소재하던 영역 내에서 이루어진 거래나 취득에 대해 그 당시 소재지의 법이 적용됨으로써, 제3국의 법원으로써는 소재지국가의 주권을 존중하는 결과를 가져오므로 국제예양(international comity)을 준수하는 셈이다.[183] 이처럼 소재지법주의가 보편화된 원칙임에도 불구하고 문화재를 다른 물건과 같이 취급하여 문화재에 대해서도 소재지법주의를 취하는 것은 문화재의 특성을 도외시한 기계적인 법적용이라는 비난을 면하기 어렵다. 따라서 아래에서는 물권에 관한 일반적인 준거법지정원칙으로 종래부터 통용되어오던 목적물 소재지법주의의 내용과 그 적용상의 문제점에 대해서 좀 더 자세하게 살펴보고자 한다.

---

183 Fincham, "How Adopting the *Lex Originis* Rule Can Impede the Flow of Illicit Cultural Property", Columbia Journal of Law and the Arts, Vol 32 (2008), p 111, 115.

1 목적물 소재지법주의(lex rei sitae)의 의미

물건에 관한 권리의 준거법에 대해서는 목적물의 소재지법에 의한다는 것이 오늘날의 일반화된 원칙이다. 이를 소재지법주의(lex rei sitae)라고 하고 그러한 원칙을 소재지원칙(Situs-Regel)이라고 한다. 물건에 관한 권리, 즉 물권에 관한 법률관계에는 물권의 득실변경이나 물권의 내용과 효과 등을 모두 포함한다. 그런데 '물건'에는 부동산과 동산이 포함되는바, 부동산에 관한 권리의 득실변경여부나 권리의 내용 혹은 효과를 정함에 있어서 그 문제된 부동산이 소재하는 국가의 법에 따라 판정함은 큰 어려움이 없다. 부동산의 성질 자체가 어느 특정한 지역에 고착화되어 있으므로 부동산에 관한 한 소재지의 법에 따라 판단하는 것이 자연스럽다. 그 때문에 부동산에 관한 물권관계에 대해서는 일찍부터 소재지법주의가 적용되어 왔다.[184]

그런데 동산에 관해서도 소재지법주의를 취할 것인가에 대해서는 논란이 있을 수 있다. 여기에 대해서, 동산도 부동산과 구별하지 않고 모든 물건에 관한 법률관계에 대해서 목적물의 소재지법에 따라 준거법을 정해야 한다는 입장(이른바 동칙주의 또는 통일주의)과 부동산과 동산을 구별하여 부동산에 관한 물권관계는 소재지법에 의하지만 동산에 관한 물권관계는 소유자의 주소지법(lex domicilli)에 의해서 준거법을 정해야 한다는 입장(이른바 이칙주의 또는 구별주의)으로 나뉜다. 동산에 관한 물권관계에 대해서는 과거 중세부터 19세기 말경까지는 "동산은 인골(人骨)에 부착한다"(mobilia ossibus inharent) 또는 "동산은 사람에 따른다"(mobilia personam sequuutur) 등의 법언(法諺)에 따라 소유자의 주소지법에 의해 준거

---

184   이호정, 『섭외사법』, 한국방송대학교출판부, 1999, 242면.

법을 정해야 한다는 것이 지배적인 학설이었다.[185] 이러한 소유자의 주소지법주의는 동산의 종류도 많지 않고, 대개 동산이 소유자의 주소지에 존재하며 소유자의 주소도 좀처럼 변경되지 않았던 당시 상황에서는 수긍될만한 것이었다. 이러한 당시의 통설적 견해에 대해 사비니는 동산도 물건으로써 부동산과 달리 취급해야할 특별한 이유가 없다고 하면서 동산에 대해서도 부동산과 마찬가지로 소재지법주의를 적용할 것을 주장하였다.[186] 다만 사비니도 동산의 특수성을 부인하지는 않았는데, 이를테면 운송중의 물건이나 여행 중의 수하물처럼 그 소재지를 정하기 어려운 물건에 대해서는 소유자의 주소지법에 의함을 인정하였다. 그러한 특수한 상황을 제외하고는, 오늘날 대부분의 국가에서는 사비니의 영향에 따라 동산에 관한 물권관계에 대해서도 부동산과 마찬가지로 소재지법에 의해 준거법을 정하는 것으로 받아들이고 있다.[187]

한편 우리나라의 국제사법도 제33조에서 물권의 준거법에 관하여 제1항에서 "동산 및 부동산에 관한 물권 또는 등기하여야 하는 권리는 그 동산·부동산의 소재지법에 따른다."고 하고 제2항에서 "제1항에 규정된 권리의 취득·상실·변경은 그 원인된 행위 또는 사실의 완성 당시 그 동산·부동산의 소재지법에 따른다."고 규정함으로써, 물건에 관해서는 부동산과 동산을 구별하지 않고 공히 목적물 소재지법주의에 의함을 명시하고 있다.

---

185 신창선, 『국제사법』(제8판), 도서출판 fides, 2012, 235면; 윤종진, 『현대 국제사법』(개정판), 한울출판사, 2003, 328면; 김연·박정기·김인유, 『국제사법』(제3판), 법문사, 2012, 277면.

186 Savigny, System des heutigen Römischen Rechts, Band VIII, Berlin 1849 (Nachdruck Aalen 1974), S. 169 ff.

187 Savigny의 주장이후로 각국의 국제사법이 소재지법주의를 채택한 과정에 대해서는 Staudinger/Stoll (1996) Int SachenR Rn 127, 128 참고.

❷ 목적물 소재지법주의의 근거

현재 물권에 관해서는 대부분의 국가들이 동산과 부동산의 법률관계를 구별하지 않는 이른바 동칙주의에 입각하여 그 준거법으로 목적물의 소재지법주의를 채택하고 있다. 이를테면 독일의 경우에는 국제사법에 해당하는 민법시행법(EGBGB)의 제정 당시에는 물권관계에 관한 규정을 두지 않았다. 이에 따라 물권에 관한 준거법에 대해서는 소재지법주의(lex rei sitae)가 학설과 판례에 의해 관습법처럼 정착되었었는데, 1999년 민법시행법을 개정하면서 제43조에서 동칙주의에 입각한 소재지법주의를 명문화하였다.[188][189] 동칙주의를 취하는 이유에 대해서는 ① 동산과 부동산의 구별은 법률상의 구분이므로 각국의 실체법마다 동산과 부동산의 취급이 반드시 동일하지 않기 때문에 국제사법에서 동산과 부동산을 구별하여 준거법을 정하는 것이 용이하지 않다는 점, ② 주소를 달리하는 사람이 동산에 관한 권리를 다투는 경우나 주소를

---

188 독일 민법시행법(EGBGB) 제43조 [물건에 대한 권리] ① 물건에 대한 권리는 그 물건이 소재하는 국가의 법에 의한다. ② 그 권리가 성립된 물건이 다른 나라에 들어오면 그 권리는 이 국가의 법질서에 반하여 행사될 수 없다. ③ 내국에 들어온 물건에 대한 권리가 전에 이미 취득된 것이 아니라면 내국에서의 취득에 있어서 외국에서 이루어진 과정은 내국에서 이루어진 것으로 고려된다.

189 그 외 스위스, 오스트리아 및 이탈리아의 국제사법에서도 동칙주에 입각한 소재지법주의를 정하고 있는데, 관련규정을 살펴보면 다음과 같다. 스위스 국제사법 제99조 [부동산] ① 부동산에 대한 물권은 물건의 소재지법에 의한다. 제100조 [동산] ① 동산에 관한 물권의 취득과 상실은 취득 또는 상실을 초래하는 과정이 일어난 시점에 있어서 물건이 소재하고 있는 국가의 법에 의한다. ② 동산에 대한 물권의 내용과 행사는 물건의 소재지의 법에 의한다. 오스트리아 국제사법 제31조 [일반규정] ① 점유를 포함한 유체물에 대한 물권의 취득과 상실은 그 취득 또는 상실의 원인이 되는 사실관계의 완성 당시 그 물건이 소재하는 국가의 법에 따라 판단한다. ② 물건의 법적 종류와 제1항에서 규정한 권리의 내용은 그 물건이 소재하고 있는 국가의 법에 따라 판단한다. 또한 이탈리아 국제사법 제51조 [점유 및 물건에 대한 권리] ① 점유권, 소유권 기타 동산과 부동산에 대한 권리는 그 물건이 소재하는 국가의 법에 의한다. 제53조 [동산의 취득시효] 동산의 취득시효는 규정된 기간의 도과시 물건이 소재한 국가의 법에 의한다.

달리하는 수인이 동산을 공동소유하는 경우에는 적용할 주소지법을 정하는 것이 곤란하다는 점, ③ 과거와 달리 오늘날 동산의 종류가 급격히 증가하였고 동산의 소재지와 소유자의 소재지가 일치하지 않는 경우가 빈번하며 또한 소유자의 주소도 반드시 고정적이라고 할 수 없다는 점 등이 언급된다.[190] 결국 동칙주의에 입각하게 되면 동산물권에 대한 준거법은 부동산과 마찬가지로 목적물의 소재지법주의에 의거하게 되는데, 소재지법주의의 장점은 특히 거래안전(Verkehrsschutz)에 기여할 수 있다는 점에 있다.[191] 소재지법을 취하는 구체적인 논거로는 ① 물권은 물건에 대한 직접적인 지배권이므로 물건이 현실적으로 소재하는 곳의 법률에 따르는 것이 가장 자연스럽다는 점, ② 물권은 물건에 대한 배타적인 지배권이기 때문에 제3자의 이익보호라는 관점에서 목적물의 소재지법에 의하는 것이 타당하다는 점, ③ 물권관계에 소재지법이외의 법률을 적용하는 것은 법기술적으로 곤란한 경우가 적지 않다는 점[192] 등이 거론된다.[193]

여기에서 목적물 소재지법주의에 의한다고 하더라도 그 의미를 분명히 할 필요가 있다. 부동산은 본질적으로 고정되어 있으므로 그 소재지를 판단하는 것은 매우 간단하다. 문제는 동산인데, 동산에 관한 권리에 대해서도 목적물(즉 동산)의 소재지법주의가 적용된다는 의미에 대해서는 주의를 요한다. 동산에 있어서 '소재지'란 단순히 동산이 현재 현실적으로 소재하는 곳이라는 의미가 아니라, 동산에 관한 권리의 득

---

[190] 윤종진, 전게서, 330면; 김연·박정기·김인유, 전게서, 278면.

[191] Jan Kropholler, Internationales Privatrecht, 3. Aufl., Tübingen 1997, S. 478; Bernd von Hoffmann, Internationales Privatrecht, 7. Aufl., München 2002, S. 474.

[192] 예컨대 토지위에 저당권이 설정되었는지가 문제되는 경우, 저당권에 관한 규율여부를 토지가 소재하는 국가의 법이 아닌 다른 나라의 법을 적용하는 것은 기술적으로 매우 곤란하다.

[193] 신창선, 전게서, 237면; 신창섭, 『국제사법』(제2판), 세창출판사, 2011, 200면 등.

실변경을 가져오게 된 원인된 행위 또는 사실의 완성194 당시에 목적물이 소재하던 곳의 법을 의미한다. 따라서 A국에 소재하던 동산이 B국에서 거래되어 이를 취득한 甲이 선의취득의 요건을 충족하여 소유권을 취득한 후 이를 C국에 있는 乙에게 양도하여 그 동산이 현재 C국에 있는 경우에 원소유자가 乙을 상대로 C국에서 소유물반환청구소송을 제기한 경우에 C국 법원이 적용하게 되는 준거법으로서 목적물 소재지법(lex rei sitae)은 현재 그 물건이 존재하는 C국법이 아니라 선의취득의 완성이 문제될 당시의 목적물이 소재하였던 B국법이다.

③ 목적물 소재지법주의의 적용상 문제점

오늘날 물건에 관한 권리의 준거법을 정함에 있어 일반화된 입법례이자 보편적인 원칙은 동산과 부동산을 구별하지 않고 목적물이 소재하는 곳을 연결점으로 하여 그 소재지국가의 법을 준거법으로 지정해야 한다는 것이다. 이른바 목적물 소재지법주의(lex rei sitae)는 거래의 안전을 확보할 수 있다는 장점과 함께 자국의 영역 내에서 행해진 물건의 거래에 대하여 자국의 법이 관여할 수 있다는 점에서 목적물이 있었던 국가의 주권을 존중하는 결과를 가져오기 때문에 국제예양(international comity)의 관점에서도 충분한 합리성을 가지고 있다. 그럼에도 불구하고 목적물 소재지법주의가 문화재에 관한 국제적 권리분쟁에서도 준거법을 지정하는 원칙으로 작용하는 것이 타당한 것인지는 의문이 아닐 수 없다. 가령 A국의 甲이 소유하던 문화재가 A국에서 절취되어 B국으로 반입되어 그곳에서 그러한 사실을 모르는 乙이 고미술품가게에서 이를 매수한 경우에 만약 甲이 乙에게 문화재의 반환을 청구하는 소를 B국의 법원에 제기한 경우에 B국의 법원은 어느 나라의 법을 준거법으로

---

194   이를테면 선의취득, 취득시효 또는 선점 등.

지정할 것인지를 판단하여야 한다. 이때 B국의 법원이 목적물 소재지 법주의에 따라 준거법을 정하게 되면 현재 목적물이 소재하는 B국법에 따르게 될 것이고 이때 B국법이 동산에 대한 선의취득을 인정하고 있으면 乙은 선의취득을 통하여 소유권을 인정받게 된다. 나아가 만약 乙이 이를 다시 C국에 사는 丙에게 매도하여 현재 丙이 소지하는 경우에, 만약 甲이 C국의 법원에 丙을 상대로 문화재의 반환을 청구하는 소를 제기하였다면 C국의 법원으로서는 역시 어느 나라의 법을 준거법으로 지정할 것인지에 대해 판단하여야 한다. 이때에도 C국의 법원으로서는 丙이 정당하게 소유권을 취득하였는지를 목적물 소재지법주의에 따라 판단한다면, C국의 법원은 우선 乙의 선의취득여부를 심사하게 될 것이고 이때 乙의 선의취득이 완성될 당시의 문화재가 소재하였던 B국의 법을 준거법으로 정하게 될 것이다. 또한 C국의 법원이 乙의 선의취득 요건은 충족되지 않았지만 丙의 선의취득의 완성여부가 문제된다고 판단한다면, 丙의 선의취득이 완성될 당시에 문화재가 소재하였던 C국의 법을 준거법으로 지정해서 판단하게 될 것이다. 이것이 현재 일반적으로 통용되는 목적물 소재지법에 따른 준거법지정의 메커니즘이다. 그런데 이러한 목적물 소재지법에 따른 준거법의 지정은 문화재를 단순히 거래의 대상이 되는 물건으로 볼 때 성립될 수 있는 논리이다. 즉 문화재에 대해 '불융통물'(res extra commercium)로서의 성질을 완전히 배제하고 문화재를 보통의 재화와 똑같이 취급한다면 문화재에 대한 권리의 준거법은 물건에 관한 권리의 준거법과 마찬가지로 목적물 소재지법이 적용되는 것이 맞을 것이다. 그러나 문화재는 기본적으로 양도불가능한 성질을 가지고 있는데, 이를 무시하고 다른 물건과 똑같이 취급하는 것은 문제가 있다. 더구나 나라마다 문화재에 대해 어떠한 법적 보호를 할 것인지에 대한 규율은 상이한데, 가령 A국으로부터 B국으로 문화재가 불법하게 반출된 경우에 A국의 법에서는 문화재의 유통이나 선의취득을 금지하는 데 반해 B국에서는 문화재에 대해서도 일반 동산과 마찬가지로 선의취득을 인정하고 있다면, A국에서 불법적으로 반출된 문화재는 B국에서 선의취득을 이용하여 손쉽게 소유권의 세탁이 이루어지게 되고 이후 합법적으로 유통될 우려가 있다. 이렇게 되면 문화재의 보호를 위한 A국의 법은 무력하게 된다. 따라서 목적물 소재지법주의가 자칫 문화재에 관한 권리의 세탁을 위한 방편으로 악용될 수 있음을 간과해서는 안 된다. 이러한 생각에서 '문화재'에 관한 준거법을 정함에 있어서는 일반적인 물건과는 다른 준거법의 지정원칙이 적용될 필요가 있다.

Ⅳ 새로운 준거법지정원칙 : 기원국법주의(lex originis)

1 목적물 소재지법주의에 대한 비판

문화재에 관한 대안적인 준거법지정원칙으로 제안되고 있는 기원국법주의는 목적물 소재지법주의의 문제점을 극복하기 위해서 주장되고 있다. 따라서 목적물 소재지법주의에 대한 구체적인 비판점을 우선 살펴보자.

첫째, 목적물 소재지법주의의 장점은 거래의 안전에 기여한다는 것이지만, 사안에 따라서는 목적물 소재지법주의가 거래안전의 이념과 부합하지 않는 경우도 있다는 것이다. 이를테면 포르투갈법에 따라 불융통물(res extra commercium)로 지정된, 포르투갈 왕국의 페드로 4세가 소유하였던 권총(Pistolen) 2정이 1973년 리사본에서 절취되어 1980년 독일로 반입되었는데, 1982년 이 권총을 취득한 A가 1990년 이를 영국의 경매시장에 내놓기 위해 런던으로 반입한 사례를 생각해 보자.[195] 포

---

[195] 사안은 LG Hamburg, Urteil vom 20. 6. 1996, An. : 305 O 77/92 판결에서 구성한 것임. 이 판결에서는 권총의 취득시효 성립여부 외에도 선의취득이나 취득시효를 금

르투갈정부가 A를 상대로 권총의 반환을 청구한 것에 대해, A가 취득시효의 항변을 할 수 있는지가 문제되는 데, 이때 독일민법 제937조에 의하면 10년간의 점유를 요건으로 하는 데 반해 영국 시효법(Limitation Act 1980) 제3조 1항 및 2항에 의하면 6년간의 점유로 소유권을 취득하게 된다. 여기에 비추어보면 A는 1982년 권총을 취득한 후 독일에서는 취득시효를 위한 10년의 점유요건을 충족시키지 못하였지만, 1990년 런던으로 반입한 시점에는 영국법상으로 6년의 점유요건을 충족하였으므로, 취득시효의 요건이 완성될 당시에 목적물이 소재하였던 곳의 법, 즉 영국법에 의하면 취득시효에 의한 소유권을 인정받게 된다.196 그러나 문제의 권총을 취득한 A로서는 취득시효 기간을 10년에서 6년으로 단축시키기 위해 독일에서 영국으로 물건을 반입한 것일 뿐, A외의 새로운 제3자가 관여된 것도 아니므로 이러한 사안에서는 목적물 소재지법주의의 장점인 거래의 안전과는 전혀 관련이 없다.

둘째, 동산에 있어서는 목적물 소재지법의 연결점인 소재(所在: Belegenheit)라는 요소가 쉽게 변경될 수 있다는 점이다. 가령 어떤 사람이 분실한 물건을 취득하였다고 하는 경우, 그 물건을 취득하였다고 주장하는 장소나 현재 그 물건이 소재하고 있다고 하는 장소는 쉽게 조작될 수 있는 연결점이다.197 따라서 그 물건을 절취하려는 자 또는 은닉하려고 하는 자는 자신들에게 유리한 나라의 법령이 적용되는 소재

하는 포르투갈법을 위반하고서 거래한 행위가 공서양속에 위반하는 무효인 법률행위인지 등이 다투어졌으나, 여기서는 취득시효에 관한 쟁점만을 살펴본다. 이 판결에 대한 자세한 소개로는 Marc Weber, Unveräußerliches Kulturgut im nationalen und internationalen Rechtsverkehr, Berlin 2002, S. 372~374.

196 당시 이 사건을 담당하였던 함부르크 법원은 영국법에 따라 A가 소유권을 취득하였다는 이유로 포르투갈 정부의 반환청구소송을 기각하였다. 이 판결의 부당성에 대한 비판으로는 Kurpiers, Die lex originis-Regel im internationalen Sachenrecht, Frankfurt am Main 2005, S 122.

197 Jayme, Internationaler Kulturgüterschutz: Lex originis oder lex rei sitae-Tagung in Heidelberg, IPRax 1990, S. 347 f.

지를 미리 정해 놓고, 그에 맞추어 물건의 소재지를 옮겨버리는 이른
바 준거법의 변경(Statutenwechsel)을 손쉽게 이루어낼 수 있는 것이다. 이
를테면 문화재를 거래하려는 자들은 여러 나라들의 관계법령을 살펴
보고서 문화재에 대해서도 선의취득을 인정하거나 취득시효나 소멸
시효가 상대적으로 짧은 나라를 택한 후에 그곳으로 문화재를 옮겨 선
의취득이나 취득시효의 요건을 완성시켜 소유권에 대한 세탁(ownership
laundering)을 할 수 있게 된다.[198]

셋째, 목적물 소재지법주의를 고수하게 되면, 문화재를 보호하는
다른 나라의 법규를 고려하지 않는 결과를 초래하게 된다. 가령 문화재
의 선의취득이나 취득시효를 금지하는 우리나라 문화재법의 보호를 받
는 문화재가 불법 반출된 후 도품에 대해서도 선의취득을 인정하는 다
른 나라로 반입되어 그 사실을 모르는 제3자 이를 취득하게 되면 우리
나라의 문화재보호규정은 아무런 효력을 발휘하지 못하고 그저 선의취
득 당시에 문화재가 소재하던 곳의 법에 따라 제3자는 소유권을 취득
하게 된다. 그러나 어느 나라의 거래안전이라는 가치가 다른 나라의 법
규를 도외시한 채 일방적으로 보호될만한 것인지에 대해서는 의문이
아닐 수 없다.

넷째, 목적물 소재지법주의가 문화재의 불법거래방지를 목적으로
하는 국제적 규범에도 어울리지 않는다는 점이다. 이를테면 1993년 불
법문화재반환에 관한 유럽경제공동체지침[199] 제5조에 의하면 회원국

---

198 Raschèr, Kulturgütertransfer und Globalisierung, Zürich 2000, S. 84. 이러한 경우
에 소재지의 변경이 일종의 법률의 회피(Umgehung des Gesetzes)에 해당한다고
볼 수 있을 것이나, 국제사법상 법률의 회피의 유·무효여부에 대해 이를 유효로 보
는 나라가 훨씬 많을 뿐만 아니라 학설도 유효설이 통설이므로, 선의취득이나 취득
시효의 요건을 쉽게 충족하기 위해 목적물의 소재지를 변경하였다고 해서 그러한
연결점의 변경을 무효라고 할 수 없기 때문에, 소재지변경을 통해 준거법을 변경하
려는 시도는 계속 있게 될 것이다.

199 Council Directive 93/7/EEC of 15 March 1993 on the return of cultural objects
unlawfully removed from the territory of a Member State.

은 불법하게 회원국의 영토 밖으로 반출된 문화재를 반환받기 위하여 문화재의 반환을 요청받는 국가의 법원에 문화재의 보유자나 점유자를 상대로 소송을 제기할 수 있다고 정하고 있다. 나아가 동 지침 제12조는 문화재의 반환 후 그 문화재의 소유권은 반환을 청구한 국가의 법률에 의해 결정된다고 규정하고 있다. 예컨대 독일의 문화재가 불법하게 반출된 후 이탈리아로 반입되어 독일정부가 문화재의 반환을 요구하는 소송을 이탈리아 법원에 제기하게 되면, 이탈리아법원은 독일법에 따라 문화재의 반환여부를 판단하여야 하고, 독일 정부가 그 문화재를 반환받게 되면 그 문화재의 소유권에 대해서도 다시 독일법에 따라 소유자가 정해지게 된다. 비록 유럽경제공동체지침은 유럽이라는 한정된 지역에서만 통용되는 회원국법률의 동화를 위한 가이드라인에 불과한 것이지만, 동 지침을 통하여 유럽의 각국은 문화재반환에 관한 한 다른 나라의 법률을 존중하고 있음을 알 수 있다. 또한 지역공동체를 넘어서 국제협약의 차원에서도 그러한 태도는 반영되어 있다. 즉 1995년 도난 또는 불법 반출된 문화재에 관한 UNIDROIT협약[200] 제3조에 의하면 도난된 문화재의 점유자는 이를 반환하여야 하는데(동조 제1항), 동 협약에서는 어떠한 문화재가 발굴이 이루어진 국가의 법에 의할 경우 불법적으로 발굴되었거나 합법적으로 발굴된 물건일지라도 불법적으로 소지되고 있는 경우에는 도난문화재로 간주된다(동조 제2항). 또한 동 협약 제5조에 의하면 체약국은 자국의 영토에서 불법적으로 반출된 문화재의 반환을 다른 체약국의 법원 또는 관할당국에 요청할 수 있으며(동조 제1항), 특히 문화유산의 보호를 위해서 반출을 규제하는 국가의 법에 따른 전시회나 연구의 목적으로 허가를 받아 일시 반출되었더라도 허가 조건대로 반환되지 않은 문화재는 불법적으로 반출된 것으로 간주된다(동조 제2항). UNIDROIT협약상의 이러한 규정들도 기본적으로 문화재반

---

200   UNIDROIT Convention on Stolen or Illegally Exported Cultural Objects 1995

환에 관한 한 문화재의 원소유국의 법규를 우선적으로 존중하는 태도에서 기반을 둔 것이라고 하겠다.

② 기원국법주의의 근거

기원국법주의의 근거는 대체로 목적물 소재지법주의에 대한 비판의 극복에 맞추어져 있다.

첫째, 목적물 소재지법의 가장 큰 난점중의 하나는 목적물의 '소재지'를 얼마든지 인위적으로 조작할 수 있다는 점이다. 그 때문에 목적물 소재지법하에서는 소재지의 선택을 통하여 이른바 소유권세탁이 빈번하게 일어난다. 그에 반해 기원국법주의에 의하면 인위적인 준거법의 변경(Statutenwechsel)이 불가능하기 때문에 연결점의 조작을 통한 소유권의 세탁이 봉쇄된다. [201]

둘째, 목적물 소재지법주의가 원래 주장되었던 의도와는 다른 방향으로 전개되고 있다는 점이다. 즉 근대 국제사법의 초석을 마련한 사비니(Savigny)에 의해서 동산에 대해서도 인적 연결요소를 탈피하여 객관적으로 물건의 소재지를 연결점으로 삼는다는 원칙이 정립된 것인데, Savigny가 동산에 대해서도 목적물의 소재지를 연결점으로 삼은 것은 물건의 원소유자의 자유로운 의사를 전제로 한 것이었다. 그러나 정작 목적물 소재지법주의에 의해서 판단되는 사례들은 주로 물건이 원소유자의 의사에 반하여 불법적으로 반출되거나 분실된 경우에 문제가 되는데, 그러한 경우에는 소재지법주의가 전제로 한 모습과는 거리가 멀기 때문에 소재지법주의가 합리적인 준거법지정원칙으로 작용할 수 없다. [202]

셋째, 목적물 소재지법주의의 장점 중의 하나는 국제예양(international

---

201 Kurpiers, Die lex originis-Regel im internationalen Sachenrecht, S 215.
202 Kurpiers, Die lex originis-Regel im internationalen Sachenrecht, S 197.

comity)의 정신을 바탕으로 하고 있다는 점이다. 즉 물건의 권리관계를 판단하는 법원으로서는 법정지법(lex fori) 대신에 권리변동 당시 목적물이 소재하던 외국의 법률을 준거법으로 삼기 때문에 국제예양의 정신에 입각하고 있다는 것이다. 기본적으로 외국법을 존중하는 국제예양의 정신은 바람직하다. 그렇지만 이왕 국제예양을 존중한다면 물건의 소재지법보다 기원국의 법률을 준거법으로 삼는 것이 국제예양의 정신에 더욱 부합한다고 생각된다. 법원이 이왕 외국의 법을 준거법으로 삼는다면, 문화재에 관한 권리관계에 관해서는 조작가능한 연결요소에 터잡은 소재지의 외국법보다는 문화재의 출처에 근거한 기원국의 법을 준거법으로 삼는 것이 실질적인 국제예양의 정신에 부합하는 것이 아닐까?

넷째, 목적물 소재지법주의는 문화재의 특성을 도외시하고 그저 일반적인 물건과 똑같이 취급하고 있다는 난점이 있다. 문화재(cultural proprety)도 일종의 재화(property)이고 그것이 유형의 것이라면 물건에 해당한다는 점은 분명하지만, 문화재는 다른 재화와는 달리 불융통성(extra commercium)을 지니고 있는 경우가 많음을 간과하여서는 안 된다. 불융통물로서의 문화재는 양도가 제한되고 선의취득이나 취득시효의 대상에서 제외된다. 모든 문화재가 불융통물인 것은 아니지만, 문화재의 특수한 성질을 무시하고 다른 물건과 마찬가지로 물건의 소재지만을 기준으로 준거법을 정하는 것은 문화재에 담겨 있는 역사적·정신적·문화적 가치를 도외시하고 있다는 점에서 온당하지 못하다.

3 기원국(originis)의 판단기준

문화재에 관한 법률관계에 적용될 준거법으로 목적물 소재지법 대신 기원국법을 채택한다면, 과연 무엇을 문화재의 '기원'으로 보아 준거법을 정하는 연결요소로 삼을 수 있는지가 문제된다. 문화재는 다른 재화와 달리 역사적인 산물이기 때문에 일률적으로 그 기원을 정하기가 매우 어렵다. 따라서 문화재의 '기원' 내지 '원산'을 판단하기 위해서는 여러 복합적인 요소들 및 기준을 고려하여 판단할 필요가 있는데, 그러한 기준으로 아래와 같은 요소들이 고려될 수 있다.203

가. 신앙적 가치

일찍부터 문화 혹은 문화재는 종교적인 상징물로부터 발전하였다. 따라서 문화재의 상당부분은 종교적인 기원을 가지고서 제작된 것이다. 특정한 신앙을 기반으로 하여 형성된 지역의 구성원들은 그러한 문화재를 그들이 신봉하는 신과 인간과의 관계를 맺어 주는 신성한 물건으로 여겼기 때문에 그러한 문화재는 절대 사유화되거나 유통될 수 없는 것이었다.204 따라서 어떤 문화재가 특정지역에서 신봉되는 신앙의 산물일 경우에는 그러한 신앙지의 법(lex cultus)을 문화재의 기원국법(Heimatrecht)으로 판단하여야 한다.

그 대표적인 사례가 아포아콤(Afo-A-Kom) 사건이다.205 아포아콤은

---

203 아래에서 살펴보는 기원국의 판단기준은 문화재에 관한 준거법으로 기원국법주의(lex originis)를 지지하는 학자들이 공통적으로 열거하는 요소들인데, 이러한 기준은 독일의 국제사법학자 에릭 제임(Erik Jayme) 교수가 정립시킨 것이다(Jayme, Internationaler Kulturgüterschutz: Lex originis oder lex rei sitae - Tagung in Heidelberg, IPRax 1990, S. 347 f.; ders, Kunstwerk und Nation: Zuordungsprobleme im internationalen Kulturgüterschutz, Heidelberg 1991, S. 7 ff.).

204 로마법에서도 물건을 인간의 법에 따르는 것(res humani iuris)과 신의 법에 따르는 것(res divini iuris)으로 나누는데, 신법상의 물건, 즉 res divini iuris는 신과 인간과의 관계를 맺어주는 물건으로써, 언제나 거래의 대상이 될 수 없는 불융통물(res extra commercium)로 다루어졌던 것이다. 이에 관한 설명으로는 송호영, "해외로 불법 반출된 문화재의 민사법상 반환청구법리에 관한 연구", 「비교사법」 제11권 제4호(2004), 235면 이하; Weidner, Kulturgüter als res extra commercium im internationalen Sachenrecht, Berlin·New York 2001, S. 15 이하 참고.

205 이 사례에 대한 상세한 소개로는 Merryman/Elsen/Urice, Law, Ethics and the Visual Arts, Fifth Edition, The Netherlands: Kluwer Law International BV, 2007,

왕관을 쓰고 왕권을 상징하는 홀(笏)을 쥐고 있는 남자 조상(祖上)을 표현한 조각상인데, 카메룬에 사는 콤부족은 이 조각상을 일 년에 한 번씩 치루는 종교의식에 사용하였다. 1966년 어느 날 아포아콤이 알 수 없는 사유로 갑자기 사라진 후, 아포아콤은 1973년에 뉴욕의 갤러리에 모습을 드러낸다. 이 사실을 알게 된 카메룬정부는 아포아콤의 반환을 요구하게 되고, 당시 아포아콤은 콤부족에게 있어서는 금전으로는 값어치를 정할 수 없는 신앙적 존재이므로 무조건 돌려주어야 한다는 여론에 따라 결국 카메룬으로 반환되었다.

나. 창작자의 국가적 정체성

한 문화재의 기원국 혹은 원산국을 판정하는 기준으로 창작자의 국가적 정체성(Nationalität)도 고려될 수 있다.206 한 나라의 문화는 그 나라에 속한 구성원이 창작한 작품에 화체(化體)될 수 있기 때문이다. 창작자가 만든 작품을 통하여 특정시대의 국가에 속한 국민들은 정신적인 일체감을 가지게 되기 때문에, 창작자가 어떤 국가에 정체성을 가지고 있느냐는 문화재의 기원국을 판정하는 데 중요한 요소로 작용할 수 있다.

---

pp 363; 또한 국내문헌으로는 이보아,『루브르는 프랑스박물관인가?』, 민연, 2002, 159면 이하 등 참고.

206 Jayme, Kunstwerk und Nation: Zuordnungsprobleme im internationalen Kulturgüterschutz, S. 16-17; Hipp, Schutz von Kulturgütern in Deutschland, Berlin u.a. 2000, S. 197; Maurer, Die Ausfuhr von Kulturgütern in der Europäischen Union, Frankfurt a. M. 1997, S. 58; Uhl, Der Handel mit Kunstwerken im europäischen Binnenmarkt - Freier Warenverkehr versus nationaler Kulturgutschuz, Berlin 1993, S. 155 f.; Strauch, Rechtsverhältnisse an Kulturgütern im Internationalen Sachenrecht, Berlin 2007, S. 104-107; Schaffrath, Die Rückführung unrechtmäßig nach Deutschland verbrachten Kulturguts an den Ursprungsstaat, Frankfurt a. M. 2007, S. 248-250; Kurpiers, Die lex originis - Regel im internationalen Sachenrecht, S 202; Weidner, Kulturgüter als res extra commercium im internationalen Sachenrecht, S. 196; Anton, Internationales Kulturgüterprivat - und Zivilverfahrensrecht, Berlin u.a, 2010, S. 859.

이러한 이유에서 1970년 UNESCO협약207 제4조는 문화재의 인정여부를 판단함에 있어서 창작자가 속한 국가를 고려하고 있다. 즉 동 협약의 당사국은 "관계국가 국민의 각 개인 또는 집단에 의하여 창조된 문화재"에 대하여 동 협약의 목적을 위한 각국의 문화적 유산으로 구성됨을 인정하고 있다(동 협약 제4조 (a) 참고). 한편 이러한 기준의 문화재를 입법화한 대표적인 국가가 스웨덴인데, 1989년부터 시행되고 있는 스웨덴 문화재보호법에 의하여 관리되는 문화유산이란 스웨덴에서 또는 외국에서 스웨덴인에 의해서 창작된 작품으로 규정하고 있다.

창작자의 국가적 정체성이란 창작자의 출생지와는 구별하여야 한다.208 창작자의 출생지는 출생당시의 사정에 의해 얼마든지 다른 나라에 속할 수도 있는 것이다. 또한 창작자의 국가적 정체성(Nationalität)은 창작자의 국적(Staatsangehörigkeit)과도 구별되어야 한다.209 가령 조선시대 화가인 신윤복의 국적은 조선이지만, 그의 국가적 정체성은 대한민국인 것이다. 따라서 국가적 정체성이란 같은 언어와 동질적인 문화를 공유하는 영속적인 집합체에 대한 소속감을 의미한다. 그러한 의미에서 레오나로도 다 빈치는 이탈리아인이고, 알브레히트 뒤러는 독일인이라고 할 수 있으며, 그들의 작품은 이탈리아문화재 또는 독일문화재로 평가할 수 있다.

다. 문화재가 생성된 곳

문화재가 만들어지게 된 곳도 문화재의 기원국여부를 판단하는 데 있어서 중요한 요소 중 하나이다.210 창작자가 특정지역에서 전승되어

---

207 1970년 UNESCO 문화재의 불법반출·입 및 소유권이전방지와 예방수단에 관한 협약(Convention on the Means of Prohibiting and Preventing the Illicit Import, Export and Transfer of Ownership of Cultural Property).

208 Kurpiers, Die lex originis-Regel im internationalen Sachenrecht, S 203.

209 Weidner, Kulturgüter als res extra commercium im internationalen Sachenrecht, S. 196-197.

210 Uhl, Der Handel mit Kunstwerken im europäischen Binnenmarkt, S. 156;

온 방식으로 문화재를 제작하거나 혹은 그와는 다른 새로운 방식을 시도해서 문화재를 만들어 낼 수 있는데, 그 창작된 문화재가 한 나라의 영토내에서 제작된 경우에는 그러한 장소에 터 잡아 문화재의 기원으로 삼을 수 있는 것이다. 1970년 UNESCO협약 제4조 (a) 두 번째 구절에서는 "관계국 영역내에 거주하는 외국인 또는 무국적인에 의하여 그 국가의 영역내에서 창조된 관계국에 중요한 문화재"를 동 협약의 보호대상이 되는 문화적 유산으로 인정하고 있다. 이것은 창작자의 국적과 무관하게 문화재가 생성된 곳에 터 잡아 문화재의 기원을 판정하고 있는 것이다. 예컨대 과거 조선의 도예공들이 일본으로 건너가 일본에서 조선전래의 방식 혹은 새로운 방식으로 도자기를 제작한 경우에 그 도자기의 기원은 일본으로 보아야 한다. 그럼에도 불구하고 문화재의 생성지(Entstehungsort)는 문화재의 기원을 판단하는 다른 요소에 비해 많은 비중을 두기는 곤란하다. 가령 조선의 화가가 일본을 유람하던 중 현지에서 몇 점의 그림을 그렸다고 하더라도 그 그림의 기원을 일본이라고 하기는 어려울 것이기 때문이다.[211]

라. 문화재로 존치하는 곳

문화재의 기원을 정하는 연결요소로써 문화재가 만들어지고 난 다음 그 문화재가 존치하여야 하는 곳(Bestimmungsort)도 거론된다. 이것은 문화재가 생성된 장소에 터 잡는 것이 아니라, 문화재가 생성되고 난 후에 어디에 보존되어야 하느냐 또는 어디에 있는 것이 합당한 것이냐를 가지고서 판단하는 것이다. 예컨대 A국의 왕실이 B국에 사는 화가

Kurpiers, Die lex originis-Regel im internationalen Sachenrecht, S 204; Anton, Internationales Kulturgüterprivat- und Zivilverfahrensrecht, S. 865.

211 같은 취지의 예로 20세초 활동하였던 독일화가 아우구스트 마케(August Macke)가 튀니지를 여행하면서 그린 그림을 튀니지법에 따라 판단해서는 안 된다는 설명으로는 Weidner, Kulturgüter als res extra commercium im internationalen Sachenrecht, S. 197.

에게 의뢰하여 그림을 제작하고 완성된 그림은 A국의 교회에 보존하도록 하였다면, 이때 문화재의 기원을 정하는 요소로서 기원국은 문화재가 생성된 곳인 B국이 아니라 그 문화재가 존치하여야 하는 A국을 기원국으로 보아야 한다. 또한 문화재의 존치지(Bestimmungsort)는 문화재의 기능적 관련성이 있는 곳에 특별한 의미가 있다. 가령 건물의 부속장식으로 있던 조각물 혹은 고대무덤의 벽화 등이 박리되어 유통되거나 사찰의 석탑이 불법적으로 해체되어 다른 곳에 설치되어 있는 경우 등에서는 그러한 문화재들(즉 조각물, 벽화, 석탑 등)은 유적지(즉 건물, 무덤, 사찰 등)의 기능적인 부속물에 해당하는 것이므로 그러한 유적지가 있던 곳이 그 문화재의 존치지로 보아야 하고, 따라서 그러한 문화재들은 그 존치지에 따라 그 문화재의 기원이 판정되는 것이다.[212]

마. 문화재가 소재하던 곳

문화재가 소재하던 곳도 문화재의 기원국법(lex orignis)을 판별하는 기준으로 제시되고 있다. 여기서 문화재가 소재하던 곳(Sitz des Kulturguts)이란 목적물 소재지법주의(lex rei sitae)에서 의미하는 소재지(Situs)와는 다른 의미로 사용되고 있다. 목적물 소재지법주의에서 소재지란 물건에 관하여 권리의 변동이 있었던 당시에 소재하던 곳을 의미하는 데 반해, 기원국법주의에서의 소재지란 적법하게 취득한 문화재를 소유자의 의사에 따라 항구적으로 존치시키기로 한 곳을 일컫는다.[213] 여기서 기

---

212 Jayme, Kunstwerk und Nation: Zuordungsprobleme im internationalen Kulturgüterschutz, S. 18; Hipp, Schutz von Kulturgütern in Deutschland, S. 198; Weidner, Kulturgüter als res extra commercium im internationalen Sachenrecht, S. 198; Anton, Internationales Kulturgüterprivat- und Zivilverfahrensrecht, S. 866.

213 Jayme, Kunstwerk und Nation: Zuordungsprobleme im internationalen Kulturgüterschutz, S. 28; ders, Neue Anknüpfungsmaximen für den Kulturgüterschutz im internationalen Privatrecht, in: Rechtsfragen des internationalen Kulturgüterschutzes, Heidelberg 1994, S. 48.

원국법주의에서 문화재의 소재지로 인정되기 위해서는 문화재의 소재가 '항구성'과 '적법한 존치'라는 요건을 충족하여야 한다.[214] 따라서 이를테면 한국의 국립박물관에 상존(常存)하던 문화재가 전시를 위해 뉴욕의 미술관에 반출된 상태에서 그러한 사유를 모르는 제3자가 이를 취득하였더라도, 원래 문화재가 소재하였던 한국이 소재지(Sitz)이므로 선의취득여부는 기원국법인 한국법을 준거법으로 하여 판단하여야 한다는 것이다.

바. 문화재가 발견된 곳

고고학적 대상인 문화재는 그 문화재가 발굴된 장소가 기원국을 정하는 중요한 요소가 된다.[215] 발굴지는 어떤 문화재가 특정한 문화적 관련성을 가지고 있는지를 판단하게 하는 단서가 된다. 오늘날 고고학계의 주된 경향에 따르면 문화재의 발굴지는 단순히 발굴된 문화재의 문화적 가치 혹은 보물로서의 가치를 판단하는 기준을 넘어서서 전체적인 역사적·문화적 맥락을 이해하는 데 중요한 요소라고 한다.[216] 이에 따라 발굴지(Fundort)를 준거요소로 삼는다는 것은 고고학적 유물의 보호를 보다 용이하게 하는 결과를 가져온다. 즉 대부분의 나라에서는 발굴된 고고유물을 국가의 소유로 귀속시키는 법률규정을 두고 있다.[217] 또한 1970년 UNESCO협약 제4조 (c)에서도 출처국 주무관청의 동의하에 고고학발굴단에 의하여 획득된 문화재도 동 협약에서 보호를

---

214 Weidner, Kulturgüter als res extra commercium im internationalen Sachenrecht, S. 198.

215 Jayme, Kunstwerk und Nation: Zuordungsprobleme im internationalen Kulturgüterschutz, S. 28; Weidner, Kulturgüter als res extra commercium im internationalen Sachenrecht, S. 199; Anton, Internationales Kulturgüterprivat- und Zivilverfahrensrecht, S. 881.

216 Heilmeyer, Schutz archäologischer Kulturgüter aus der Sicht der Archäologie, ZVglRWiss 95(1996), S. 117 ff.

217 예컨대 우리나라 민법 제255조 참고.

받는 각국의 문화유산으로 인정하고 있다.

사. 문화재가 계수된 곳

기원국법주의의 기준을 정립한 제임(Jayme) 교수에 의하면 문화재의 원산지는 문화재가 생성되고 난 후에는 달리 변경될 수 없이 특정 국가의 문화재로 고착화되는 것은 아니라고 한다. 즉 원래는 특정한 국가의 문화재였던 것도 다른 나라로 이전된 후, 새로운 국가에서 국가적 정체성을 확보하게 되면 새로운 나라가 그 문화재의 기원국으로 정해질 수 있다는 것이다. 이를 이른바 계수이론(繼受理論: Rezeptionstheorie)이라고 한다. 이 이론에 따르면 A국의 예술가가 A국에서 창작한 문화재도 어떤 사유로 B국에 반입되어 B국의 정체성에 영향을 미칠 정도에 이르렀다면 그 문화재는 B국으로 계수되었기 때문에 B국을 원산지로 보아야 한다는 것이다.[218]

아. 역사적 관련성이 있는 곳

또한 제임 교수가 정한 기준에는 포함되지 않지만, 문화재의 역사적 관련성(geschichtlicher Zusammenhang)을 문화재의 기원을 판단하는 중요한 요소로 삼아야 한다는 주장이 있다.[219] 즉 문화재 중에는 그 문화재의 창작자나 생성된 장소보다 그 문화재가 가지는 역사적 관련성이 문화재의 가치를 더 잘 대변하는 것들이 있는데, 그러한 문화재들에 대해

---

218 Jayme교수의 예에 의하면 프랑스 출신의 쟌 아트완 와토(Jean-Antoine Watteau: 1684-1721)가 프랑스에서 그린 그림이 오랜 기간동안 베를린에 守藏되어 있었다는 사실에 기해 동 작품은 독일에 원산지를 두고 있다고 보아야 한다고 주장한다. Jayme, Kunstwerk und Nation: Zuordungsprobleme im internationalen Kulturgüterschutz, S. 26.

219 Weidner, Kulturgüter als res extra commercium im internationalen Sachenrecht, S. 201; Kurpiers, Die lex originis-Regel im internationalen Sachenrecht, S 210; Anton, Internationales Kulturgüterprivat- und Zivilverfahrensrecht, S. 888 등.

서는 역사적 상징성에 터 잡아 문화재의 기원을 인정하여야 한다는 것이다. 예컨대 필라델피아에 있는 자유의 종은 원래 영국에서 제작되었지만 미국의 독립을 상징하는 것으로 미국을 기원국으로 보아야 한다는 것이다.[220]

자. 불융통물로 지정된 곳

문화재에 관한 준거법으로 기원국법주의를 주장하는 학자 중에서 일부는 위의 기준 외에도 문화재가 불융통물(res extra commercium)로 지정된 곳을 문화재의 기원국으로 보아야 한다고 주장한다.[221] 불융통성(extra commercium)이란 그러한 성질을 가진 물건(res)은 양도되거나, 선의취득이나 취득시효의 대상이 될 수 없음을 의미한다. 우리나라 문화재보호법에서도 국유문화재에 대해서는 양도나 취득시효 및 선의취득을 제한하고 있는데, 이것이 바로 문화재를 불융통물로 지정한 대표적인 예이다. 일반적으로 문화재는 막대한 경제적 가치로 인하여 사적 거래의 대상이 되지만, 특정한 문화재가 어떤 나라로부터 불융통물로 지정되었다는 것은 그 문화재에 관해서 불융통물로 지정한 나라가 다른 나라보다 훨씬 높은 국가적 관련성을 가지고 있음을 징표한다는 것이다.[222]

④ 기원국법주의에 대한 평가

앞서 설명한 바와 같이, 기원국법주의는 준거법지정에 관한 목적물 소재지법주의의 문제점을 극복하기 위한 대안으로 제시된 것이다. 기

---

220 Weidner, Kulturgüter als res extra commercium im internationalen Sachenrecht, S. 201.

221 Weidner, Kulturgüter als res extra commercium im internationalen Sachenrecht, S. 201.

222 Weidner, Kulturgüter als res extra commercium im internationalen Sachenrecht, S. 201.

원국법주의를 평가하기에 앞서 분명히 할 것은 일반적인 물건에 관한 권리의 준거법은 목적물 소재지법이 타당하다는 것은 인정하여야 하며, 다만 기원국법주의는 물건 중에서 '문화재'에 국한해서 적용을 고려할만한 준거법원칙이라는 점이다. 문화재를 일반적인 물건과 구분하여 문화재의 특성을 고려한 준거법을 지정하는 것이 타당하다는 기원국법주의의 취지에는 기본적으로 동감한다. 그러한 의미에서 목적물 소재지법주의와 기원국법주의의 관계는 물건과 특수한 물건인 문화재에 대해서 적용되는 일반법(lex generalis)과 특별법(lex specialis)의 관계에 있다고 할 수 있다. 그런 만큼 문화재에 대한 사건을 담당하는 법원으로서는 일반물건과는 달리 목적물의 소재지라는 찾기 쉬운 연결요소보다는 보다 다각적이고 심층적으로 문화재의 기원을 특징지을 수 있는 여러 연결요소들을 고려하여 준거법을 판정하는 것이 타당하다. 이때 어떤 요소들을 준거법의 결정기준인 기원(originis)으로 삼을 수 있는가에 대해서는 앞서 살펴 본 다양한 판단기준으로 심사할 수 있을 것이다. 이때 이들 판단기준 간에 어떤 기준이 우선적으로 고려되어야 하는지가 문제될 수 있는데, 이들 판단기준 간에는 우선순위가 있는 것은 아니라고 할 것이다.[223] 다만, 여러 판단 기준 중에서 해당 사건에 가장 특징적인 요소를 근거로 삼을 수 있을 것이다. 이러한 관점에서 본다면, 앞서 살펴본 주요 사례에서 Winkworth vs Christie 사건과 Koerfer vs Goldschmidt 사건에서는 각각 원래 문화재가 소재하였던 영국과 독일이 그리고 그리스정교회 사건에서는 문화재의 신앙적 가치 내지 창작자의 국가적 정체성을 담고 있는 그리스를 기원국으로 정할 수 있을 것이고, 그에 따라 법원으로써는 각 사건에 대하 각각 영국법, 독일법 및 그리스법을 준거법으로 하여 판결할 수도 있었을 것이다.

기원국법주의가 담고 있는 문화재존중에 관한 기본정신에도 불구

---

[223]　Weidner, Kulturgüter als res extra commercium im internationalen Sachenrecht, S. 202.

하고 실제로 기원국법주의에 따라 준거법을 정하는 것이 실무적으로 매우 어려운 것도 사실이다. 특히 문화재의 기원(originis)을 판단하는 기준에 대해서는 기원국법주의를 주장하는 학자들 사이에서도 그 내용이 일치하지 않는다. 특히 문제가 되는 것은 문화재의 기원을 판단하는 여러 요소들이 경합할 때 어느 요소에 비중을 두어 판단할 것인지에 대해서 명확한 설명이 부족하다. 예컨대 우리나라의 창작자가 만든 문화재가 우리나라 사찰에서 보관되던 중에 경위를 알 수 없이 다른 나라로 반출되어 그 나라에서 국유문화재로 지정되어 불융통물이 되었다고 한다면, 어떤 기준을 가지고서 문화재의 기원을 가릴 것인지 명확하지 않다.[224] 또한 기원국법주의가 기원국(Herkunftsland)이라는 연결점을 통해 문화재를 특정한 나라와 결부시킴으로써, 자칫 문화재의 인류보편적 가치를 도외시하고 문화재에 대한 국수주의(Nationalismus)를 조장하는 것이 아닌가하는 우려도 제기된다.[225] 또한 기원국법주의에서 제시되는 기준이 자칫 자신이 처한 국가의 이익에 따라 편의적으로 사용될 우려도 없지 않다. 이를테면 문화재가 계수된 곳을 문화재의 기원으로 삼을 수 있다고 본다면, 예컨대 파르테논 신전에서 박리되어 오랜 기간 동안 대영박물관에 전시되고 있는 파르테논 대리석상에 대해서도 영국의 입장에서는 계수된 문화재라고 주장할 수도 있다는 것이다.[226]

기원국법주의에 대한 이러한 난점에도 불구하고 기원국법주의에 대한 평가를 지금 단계에서 내린다는 것은 매우 성급한 일이라고 생각

---

224 물론 이때에도 가령 반입국이 반출국으로부터 문화재의 반환을 봉쇄하기 위한 수단으로 불융통물로 지정한 경우라면, 반입국의 관련법령에도 불구하고 법이 가지는 일반적·상위적 가치인 형평과 선에 입각하여 불융통물의 지정을 문화재의 기원성을 판단하는 기준에서 제외해야 할 것이다.

225 이러한 비판으로는 Anton, Internationales Kulturgüterprivat- und Zivilverfahrensrecht, S. 898.

226 이러한 생각의 단초를 보이는 문헌으로는 Merryman/Elsen/Urice, Law, Ethics and the Visual Arts, pp 356 이하 참고.

한다. 왜냐하면 기원국법주의는 이미 정착된 준거법지정원칙이 아니라, 비교적 최근에 주장되고 있는 새로운 원칙이기 때문에 이 원칙이 앞서 제기되는 문제점들을 어떻게 극복해 나아가면서 실제 사건에서도 어떻게 합리적인 결과를 이끌어 낼 수 있을 것인지에 대해서는 보다 충분한 시간을 두고서 지켜볼 필요가 있다. 그럼에도 불구하고 사건으로는, 기원국법주의는 목적물 소재지법주의에 비해 문화재의 특성을 고려하여 일반재화와는 다른 준거법지정을 강조한 점, 문화재의 기원국의 법률을 존중하는 국제예양의 정신에 충실한 점 그리고 문화재보호에 공조하는 여러 국제협약의 정신에도 더욱 부합한다는 점에서 상당한 설득력을 갖추고 있다고 본다.

맺으며

해외에 소재한 우리문화재의 환수사업을 주된 목적으로 2012년에 설립된 국외소재문화유산재단의 자료에 의하면, 2025년 1월 현재 29개국 801개처에 총 247,718점의 우리 문화재가 각국에 산재되어 있다고 하는데, 이 숫자도 향후 실태조사를 통해 더 늘어날 수 있다. 그런데 이들 문화재 중에서 증여나 정당한 매입 등 합법적으로 반출된 것과 약탈이나 밀거래 등 불법적으로 반출된 것이 혼재되어 있을 수 있는데, 이를 가려내기 위해서는 정밀한 출처(provenance) 조사가 요구된다. 그러한 출처조사를 통해 불법 반출된 것으로 판명된 문화재는 우리가 관심을 가져야 할 환수의 대상이다. 이와 반대로, 우리나라의 경제규모가 날로 커지면서 중국 등 제3국으로부터 우리나라로 불법적으로 반입되는 문화재들도 날로 증가하고 있는데, 이들 문화재는 1970년 UNESCO 협약에 따라 우리나라가 반환해 주어야 하는 대상들이다. 오늘날 문화재의 불법반출·입 및 그에 따른 환수의 문제는 비단 외세의 침략이나 식민통치 등을 경험한 우리나라나 이와 유사한 역사적 경험을 가진 제3세계국가들에서 그치는 것이 아니라, 문화재의 막대한 경제적 가치로 말미암아 선진국끼리도 문화재의 불법적인 거래가 날로 증가하고 있다. 그에 따라 문화재의 반환을 위한 국제적인 분쟁은 더욱 다양한 모습으로 표출될 것으로 예상된다. 흔히 문화재반환에 관한 국제적인 분쟁은 관련당사국의 조약이나 국제적인 협약에 의해 해결하는 방식을 떠올리게 되지만,227 실제로는 민사법원에서의 국제사법상의 문제로 다루어져 해결되는 경우가 대부분이다. 이때 문화재반환분쟁을 관할하는 법원으로서는 무엇을 연결요소로 하여 어느 나라의 법을 준거법으로 정할 것인지에 대해서 판단하여야 한다. 여기에는 두 가지 가치관이 상충될 수 있다. 즉 거래의 안전을 존중할 것인가, 아니면 문화재의 보호에 보다 큰 가치를 둘 것인지가 그것이다. 달리 표현하자면, 문화재를 취득한 제3자의 보호에 치중할 것인가 아니면, 문화재의 원소유자의 보호를 우선할 것인가 하는 상반된 긴장관계가 드러난다. 전자를 중요시하는 입장이라면 종래 전통적인 목적물 소재지법주의(lex rei sitae)에 따라 준거법을 정할 것이고, 후자에 비중을 두는 입장이라면 기원국법주의(lex originis)를 대안적인 준거법지정원칙으로 채택할 것이다. 이에 대해 필자는 물건에 관한 권리의 준거법은 원칙적으로 목적물 소재지법주의가 타당하지만, 물건 중에서 '문화재'에 관해서는 기원국법주의를 적용하는 것이 합당하다는 입장이다. 이때 반환의 대상이 된 어떤 물건이 '문화재'에 해당하느냐에 대한 판단은 일종의 선결문제(Vorfrage)에 준해서 처리하여야 할 것인데, 법원으로서는 특정국가의 법률에 얽매이지 않고 1970년 UNESCO협약 제1조228 문화재에 관한 규정을 참

---

227 1970년 UNESCO협약에 의해서 해결된 경우는 2011년 캘리포니아 콜 게티 미술관에 소재하였던 '모간티나의 여신상'이 이탈리아로 반환된 사례 등 다수가 있는 데반해, 1995년 UNIDROIT협약에 의해 해결된 사례는 아직까지 보고되지 않고 있다.
228 제2장 [불법반출 문화재의 반환문제 이해하기], 제1절 [기본개념의 이해] I. [문화

작하여 독자적으로 판단할 수 있을 것이다. 왜냐하면 1970년 UNESCO 협약은 2025. 2. 현재 147개국에서 비준되어 이제는 문화재에 관한 한 거의 일반화된 국제규범으로 자리를 잡았기 때문이다. 그에 따라 어떤 물건이 문화재에 해당한다고 판단된다면, 그것에 관한 권리의 준거법 은 기원국법주의에 따라 정하게 되는데, 이때 그 문화재의 '기원'은 위 에서 살펴본 바와 같이 문화재의 기원을 징표하는 여러 기준이나 요소 들을 다각적으로 고려하여 판단하여야 한다. 이때 이러한 기준들 사이 의 우열은 없으며, 이들 기준이 기원국을 판단하는 절대적 기준은 아니 며 이외의 새로운 기준이 제시될 수도 있다. 다만 이들 기준이 객관적 으로 적용되지 못하고 특정 국가에게 문화재를 의도적으로 귀속시키기 위한 논리근거로 오용되는 것은 경계해야 할 것이다.

한편, 문화재에 관한 준거법을 정함에 있어서 종래의 통설과 마찬 가지로 목적물 소재지법이 여전히 타당하다는 입장을 고수하더라도, 이로 인해 기원국법주의의 역할이 완전히 사라지는 것은 아니라고 생 각된다. 즉 국제사법상 물건에 관한 준거법은 목적물 소재지법주의가 지배하고 있지만, 국제사법은 그에 관한 예외를 상정하고 있는바, 우리 국제사법은 물권에 관한 준거법으로 목적물 소재지법주의를 채택하고 있지만(제33조), 준거법 지정의 예외를 인정하여 "가장 밀접한 관련이 있 는" 국가의 법에 의한 판단을 허용하고 있다(제21조). 만약 문화재의 반 환이 문제된 사건에서 설령 법원이 일차적으로 목적물 소재지법에 의 해 준거법을 판단하더라도 그에 따라 지정된 국가의 법률이 해당 법률 관계와 근소한 관련이 있을 뿐인 경우에는, 그 법률관계와 가장 밀접한 관련이 있는 다른 국가의 법률의 적용을 생각해 보아야 할 것인데, 이 때 무엇을 가지고서 "가장 밀접한 관련이 있는" 국가의 법인지를 판단 하는 기준이 필요하다. 앞서 살펴본 기원국의 판단기준은 그에 대한 나

재의 개념] 2. [문화재의 규범적 의미] 나. [국제협약상 문화재의 정의] (2) [1970년 UNESCO협약] 참조.

름의 해결도구를 제시하고 있다고 생각된다. 그러한 점에서 비록 문화재에 관한 준거법으로 목적물 소재지법주의를 원칙으로 고수하더라도 기원국법주의는 준거법지정의 예외인 최밀관련국법을 판단하는 기준을 제공해줄 수 있다는 점에서도 충분한 의미를 가진다는 것이 필자의 생각이다.

05

국제협약과 국내규범의 조화

"개스비 선생, 나는 귀하가 그동안 힘들여 수집한 고려청자를 이곳에 전시하면서, 조선에도 이런 찬란한 문화가 있다는 사실을 우리 동포들에게 보여주고 싶습니다. 그래서 이곳으로 모시고 온 겁니다."

- 간송 전형필 -

"전 선생, 이곳에 와서 보니 전 선생이 단순한 수집욕 때문이 아니라 자신의 조상들이 만든 청자에 대한 자부심으로 다시 찾아오려 한다는 사실이 느껴집니다. 저는 조국의 대영박물관에 돈을 받고 팔려고 했는데, 전 선생은 자신의 돈으로 구입해서 직접 지은 박물관에 진열하겠다니 머리가 숙여집니다."*

- 존 개스비(John Gadsby) -

* 간송 전형필이 사비를 들여 우리나라 최초의 사설박물관 보화각(葆華閣)을 건립할 당시 수년간 고려청자를 수집해 온 영국 변호사 존 개스비를 공사 현장으로 불러들여 나눈 대화 장면

제1절

총설

앞의 단원에서는 불법반출 문화재의 환수를 위해 어떻게 국제규범이 형성·발전되어 왔는지 그리고 국내규범은 어떻게 작동하는지에 대해서 살펴보았다. 그러한 국제규범으로는 양자협약과 다자협약이 있는 바, 국제사회에서 중추를 이루는 다자간 협약은 1954년 헤이그협약, 1970년 UNESCO협약 그리고 1995년 UNIDROIT협약이다. 이들 협약 중에서 1954년 헤이그협약은 전시 또는 무력충돌 시 초래될 수 있는 문화재의 파괴와 약탈을 막기 위한 목적으로 그리고 1970년 UNESCO협약과 1995년 UNIDROIT협약은 평시 문화재의 불법반출과 불법적인 거래를 막기 위한 목적으로 성안된 국제협약이다. 이러한 국제협약이 실효성을 가지기 위해서는 협약에 가입한 국가들이 협약의 규정에 부합하도록 국내법 규정을 조응하도록 하는 입법적 조치가 필요하다. 만약 그러하지 아니하면 국제협약에도 불구하고 국내법이 뒷받침되지 아니하여 가입한 협약이 유명무실하게 되거나 국제협약상 규정과 국내법 규정이 충돌하여 규정의 적용상 혼선을 초래할 수 있다. 특히 1970년 UNESCO협약은 자기집행력이 없기 때문에 가입국들로 하여금 협약이 요구하는 규정을 자국의 법령에 스스로 반영하도록 요구하고 있다. 그런데 협약은 자국법에 협약규정과 부합하도록 하는 입법조치의 방법 또한 각국의 사정에 일임하고 있다. 이에 따라 어떤 나라는 협약의 국내법적 이행을 위해 별도의 법률의 제정하거나 기존의 법률을 개정하여 관련 규정을 추가하는 방식을 취하기도 하고 혹은 어떤 나라는 법률이 아닌 행정명령이나 행정처분을 통해 협약의 요구사항을 실현하기도 한다. 가장 바람직하기로는 협약의 이행을 위한 별도의 법률을 제정하는 것일 것이지만, 어떠한 방식으로든지 협약의 요구사항이 국내입법에 반영되어 있으면 상관없다. 오히려 문제는 과연 협약의 요구사항이 입법적으로 충분히 반영되어 있는지 하는 것이다. 비록 그러한 이행입법이 다소 소홀하더라도 국제기구가 이를 강제할 수 있는 방법은 없다. 그렇지만 국외로 불법 반출된 문화재의 환수를 요구하는 우리나라로서는 우리의 국내입법이 국제사회가 요구하는 기준에 부합하지 않는다면 문화재의 환수를 요구하는 목소리에 힘이 빠질 수밖에 없을 것이다. 따라서 국제협약에 가입하여 국제사회의 의지에 동참하는 것도 중요하지만 국제규범에 부합하도록 우리의 국내법을 손질하는 작업도 필요하다. 본 단원에서는 이러한 문제의식에서 위 3대 협약에 조응하기 위해 필요한 우리의 입법적 조치사항들을 알아보고자 한다. 3대 협약 중에서 1954년 헤이그 협약과 1995년 UNIDROIT협약은 우리나라가 아직 가입하지 않은 상태이므로 당장은 우리 국내법이 협약에 조응하기 위한 입법적 조치가 필요한 것은 아니지만, 협약에 가입할 경우에 대비하여 필요한 입법적 개선사항들을 알아본다.

그런데 협약의 이행을 위한 국내입법과 관련하여 우리에게 많은 시사점을 전해 주는 외국의 입법례가 있다. 2016년 제정된 독일의 문화재보호법(KGSG)[1]이 그것이다. 독일에서 문화재의 전반적인 보호를 목적으로 하는 법률은 기념물보호법(Denkmalschutzgesetz)이다. 기념물보호법은 독일 연방전역에 적용되는 단일한 법률이 있는 것이 아니라, 각 주(州)마

---

1 정식명칭은 Gesetz zum Schutz von Kulturgut(문화재보호에 관한 법률)인데 독일 법무성은 이를 Kulturgutschutzgesetz(문화재보호법)으로 표기하고 줄여서 KGSG라고 표기한다. 본고에서도 KGSG라고 약칭하기로 한다.

다 고유한 기념물2의 보호를 위한 법률(즉, 州法)로써 존재한다. 그 이유는 문화고권(Kulturhoheit)은 연방이 아니라 각 주(州)의 고유권한이기 때문이다(독일기본법 제30조). 독일의 문화재보호법(KGSG)은 법률의 명칭과 달리 문화재보호 전반을 규율하는 법이 아니라 1955년 제정된 독일의 문화재반출방지보호법(KultgSchG)3을 모태로 하여 문화재의 반출·반입 및 유통을 통제함으로써 문화재가 망실(亡失)되는 것을 막는 데 목적을 둔 법률이다. 독일은 1967년에 1954년 헤이그협약과 동 협약 제1의정서에 그리고 2009년에 제2의정서에 가입하였으며, 2007년에 1970년 UNESCO협약에 가입하였다. 한편 2014년 불법반출 문화재의 반환을 위한 유럽연합지침(2014/60/EU)은 1995년 UNIDROIT협약의 취지를 반영한 규정들을 많이 담고 있는데, 유럽연합 회원국들은 이 지침을 자국의 법률에 반영하여야 한다. 2016년 제정된 독일의 문화재보호법(KGSG)은 위와 같은 국제협약 및 유럽연합 지침상 이행의무사항들을 종합적으로 반영하여 단일법률로 제정된 이행법률이다.4 따라서 독일의 새로운 문화재보호법을 살펴봄으로써 향후 우리의 국가유산법제에 대한 시사점을 찾음과 아울러 문화재의 불법유통근절에 관한 국제적 규범질서에 발맞추기 위한 우리의 입법방향을 가늠할 수 있을 것이다. 이하에서는 독일의 새로운 문화재보호법에 관하여 먼저 살펴본 후(제2절), 국제규범과 조응하기 위한 우리법의 과제와 입법적 개선방향을 알아보기로 한다(제3절).

---

2 기념물(Denkmal)과 문화재(Kulturgut)의 구분에 대해서는 합일된 개념이 있는 것은 아니나, 기념물에는 인간의 창조물 이외의 것(예, 천연기념물 등)도 포함하기 때문에 기념물이 문화재보다는 더 넓은 보호대상의 개념으로 이해된다.

3 정식명칭은 Gesetz zum Schutz deutschen Kulturgutes gegen Abwanderung vom 6. August 1955(유출로부터 독일문화재 보호를 위한 법률). 동 법률의 주요 내용에 대한 상세한 설명으로는 송호영, "독일의 문화재보호법제에 관한 고찰 -1955년 문화재반출방지보호법(KultgSchG)을 중심으로-", 「법과 정책연구」, 제11권 제2호(2011), 한국법정책학회, 397면 이하 참고.

4 동 법률의 주요 내용에 대한 상세한 설명으로는 송호영, "독일의 새로운 문화재보호법(KGSG)에 관한 고찰", 「국제사법연구」, 제28권 제2호(2022), 한국국제사법학회, 339면 이하 참고.

제2절

독일의 새로운 문화재보호법(KGSG)

Ⅰ 문화재보호법(KGSG) 제정의 배경

독일은 문화재보호에 관해서 문화재의 존립보호(Substanzschutz)와 유출(流出)보호(Abwanderungsschutz)를 구분하는데, 문화재의 존립보호 즉, 문화재의 보존과 관리에 관한 사항은 기념물보호법(Denkmalschutzgesetz)[5]에서 그리고 유출보호 즉, 문화재의 불법반출 및 불법거래로부터의 보호문제는 문화재보호법(Kulturgutschtzgesetz)에서 규율하는 이원적 구조를 취하고 있다.[6] 따라서 우리의 문화유산법이 존립보호와 유출보호를 모두

---

5 기념물보호법은 16개 각 주(州)마다 해당 주에 소재한 기념물의 보존과 관리에 관한 사항을 규율하는 법률이다. 여기서 기념물(Denkmal)과 문화재(Kulturgut)와의 관계가 문제될 수 있는데, 기념물이란 문화재뿐만 아니라 풍치(風致), 천연기념물(Naturdenkmal) 등을 포함하는 개념이다. 따라서 넓은 의미에서 기념물보호와 관련한 법률에는 16개 주의 기념물보호법 뿐만 아니라 건축법, 환경보호와 관련한 법률 및 자연보호법 등이 포함된다. 기념물보호에 관한 자세한 설명은 Martin/Krautzberger, Handbuch Denkmalschutz und Denkmalpflege, 4. Aufl., München 2017, S. 57 이하 참고.

6 이러한 독일법의 특성은 문화재보호에 관한 연방과 주(州)의 입법권한의 분리에 기인한 것이라고 한다(von der Decken/Fechner/Weller, Kulturgutschutzgesetz, Baden-Baden 2021, S. 63).

관장하는 법제라고 한다면, 독일에서 문화재보호법이라고 한다면 유출보호 즉, 문화재의 불법적인 반출·입 또는 불법거래로부터 문화재를 보호하려는 법규라고 할 수 있다. 2016년 새로운 문화재보호법(KGSG)이 제정되기 이전에도 독일에는 문화재반출방지보호법(KultgSchG)을 비롯한 문화재보호에 관한 법률들이 물론 존재하였다. 그런데 새로운 문화재보호법의 등장에는 2가지 갈래에서 외부적인 영향에 힘입은바가 크다. 하나는 국제협약의 가입에 따른 것이다. 문화재의 불법반출·입 방지와 관련한 국제협약은 1954년 헤이그협약, 1970년 UNESCO협약 그리고 1995년 UNIDROIT협약이다. 1954년 헤이그협약은 전쟁과 같은 무력충돌 상황에서 점령지의 문화재 약탈과 파괴를 방지하기 위해 제정된 협약인데, 독일은 1967년 8월 11일에 동 협약과 제1의정서에 그리고 제2의정서에는 2009년 11월 25일에 가입하였다. 1970년 UNESCO협약은 전시뿐만 아니라 평시에도 문화재의 불법적인 반출·입을 방지하고 그에 대한 예방수단을 강구하기 위한 목적으로 제정된 협약으로 독일은 2007년 11월 30일에 동 협약에 가입하였다. 그런데 1970년 UNESCO협약은 문화재의 불법 반출·입을 실효적으로 근절하기 위해 체약국으로 하여금 다양한 행정적 의무사항의 이행를 요구하고 있는바,7 그 의무사항을 국내법으로 이행하기 위한 입법조치(implementation)가 필요하다. 참고로 독일은 1995년 UNIDROIT협약에는 가입하지 않았다.

다른 하나는 유럽연합에서 채택한 회원국 문화재의 반출·입 통제를 위한 일련의 입법조치에 따른 것이다. 이는 1993년에 있은 유럽경제공동체(EEC) 규칙으로 소급한다. 1993년 1월 1일 유럽경제공동체

---

7 1970년 UNESCO협약은 체약국에 대하여 ① 협약을 위반한 문화재 반출·입 및 소유권의 양도를 불법한 것으로 천명하고(제3조), ② 문화재보호를 담당하는 국가기관을 설립하고 보호대상인 문화재를 목록화하며(제5조), ③ 문화재의 반출증명서 제도를 도입하며(제6조), ④ 불법 반출된 문화재의 반입을 금지하며(제7조), ⑤ 문화재의 불법한 반출·입에 관여한 자에 대하여 형벌 및 행정적 제재를 가하며(제8조), ⑥ 협약상의 조치를 위해 국제적인 공조를 취할 것(제9조) 등의 의무이행을 요구하고 있다.

(EEC)의 역내시장(Binnenmarkt)이 현실화되면서 회원국 사이에 제한 없는 물품의 거래가 가능하게 되었는데, 이것은 동시에 회원국 사이에 예술품이나 문화재에 대해서도 한층 빈번한 유통을 촉발할 수 있음을 의미한다. 이에 자유교역원칙에 대한 예외로써, 당시 유럽공동체조약 제30조는 예술적·역사적·고고학적 가치를 가진 국가적 문화재의 보호를 위해 물품의 거래가 제한될 수 있음을 명시하였다. 이에 유럽경제공동체는 문화재의 반출과 관련하여 회원국에 적용되는 통일된 통제방법을 시행하는 것을 목표로 반출허가제도를 주된 내용으로 하는 문화재의 반출에 관한 규칙(Regulation) 3911/92[8]를 제정하였다.[9] 유럽경제공동체가 취한 두 번째 입법수단은 「회원국의 영토에서 불법 반출한 문화재의 반환에 관한 유럽경제공동체 지침(Directive) 93/7」이다.[10] 동 지침 제2조는 회원국 영토로부터 불법하게 반출된 문화재는 지침에서 정한 절차와 조건에 따라 반환되어야 함을 명시하고 있다.[11] 동 지침의 발효로부

---

8 정식명칭은 (英) Council Regulation (EEC) No 3911/92 of 9 December 1992 on the export of cultural goods; (獨) Verordnung (EWG) Nr. 3911/92 des Rates vom 9. Dezember 1992 über die Ausfuhr von Kulturgütern.

9 동 유럽공동체 규칙은 그 방법으로 공동체의 관세구역 밖으로 문화재를 반출할 경우에는 반출허가증(export licence; Ausfuhrgenehmigung)을 제시하도록 하고 있다(제2조 제1항). 반출허가증은 관여자의 신청에 의해 영토고권 내에 문화재가 적법하게 최종적으로 존재하는 회원국의 관할관청에서 발급하며(제2조 제2항 1문), 발급된 반출허가증은 공동체 전역에서 통용된다(제2조 제3항). 회원국은 문화재가 해당국의 예술적·역사적·고고학적 가치로 인해 국가적 문화재로 법적 보호를 필요로 하는 경우에는 반출허가를 거부할 수 있다(제2조 제2항 3문). 회원국들의 관세청 및 관할관청은 이러한 목적을 실현하기 위해 공동으로 필요한 조치를 취할 수 있다(제6조).

10 정식명칭은 (英) Council Directive 93/7/EEC of 15 March 1993 on the return of cultural objects unlawfully removed from the territory of a Member State; (獨) Richtlinie 93/7/EWG des Rates vom 15. März 1993 über die Rückgabe von unrechtmäßig aus dem Hoheitsgebiet eines Mitgliedstaats verbrachten Kulturgütern.

11 동 지침의 주요 내용을 정리하면 다음과 같다. 각 회원국은 본 지침상의 과업을 수행하기 위해 하나 또는 다수의 중앙주무기관을 지정하여야 한다(제3조). 요청회원국은 요청국의 영토로부터 불법하게 반출된 문화재의 점유자를 상대로 그 문화재의 반환

터 12개월 내에 지침의 국내 이행을 위한 법령을 정비했어야 했는데(제 18조), 그 시기는 1994년 3월 14일까지였다. 그러나 독일은 여러 국내사정과 1970년 UNESCO협약의 가입을 이유로 이행을 미루다가 1997년에 문화재반환법(Kulturgüterrückgabegesetz)12을 제정하였다. 그런데 유럽연합은 2014년 종전의 유럽경제공동체(EEC) 지침 93/7을 유럽연합(EU) 지침 2014/6013로 대체(recast)하면서 앞선 지침의 내용을 승계하면서도 세부적인 사항들을 보완하였다. 예컨대 유럽공동체지침 93/7 제6조 1문에 의하면 중앙주무기관은 지체 없이 피요청국의 중앙주무기관에 반환청구소송이 제기되었음을 공지하여야 하는데, 유럽연합지침 2014/60는 같은 내용을 제7조 1문에서 계승하면서, 회원국의 중앙주무기관으로 하여금 개인정보보호 법규에 좇아 IMI14를 이용하여 해당문화재에

을 구하는 소를 피요청국의 법원에 제기할 수 있다(제5조). 이때 요청국의 중앙주무기관은 지체 없이 피요청국의 중앙주무기관에 반환청구소송이 제기되었음을 공지하여야 한다(제6조). 문화재의 반환이 결정된 경우에, 피요청국의 관할법원은 점유자에게 문화재의 취득당시에 상당한 주의를 기울였음이 확인되었음을 전제로 적절한 보상의 지급을 명할 수 있다(제9조). 반환결정의 집행에 따라 소요되는 비용은 요청국이 부담한다(제10조). 문화재의 반환 이후 그 문화재의 소유권에 관한 사항은 요청국의 법에 따른다(제12조).

12 정식명칭은 Gesetz zur Ausführung des UNESCO-Übereinkommens vom 14. November 1970 über Maßnahmen zum Verbot und zur Verhütung der rechtswidrigen Einfuhr, Ausfuhr und Übereignung von Kulturgut und zur Umsetzung der Richtlinie 93/7/EWG des Rates vom 15. März 1993 über die Rückgabe von unrechtmäßig aus dem Hoheitsgebiet eines Mitgliedstaats verbrachten Kulturgütern.

13 (獨) Richtlinie 2014/60/EU des Europäischen Parlaments und des Rates vom 15. Mai 2014 über die Rückgabe von unrechtmäßig aus dem Hoheitsgebiet eines Mitgliedstaats verbrachten Kulturgütern und zur Änderung der Verordnung (EU) Nr. 1024/2012 (Neufassung) 동 지침을 소개한 우리 문헌으로는 오석웅, "문화재의 불법거래에 관한 EU법상의 규제에 관한 고찰 -「문화재의 수출에 관한 EU규칙」과 「회원국의 영토로부터 불법적으로 반출된 문화재의 반환에 관한 EU지침」의 주요 내용 -", 「스포츠엔터테인먼트와 법」 통권 제66호(2021), 한국스포츠엔터테인먼트법학회, 161면 이하 참조.

14 IMI는 The Internal Market Information System의 줄임말로써, 유럽연합 내의 국가,

대한 정보교환을 하도록 하는 규정을 추가하였다(제7조 3문). 또한 유럽경
제공동체지침 93/7에서도 문화재의 반환 시 점유 중인 문화재의 취득
당시에 상당한 주의를 기울였음이 확인되었음을 전제로 적절한 보상의
지급을 인정하였는데(제9조), 유럽연합지침 2014/60에서는 그러한 상당
한 주의를 기울였는지를 판단하는 요소를 구체적으로 제시하였다(제10
조). 회원국들은 2015년 12월 18일까지 유럽연합지침 2014/60을 자국
법에 반영하여야 하며, 또한 매 5년마다 지침의 이행여부를 보고하여
야 한다(제17조 제1항).

  이러한 대외적인 입법환경에 따라 종래 존재하던 1955년 문
화재반출방지보호법(KultgSchG)은 변화를 겪게 되는데, 독일은 유럽
공동체지침 93/7의 이행을 위한 방편으로 1998년 문화재보존법
(Kulturgutsicherungsgesetz: KultgutSiG)[15]을 제정하게 된다. 동 법률은 독자적으
로 완결된 법률이 아니라 내용상 두 개 법률의 시행 및 개정을 담은 2
개의 단락으로 구성되어 있다. 그 중 하나는 유럽경제공동체지침 93/7
의 이행을 위한 내용이고(Artikel 1) 다른 하나는 종래 1955년 문화재반
출방지보호법의 일부 규정을 수정하는 내용이다(Artikel 2). 이에 Artikel
1에 따라 1998년 문화재반환법(Kulturgüterrückgabegesetz: KultGüRückG)[16]
이 제정되었고, Artikel 2에 의해 1999년 종래 문화재반출방지보호법

지역, 지방을 연결하는 IT기반의 정보네트워크 시스템이다.

15 정식명칭은 Gesetz zur Umsetzung von Richtlinien der Europäischen Gemeinschaften
    über die Rückgabe von unrechtmäßig aus dem Hoheitsgebiet eines Mitgliedstaats
    verbrachten Kulturgütern und zur Änderung des Gesetzes zum Schutz deutschen
    Kulturgutes gegen Abwanderung(회원국의 영토에서 불법 반출한 문화재의 반환에
    관한 유럽공동체 지침의 이행을 위한 법률 및 독일문화재반출방지보호법의 개정을
    위한 법률).

16 정식명칭은 Gesetz zur Umsetzung der Richtlinie 93/7/EWG des Rates über
    die Rückgabe von unrechtmäßig aus dem Hoheitsgebiet eines Mitgliedstaats
    verbrachten Kulturgütern(회원국의 영토에서 불법 반출한 문화재의 반환에 관한 유
    럽경제공동체 지침 93/7의 이행을 위한 법률).

(KultgSchG)의 일부를 수정하게 된다. 이런 와중에 2007년 독일은 1970년 UNESCO협약에 가입하게 되는데, 이에 따라 동 협약의 이행을 위한 입법 조치가 다시 필요하게 되어 「1970년 UNESCO협약 이행법」 (Ausführungsgesetz zum Kulturgutübereinkommen: KGÜAG)[17]을 제정하였다. 동 법률은 1970년 UNESCO협약의 이행을 위한 세부적인 내용들을 담은 법률이 아니라, 협약의 이행을 위해 종전의 문화재반출방지보호법(KultgSchG)의 일부 내용을 개정토록 하는 조문을 둔 것에 불과하다. 이러한 상태에서 유럽연합 회원국들에게 적용되는 유럽연합지침 2014/60을 2015년 12월 18일까지 입법에 반영해야 하는 상황에 이르게 되자, 지금까지 산발적으로 분기되어 있던 법률들을 하나로 통합하여 2016년 문화재보호법(KGSG)을 제정하게 된 것이다. 이에 따라 종전의 문화재반출방지보호법(KultgSchG), 문화재반환법(KultGüRückG) 및 UNESCO협약 이행법(KGÜAG)은 모두 폐지되고 관련 조문들은 총 10장 91개 조문으로 구성된 문화재보호법(KGSG)에 편입되었다. 새로운 문화재보호법은 문화재보호와 관련한 국제협약[18]과 유럽연합 법규를 수용하기 위해 제정된 것이므로 동 법률에서 체약국(Vertragsstaat)은 관련 국제협약에 가입한 국가를, 그리고 회원국(Mitgliedstaat)이란 유럽연합에 가입된 회원국가를 의미한다.

---

17 정식명칭은 Gesetz zur Ausführung des UNESCO-Übereinkommens vom 14. November 1970 über Maßnahmen zum Verbot und zur Verhütung der rechtswidrigen Einfuhr, Ausfuhr und Übereignung von Kulturgut(문화재의 불법적인 반출·입 및 소유권 양도의 금지와 예방수단에 관한 1970.11.14. UNESCO협약의 이행에 관한 법률).

18 독일이 가입한 1954년 헤이그협약과 1970년 UNESCO협약을 의미한다.

Ⅱ 문화재보호법(KGSG)의 주요 내용

1 일반규정

가. 적용범위

문화재보호법(KGSG)의 제1장은 일반규정(Allgemeine Bestimmungen)으로, 제1조 적용범위, 제2조 정의규정, 제3조 관할관청, 제4조 문화재보호를 위한 인터넷포털에 관한 규정으로 구성되어 있다.[19] 동 법률은 적용범위에 관하여 ① 문화재의 유출(流出)[20]로부터의 보호, ② 문화재의 반입 및 반출, ③ 문화재의 출시(出市)[21] ④ 불법 반입된 문화재의 반환, ⑤ 불법 반출된 문화재의 반환, ⑥ 국제적 대여에서의 반환확약을 정하고 있다(제1조). 이에 따라 동 법률은 제1장 일반규정을 비롯하여, 제2장은 문화재의 유출로부터의 보호(제5조~제19조), 제3장은 문화재의 이전(반출 및 반입)(제20조~제39조), 제4장은 문화재의 출시상의 의무(제40조~제48조), 제5장은 불법 반입된 문화재의 반환(제49조~제68조), 제6장은 불법 반출된 문화재의 반환(제69조~제72조), 제7장은 국제적 대여에서의 반환확약(제73조~제76조), 제8장은 데이터보호·공동절차·관세(제77조~제82조), 제9장은 형벌 및 과태료규정(제83조~제88조), 제10장은 평가와 경과규정 및 배제규정(제89조~제91조)으로 체계화되어 있다.

---

19 이하 본절에서 법률이란 2016년 제정된 독일 문화재보호법(KGSG)을 일컫는 것이고 별도의 출처법률을 표기하지 않는 한 괄호안의 조문은 문화재보호법(KGSG)의 조문을 의미한다.

20 독문본에서는 Abwanderung, 영문번역본에서는 removal.

21 독문본에서는 Inverkehrbringen, 영문번역본에서는 placing on the market.

나. 문화재의 정의

문화재보호에 관한 법규를 제정함에 있어서 가장 어려운 작업 중의 하나는 문화재를 어떻게 법적으로 정의할 것인가 하는 문제일 것이다. 이에 대해 독일 문화재보호법 제2조는 문화재에 대해 예술적, 역사적 또는 고고학적 가치를 가지거나 특히 고생물학적, 민족학적, 고전(古錢)학적(numismatisch) 및 학술적 가치를 가진 다른 문화유산의 영역으로부터 유래한 동산 또는 물질의 총체라고 정의한다(제2조 제1항 제10호). 문화재로 될 수 있는 동산의 판단에 있어 제작년도나 경제적 가치는 고려하지 않고 오로지 문화적 가치(Kulturwert) 만이 중요한 기준이다.[22] 종전의 문화재반출방지보호법(KultgSchG)에서는 문화재(Kulturgut)와 기록물(Archivgut)을 구분하였었는 데 반해,[23] 개정된 문화재보호법은 이를 통합하여 단일한 문화재(Kulturgut) 개념으로 규정하였다. 이러한 문화재의 개념은 1955년 문화재반출방지보호법(KultgSchG), 1970년 UNESCO협약 및 문화재 관련 유럽연합지침 등에서 규정한 문화재의 개념을 모두 포섭하고 있다.[24] 이와 아울러 독일 문화재보호법은 고고학적 문화재(archäologisches Kulturgut)에 대해서도 정의하고 있는데, 고고학적 문화재란 인간이 창조하거나 가공하거나 과거시대의 인류생활에 대한 정보를 제공하는 이동 가능한 물체 또는 물체의 집합체로써, 지중(地中) 또는 수중(水中)에 존재하거나 존재하였거나 그와 같은 총체적인 환경에 근거하여 그 존재를 추측할 수 있는 것을 의미한다(제2조 제1항 제1호).

---

22 Elmenhorst/Heimann, Die Neuregelung des Kulturgutschutzrechts, NJW 2016, S. 3398.

23 이에 관한 상세한 설명은 송호영, "독일의 문화재보호법제에 관한 고찰 -1955년 문화재반출방지보호법(KultgSchG)을 중심으로-", 12면 이하 참고.

24 Elmenhorst/Heimann, Die Neuregelung des Kulturgutschutzrechts, NJW 2016, S. 3398.

다. 관할관청 및 인터넷포털

독일은 연방제국가이다. 따라서 독일 문화재보호법에서 달리 규정하지 않는 한, 권한 있는 당국이란 주(州)의 주무관청을 의미한다. 다만 유럽연합 차원에서 결의된 회원국으로부터 불법 반출된 문화재의 반환에 관한 지침상 권한있는 당국은 연방의 문화·미디어 담당 중앙기관이 관할관청이 된다(제3조). 특히 법은 대중들에게 문화재보호에 관한 투명한 정보를 제공하기 위해 연방 문화·미디어 담당관청으로 하여금 문화재보호에 관한 중앙인터넷 포털을 구축하고 유지할 의무를 부여하고 있다(제4조).

② 문화재의 유출(流出)로부터의 보호

가. 국가문화재의 보호

(1) 국가문화재

독일 문화재보호법 제5조는 "독일 문화유산의 일부로서 국가문화재는 이 법에 따라 연방 영토에서 유출되지 않도록 보호되어야 한다"고 하여 기본원칙을 선언하고 있다. 그런데 이 기본원칙에서 정한 대상은 국가문화재(Nationales Kulturgut)로 한정하고 있다. 그렇다면 국가문화재란 무엇인지에 대해 정의할 필요가 있는데, 이에 대해서는 제6조가 다음과 같이 정의하고 있다.[25] 즉, ① 국가중요문화재(National wertvolles Kulturgut)[26]의 목록에 등록된 문화재,[27] ② 공공기관 및 공법상 문화재

---

[25] 독일 문화재보호법 제6조의 "국가적 문화재"는 유럽연합조약(AEUV) 제36조의 "국가적 문화재"(nationales Kulturgut)에 상응하는 개념이다. BT-Drs. 18/7456, 65.

[26] 원어대로라면 "국가적 가치 있는 문화재"로 번역할 수 있겠지만, 후술하는 바와 같이 '국가적 가치 있는 문화재'라고 표현하면 '국가문화재'보다 더 보호가치가 높은 문화재인데도 불구하고 어감상 '국가중요문화재'보다 낮은 가치의 문화재로 오인될 수 있어서, 본고에서는 이를 "국가중요문화재"로 번역한다.

[27] 이는 등록주의를 취했던 문화재반출방지보호법(KultgSchG) 제1조의 원칙을 이어받

보존기관에 소장된 문화재, ③ 주로 공공재원의 지원을 받는 기관에 소속된 문화재, ④ 연방 또는 주(州)의 문화수집품의 일부 등이다(제6조 제1항). ①은 등록주의를 취했던 문화재반출방지보호법(KultgSchG) 제1조의 원칙을 이어받은 것이다.[28] 개정 문화재보호법은 '국가중요문화재목록'에 등록되지 않았더라도 ②, ③, ④에 해당하는 문화재를 국가문화재 개념으로 포함시킨 점에 특징이 있다.[29] 또한 독일 문화재보호법은 상기 4가지 유형 이외에도 주무관청이 문화재의 대여자 또는 기탁자로부터 동의를 받아 문화재를 공법상 기관 또는 공공재원의 주된 지원을 받는 기관에 보관하는 경우에도 대여기간 동안에는 그 문화재를 국가문화재와 같이 취급한다(제6조 제2항).

(2) 국가중요문화재

독일 문화재보호법은 국가문화재(Nationales Kulturgut)보다 더욱 높은 차원의 보호가 필요한 문화재에 대해 제7조에서 국가중요문화재(national wertvolles Kulturgut)로 규정하고 있다. 국가중요문화재는 ① 독일, 주(州) 또는 어느 역사적 지역과 함께 독일문화의 동질성에 기여하여 독일의 문화유산을 위해 특별히 중요한 경우 또는 ② 만약 없어지게 되면 독일의 문화유산으로써 중대한 상실이 되어 연방 내에 존치하는 것이 문화적·공공적 이익에 부합하는 경우에 해당하면서, 국가중요문화재목록(Verzeichnis national wertvollen Kulturgutes)에 등록된 문화재를 의미한다(제7조 제1항 1문). 문화재의 창작자자 제조자가 생존하는 경우에는 그의 동의

은 것이다.

28 Elmenhorst/Heimann, Die Neuregelung des Kulturgutschutzrechts, NJW 2016, S. 3399.

29 이에 대해서는 국가문화재 개념을 확대시켜 문화재보호의 길을 넓혔다는 긍정적인 평가에도 불구하고 많은 기관들이 ②, ③, ④에 해당하는 문화재의 목록을 가지고 있지 않다는 점에서 문제라는 지적이 있다. Elmenhorst/Heimann, Die Neuregelung des Kulturgutschutzrechts, NJW 2016, S. 3399.

를 받아야만 등록할 수 있다(제7조 제1항 2문). 상기 ① 또는 ②의 요건을 충족하는 물건의 집합체는 그 개별부분이 이러한 기준을 충족하지 않더라도 국가중요문화재목록에 등록될 수 있으며, 물건의 집합체가 부분적으로 파괴되었거나, 국내 여러 곳에 보관되어 있거나 부분적으로 해외에 보관되어 있더라도 국가중요문화재목록에 등록될 수 있다(제7조 제2항).

(3) 교회문화재

공법상 조직으로 인정되는 교회와 종교공동체는 국가중요문화재목록에 그들이 소유한 문화재를 등록하도록 관할하는 주(州) 최고당국에 신청할 수 있다. 이 경우에는 위에서 본 국가중요문화재의 요건에 관한 제7조 제1항 및 제7조 제2항이 준용된다(제9조 제1항).

나. 국가중요문화재의 등록

(1) 등록 총설

1970년 UNESCO협약은 보호의 대상이 되는 문화재의 지정방법을 회원국의 자국법에 일임하고 있는데, 보호대상인 문화재의 지정방법에는 크게 2가지가 있다. 유형주의(Tatbestandssystem 또는 Kategorisationsprizip)와 등록주의(Listensystem 또는 Eintragungsprinzip)가 그것인데, 전자는 일정한 유형의 문화재에 해당하면 보호대상인 문화재로 인정된다는 점에서 선언주의(deklaratiorisches Prinzip)라고 하고 후자는 일정한 기록부에 등재되어야만 비로소 보호대상으로 인정된다는 점에서 창설주의(Konstitutivprinzip)라고 부르기도 한다.[30] 이 중에서 독일의 문화재보호법은 후자를 취하여 문화재의 보호를 위한 대상의 확정은 등록주의(Eintragungaprnzip)를 원칙으로 한다.[31] 국가중요문화재의 등록업무는 등록절차를 개시할 당시 문

---

30 Odendahl, Kulturgüterschutz, Tübingen 2005, S. 436.
31 Martin/Krautzberger, Handbuch Denkmalschutz und Denkmalpflege, S. 107.

화재가 소재하는 주(州)의 최고관청이 담당한다(제7조 제3항). 달리 설명하면, 독일은 연방제국가이므로 각 주(州)마다 각기 관할하는 국가중요문화재의 해당 목록을 가지고 있다. 따라서 어느 주의 국가중요문화재등록부에 기재된 문화재가 다른 주(州)로 이동할 경우에 어느 주에 등록하여야 하는지가 문제될 수 있는데, 해당문화재가 1년 이내에 이동하는 경우에는 원래의 등록부가 그대로 유효하지만(제11조 제1항), 1년을 넘어 이동하는 경우에는 그 이동된 주의 국가문화재등록부에 등록하여야 한다(제11조 제2항).

국가중요문화재등록부에 등재된 문화재에 대해서는 「상속 및 증여세법」(Erbschaftssteuer- und Schenkungsteuergesetz)과 「소득세법」(Einkommensstuergesetz) 상 세금감면 혜택이 주어진다(제12조 제1항).

국가중요문화재의 목록에 등록된 문화재를 파괴하거나 훼손하는 행위 또는 공인된 과학기준에 의해 보존 또는 복구를 목적으로 하지 않는 한 문화재의 형상을 현저히 그리고 지속적으로 변경하는 행위는 금지된다(제18조 제1항). 이러한 훼손금지는 등록절차중인 문화재에 대해서도 적용된다(제18조 제2항). 등록된 문화재의 직접점유자는 문화재의 분실, 파괴, 훼손 또는 현저하고 지속적인 형상의 변경 시에 주(州)의 최고 주무관청에 지체 없이 이를 통지하여야 할 의무가 있다(제19조 제1항).

(2) 등록 절차

'국가중요문화재'의 등록절차는 당국의 직권으로 또는 소유자의 신청으로 개시된다. 신청서는 주(州)의 최고주무관청에 접수하여야 하며, 신청서에는 ① 문화재의 명칭, ② 소유자와 점유자의 이름과 주소, ③ 신청당시의 장소, ④ 문화재보호법 제7조 제1항 1문 제1호[32] 및 제

---

32 즉, 주(州) 또는 주에 속한 역사적 지역과 그와 더불어 독일의 역사적 동질성에 기여하여 독일의 문화유산을 위해 특별히 중요한 경우

2호³³의 요건을 충족한다는 근거가 기재되어야 한다(제14조 제1항). 주(州)의 최고주무관청은 독립적인 전문가위원회를 구성하여야 한다. 위원들은 5년의 임기로 재임이 가능하며, 위원 중 1인은 문화미디어를 담당하는 주(州)의 최고주무관청이 추천하는 전문가로 구성하여야 한다. 주(州)의 전문가위원회가 구성되면 이를 인터넷포털에 게시하여 한다(제14조 제2항). 이와 같이 구성된 전문가위원회는 자문기구이지 결정기구가 아니다. 독일 문화재보호법에서는 문화재의 등록은 전문가위원회의 자문을 거쳐 이루어져야 하되, 주(州)의 최고주무관청은 결정하기 전에 전문가위원회의 자문을 마친 이후 문화재의 소유자를 청문하도록 정하고 있다(제14조 제3항). 주(州)의 최고주무관청은 '국가중요문화재'의 등록여부를 결정하기 전에 역사적으로 다른 주와 특별한 연관을 가지는 문화재에 대해서는 관련 주(州)의 의견도 청취하여야 한다(제14조 제4항). 문화·미디어를 관장하는 연방최고 주무관청은 전체 국가적 이익에 따라 국가적 가치 있는 문화재의 목록에 등록신청을 할 수 있다(제14조 제5항). 등록절차는 주(州)의 최고주무관청의 결정에 따른 등록으로 종료된다(제14조 제6항).

상기 등록절차 과정에 있어서 문화재의 소유자 및 직접점유자는 주(州)의 최고주무관청에 대해 다음의 의무를 부담한다. 즉, ① 문화재의 동일성을 파악하기 위한 명확한 정보, 소유관계 및 보관장소를 알릴 의무, ② 문화재에 대한 적절한 사진을 제출하거나 주무관청의 담당자에게 사진을 찍을 수 있도록 허락할 의무, ③ 국가적 가치 있는 문화재목록을 위해 동일성을 확인하는 정보나 사진을 재생산하거나 공적으로 접근할 수 있도록 하는 비(非)배타적·지속적·글로벌한 권리를 주(州)의 최고주무관청에 허용할 의무 등이다(제15조 제1항). 주(州)는 상기 등록절차에 따라 문화재를 목록에 기재하고 이를 인터넷포털에 공시하여야 한다(제16조).

---

33 즉, 만약 없어지게 되면 독일의 문화유산으로써 중대한 상실이 되어 연방 내에 존치하는 것이 문화적·공공적 이익에 부합하는 경우.

(3) 훼손금지 및 통지의무

국가중요문화재의 목록에 등록된 문화재를 파괴하거나 훼손하는 행위 또는 공인된 과학기준에 의해 보존 또는 복구를 목적으로 하지 않는 한 문화재의 형상을 현저히 그리고 지속적으로 변경하는 행위는 금지된다(제18조 제1항). 이러한 훼손금지는 등록절차중인 문화재에 대해서도 적용된다(제18조 제2항). 등록된 문화재의 직접점유자는 문화재의 분실, 파괴, 훼손 또는 현저하고 지속적인 형상의 변경 시에 주(州)의 최고주무관청에 지체 없이 이를 통지하여야 할 의무가 있다(제19조 제1항). 문화재의 직접점유자와 소유자가 동일인이 아닌 경우에는 소유자에게도 위와 같은 통지의무가 주어진다(제19조 제2항). 문화재의 소유권이 변경된 경우에는 새로운 소유자 및 부수적으로 종전 소유자는 주(州)의 최고주무관청에 이를 즉시 통지하여야 한다(제19조 제3항).

(4) 등록 말소

국가중요문화재목록에 등록될 수 있었던 사정이 본질적으로 변경되었다면 주(州)의 최고주무관청은 직권 또는 소유자의 신청에 의해 등록을 말소할 수 있다(제13조 제1항). 등록된 문화재가 다른 주(州)로 1년 이상 이동함에 따라 다른 주(州)의 등록부로 이관된 경우(제11조 제2항), 주(州)의 최고주무관청은 등록말소 결정을 하기 전에 당초에 등록된 주(州)의 최고주무관청에 대해 의견을 개진할 기회를 주어야 한다(제13조 제3항). 등록말소절차에 관해서는 상기 등록절차에 관한 규정이 준용된다(제13조 제4항).

③ 문화재의 이동

가. 기본원칙

독일 문화재보호법은 문화재의 자유로운 거래를 기본원칙으로 삼고 있다. 즉, 문화재보호법 또는 유럽연합의 직접 효력을 받는 법규에서 금지나 제한을 하지 않는 한 문화재는 반입·반출 또는 유통될 수 있다(제20조). 이를 뒤집어서 보면 문화재보호법이나 유럽연합 법규에서 문화재의 반입·반출 및 유통을 금지하거나 제한하는 규정에 있으면 문화재의 거래는 제한될 수밖에 없다. 개정된 독일 문화재보호법은 문화재의 불법유통을 금지하는 1970년 UNESCO협약 및 유럽연합 관련 규범을 수용하여 문화재의 국외 반출 및 국내 반입에 대해 상세한 규정을 두고 있다.[34]

나. 반출통제

독일 문화재보호법 제21조에 의하면 ① 국가중요문화재목록의 등록절차가 진행 중이어서 등록여부가 아직 결정되지 아니한 문화재, ② 반출허가를 갖추지 못한 문화재,[35] ③ 불법 반입된 문화재,[36] ④ 보전조치에 따라 압류된 문화재,[37] ⑤ 거래정지된 문화재[38]에 대해서는 문화재의 반출이 금지된다(verboten). 문화재의 반출통제는 반출허가(Ausfuhrgenehmigung)를 통해 이루어지는데, 국가문화재와 일반문화재에 대한 반출허가기준에 있어서 큰 차이가 있다.

국가문화재(nationales Kulturgut)의 반출에 대해서는 엄격한 통제가 이루어진다. 일반문화재의 반출은 제작년도와 가격의 제한선을 넘는 것에 대해서만 반출허가를 받아야 하지만, 국가문화재에 대해서는 제작년도

---

34 여기에는 1970년 UNESCO협약 중 협약규정을 위반하여 문화재를 반입·반출하는 불법임을 선언한 제3조 및 문화재의 반출증명서제도의 도입을 요구한 제6조가 중심조항이다. 또한 여기에 상응하는 유럽연합 규범은 VO(EG) Nr. 116/2009 제2조가 이에 해당한다.

35 관련조문: 반출허가가 필요한 문화재에 관해서는 제22조, 제23조, 제24조, 제27조 제2항 그리고 반출허가를 받지 못한 못한 문화재에 관해서는 제25조, 제26조, 제27조 제4항 등.

36 관련조문: 제32조 제1항.

37 관련조문: 제33조 제1항.

38 관련조문: 제81조 제4항.

와 가격과 상관없고 시간상으로 단기간이든 장기간이든 그리고 지역적으로 EU역내이든 제3국이든 상관없이 반드시 반출허가를 받아야 한다. 국가문화재의 반출허가 기준에 대해서는 단기간의 반출인지 장기간의 반출인지에 따라 상이하다. 독일 문화재보호법은 5년을 기점으로 5년 내는 단기간(vorübergehend)으로 5년 이상은 장기간(dauerhaft)으로 분류하고 있다.39 다른 나라에 문화재를 전시대여 하는 것과 같은 단기간의 반출에 있어서는, 신청자가 문화재의 특정 일자에 손상되지 않는 상태로 독일 영토내로 돌아온다는 것을 보증한 경우에 반출허가를 내어줄 수 있다(제22조 제2항). 그러한 단기간 반출에 관한 신청은 소유자 또는 대리인이 할 수 있으며(제22조 제4항), 반출허가권자는 주(州)의 최고주무관청이다(제22조 제3항). 이와 달리 장기간 즉, 5년 이상의 반출에 있어서는 주(州)의 최고주무관청이 아니라 문화·미디어를 관장하는 연방최고주무관청의 허가를 받아야 한다(제23조 제4항). 장기간 반출허가 심의를 하기 위해서는 주무관청은 관련 주(州)의 입장과 전문가위원회의 의견을 청취하여야 한다(제23조 제4항). 해당 문화재에 관한 사정을 고려하여 독일이 문화재를 보유하는 것이 더욱 중요하다고 판단되는 경우에는 허가를 하지 않을 수 있도록 하여(제23조 제2항), 허가를 거부할 수 있는 상당히 넓은 재량을 인정하고 있다.40 만약 반출허가가 거부된다면 해당문화재의 소유자는 국가기관이 이를 매수할 것인지를 검토하도록 신청할 수 있다(제23조 제6항). 그렇지만 국가기관은 매수신청에 응할 의무는 없다. 따라서 본 조항은 법적 효과 없는 매수청구권(Ankaufsrecht)일 뿐이어서 불필요한 규정이라는 비판이 있다.41

---

39 제2조 제1항 제18호 참고.
40 연방최고주무관청의 넓은 반출허가 재량에도 불구하고 1933년부터 1945년 사이 국가사회주의에 의해 박탈당한 문화재를 되돌려주기 위한 경우에는 반출허가를 해주도록 명시하고 있다(제23조 제3항).
41 Elmenhorst/Heimann, Die Neuregelung des Kulturgutschutzrechts, NJW 2016, S. 3401.

일반문화재에 대해서는 문화재반출에 관한 유럽공동체규칙 116/2009를 수용하여 문화재의 제작년도와 가격 제한을 모두(중첩적으로 kumulativ) 상회하는 문화재에 대해 허가를 받도록 하였다(제24조 제2항). 예컨대 그림의 경우 75년 이상이면서 30만 유로 이상의 작품으로 평가되면 반출허가를 받아야 한다(제24조 제2항 제1호). 도서의 경우 100년 이상이면서 5만 유로 이상이라면 반출허가가 필요하다(제24조 제2항 제2호). 그렇지만 어느 문화재가 제한선을 상회 또는 하회 하였는지에 대해 누가 증명하여야 하는지에 대해서는 언급이 없다. 이에 관해 반출허가 신청자가 하여야 하는지 주무관청이 하여야 하는지에 대한 명확한 규정이 없다는 것이 맹점으로 지적된다.42 반출허가 신청이 있으면 주(州)의 최고주무관청은 10일 이내에 반출제한사유가 없으면 반출을 허가하여야 한다(제24조 제7항 및 제5항). 또한 2년 내의 단기간 독일영토 내에 존재하였던 문화재에 대해서는 허가가 면제된다(제24조 제8항).

다. 반입통제

독일 문화재보호법은 문화재의 불법유통을 방지하기 위하여 반입통제를 이용하여 효과적으로 대처하고 있다. 다음과 같은 경우에는 문화재의 반입이 금지되는데, 해당 문화재가 ① EU회원국 또는 체약국에 의해 국가적 문화재로 분류되거나 정의되고 그들 국가의 문화재보호법규에 위반하여 그들 국가의 영토 밖을 벗어난 경우, ② 문화재의 월경을 제한하거나 금지하는 것을 내용으로 하는 회원국에 직접 효력을 미치는 EU 법규에 위반하여 옮겨진 경우, ③ 헤이그협약 제1의정서 제1장에 위반하여 옮겨진 경우 등이다(제28조). 이 규정은 1970년 UNESCO

---

42 Elmenhorst/Heimann, Die Neuregelung des Kulturgutschutzrechts, NJW 2016, S. 3400.

협약 제2조,43 제3조44 및 제7조45의 규정과 시리아와 이라크를 상대로
한 무역금지규칙46 및 1954년 헤이그협약의 관련규정을 구체화한 것

---

43 제2조
   1. 본 협약의 당사국은 문화재의 불법적인 반입과 반출 및 소유권의 양도가 그 문화
   재 출처국의 문화유산을 고갈시키는 주된 원인의 하나이며, 국제협력은 이로부터
   발생하는 모든 위험으로부터 각국의 문화재를 보호하는 가장 효과적인 방법의 하
   나임을 인정한다.
   2. 이를 위하여 당사국은 자의적 방법으로, 특히 현행 악습의 중지로 그 원인을 제거
   하고 또한 필요한 복구를 하도록 협조함으로써 그러한 악습에 반대할 것을 약속
   한다.

44 제3조
   본 협약의 당사국이 본 협약상의 규정에 위반하여 문화재를 반입, 반출 또는 소유권
   을 양도함은 불법이다.

45 제7조
   본 협약의 당사국은 다음 사항을 약속한다.
   (a) 본 협약이 관계국가에서 발효된 이후에 그 국가 영역내의 박물관 및 그 유사기관
   이 타 당사국으로부터 출처되어 불법적으로 반출된 문화재의 취득을 방지하도록
   국내입법에 따라 필요한 조치를 취한다. 본 협약이 양 관계당사국에서 발효된 이
   후, 언제나 가능한 때에 출처 당사국으로부터 불법적으로 이전된 문화재의 제공
   을 그 당사국에 통고한다.
   (b) (i) 본 협약이 관계국가에서 발효된 이후 본 협약의 타 당사국의 박물관이나 종교
   적 또는 세속적 공공기념관 또는 유사기관에서 도난된 문화재가 그 기관의 물
   품목록에 소속됨이 문서로 기록되어 있을 경우 그 반입을 금지한다.
   (ii) 출처 당사국의 요청에 따라 본 협약이 양 관계당사국에서 발효된 후 반입된
   상기 문화재의 회수 및 반환에 관한 적절한 조치를 취한다. 단, 요청국은 선의
   의 매수인이나 그 문화재의 정당한 권리자에게 공정한 보상을 지급하여야 한
   다. 회수 및 반환 요청은 외교관청을 통하여야 한다. 요청당사국은 회수 및 반
   환청구를 하는데 필요한 증빙서류 및 기타 증거를 자국의 경비 부담으로 제출
   해야 한다. 당사국은 본조에 의거하여 반환되는 문화재에 관세나 기타 부과금
   을 과하여서는 안 된다. 문화재의 반환 및 인도에 부수되는 모든 비용은 요청
   당사국이 부담하여야 한다.

46 Verordnung (EU) Nr. 1332/2013 des Rates vom 13. Dezember 2013 zur Änderung
   der Verordnung (EU) Nr. 36/2012 über restriktive Maßnahmen angesichts der
   Lage in Syrien 및 Verordnung (EG) Nr. 1210/2003 des Rates vom 7. Juli 2003 über
   bestimmte spezifische Beschränkungen in den wirtschaftlichen und finanziellen
   Beziehungen zu Irak und zur Aufhebung der Verordnung (EG) Nr. 2465/1996.

이다.47 그렇지만 1954년 헤이그협약이 규정하는 무력충돌의 위험으로부터 문화재를 보호하기 위해 일시적으로 독일영토 내에 존치시키기 위한 경우에는 예외적으로 반입금지가 적용되지 않는다(제29조 2호). 또한 문화재보호법은 소급효(Rückwirkung)가 없기 때문에, EU 법규에 직접적으로 적용되는 사안이 아니라면 동법이 시행된 2006년 8월 6일 이전에 독일 영토 내에 합법적으로 존재하였었던 문화재에 대해서는 반입금지에 관한 규정이 적용되지 않는다(제29조 제1호).

다른 나라의 문화재를 독일 영토내로 반입하려는 자는 문화재의 출처가 된 회원국 또는 체약국으로부터 적법한 반출허가를 받았음을 증명하는 서류를 제출하거나 문화재의 반출이 가능함을 확인할 수 있는 서류를 제출하여야 한다(제30조).

라. 불법거래

문화재의 불법적인 거래(unrechtsmäßiger Kulturgutverkehr)는 불법반출과 불법반입을 전제로 하는데, 앞서 본 문화재보호법상 반출금지 및 반출허가에 관한 규정을 위반하거나 문화재의 국경이동을 제한하거나 금지하는 유럽연합 규칙을 위반하여 행해진 문화재의 반출은 불법이다(제31조). 또한 반입에 관해서도, 문화재를 ① 반출된 국가의 문화재보호법규에 반하여 반출된 문화재48를 반입하였거나, ② 반입금지에 관한 제28조의 규정에 위반되거나 ③ 기타 독일에 효력을 미치는 법규에 반하여 반입한 경우에는 불법이다(제32조 제1항). 문화재의 출처(Herkunft)에 수개의 국가가 관여되어 있고 그 출처가 밝혀지지 않는 경우에는, 관여된

---

47 Elmenhorst/Heimann, Die Neuregelung des Kulturgutschutzrechts, NJW 2016, S. 3401-3402.

48 EU회원국의 경우에는 1992. 12. 31. 이후에 회원국으로부터 반출된 경우에 그리고 1970년 UNESCO협약 체약국의 경우에는 2007. 4. 26. 이후 체약국으로부터 반출된 경우에 적용된다(제32조 제1항).

나라의 법에 따라 반출허가가 없이는 반출이 되지 않았을 것이거나 반출 허가가 나지 않았을 것이라고 판단되면 그 문화재는 불법적으로 반입 된 것으로 본다(제32조 제2항).

반출금지 규정(제21조)에 반하여 반출되었거나 반입금지 규정(제28조)에 반하여 반입된 것으로 볼 만한 사정이 있으면 주무관청은 해당 문화 재를 압류하거나(제33조) 보관할 수 있다(제34조). 압류 및 보관비용은 해 당 문화재에 대한 권리를 박탈당한 자가 부담하여야 한다(제39조). 해당 문화재에 대한 보전조치를 취소하거나(제35조) 압류된 문화재를 반환해 야 하는(제36조) 경우가 아니라면 주무관청은 해당 문화재를 몰수하여야 한다(제37조). 몰수된 문화재의 소유권은 주(州)에 귀속하게 되고, 이에 따 라 원래의 소유자는 보상을 받을 수 있다(제38조 제1항 및 제2항).

4 문화재의 출시에 따른 의무

가. 위법한 출시 금지

독일의 문화재보호법은 문화재의 출시(出市)에 따른 의무에 관하 여 별도의 장에서 상세히 규정하고 있다. 문화재의 출시(Inverkehrbringen; placing on the market)란 경제적 목적으로 자신의 이름 혹은 타인의 이름으 로 문화재를 공급, 판매, 중개, 배포, 마케팅, 무상전달 기타 그와 같은 행위를 의미한다(제2조 제1항 제9호).

유실되거나 위법하게 출토되거나 불법적으로 반입된 문화재의 출 시는 금지된다(제40조 제1항). 이러한 출시금지를 위반한 의무부담행위나 처분행위는 무효이고(제40조 제2항), 문화재의 반출금지에 관한 규정(제21 조)을 위반한 의무부담행위나 처분행위 또한 금지된다(제40조 제3항). 출시 금지에 위반하여 문화재를 출시한 자는 취득자에게 손해를 배상하고

보존에 소요된 비용을 전보할 책임이 있다(제41조 제4항).[49]

나. 출시에 따른 주의의무

(1) 주의의무의 내용

독일 문화재보호법 제41조는 문화재를 출시하는 자에게 요구되는 일반적 주의의무(allgemeine Sorgfaltspflicht)에 대해 자세하게 규정하고 있다. 즉, 문화재를 출시하는 자는 해당 문화재가 ① 분실된 것인지, ② 불법 적으로 반입된 것인지, ③ 불법적으로 발굴된 것인지를 살펴야 하는 상 당한 주의의무(erforderliche Sorgfalt: due diligence)가 있다(동조 제1항). 문화재를 출시하는 자는 합리적인 사람(vernünftige Person)이라면 상기 제1항에 해당 될 수 있음을 추측할 수 있는 경우에도 상당한 주의의무를 부담하게 되 는데, 그러한 경우로 문화재보호법은 구체적으로 ① 특별한 사유 없이 현저히 낮은 가격을 요구하거나, ② 판매자가 5,000유로를 넘는 가격 에 대해 현금으로 지불하는 경우로 예시하고 있다(제41조 제2항).

한편 독일 문화재보호법은 상업적인 출시(gewerbliche Inverkehrbringen)의 경우에는 상기 제41조의 일반적 주의의무에 더하여 더욱 세밀한 심사기 준을 제시하고 있다. 즉, 문화재를 상업적으로 출시하는 자는 일반적 주 의의무 외에도 ① 양도인·공급자·취득자 또는 그 위임인의 이름과 주소 를 확인해야 하며, ② 문화재의 동일성을 확인할 수 있는 묘사나 그림을 확보하고, ③ 문화재의 출처를 심사하고, ④ 적법한 반입·반출임을 증명 할 수 있는 서류를 검토하고, ⑤ 반출·반입과 관련한 금지나 제한에 해 당되지 않는지를 점검하고, ⑥ 문화재가 공적으로 접근 가능한 등록부 나 데이터베이스에 등재되어 있는지를 살피고, ⑦ 공급자 또는 양도인으

---

[49] 독일 문화재보호법 제40조 이하 출시금지에 관한 규정은 문화재의 불법반출·입에 대해 적절한 수단에 의해 방지하고 적법한 소유자에게 문화재의 회복소송을 인정 하는 1970년 UNESCO협약 제13조의 구체적 이행이라고 한다. von der Decken/ Fechner/Weller, Kulturgutschutzgesetz, Baden-Baden 2021, S. 350.

로부터 적법하게 처분할 수 있음을 명시한 서면 또는 전자식 각서를 확보할 의무가 있다(제42조 제1항).[50] 그러나 상업적 서점[51] 또는 상업적 그림 및 오디오 거래에는 위의 추가적인 주의의무가 적용되지 않는다(제42조 제2항). 또한 고고학적 문화재가 아닌 것이거나 2,500유로 미만의 문화재에 대해서도 추가적인 주의의무가 적용되지 않는다(제42조 제3항).

(2) 주의의무의 경감 및 가중

또한 독일 문화재보호법은 다음과 같은 경우는 주의의무를 경감하고 있는데, ① 문화재의 창작자나 제조자가 문화재를 출시한 경우, ② 문화재의 창작자나 제조자로부터 직접 취득하여 출시하는 경우, ③ 문화재의 창작자나 제조자를 대신하여 출시하는 경우 등이다(제43조). 그에 반해 문화재보호법은 다음과 같은 경우에는 주의의무를 가중하고 있는데, 해당 문화재가 ① 1933년 1월 30일 부터 1945년 5월 8일까지 국가사회주의에 의해 원소유자로부터 박탈한 것으로 증명되거나 추정되는 경우, ② EU회원국 또는 체약국으로부터 유래하여 국제박물관협회(ICOM)로부터 위험에 처한 문화재인 레드리스트(red list)에 공표된 경우, ③ EU 규칙에 의해 반출, 반입, 출시가 금지된 경우에는, 기대 가능한 노력을 기울이는 수준의 주의의무를 규정한 제42조 제1항 3문의 적용이 배제된다(제44조). 즉, 상기의 경우에는 기대 가능한 수준의 주의의무로써는 면책되지 않기에 더욱 높은 수준의 주의의무가 요구된다.

다. 기타 의무

이외에도 문화재보호법은 문화재 출시자에게 주의의무 외에 서류보관의무와 정보제공의무를 부과하고 있다. 문화재 출시자는 문화재

---

50 다만 ③~⑦까지의 의무기준은 기대가능한 노력(특히 경제적 기대가능성)을 요하는 수준이다(제42조 제1항 2문).
51 그러나 고서적 거래는 여기에 해당되지 않음.

를 점검하였던 기록을 보관하고 관련 서류나 증서 등을 30년간 보존하여야 한다(제45조). 또한 문화재 출시자는 주무관청에 점검당시 관련 서류를 제출하거나 해당 문화재에 관한 정보를 제공할 의무를 부담한다(제46조). 문화재보호법 또는 민법에 의거하여 문화재의 취득자에게 문화재반환청구의 소가 제기된 경우[52], 취득자는 문화재의 출시자에 대해 제45조에 따른 관련기록의 열람할 권리를 가진다(제48조).

⑤ 불법 문화재의 반환

가. 불법 반입된 문화재의 반환

(1) 반환청구권

문화재보호법 제49조는 외국에서 불법 반출되어 독일에 소재하는 문화재에 대한 반환청구권(Rückgabeansprüche)에 관해서 다루고 있다.[53] 동 조문에서 '반환청구권'이란 공법상 청구권(öffentlich-rechtliche Ansprüche)을 의미하며, 민사법상 청구권에는 영향이 없다(제49조 제1항). 반환청구권자는 반출국[54]이며, 반환의무자는 자주점유자 및 보충적으로 타주점유자이다(제49조 제2항).

문화재보호법은 반출국의 유형에 따라 4가지의 반환청구에 관한 규정을 두고 있다. 첫째는 EU회원국으로부터 불법 반출된 문화재가 독일로 반입된 경우이다(제50조). 이 경우는 1992. 12. 31. 이후에 반입

---

52 정확히는 문화재의 취득자가 2016년 8월 6일 이후에 시장에 출시된 문화재를 취득한 경우에 적용된다.

53 독일 문화재보호법 제49조는 문화재의 적법한 소유자에게 문화재의 회복소송을 인정하는 1970년 UNESCO협약 제13조의 구체적 이행이라고 한다. von der Decken/Fechner/Weller, Kulturgutschutzgesetz, Baden-Baden 2021, S. 410.

54 구체적으로는 EU회원국인 반출국(제50조), EU의 엠바고규칙에 따른 반출국(시리아, 이라크 등: 제51조), UNESCO협약의 체약국인 반출국(제52조) 및 헤이그협약의 체약국인 반출국(제53조)을 의미한다.

된 문화재로써 회원국의 문화재보호 법규에 위반하여 반출된 문화재가 반환대상이 된다. 둘째는 EU법규에 위반한 문화재가 독일로 반입된 경우이다(제51조). 이에 해당하는 경우란 EU에서 정한 금수조치 규정(Embargo-Regelung)에 따른 것으로써, 최근 시리아·이라크 등 중동지역 테러집단에 의한 약탈문화재가 유럽으로 반입되는 것을 막기 위한 것이다.[55] 셋째는 1970년 UNESCO협약에 따라 불법 반출된 문화재가 독일로 반입된 경우이다(제52조). 이 경우에는 동 협약 제1조 열거된 문화재의 카테고리에 해당하면서도 반출국의 법규에 위반하여 2007년 4월 26일 이후 독일로 반입된 문화재가 대상이다. 넷째는 1954년 헤이그협약에 따른 경우로써, 1967년 11월 11일 이후에 무력분쟁지역에서 독일로 반입된 문화재가 그 대상이다(제53조). 위 공법상 반환청구권과 사법상 권리간의 상호관계가 문제될 수 있는데 이에 대해 문화재보호법은 다음과 같이 정리하고 있다. 반환된 문화재에 대해 누가 소유권을 가지는지에 대한 결정은 본법에 의거하여 EU회원국 또는 UNESCO협약 체약국으로 반환된 국가의 해당규정에 따라 결정된다(제54조 제1항). 또한 법률행위에 따른 처분 또는 강제집행 혹은 압수에 의해 취득한 권리는 문화재의 반환의무와 상충되지 아니한다(제54조 제2항). 주목할 점은 독일 문화재보호법 제54조 제1항은 반환된 문화재에 대한 소유권을 정함에 있어서 국제물권법의 기본원칙인 목적물 소재지법주의(lex rei sitae-Regel)에 관한 중대한 예외로써 문화재가 유래한 나라의 법(Heimatrecht)으로 소급효를 가진 사항규정의 지정(rückwirkende Sachnormverweisung)을 함으로써 이른바 기원국법주의(lex originis)를 채택하고 있다는 것인데,[56] 이러한 점은 독일에서 불법 반출되었다가 독일 내로 환수된 문화재의 소유권을 정하는 경우에도 같은 법리가 적용된다(제72조).[57]

---

55 Martin/Krautzberger, Handbuch Denkmalschutz und Denkmalpflege, , S. 115.

56 Elmenhorst/Wiese, Kulturgutschutzgesetz Kommentar, München 2018, S. 354.

57 이에 관해서는 후술하는 나. [불법 반출된 문화재의 반환] 서술부분 참고.

불법 반입된 문화재의 반환청구권의 시효가 문제될 수 있는데, 이에 대해 독일 문화재보호법은 다음과 같이 규정하고 있다. 첫째, 유럽연합지침 2014/60 제2조 8호에 따른 공공컬렉션에 해당하거나 EU회원국의 자국법에 따라 교회 기타 종교단체의 목록에 등재되어 특별한 보호를 받는 문화재에 대한 반환청구는 시효의 제한을 받지 않는다(제55조 제1항). 둘째, 위의 경우를 제외하고 문화재가 EU회원국 또는 UNESCO 체약국으로부터 불법 반출된 때로부터 인지여부와 상관없이 반환청구권은 30년의 경과로 소멸한다(제55조 제2항). 셋째, 본 절에 따른 문화재반환에 관한 기타의 권리는 3년의 경과로 소멸한다(제55조 제3항).

(2) 반환절차

불법 반입된 문화재의 반환절차에 대해서는 제58조 이하에서 규정하고 있다. 제58조는 불법문화재의 반환에 대하여 행정적 중재절차에 의하거나 반환요청 국가의 반환청구소송에 의해 해결함을 기본원칙으로 삼고 있다. 반환청구절차는 반출국의 유형에 따라 달라지는데, EU회원국으로부터 불법 반출된 문화재가 독일로 반입된 경우에는[58] 회원국은 문화 및 언론을 담당하는 최고연방당국에 청구를 해야 하는 데 반해, 기타의 경우에는[59] 외교부의 외교경로를 통해 청구하도록 정하고 있다(제59조).

(3) 반환에 따른 보상

회원국이나 체약국이 반환을 청구할 경우에 직접·자주점유자 (unmittelbarer Eigenbesitzer)는 취득당시 상당한 주의의무를 기울였다면 적절

---

[58] 독일 문화재보호법 제50조. 상기 (1) [반환청구권] 설명부분 참고.
[59] EU법규에 위반한 문화재가 반입된 경우(제51조), 1970년 UNESCO협약에 따라 불법 반출된 문화재가 반입된 경우(제52조), 1954년 헤이그협약상 무력분쟁지역으로부터 문화재가 반입된 경우(제53조)가 이에 해당한다.

한 보상을 받을 때까지 문화재의 반환을 거부할 수 있다(제66조 제1항). 문화재의 취득에 있어서 상당한 주의(due diligence)는 매우 중요한 기준으로 작용하는데, 독일 문화재법은 상당한 주의에 대해 구체적 기준을 제시하고 있다. 즉, 직접·자주점유자가 상당한 주의를 기울였는지의 판단에는 ① 문화재의 출처에 관한 서류, ② 회원국 또는 체약국의 법에 따라 요구되는 반출허가, ③ 문화재의 취득당시 관여자들의 특성, ④ 구매가격, ⑤ 기대 가능한 수준에서 직접·자주점유자가 해당문화재에 대해 입수할 수 있는 정보를 조회하였는지 여부, ⑥ 동일한 상황에서 합리적인 사람이라면 취했을 것으로 기대되는 조치 등을 고려하여야 한다(제66조 제3항).

보상(Entschädigung)의 한도를 정함에 있어서는 문화재의 반환의무자가 문화재 취득에 지출한 비용과 문화재의 보존을 위해 지출한 필요비를 고려하여야 한다(제67조 제1항).[60] 그렇지만 문화재의 반환의무자가 문화재를 반환하였지만 이후 어느 사정에 의해 그 문화재를 계속 보유하게 된 경우에는 반환을 청구한 회원국 또는 체약국은 반환의무자에게 문화재가 독일영토에서 벗어날 수 있다고 믿었음으로 인해 발생한 손해만을 배상하는 것으로 족하다(제67조 제2항).

만약 회원국이나 체약국이 문화재의 환수를 위해 보상금을 지급하였다면 문화재를 불법적으로 유통시키거나 유통을 촉발시킨 자를 상대로 반환과정에서 발생한 비용에 대한 상환청구(Erstattungsanspuch)를 할 수 있다(제69조 제1항 1문). 이때 불법에 간여한 자가 여럿인 경우에는 독일 민법 제840조 제1항[61]이 적용되어 연대채무자로서 책임을 지게 된다(제69조 제1항 2문).

---

60 그렇지만 보상액은 지출한 경비를 초과해서는 안 되며, 일실이익에 대한 보상은 지급되지 않는다(제67조 제1항 2문).

61 독일민법 제840조[수인의 책임] ① 하나의 불법행위로 발생하는 손해에 대하여 수인이 각자 책임을 지는 때에는, 그들은 연대채무자로서 책임을 진다.

나. 불법 반출된 문화재의 반환

＼　문화재보호법은 독일에서 불법하게 반출된 문화재를 환수하기 위한 반환청구에 관하여 제69조 이하에서 규율하고 있다. 동 법률은 회원국을 상대로 한 반환청구(제69조)와 체약국을 상대로 한 반환청구(제70조)로 나누고 있다. 전자의 경우에는 주(州)의 최고주무관청의 자문을 받아 문화·미디어를 관장하는 연방최고 주무관청이 원고가 되고(제69조), 후자의 경우에는 문화·미디어를 관장하는 연방최고 주무관청과의 협의하에 연방 외교부가 원고가 된다(제70조). 반출된 문화재의 반환에 소요되는 비용은 불법적으로 반출한 자가 부담하여야 한다(제71조). 환수된 문화재의 소유권에 관한 사항은 독일 국내법에 따라 결정된다(제72조).[62]

6 문화재의 국제적 대여

공공의 전시나 이전 상태로의 복구 또는 연구의 목적으로 다른 나라로부터 문화재를 일시적으로 독일 영토내로 반입하는 경우에 주(州)의 최고주무관청은 문화·미디어를 관장하는 연방최고 주무관청과의 협의를 거쳐 문화재가 독일연방 내에 존재하는 동안 그 반환에 대하여 법적 구속력 있는 확약을 할 수 있다(제73조). 그러한 확약은 2년을 넘지 못한다. 문화재를 대여할 때 그러한 확약은 차주(借主)의 주소지가 속한 주(州)의 최고주무관청이 하여야 한다. 만약 대여지가 여러 곳일 때에는 첫 번째 장소에 속한 주(州)의 최고주무관청이 하여야 한다(제73조 제2항). 이때 주의할 점은 다른 나라의 문화재(ausländisches Kulturgut)에 대해서만 적용되는 것이 아니라[63] 다른 나라로부터(aus dem Ausland) 반입되는 문화재를

62　이는 앞서 살펴본 독일내로 불법 반입된 문화재를 반환하는 경우에 소유권을 정하는 문제와 같이 이른바 기원국법주의(lex originis)를 채택한 것이다.

63　과거 1955년 문화재반출방지보호법(KultgSchG) 제20조에서는 이러한 입장을 취하고 있었다.

포함하는 것이므로, 이를테면 다른 나라에 존치되어 있는 독일문화재가 독일 영토 내로 반입될 때에도 반환 확약에 관한 규정이 적용된다.[64]

반환 확약은 차주의 신청에 의해 주(州)의 최고주무관청이 문화·미디어를 관장하는 연방최고 주무관청과의 협의를 거쳐 문화재가 반입되기 전에 대주에게 발급하게 된다. 신청서는 서식이나 전자식으로 할 수 있다(제74조 제1항). 반환 확약이 발급될 때에는 서류에 "법적 구속력 있는 반환확약"(rechtsverbindliche Rückgabezusage)이라는 표현이 명시적으로 기입되어야 한다(제74조 제2항). 차주가 연장신청을 할 경우에는 주(州)의 최고 주무관청이 문화·미디어를 관장하는 연방최고 주무관청과의 협의를 거쳐 확약을 연장할 수 있다. 그러나 이 경우에도 연장된 기간을 포함하여 2년을 넘지 못한다. 그렇지만 예외를 인정할만한 정당한 사유가 있는 경우에는 4년까지 연장할 수 있다(제75조). 반환 확약이 있게 되면, ① 대여자가 가지는 문화재의 반환청구권에 대해 제3자가 권리를 주장할 수 없으며, ② '국가적 가치있는 문화재의 목록'에 등록하는 절차를 진행할 수 없다(제76조 제1항).

Ⅲ 우리 법에의 시사점

독일 문화재보호법(KGSG)은 문화재의 불법적인 유통을 근절하기 위한 국제규범에 부합하는 국내법의 이행을 위해 종래의 법률을 폐지하고 새롭게 제정된 것이다. 독일의 문화재보호법(KGSG)과 우리의 문화재보호법(법률 제18770호)을 비교하면 몇 가지 점에서 분명한 차이가 있다. 독일의 법제는 문화재의 보호에 있어서 문화재의 존립보호에 관한 사항은 기념물보호법(Denkmalschutzgesetz)이나 기록물법(Archivgesetz)에 맡겨

---

64 Elmenhorst/Heimann, Die Neuregelung des Kulturgutschutzrechts, NJW 2016, S. 3402.

두고 문화재의 유리(流離)로부터의 보호에 관해서는 문화재보호법(KGSG)에서 규율하고 있다는 점에서 존립보호와 유출보호를 모두 포괄하여 규율하고 있는 우리의 문화유산법과는 구성상 차이가 있다. 나아가 독일은 연방제국가로서 연방의 관할과 주(州)의 관할이 구분되어 대상문화재에 따라 적용되는 법률과 주무관청도 달라지는 반면, 우리나라는 그러한 구분이 없다. 또한 국제규범의 수용범위에 있어서도 차이가 있다. 독일은 1954년 헤이그협약과 1970년 UNESCO협약에 가입하였지만, 우리나라는 1970년 UNESCO협약에만 가입하였다는 점에서 국제협약상 국내법적으로 수용해야 할 의무사항의 내용과 범위에 있어서도 차이가 있다. 더구나 독일은 유럽연합의 회원국으로써 유럽연합의 규칙과 지침까지 국내법으로 수용해야 하므로 그러한 의무가 없는 우리나라보다 국내법상 이행이 필요한 의무항목이 훨씬 많을 수밖에 없다.

그렇지만 이러한 법제상의 차이에도 불구하고 독일의 새로운 문화재보호법은 우리에게도 많은 시사점을 전해주고 있다. 예컨대 1970년 UNECO협약에만 가입되어 있는 우리나라로서는 협약이 요구하는 의무사항을 국내법으로 수용해야 하는바, 현행 「국가유산기본법」 및 「문화유산법」은 협약상 의무사항을 대부분 수용하고 있지만 실제 운용에 있어서는 규범적으로 보완되어야 할 부분들이 적지 않다.[65] 문화재의 불법적인 유통을 근절하려면 문화재를 불법반출뿐만 아니라 불법반입에 대해서도 효과적으로 통제해야 할 것이다. 그런데 우리 국가유산기본법은 제 제30조에서 외국유산(즉, 외국문화재)의 보호에 관한 규정을 두고 있지만, 외국유산의 불법반입을 통제할 수 있는 실효성있는 규정은

---

65 김지현, "문화재 불법 거래 방지에 관한 1970년 유네스코 협약의 국내법적 이행 검토", 「문화재」, 제53권 제4호(2020), 국립문화재연구소, 282면 이하는 우리나라의 「문화재보호법」(현 국가유산기본법 및 문화유산법)은 1970년 UNESCO협약에 따라 부과되는 당사국의 주요의무 사항에 대해 상당히 잘 대응하고 있다고 평가하면서도 문화재 불법거래 시장의 변화와 관련 국제법과 제도의 발전상황에 맞추어 우리의 문화재보호법 및 관련 법령의 개선이 필요하다고 주장한다.

마련되어 있지 않다.66 이러한 규범적 미비사항에 대해서 입법론상 독일의 문화재보호법(KGSG)에서의 반입통제에 관한 규정들을 참고할 수 있을 것으로 생각된다. 또한 문화재의 반출 및 반입이 불법한 것인지를 판단하는 기준 및 불법 반출 및 반입된 문화재의 반환절차에 대해서도 이를 구체적으로 적시한 독일의 입법례를 참고할 가치가 있다. 이와 아울러 특히 불법 반입된 문화재를 취득한 자가 문화재의 출처(provenance)에 대해 상당한 주의(due diligence)를 하였는지에 대한 문제는 문화재의 선의취득의 성부(成否) 내지 문화재의 반환에 따른 보상청구권의 성립요건과 관련하여 매우 중요하게 다루어지는 국제문화재법상 이슈이다.67 비록 우리 문화유산법이 제87조 제5항에서 일정한 문화유산에 대한 거래행위에 관하여는 선의취득에 관한 규정을 적용하지 않는다고 규정하였다고 하더라도 선의취득이 제한되는 문화유산은 동조 제1호부터 제3호까지의 문화유산으로 한정되기 때문에68 그에 해당하지 않는 문화

---

66 국가유산기본법 제30조 제2항은 "국가유산청장과 관계 중앙행정기관의 장은 국내로 반입하려 하거나 이미 반입된 외국유산이 해당 반출국으로부터 불법 반출된 것으로 인정할 만한 상당한 이유가 있으면 그 외국유산을 유치할 수 있다"고 규성하고 있는 바, 동 규정은 이미 "반입된" 외국문화재에 대해 사후적으로 유치할 수 있는 근거를 제공할 뿐 사전에 불법반입을 차단하기 위한 장치로는 작용하기 어렵다. 왜냐하면 문언상으로는 "국내로 반입하려 하거나"로 기술되어 있어서 국내 반입이 아직 이루어지지 않은 경우에도 적극적으로 해당문화재를 유치할 수 있는 것으로 해석되지만, 문화재가 아직 국내로 반입하기도 전에 이를 '유치'한다는 것은 −공해상에 존재하는 경우를 제외하고는− 현실적으로 기대하기 어렵기 때문이다. 그리고 만약 해당문화재가 국내로 반입되기 전의 상태라면 이를 '유치'할 것이 아니라 '반입금지' 조치를 취하는 것이 효과적일 것이다.

67 2015년 UNESCO당사국총회에서 채택된 1970년 UNESCO협약의 운영지침(Operational Guideline)에도 선의취득자를 규정하기 위해 '상당한 주의'를 기울였는지에 대한 확인이 중요하다는 설명의 글로는 권채리·김지현, 『UNESCO 문화유산협약의 국내이행에 관한 법적연구』, 글로벌법제전략 연구 20-17-③, 한국법제연구원, 2020, 49면 이하.

68 동조 제1호부터 제3호까지의 문화유산이란, 1. 국가유산청장이나 시·도지사가 지정한 문화유산, 2. 도난물품 또는 유실물인 사실이 공고된 문화유산, 3. 그 출처를 알 수 있는 중요한 부분이나 기록을 인위적으로 훼손한 문화유산을 의미한다.

유산은 여전히 선의취득의 대상이 될 수 있다. 그러한 점에서 독일의 문화재보호법은 문화재의 취득에 있어서 요구되는 주의의무의 상당성 기준을 명문으로 제시하였다는 점에서 우리로서도 충분히 참고할 만한 입법례라고 할 수 있다.[69]

그 외 1970년 UNESCO협약의 이행사항은 아니지만, 독일 문화재보호법이 새로 규정한 대여목적으로 반입된 문화재에 대한 법적 구속력 있는 확약에 관한 제도는 우리 문화유산법에는 전혀 생소한 것인바, 외국에 소재하는 문화재를 우리나라에서 전시하는 것을 활성화하기 위해서는 필요한 조치일 수 있기에 이러한 제도의 수용에 대해서도 적극적으로 검토할 가치가 있다.[70]

---

69 권채리·김지현, 상게 연구보고서, 55면에는 1970년 UNESCO협약의 운영지침이 1995년 UNIDROIT협약에서 규정된 선의취득자가 기울어야 할 '상당한 주의'에 대한 구체적 의무사항을 당사국이 참고하도록 권고하고 있어, 해당조항을 참고하여 우리 문화재보호법 관련조항의 구체화를 검토해볼 수 있다고 제언하고 있다. 1995년 UNIDROIT협약 제4조 제4항에 규정된 '상당한 주의'에 대한 기준과 2016년 독일 문화재보호법(KGSG)에 규정된 기준을 비교하면, 독일 문화재보호법은 일반적 주의의무의 기준(제41조) 뿐만 아니라 상업적인 출시에서의 주의의무 기준(제42조)까지 규정함으로써 더욱 정치한 판단기준을 제시하고 있다는 점에서 입법례로서 참고의 가치가 크다.

70 국민의 문화유산 접근 및 문화향유 강화차원에서 전시목적 대여문화재의 한시적 압류면제제도의 도입을 주장하는 견해도 이와 같은 입장이라고 할 수 있다. 김재광, "문화국가원리에서 바라본 문화재 환수와 대여문화재의 한시적 압류면제",「외법논집」제42권 제1호(2018), 한국외국어대학교 법학연구소, 513면 참고.

제3절

우리 법의 과제

Ⅰ 서설

본서의 제4장에서 불법반출 문화재의 환수를 위해 국제사회가 안출한 3대 국제협약에 관하여 살펴보았다. 우리나라는 현재 1970년 UNESCO협약에만 가입하였고, 1954년 헤이그협약과 1995년 UNIDROIT협약에는 가입하지 않은 상태이다. 1954년 헤이그협약은 전시 또는 무력충돌시 발생하는 문화재의 보호라는 특수한 상황에 적용되는 협약이므로, 보편적인 문화재의 환수를 목적으로는 협약과는 분명 다른 규율목적을 가지고 있다. 특히 남북휴전상태에 있는 우리나라로서는 문화재의 보호를 이유로 전시 작전수행이 어려워지는 상황을 용인하기 어렵기 때문에 헤이그협약의 가입에 신중할 수밖에 없다. 이러한 점을 감안하고서 만일 우리 정부가 향후에 1954년 헤이그협약 또는 동 협약 제1·제2 의정서에 가입하게 된다면 협약과 조응하기 위해 우리 국내법은 어떠한 조치를 취해야 할 것인지를 생각해본다(본절 Ⅱ).

전시가 아닌 평시 상태에서의 문화재의 불법거래를 방지하고 불법반출된 문화재의 환수와 관련한 국제규범은 1970년 UNESCO협약과 1995년 UNIDROIT협약이다. 양 협약은 서로 다른 규범적 속성을 가지고 있지만, '문화재환수'라는 공통의 목표를 추구한다는 점에서 서로 보완적인 관계를 맺고 있다.[71] 그럼에도 불구하고 많은 나라들이 1970년 UNESCO협약에는 가입하였으면서도 1995년 UNIDROIT협약의 가입에는 주저하는 이유는 전자의 협약이 자기집행적 효력이 없는 데 반해, 후자의 협약은 자기집행적 효력이 있어서 조약의 가입과 함께 조약의 효력이 일반국민들에게 직접적으로 미치기 때문이다. 이러한 사정은 우리나라에도 마찬가지이다. 우리 정부는 1970년 UNESCO협약에는 이미 1983년에 가입하였으며, 동 협약의 국내법적 이행을 위해 구 「문화재보호법」을 개정하여 외국문화재 보호에 관한 규정을 신설하는 등 협약상의 제반의무를 비교적 충실히 이행하고 있다. 그렇지만 1970년 UNESCO협약이 추구하는 '문화재의 불법반출·입 및 소유권이전의 방지와 예방'이라는 목적을 실현하기 위해 현재 우리의 국가유산법제상 규정과 제도로써 그러한 목적을 충분히 실현하였는지에 대해서는 의문이 든다. 그 이유는 1970년 UNESCO협약 자체에서 이미 그러한 목적을 충실히 달성하기 어려운 협약의 내재적 한계가 존재하고 있을 뿐만 아니라, 동 협약을 이행하기 위한 조치로서 개정되었던 구 문화재보호법(현 국가유산법)의 규정에 명확하지 않은 규율상의 공백이 존재하기 때문이다. 이하에서는 1970년 UNESCO협약이 가지고 있는 한계와 문제점 그리고 1970년 UNESCO협약의 이행을 위해 개정되었던 구 문화재보호법(현 국가유산법) 규정의 문제점과 개선방안에 대해서 살펴본다(본절 III).

1995년 UNIDROIT협약은 우리나라가 아직 가입하지 않은 조약임에도 불구하고, 문화재환수를 위한 국제적 규범으로 매우 중요한 지위를 차지하고 있다. 동 협약에 대한 가입국은 매년 늘고 있는 추세인데, 동 협약의 비중이 커짐에 따라 우리나라에서도 동 협약의 가입에 대한 대내외적 압력은 더욱 커질 것으로 예상된다. 아래에서 동 협약이 가지

---

71 Lyndel V. Prott, Commentary on The UNIDROIT Convention, Leicester: Institute of Art and Law, 1997, p. 15.

고 있는 규범적 한계와 우리 정부가 협약에 가입했을 때 우리 국내법에 미칠 수 있는 영향에 대해서 예상해 본다(본절 Ⅳ).

Ⅱ 1954년 헤이그협약 및 제1·제2 의정서

1 1954년 헤이그협약

가. 협약의 수행 기관

헤이그협약에서 요구되는 각종 조치들을 취할 의무의 주체에 관하여 협약에서는 '체약국'으로 규정하고 있으나,[72] 그러한 조치들을 실제로 수행할 조직을 국내 입법에서 어떻게 정할 것인지가 문제될 수 있다. 중앙정부기관 중 문화재관련 업무를 담당하는 기관은 나라마다 상이한데, '전시' '문화재'의 보호라는 측면에서 국방부와 국가유산청을 담당기관으로 상정할 수 있을 것이다. 이에 대해 협약 규정을 살펴보면 협약 제1조에서 규정한 문화재의 정의에 부합하는 문화재를 국내 이행법률에서 수용해야 할 것이고, 협약 제8조에서 규정한 특별보호의 대상이 되는 문화재를 선별해야 하는 바, 이러한 작업은 문화재에 대한 전문성을 갖춘 기관이 담당하는 것이 바람직하다. 따라서 동 협약의 수행을 위한 주된 기관으로는 국가유산청이 담당하는 것이 타당하다. 그렇지만 협약에서는 협약의 준수 확보를 위해 군사규칙에 관련규정을 도입할 의무(제7조 제1항) 그리고 자국 군대 내에 문화재 전문인력을 확보할 의무(제7조 제2항)를 두고 있는 바, 이러한 의무는 국방부가 수행해야 할 것이다. 따라서 협약의 수행을 담당하는 중앙행정기관으로는 국가유산

---

[72] 예컨대 협약 제3조(문화재의 보호) "체약국은 평시에 적절한 조치를 취함으로써 무력 충돌시 예견되는 결과로부터 자국의 영역 내에 있는 문화재를 보호하기 위한 준비를 할 의무를 진다."

청이 주된 기관, 국방부가 종된 기관의 역할을 담당하여야 할 것이다.

나. 문화재의 지정

헤이그협약 제1조는 문화재의 정의에 관한 규정을 두고 있는 바, "그 출처나 소유권에 관계없이" "모든 민족의 문화유산으로서 큰 중요성을 가지는" 동산이나 부동산뿐만 아니라 "동산 문화재를 대피시키기 위한 보호시설" 및 "기념물 다량 보유지역"를 문화재의 개념에 포함시키고 있다. 이에 따라 국내법에서도 무엇이 협약에서 규정한 문화재에 해당하는지를 지정할 필요가 있다. 우리 문화유산법에서 규정하고 있는 '문화유산'의 정의는 협약에서 규정한 대상 문화재와 상이하므로 문화유산법의 문화유산 규정이 협약상 문화재로 갈음될 수 없다. 또한 문화유산법에는 '기념물 다량 보유지역'이 포함되어 있지 않다. 따라서 협약의 문화재 정의를 기준으로 해서 우리 법에 무력충돌 상황을 고려한 보호대상 문화재에 대한 지정규정이 필요하다.

다. 협약의무의 이행

헤이그협약에는 체약국으로 하여금 이행해야 할 각종 의무를 규정하고 있다. 즉, 평시에 적절한 조치를 취함으로써 무력 충돌 시 예견되는 결과로부터 자국의 영역 내에 있는 문화재를 보호하기 위한 준비를 할 의무(제3조), 무력충돌시 문화재를 보호하는 목적으로 사용되는 장치를 사용할 의무와 그러한 문화재에 대한 훼손 금지의무(제4조), 점령지역의 문화재 보존에 필요한 조치를 취할 의무(제5조), 문화재의 식별을 위한 특수표지의 부착(제6조), 문화재 보호를 위한 군사적 조치를 취할 의무(제7조), 문화재에 대한 특별보호(제8조), 문화재의 수송에 따른 의무(제12조, 제13조) 등이 그것이다. 이러한 의무사항에 대해서는 이행법률에 구체적인 이행절차 및 이행에 따른 효과 등에 관한 규정이 명시되어야 할 것이다.

라. 제재

헤이그협약은 체약국으로 하여금 협약 위반자를 국적에 관계없이 기소하고 형사상의 제재를 부과하거나 징계하기 위하여 필요한 모든 조치를 취할 의무를 부과하고 있다. 따라서 죄형법정주의 원칙상 문화유산법과 일반형법 및 군형법에 헤이그협약에서 규정한 의무를 위반한 사항에 대한 범죄를 명시하고 상응하는 형벌을 부과하는 규정을 두어야 할 것이다.

② 제1의정서 및 제2의정서

무력충돌 상황에서 피점령지로부터 문화재의 반출을 금지 및 반출문화재의 반환과 관련한 사항은 주로 헤이그협약 제1의정서에 규정되어 있다. 즉, ① 체약국은 무력충돌 과정에서 문화재가 점령지 영토로부터 반출되지 않도록 할 의무(Part I, 1), ② 피점령지로부터 체약국 영토로 반입된 문화재를 압류할 의무(Part I, 2), ③ 의정서에 규정된 원칙에 반하여 반출된 문화재의 반환의무 및 그러한 문화재에 대한 유치 금지의무(Part I, 3), ④ 불법반출로 인해 반환해야 할 해당문화재를 선의로 보유한 자에 대한 배상의무(Part I, 4) 그리고 ⑤ 무력충돌의 위험으로부터 문화재를 보호하기 위하여 다른 체약국에 기탁한 문화재를 적대행위가 종료되는 시기에 그 반출된 체약국에 반환할 의무(Part II, 5) 등이다. 제1의정서는 무력충돌 상황을 전제로 한 것임을 제외하면 평시상태에서의 외국문화재에 대한 보호 및 반출·유통 금지에 관한 의무사항과 크게 다르지 않다. 만약 제1의정서에 가입하게 된다면, 위의 5가지 의무사항을 포함하는 이행입법이 있어야 할 것이다. 제1의정서는 서명, 비준 또는 가입 시 위의 의무사항에 구속되지 않을 것임을 선언할 수 있는 유보조항(Part III, 9)을 두고 있다. 그렇지만 의정서에 가입하면서 유보를 선언하는 경우에는 유보의 내용이 의정서의 대상 및 목적과 양

립하는 범위 내에서 이루어져야 한다.[73]

헤이그협약 제2의정서의 핵심적 내용은 이른바 문화재에 대한 '강화된 보호(enhanced protection)'를 도입한 것이다. 즉, 문화재가 ① 인류에게 중요성이 큰 문화유산이면서, ② 특별한 문화적 및 역사적 가치를 인정하고 수준 높은 보호를 확보하는 적절한 국내의 법적 및 행정적 조치에 의하여 보호되고 있으면서, ③ 군사적 목적으로 또는 군사시설을 방어하기 위하여 사용되고 있지 않으며, 그 문화재를 통제하는 당사자에 의하여 그것이 그와 같이 사용되지 않을 것임을 확인하는 선언이 있을 경우, 그 문화재는 강화된 보호하에 두어져야 한다(의정서 제10조). 만약 제2의정서에 가입하게 된다면, 위와 같은 강화된 보호의 대상이 되는 문화재를 가려내기 위한 구체적 기준이나 판정기관에 관한 법령의 입법이 있어야 할 것이다.

Ⅲ 1970년 UNESCO협약과 국내법의 이행

① 1970년 UNESCO협약의 문제점

1970년 UNESCO협약은 국제적인 차원에서의 문화재의 불법적인 거래를 억제하기 위한 기초를 마련한 점이나, 현재 120개국 이상의 많은 나라들이 가입하고 있는 문화재환수를 위한 다자조약이라는 점에서 그 의의는 매우 크다고 할 수 있다. 그러나 동 협약은 다음과 같은 규범상의 한계를 가지고 있다.

---

73 국제법평론회, 『1954년 헤이그협약 운용체계 및 국내제도·법률 정비방안 연구』, 문화재청, 2010, 133면.

가. 자기집행적 성격의 결여

1970년 UNESCO협약의 가장 큰 문제점으로 지적되고 있는 것은, 동 협약이 자기집행적(self-executing) 효력을 확보하지 못했다는 점이다. 다시 말하자면 동 협약은 체약국들로 하여금 문화재의 불법반출·입 등을 막기 위한 일련의 행정적 요구사항을 기술하고 있을 뿐, 그러한 행정적 조치를 이행하지 않거나 위반한 국가나 기관 및 개인에 대해 이를 강제하거나 제재할 수 있는 수단을 가지고 있지 않다. 따라서 체약국들이 동 협약의 이행을 위해 자국의 국내법상 충실한 법적 규범들을 마련한다면 다행이겠지만, 그렇지 않는 국가들에 대해서는 이를 강제할 방법이 현실적으로 존재하지 않아 협약의 실효성을 크게 약화시키는 원인이 된다.

나. 체약국 의무의 비통일화

1970년 UNESCO협약은 협약의 국내적 이행과 관련하여 당사국들이 처한 상황이나 국내법상의 제한 등을 고려하여 협약상의 규정을 조정할 수 있도록 하고 있으며, 경우에 따라서는 일부 협약상 의무 중 일부를 배제하거나 협약의 적용범위를 제한하는 것도 허용하고 있어서 당사국으로 하여금 매우 신축적이고 유연한 의무를 부여하고 있다.[74] 이러한 협약의 유연성으로 말미암아 체약국들마다 상이한 국내법적 규율로 인해 협약이 설정한 의무가 통일되지 못하는 문제점이 있다.

또한 협약은 제3조에서 "본 협약의 당사국이 본 협약의 규정에 따라 채택한 규정에 위반하여 문화재를 반입, 반출 또는 소유권을 양도함은 불법이다."고 규정하는 바, 불법성의 판단에 있어서도 체약국의 국내법에 맡기다보니 A국에서는 불법인 것이, B국에서는 합법인 것으로 되는

---

[74] 이근관, "동아시아지역의 문화재 보호 및 불법거래방지에 관한 법적 고찰", 「서울대학교 법학」 제44권 제3호.(2003), 서울대학교 법학연구소, 121면.

상황도 발생하게 된다. 이러한 상황은 체약국으로 하여금 공통적인 의무를 부과하려는 협약의 목적을 훼손하게 된다.

다. 협약발효 이후의 문화재에 대해서만 적용

1970년 UNESCO협약은 많은 국가들이 가입한 다자조약임에도 불구하고, 문화재의 불법반출로 피해를 입은 많은 나라들에게 있어서 그다지 큰 이점을 가져다주지 못하고 있다. 그 이유는 문화재의 불법반출·입은 특히 식민지지배시기에 대량으로 이루어졌음에도 불구하고, 동 협약은 협약발효 이후 반출된 문화재만을 대상으로 하고 있어서 그 이전에 이루어졌던 반출문화재에 대해서는 영향을 미치지 않는다. 그러나 이것은 협약의 '불소급효'라는 일반적 원칙에 따른 것이므로 협약 자체의 문제점이라기보다 협약이 가지는 일반적인 한계라고 할 수 있다.

라. 박물관, 기념관 및 유사기관의 등록문화재에 대해서만 적용

동 협약은 위의 시간적 제한(협약이후의 문화재)뿐만 아니라 대상인 문화재에 대해서도 일정한 제한을 두고 있다. 협약 제7조 (b)에 의하면 "본 협약이 관계국가에서 발효된 이후 본 협약의 타 당사국의 박물관이나 종교적 또는 세속적 공공기념관 또는 유사기관에서 도난된 문화재가 그 기관의 물품목록에 소속됨이 문서로 기록되어 있을 경우 그 반입을 금지한다."고 규정하고 있다. 따라서 반입이 금지되는 문화재는 상대 체약국의 "박물관이나 (종교적 또는 세속적) 공공기념관 또는 유사기관"에서 도난당한 문화재로서 그 기관의 물품목록에 기록된 문화재로 한정된다. 따라서 기관으로부터 반입된 것이 아니거나 그러한 기관에 속해 있었더라도 물품목록에 기록되지 아니하였던 문화재는 동 협약의 보호대상에서 제외된다. 또한 같은 이유에서 아직 발굴되지 아니한 문화재 또는 그 소재가 분명하지는 않았지만 출처국으로부터 불법 반출된 것이 확실한 문화재 등도 협약 제7조의 요건을 충족하지 못하여 보호대상에서 제외된다. 이러한 이유로 동 협약이 규정한 보호대상 문화재가 협소하여 협약의 적용대상에서 제외되는 문화재가 많이 발생할 수 있다.

마. 문화재의 반환 내지 원상회복에 관한 규정의 결여

1970년 UNESCO협약은 문화재의 불법한 반출·입과 소유권이전을 '방지' 또는 '예방'하는 데 포인트를 두고 있다. 협약이 체약국에 대해 제시하는 일련의 의무들은 그러한 방지 또는 예방을 위한 법규의 제정이나 담당관청의 신설, 문화재의 목록화 등 행정적·제도적 조치들이다. 이러한 조치들도 문화재의 불법거래를 차단하기 위해서는 매우 중요한 것이지만, 정작 문화재가 도난당하거나 불법 반출된 상황에서 원소유자의 관심은 문화재의 반환 혹은 원상회복일 것이다. 그렇지만 1970년 UNESCO협약은 문화재의 '반환'이나 '원상회복'에 관한 규정을 두고 있지 않다. 그 결과 문화재의 환수와 관련한 문제에 있어서는 정작 동협약이 큰 역할을 하지 못하고 있다.

바. 협약 규정의 불명확성

1970년 UNESCO협약은 정치적 선언에 가까운 규범의 속성을 가지고 있다. 그러다보니 협약의 규정을 구체적으로 따져보면 그 의미가 무엇인지를 파악하기가 매우 애매한 규정들이 많이 있다. 예컨대 협약 제7조 (b) (ii)에서는 "출처 당사국의 요청에 따라 본 협약이 양 관계당사국에서 발효된 후 반입된 상기 문화재의 회사 및 반환에 관한 적절한 조치를 취한다."고 되어 있는데, 이때 '적절한 조치'가 어떤 것을 의미하는지 대단히 애매하다.[75] 또한 협약 제9조에서는 체약국으로 하여금 국제적인 협력에 참가(participate in a concerted international effort)하도록 요구하

---

75 예컨대 반입국으로서는 출처국에게 문화재의 반입상황을 통지하는 것만으로 적절한 조치를 이행한 것인지, 아니면 문화재를 수거하여 반환까지 마무리하여야 하는지가 불분명하다.

고 있다. 이를 엄격하게 해석하면 다른 체약국의 협력이 없는 한, 해당 체약국으로서는 아무런 조치를 취할 필요가 없다는 의미로도 해석될 수 있다.

② 협약의 국내법 이행상의 문제점과 개선방안

가. 문화재의 특별지정

우선적으로 문제되는 것은 1970년 UNESCO협약 제1조는 문화재를 정의하면서 "... 각국에 의하여 특별히 지정된(specifically designated) 재산으로, 다음 범주에 속하는 재산을 의미"한다고 하면서 그 범주의 열거와 함께 협약의 대상이 되는 문화재의 특별지정을 체약국에 요구하고 있다. 따라서 어느 문화재가 협약의 대상이 되는 문화재인지는 각국의 사정에 따라 "특별지정"된 문화재에 한하게 되고, 여기에는 체약국 사이의 상호주의가 적용된다. 따라서 같은 범주의 문화재라도 A국에서는 특별지정을 받아 보호대상인 문화재로 되더라도 B국에서는 특별지정을 받지 않아 보호대상에서 제외될 수도 있다. 체약국들은 상호주의에 따라 서로 특별지정된 문화재에 한해서 반출·입 및 소유권양도를 제한하게 되는 것이다. 그런데 우리의 문화유산법은 동 조약에서 요구하는 특별지정을 하지 않았다. 일견 우리나라 문화재보호법에 규정된 "지정문화재" 제도가 협약의 "특별지정"으로 인식될 수도 있으나, 양자는 그 성격이 다른 것이다. 따라서 협약의 충실한 이행을 위해서는 협약의 대상이 되는 문화재의 특별지정을 하든지 아니면 최소한 문화유산법에서 협약의 특별지정에 해당하는 문화재의 종류라도 밝히는 규정을 설치할 필요가 있다고 본다.

나. '불법성' 판단의 문제

1970년 UNESCO협약 제3조는 "본 협약의 당사국이 본 협약의 규정에 따라 채택한 규정"에 위반하여 문화재를 반출·입하거나 양도하는 것은 불법으로 보고 있다. 따라서 협약에서 의미하는 불법성의 판단은 체약국이 채택한 규정, 즉 체약국의 자국법에 의거해서 판단하게 된다. 그런데 이때의 "불법"은 어떤 의미를 가지는지가 분명하지 않다. 예컨대 중국「문물보호법」에서는 개인간의 문화재거래는 금지되기 때문에, 이를 위반하게 되면 불법한 것이 된다. 이에 반해 우리나라에서는 개인간의 문화재거래가 허용된다. 이때 만약 중국에서 개인간 거래를 해 취득한 문화재를(즉, 중국법으로는 불법한 취득) 우리나라에 반입한 경우에 불법으로 보아야 하는지, 아니면 합법으로 보아야 하는지가 명확하지 않다. 이 문제는 협약규정의 불완전성에서 기인한 것이지만, 현실적으로 이러한 문제를 정리하기 위해서는 우리 국가유산기본법 또는 문화유산법에서 불법성의 판단에 관한 원칙을 밝힐 필요가 있다고 본다.

다. 통일적인 문화재목록의 작성·관리

1970년 UNESCO협약 제5조는 체약국으로 하여금 문화재의 목록을 작성하여 이를 관리하도록 요구하고 있다. 이에 따라 우리나라에도 기본적으로는 디지털 기록 등 다양한 방법으로 문화재가 목록화되어 관리되고 있다. 그런데 문제는 그러한 문화재의 목록이 통일화되어 있지 않다는 점이다. 가령 국가유산청에서 운영하는 「국가유산포털」은 지정문화재만을 대상으로 하고 있으며, 국립중앙박물관에서는 UNESCO와 국제박물관협회(ICOM)가 공동으로 제작한 문화재목록(Object ID)[76]의 프레임을 가져와서 유물등록카드로 만들어 사용하고 있으며, 다른 박물

---

76 Object ID의 내용과 양식에 관해서는 https://icom.museum/en/resources/standards-guidelines/objectid/ 에서 자세히 살펴볼 수 있다(2024. 12. 23. 최종접속).

관이나 기관에서는 각각의 유물등록카드를 제작하여 사용하고 있는 실정이다. 이처럼 상이한 문화재목록 방식은 문화재의 통일적인 관리를 어렵게 만든다. 따라서 국가유산청뿐만 아니라 전국의 모든 박물관, 미술관 등 공공 및 사설기관의 문화재 전체에 대한 관리가 가능하도록 하는 통일적인 유물등록시스템을 구축하여 관리·운영할 필요가 있다.

라. 반출증명서 제도

1970년 UNESCO협약 제6조는 체약국으로 하여금 반출증명서 제도를 도입하도록 요구하고 있다. 이 제도의 도입을 통해 반출·입되는 문화재의 적법 혹은 불법성을 용이하게 파악하기 위한 취지이다. 그러나 우리나라에서는 아직까지 문화재의 반출증명서 제도는 시행되지 않고 있다. 문화유산법 제39조에서는 국외전시 등의 목적으로 문화유산을 반출할 경우에는 문화재청장의 허가를 받도록 하고 있는데, 이 때 사용되는 "반출허가신청서"는 일종의 국내 행정서식에 불과한 것이지, 동 협약에서 제시하는 반출증명서와는 그 취지와 내용이 다르다. UNESCO에서는 세계관세기구(World Customs Organization)와 협력하여 모범 문화재반출증명서(Model Export Certificate for Cultural Objects)를 제정하여 보급하고 있다.[77] 우리나라에서도 모범반출증명서를 참고하여 글로벌 스탠다드에 부합하는 반출증명서 제도를 도입·시행을 적극적으로 검토하여야 한다.

---

[77] 영문판 양식은 http://unesdoc.unesco.org/images/0013/001396/139620E.pdf 에서 내려 받을 수 있다(2024. 12. 23. 최종접속).

Ⅳ 1995년 UNIDROIT협약과 국내법적 대응

1 1995년 UNIDROIT협약의 한계

가. 자기집행적 효력의 양면성

위에서 살펴본 1970년 UNESCO협약이 가지고 있는 한계 내지 문제점은 1995년 UNIDROIT협약에 의해 어느 정도 보완되거나 해결된다. 이를 테면 1970년 UNESCO협약의 가장 큰 약점으로 지적되어 온 자기집행적 효력의 결여에 대해서도 1995년 UNIDROIT협약은 자기집행적 효력을 갖고 있다는 점에서 체약국들 사이의 규범적 통일성을 기할 수 있다는 장점을 가지고 있다. 그러나 다른 한편으로는 바로 그 자기집행적 효력으로 인해 많은 국가들로 하여금 협약의 가입을 주저하게 되는 요소로 작용하기도 한다. 특히 동 협약은 도난문화재 및 반출문화재의 효과적인 반환을 위해 종래 대륙법계에서 보편화되어 있는 민사법상 제도인 선의취득(good faith aquisition; Eigentumserwerb kraft guten Glaubens)을 부정하고 점유자로 하여금 문화재의 반환의무를 부과하고 있다(협약 제3조 제1항 및 제5조). 이러한 규정은 성격상 민사실체법적 규범으로써 체약국에게 문화재반환에 관한 통일된 민사법적 규범을 강제함으로써 문화재의 도난이나 불법반출을 제어하는 효과를 기대할 수 있다. 그렇지만 그러한 민사법규의 속성을 가진 협약규정들이 직접적으로 체약국의 규범 속으로 개입·적용됨으로 말미암아 각 국가들마다 가지고 있는 법률제도와 충돌이 발생하게 된다. 이러한 경우에 협약의 규정과 해당 국가의 법규 사이에는「특별법우선의 원칙」에 따라 협약규정이 우선 적용되어야 한다. 따라서 협약의 가입을 염두에 둔 국가로서는 협약규정으로 인해 자국의 법규와 제도에 어떠한 영향을 받게 되는지에 대한 면밀한 검토를 하여야 한다.

나. 협약의 소급효 배제

동 협약이 가진 본질적 한계는 협약의 소급효배제라고 할 수 있다 (협약 제10조). 동 협약의 경우도 1970년 UNESCO협약에서와 마찬가지로, 협약이 소급적용되지 않고 협약의 발효이후에 발생한 도난 또는 불법 반출 문화재에 대해서만 적용된다는 점에서 식민지시대 문화재의 피탈을 경험한 나라들로서는 동 협약을 통해 과거 문화재의 환수를 기대하기 어렵다.

다. 보완되어야 할 사항

1995년 UNIDROIT협약은 주로 민사실체법적 효력을 가진 규정들로 구성되어 있다. 특히 선의취득제도를 배제하는 대신 점유자에 대한 공정하고 합리적인 보상을 통해 문화재의 효과적인 반환과 함께 반환에 따른 물적 균형을 맞추려고 한 것은 매우 획기적인 발상이라고 평가할 수 있다. 그렇지만 선의취득 외에도 민사법상 고려되어야 하는 제도들이 협약에서는 전혀 언급되지 않은 것들이 있다.

첫째로 협약은 취득시효(acquisitive prescription; Ersitzung)에 관한 언급이 전혀 없다. 따라서 점유자가 체약국의 법에서 인정하는 취득시효를 통해 문화재의 소유권을 취득한 경우에도 반환이 요구되는 것인지, 아니면 그러한 문화재에 대해서는 반환을 거부할 수 있는 것인지 명확하지 않다.

둘째로 1995년 UNIDROIT협약은 국제사법에 관한 규정을 두고 있지 않다.[78] 가령 A국의 문화재가 불분명한 경로를 통하여 B국에 소재할 경우에 그 문화재의 소유권은 누구에게 귀속되는지가 문제될 수 있다. 이에 관하여 동 협약은 도난 또는 반출된 문화재의 반환만을 규정

---

[78] 1995년 UNIDROIT협약과 국제사법과의 관계에 대해서는 석광현, "UNIDROIT 문화재환수협약 가입절차와 유의점", 「국제사법연구」 제15호(2009), 한국국제사법학회, 357면 이하 참고.

하였을 뿐, 그러한 경우에 소유권의 판단을 어느 나라 법에 의할 것인지에 대한 준거법의 결정원칙에 대해서는 전혀 언급이 없다. 즉 문화재의 출처국 또는 기원국이라고 할 수 있는 A국법에 따를 것인지, 아니면 현재 문화재가 소재하는 B국법에 따를 것인지의 결정은 순전히 학설과 법원의 판례에 남겨둔 셈이다.[79]

② 협약가입에 대비한 국내법적 대응

가. 개설

1995년 UNIDROIT협약은 자기집행적 효력을 가지고 있기 때문에 협약에 가입하게 되면 협약의 규정이 곧바로 국민들의 일상에 영향을 미치게 된다. 따라서 1970년 UNESCO협약의 체결 때와는 달리 국내법적 영향을 면밀히 검토해서 협약가입에 대비할 필요가 있다. 이에 관해서는 관련되는 국내법률, 이를테면 문화재보호법, 민법, 국제사법, 민사소송법, 중재법 등의 규범적 체계 및 정합성 등을 꼼꼼히 따져서 협약가입의 실익을 교량하여야 한다. 이러한 작업을 위해서는 별도의 깊은 연구를 요하므로, 여기서는 협약가입을 전제할 경우에 문화유산법과 관련하여 개선이 요망되는 사항에 대해서만 간단히 살펴본다.

나. 도난문화재에 대한 조치

1995년 UNIDROIT협약의 핵심은 문화재의 도난과 문화재의 불법반출을 구별하여, 문화재의 원소유자가 도난문화재에 대해서는 무조건적인 반환을 그리고 불법반출 문화재에 대해서는 반환명령의 요청을

---

[79] 문화재에 관한 권리의 준거법결정원칙에 관해서는 송호영, "국제사법상 문화재의 기원국법주의(lex originis)에 관한 연구", 「재산법연구」 제30권 제1호(2013), 한국재산법학회, 79면 이하 참고.

구할 수 있도록 하는 것이다.

우리 국가유산기본법은 제30조에서 외국유산(즉, 외국문화재)의 보호에 관한 비교적 자세한 규정을 두고 있다. 그런데 동 조문은 외국유산이 "국내로 반입하려 하거나 이미 반입된 외국유산이 해당 반출국으로부터 불법 반출된" 경우에 국가유산청과 관계 중앙행정기관의 장이 취해야 하는 행정적 조치에 대해서 규정하고 있다. 다시 말해 국가유산기본법 제30조는 1995년 UNIDROIT협약이 상정하는 "불법반출" 문화재에 대한 조치는 규정하고 있지만, "도난" 문화재에 대한 조치에 대해서는 규정하지 않고 있다. 물론 해석에 따라서는 국가유산기본법 제30조의 불법반출이 도난의 개념을 포함한 것으로 새길 수도 있지만, 양자를 구분하여 각기 다른 법적 효과를 부여하는 협약의 태도와는 분명 다른 것이다. 따라서 우리나라가 만약 1995년 UNIDROIT협약에 가입한다면 협약에 보조를 맞춘 입법적 개선을 할 필요가 있다.

다. 소멸시효에 대한 선언의 요부

1995년 UNIDROIT협약 제3조 제3항은 문화재환수에 관한 원칙적인 청구권의 소멸시효기간을 정하면서도,[80] 제4항에서는 일정한 문화재에 대한 주관적 소멸시효(문화재의 소재 및 점유자의 신원을 안 때로부터 3년) 외의 시효의 적용을 받지 않도록 하고, 제5항은 다시 제4항의 예외를 인정하여 체약국으로 하여금 '선언'에 의해 75년 또는 자국법상 장기의 시효를 적용할 수 있도록 선택권을 인정하고 있다. 만약 우리나라가 동 협약에 가입한다면 이러한 선언을 할 필요가 있을 것인지, 혹은 선언을 한다면 몇 년으로 할 것인지에 대해서는 또 다른 고민과 연구가 따라야 한다. 또한 만약 선언을 한다면 어느 법률에 이에 관한 근거 규정을 둘

---

80   주관적 소멸시효기간(문화재의 소재 및 점유자의 신원을 안 때로부터 3년의 기간) 및 객관적 소멸시효기간(도난 시로부터 50년).

것인지도 문제될 수 있다. 소멸시효제도에 관해서는 일반사법인 민법이 이를 규정하고 있으나, '문화재'의 특별 소멸시효에 관해서는 특별법이라고 할 수 있는 문화유산법에 관련 근거규정을 두는 것이 타당하다고 본다.

라. 「권한 있는 당국」의 지정

1995년 UNIDROIT협약은 문화재의 효과적인 환수를 위해 체약국 간의 통일적인 의무 부과를 목표로 하고 있지만, 절차적인 규정에 대해서는 각 체약국의 국내사정에 맡겨두고 있다. 예컨대 협약 제5조는 체약국의 법원 또는 기타 권한있는 당국에 불법반출 문화재의 반환을 요청할 수 있도록 정하고 있다. 이와 관련하여 협약 제16조 제2항은 "각 체약국은 제2장 및 제3장의 규정에 따른 문화재의 환수 또는 반환을 명할 법원 또는 기타 권한있는 당국을 지정할 수 있다."고 규정하고 있다. 여기서 어느 기관이 "기타 권한 있는 당국"(other competent authority)에 해당할 것이지는 전적으로 체약국의 국내법사정에 맡겨져 있다. 만약 우리나라가 동 협약에 가입하게 된다면 법률에서 정부의 어느 기관이 "권한 있는 당국"에 해당할 것인지를 명시하여야 한다.

마. 외국문화재의 보호

1995년 UNIDROIT협약에 가입한다는 것은 체약국으로써 우리나라의 문화재의 환수를 위해 협약의 규정을 원용해서 반환청구를 할 수 있다는 의미뿐만 아니라, 동시에 우리나라에 유입된 외국문화재에 대해서도 같은 수준의 반환의무를 부담하겠다는 자발적인 구속을 의미한다. 우리 문화유산법은 제39조에서 일정한 국내문화재에 대해서는 수출 또는 반출을 금지하고 있지만, 반대로 외국에서 도난 또는 불법 반출된 외국문화재의 수입 또는 반입금지에 대해서는 규정을 두고 있지 않다. 또한 일정한 문화재에 대해서는 선의취득을 배제하는 문화유산법 제87조 제5항이 외국문화재에도 적용되는지 명확하지 않다. 따라서 만약 우리나라가 동 협약에 가입하게 된다면 국내문화재의 보호 못지 않게 외국문화재에 대해서도 같은 수준의 보호를 담보할 수 있는 입법적 개선이 있어야 할 것이다.

06

에필로그: 법정책적 과제

"법적으로 의궤는 프랑스 국립도서관의 재산이라 하더라도, 정신적, 역사적, 문화적으로 의궤의 주인은 한국인입니다."

— 자크 랑(Jack Lang: 전 프랑스 문화부 장관) —

"내가 의궤였더라면 울면서 돌아왔을 겁니다. 우리의 의무는 끝나지 않았습니다."

— 박병선 —

① 왜 환수가 어려운가?

인류가 탄생한 이래 인간은 다양한 삶의 방식을 발전시키면서 하나의 문화를 형성하였으며, 그러한 문화의 상징은 문화재로 표출되었다. 과거에도 그러하였거니와 오늘날에도 문화재는 한 국가 또는 민족의 문화적 정체성을 상징하는 중요한 재화로 여겨진다. 특히 오늘날에 도난되거나 불법적으로 반출된 문화재의 반환문제를 둘러싸고 개인뿐만 아니라 국가 간에도 중요한 분쟁거리가 되고 있다. 특히 문화재의 반환문제는 문화재의 속성상 민족감정이나 국가적 자존심과 결부되어 휘발성이 매우 높은 사회적 이슈로 등장하곤 한다. 최근 각국은 과거에 반출된 문화재의 반환을 요구하는 측과 이를 지키려는 측 사이에 이른바 "제3차 세계대전"[1]을 치르고 있다. 이것은 다음과 같은 2가지 이유에서 비롯한다. 첫째는 제2차 세계대전 후 제국주의를 벗어난 국가들로서는 과거 피식민지배시기 또는 전쟁 중에 빼앗긴 그들의 문화재를 되찾음으로써 국가적 자존심을 회복하려는 데 있다. 둘째는 모든 나라들이 문화재가 가진 높은 경제적 가치를 인식하였기 때문이다. 교통과 통신이 발달하면서 다른 나라에도 쉽게 왕래할 수 있고 외국의 다양한 정보도 쉽게 접할 수 있게 됨으로써, 많은 문화재를 소장하는 국가로서는 이를 보기 위한 수많은 관광객들을 유치할 수 있을 뿐만 아니라, 예술품의 거래시장에서도 막대한 경제적 이익을 누리고 있다. 이러한 이유에서 문화재의 반환을 요구하는 원산국의 목소리는 갈수록 높아지면서 이러한 요구를 막아내기 위해 문화재반입국으로서는 다양한 논리들을 개발하고 있다.

문화재의 환수문제는 그저 어설픈 민족감정으로만 접근할 수 있는 단순한 문제가 결코 아니며, 해당 문화재와 관련한 역사적 맥락, 윤리

---

1 이보아, "문화재의 원산국으로의 반환에 관한 고찰", 「비교문화연구」 제5호(1999), 서울대학교 비교문화연구소, 302면.

적 판단, 법적 분석, 외교적 실익, 사회적 파장 등 다양한 요소들이 복합적으로 구성되어 있음을 직시하여야 한다. 이제 문화재의 환수문제에 대해 그저 '우리 것이니까 무조건 되가져와야 한다'는 식의 단순한 논리가 아니라, 보다 근원적이고 체계적이며 복합적인 학문적 논리로써 접근하여야 한다. 왜냐하면 문화재의 환수가 가능하기 위해서는, 현재 문화재를 보유하고 있는 상대방의 논리를 충분히 극복할 수 있어야 하기 때문이다.

다시 프롤로그에서 보았던 《장면 1》로 돌아가 보자.

병인양요 때 약탈당한 외규장각 의궤는 145년 만에 우리에게 돌아왔다. 의궤의 반환은 그 소재가 알려진 지 36년 만에, 정부가 의궤의 반환을 공식 요청한 지 18년 만에 그리고 반환협상을 시작한 지 16년 만에 이루어진 결실이다. 혹자는 우리가 우리 문화재의 반환을 요구하는 것은 너무나 당연한데 우리 땅에 돌아올 때까지 왜 이리 긴 시간이 필요한지 의문을 제기할 수 있다. 필자도 그러한 의문에서 국제문화재법을 연구하기 시작하였다. 그러나 본격적인 연구를 하면서 필자의 생각은 바뀌었다. 해외에 있는 문화재의 반환문제가 국가 대 국가의 문제라면 개인 간의 문제와는 달리 그 반환을 강제할 수단이 사실상 없어, 문화재의 환수를 위해서는 다양한 방안들을 강구하여야 한다. 문화재의 환수는 상대방을 전제로 한 것이기 때문에 상대방이 환수에 우호적이지 않을 때에는 우리 측의 일방적인 주장만으로는 환수의 결과를 이끌어 내기가 사실상 불가능하다. 따라서 환수의 당위성만을 내세우면서 상대를 압박한다고 될 일은 아니며, 우리 측의 내재적인 문제점을 보완하면서 명분과 실리를 갖추어서 상대방으로 하여금 반환의 필요성을 공감할 수 있도록 하는 보다 유연하면서도 철저한 준비가 필요하다. 또한 문화재의 환수는 일회적인 과제로 그치는 것이 아니라 수만 점에 걸쳐 실현해야 하는 매우 장기적인 과제임을 상기한다면, 단기간의 처방으로 쉽게 효과를 볼 수 있는 방안으로 접근해서는 안 되며 제도적·정책적 차원에서 보다 근원적인 대책들을 강구하여야 한다.2 이러한 시각에서 아래에서는 보다 장기적인 차원에서 문화재의 환수문제를 접근하면서 우리가 갖추거나 개선해야 할 법적·제도적·정책적 방안들에 대해 생각해 보기로 한다.3

② 법정책적 방안들

가. 해외 소재 문화재에 대한 실태조사

우선 해외에 소재하는 문화재의 환수를 위해서 가장 우선적으로 필요한 일은 이들 문화재에 대한 정확한 실태파악이다. 도대체 몇 점의 우리 문화재가 해외에 소재하는지가 먼저 집계가 되어야 할 것이며, 이후 이들 문화재의 역사적·예술적 가치에 대한 조사와 아울러 반출경위에 대한 정밀한 조사가 필요하다. 특히 반출경위에 대한 조사는 문화재가 적법하게 반출된 것인지, 아니면 불법하게 반출된 것인지에 따라 환수대상 문화재로 분류될 수 있는지를 가리는 중요한 판단기준이 된다. 그렇기 때문에 해외문화재의 실태파악은 문화재의 환수를 위한 가장 기본적이면서도 중요한 작업이다. 그렇지만 문화재의 실태조사는 해당 문화재를 보유하는 현지 기관이나 개인의 협조 없이는 사실상 불가능하기 때문에 현실적으로 이를 어떻게 할 것이냐가 문제이다. 다시 말하자면 우리 문화재를 보유하는 현지 기관이나 개인으로 하여금 어떻게 실태조사에 협조할 수 있도록 이끌어 낼 것인가 하는 문제가 제기된다.

---

2 문화재반환 문제는 인내를 가지고 철저한 조사와 다양한 대응 방안을 강구하여 체계적이고 지속적으로 추진하여야 성과를 거둘 수 있다는 주장으로는 김종수, "일본 유출 문화재의 환수 및 활용 방안",「민속학연구」제24호, 2009.06, 90면.
3 아래 내용은 송호영, "해외 소재 불법 문화재의 환수를 위한 법정책적 연구",「문화재」제48권 제4호(2015), 국립문화재연구소, 24면 이하를 발췌·정리하였다.

우선 실태조사를 위한 주체로 정부나 시민단체가 전면으로 나서는 것은 그리 바람직하지 않다. 물론 상대 정부와의 사이에 또는 상대 시민단체 사이에 실태조사에 대한 협정이나 양해각서 등이 체결되어 있거나 실태조사에 대한 동의나 양해가 이루어져 있다면 그리 문제될 것이 없겠지만, 그렇지 않은 경우에 상대측은 우리 측의 실태조사에 관한 요청을 환수를 위한 실행의 착수로 받아들여 실태조사에 매우 소극적인 태도를 취할 가능성이 높다. 그러한 점에서 국외소재문화재재단이나 대학의 연구소 등 문화재의 가치를 학술적으로 평가할 수 있는 전문기관이 실태파악의 주체로 나서는 것이 상대로 하여금 좀 더 용이하게 개방을 유도할 수 있다고 본다.[4]

다음으로 실태조사를 보다 쉽게 이끌어내기 위해서는 보유자가 실태조사의 필요성을 공감할 수 있도록 여건을 조성해 주어야 한다. 이를테면 해외박물관에 대해 동양유물에 대한 조사사업을 지원하는 것이다. 외국 박물관의 수장고에 소장되어 있는 많은 유물들 중에는 어느 국가의 것인지 제대로 분류되지 않은 채 쌓여 있는 경우도 많다고 한다. 실제로 2011년에 프랑스로부터 되돌려받은 외규장각 도서의 경우에도 고(故) 박병선 박사가 파리국립도서관(BnF)에서 처음 이를 발견했을 당시에도 외규장각 도서는 중국도서로 분류되어 방치되어 있었다고 전해진다. 이처럼 해외박물관에 대한 조사지원 사업을 통해 간접적으로 우리 문화재의 소재나 행방을 탐지할 수 있는 계기를 마련할 수 있을 것이다. 아울러 개인소장자에 대해서도 실태조사에 응할 만한 충분한 인센티브를 제공함으로써, 문화재가 은밀하게 숨지 않고 바깥으로 나올 수 있는 일종의 문화재에 대한 "햇볕정책"이 필요하다.

---

4 문화재환수문제에 있어서는 국가 간 외교마찰이 우려되기 때문에 정부에 전적으로 의존하기보다 민간차원의 환수 운동이 보다 활성화되어야 한다는 견해로는 조부근, "국외 유출 한국문화재의 환수현황과 과제에 관한 연구", 「전통문화논총」 제12권, 2013, 한국전통문화대학교 한국전통문화연구소, 54면.

나. 문화재의 통일적인 관리와 반출증명서 제도의 도입

우리의 문화재를 환수하는 일도 중요하지만, 현재 우리가 보유하는 문화재를 지키는 일도 중요한 것임은 다언을 요하지 않는다. 해외로 불법 반출된 우리 문화재를 환수해야 한다는 국민적 여망에도 불구하고 지금도 전자상거래나 국제택배를 통해 다량의 문화재가 불법적으로 반출되고 있는 것이 현실이다.5 그렇다면 이러한 불법거래를 막을 예방책을 마련하여야 한다. 우선 이를 위해서는 우리 문화재에 대한 데이터베이스를 구축하여야 한다. 구체적으로는 각 문화재보유기관마다 상이하게 존재하는 문화재목록을 통일적인 형식으로 정비하여 국가가 이를 관리하여야 한다. 이것은 우리나라도 가입한 1970년 UNESCO협약 제5조의 요구사항이기도 하다. 현재 우리나라에서는 국가유산청에서 운영하는 「국가유산포털」을 통해 디지털 기록으로 관리되고 있기는 하지만, 그 대상이 지정문화재로 한정되어 있다. 또한 국립중앙박물관에서는 UNESCO와 국제박물관협회(ICOM)가 공동으로 제작한 문화재목록(Object ID)의 프레임을 차용한 유물등록카드를 사용하고 있지만, 다른 박물관이나 기관에서는 각기 상이한 유물등록카드를 사용하고 있어서 우리가 보유하는 문화재에 대한 통일적인 관리가 어려운 실정이다. 따라서 문화재청을 비롯한 전국의 모든 박물관, 미술관 등 공공 및 사설기관의 문화재에 대한 통일적인 유물등록시스템을 구축하여 관리할 필요가 있다.

문화재에 대한 통일적인 관리체계의 구축과 아울러 문화재에 대한 반출증명서 제도를 시행할 필요가 있다. 이 또한 1970년 UNESCO협약 제6조의 요구사항이다. 반출증명서 제도는 반출·입되는 문화재의 적법 또는 불법성을 용이하게 파악할 수 있도록 해 주기 때문에 이를 갖추지 않은 문화재에 대해서 문화재의 반출과 반입을 효과적으로 차단

---

5 제1장 [프롤로그]《장면 4》참고.

할 수 있게 된다.6 현재 우리 문화유산법에서는 국외전시 등의 목적으로 국보, 보물 또는 국가민속문화유산을 반출할 경우에 국가유산청장의 허가를 받도록 하고 이를 위해 반출허가신청서를 제출하도록 하고 있는데(제39조), 이것은 일종의 행정서식에 해당하는 것으로 협약이 제시하는 반출증명서와는 그 취지와 내용이 다른 것이다. 즉, 우리나라는 아직까지 반출증명서 제도가 시행되고 있지 않으며, 향후 이를 시행할 경우에는 반출증명서가 첨부되지 아니한 문화재에 대해서는 해외로 반출이나 유통이 금지되도록 하여야 한다.

다. 문화재 환수 방법의 다양화를 위한 재원 마련

효과적인 환수 방법을 개발하여 이를 다양화하여야 한다. 문화재의 환수방법으로는 법적 분쟁을 통하지 않는 것과 법적 분쟁을 통하는 것으로 크게 나눌 수 있다. 법적 분쟁은 최후의 수단으로 사용되어야 한다는 점에서, 우선적으로 법적 분쟁을 통하지 않고서 환수할 수 있는 방법을 강구하여야 한다. 그러한 방법으로는 협상이나 기증 외에 공개적인 시장에서 구입하는 것 등이 있는데, 정부나 민간의 구입에 의해 문화재가 반환되는 실적은 상대적으로 저조한 편이다. 물론 문화재가 불법 반출된 것인 경우 이를 공개시장에서 구입하게 되면, 그러한 행위에 의해 현재 문화재를 보유하는 측이 합법적으로 취득한 것임을 인정하는 모양새가 될 수 있으므로 신중할 필요가 있다. 그런 경우가 아니라면, 한 점의 문화재를 되찾기 위해 이에 관한 조사나 협상 또는 소송을 위한 인적·물적·시간적 비용을 생각해 볼 때 문화재를 구입하는 것이 더 효과적인 경우도 있다. 문제는 문화재 구입을 위해 필요한 재원의 마련이다. 기증의 경우에도 기증자에 대한 일정한 예우를 하기 위

---

6 Patrick J, O'Keefe, Commentary on the 1970 UNESCO Convention, Second Edition, Builth Wells: Institute of Art and Law, 2007, p. 54.

해서는 상당한 재원이 요구된다.7 따라서 문화재환수를 목적으로 하는 일정한 기금의 적립이 필요하다. 이를테면 현행「문화유산법」은 국가지정문화유산의 소유자가 그 문화유산을 공개하는 경우 관람자로부터 관람료를 징수할 수 있도록 정하고 있는데(제49조 제1항), 관람료를 징수할 때 요금의 일부를 문화재구입기금으로 하여 할당하여 징수하고 이를 적립하여 해외소재 문화재의 구입 또는 기증자에 대한 예우를 하는 목적으로 사용하는 방안을 생각할 수 있다. 또한 현행「국가유산보호기금법」은 국가유산을 효율적으로 보존·관리하는 데 필요한 자금을 조성하기 위하여 국가유산보호기금을 설치하는 근거를 마련하고 있으며(동법 제1조), 동법 제5조에서는 기금의 용도를 국가유산의 보존을 위한 관리, 보수·복원, 발굴, 손실보상, 보호활동의 육성·지원 외에도 '국내외 소재 중요 국가유산의 긴급매입'의 목적으로도 기금을 활용할 수 있도록 하고 있다. 기금이 국가유산의 긴급매입에도 사용될 수 있도록 한 것은 2021년 구 문화재보호법이 개정되면서부터 추가되었는데 이는 타당한 입법조치이다. 나아가 기금은 국가유산의 긴급매입뿐만 아니라 국외에서의 문화유산의 활용에 관해서도 사용될 수 있도록 할 필요가 있다. 그런데 국가유산보호기금의 용도가 너무 넓은 것도 문제이다. 해외소재 문화재의 효과적인 환수를 위해서는 국외문화유산의 매입 및 현지활용을 위한 특별기금을 설치하는 것도 고려해볼만하다. 참고로 중국은 문화부가 주도되어 약탈 문화재의 환수를 위한 재원마련을 위해 2002년「중국해외문물물전용기금」을 설치하였고, 캐나다는 1975년「문화재반출·입법」에 따라 특별기금을 조성하여 국외문화재 수집기관에 지원을 하고 있으며, 뉴질랜드는 복권기금청(Lottery Board)에서 기금을 조성하여 국외 소장자나 거래상으로부터 역사적으로 중요한

---

7 예컨대 기증자를 위해 해당국가의 법률에 따른 증여세나 부가가치세 등 기증에 따른 세금이나 기증에 따라 수반되는 각종 비용(보관비·운반비·보험료 등)은 기증자에게 부담시켜서는 안 된다.

마오리(Maori) 예술품을 구입하는 데 사용하고 있다.

라. 문화재의 현지 활용

문화재의 환수를 반드시 영토고권적인 문제로만 접근할 필요는 없다고 본다. 다시 말하자면 문화재를 환수한다는 의미를 외국영토에 소재하는 우리 문화재를 반드시 우리 영토내로 옮겨놓는 것으로만 국한시킬 필요가 없다. 중요한 것은 외국에 소재하는 문화재가 "우리" 문화재라는 것을 확인받고 현지에서도 정당하게 대접을 받으면서 보존되는 것이다. 그것은 마치 우리 국민이 외국에서 거주하더라도 대한민국 국적을 포기하지 않는 한 역시 대한민국 국민이라는 것이 달라지지 않는 것과 마찬가지이며, 오히려 정부는 해외 각지에 퍼져 있는 우리 국민이 대한민국의 위상을 더 높일 수 있도록 북돋아줄 필요가 있음을 상기하여 한다. 문화재의 경우에도 마찬가지로 우리 문화재라고 해서 반드시 우리 영토 내에 소재하여야만 하는 것은 아니며, 해외에 소재하면서도 우리 문화재의 우수성을 만방에 알리는 역할을 하는 문화재도 많이 있다. 이를테면 대영박물관 등 유수 박물관의 한국관에 소재하는 우리 문화재는 그곳에서 충분히 우리 문화재의 우수성을 알리는 첨병역할을 하고 있다. 그렇다면 환수의 개념을 영토고권적으로 되돌려받는 것으로 제한하지 말고 현지에서의 적절한 활용도 넓은 의미에서의 "환수" 개념에 포함시켜야 한다. 그렇다고 하더라도 현지에서의 활용보다도 우리나라에 소재하여야 하는 분명한 이유가 있는 문화재에 대해서는 좁은 의미에서의 환수, 즉 영토고권적인 환수를 반드시 실현하여야 함은 물론이다. 이를테면 우리 역사의 정통성을 상징하거나, 다른 상응하는 문화재로 대체될 수 없는 절대적인 가치를 가진 문화재에 대해서는 우리 영토 내로 환수할 필요가 있다. 그런 경우가 아니라면 환수의 개념을 좀 더 유연하고 탄력적으로 이해하여 우리 문화재가 현지에서 잘 활용될 수 있는 여건을 마련하는 것이 국내로 반입하기 위해 쏟아붓는 노력보다 훨씬 효과적일 수도 있다.

환수의 개념을 넓게 이해하여 이른바 현지에서의 활용을 통한 환수에 성공하려면, 현지에서 문화재를 보유 내지 관리하는 기관(또는 개인)에게 활용에 협조할 수 있는 인센티브를 제공할 필요가 있다.[8] 또한 해외 박물관에 소장되어 있는 우리 문화재가 여러 곳으로 흩어져 있음으로 해서 다른 나라의 컬렉션에 비해 양적으로나 질적으로 뒤처진 면이 없지 않는데[9] 이를 극복하기 위해서, 예컨대 우리 문화재를 소장하고 있는 각국의 해외박물관으로 하여금 연합체를 결성하여 여러 박물관에 산일되어 있는 우리 문화재를 한 곳에 모아 참여한 박물관마다 순회전시를 할 수 있도록 알선하거나 지원하는 것도 생각해 볼 수 있다.

마. 다자협약의 가입과 양자협정의 확대

불법 반출된 문화재를 환수하는 방법 중의 하나는 해당 당사국과의 협약 체결을 통해 평화적인 방법으로 문화재를 환수하는 것이다. 앞서 본 바와 같이 협약에는 당사국 사이에만 체결되어 효력을 가지는 양자 간 협약과 이해관계를 가진 다수의 국가가 설정한 협약에 가입하는 방식인 다자간 협약이 있다. 대표적인 다자간 협약은 1954년 헤이그협약(제1의정서 및 제2의정서 포함), 1970년 UNESCO협약 및 1995년 UNIDROIT협약이며, 이들 협약 중에서 우리나라는 1970년 UNESCO협약에는 이미 가입하였지만 1954년 헤이그협약과 1995년 UNIDROIT협약에는 아직

8　해외박물관에 소재하는 우리 문화재의 활용을 위한 실증적 연구로는 김혜인, "해외박물관의 한국문화재 활용 활성화를 위한 쟁점과 활성화 방향", 「예술경영연구」 제29집 (2014), 한국예술경영학회, 87면 이하 참고.

9　외국의 박물관에서 한국전시실 또는 전시품 부족의 원인중의 하나로 우리나라의 엄격한 문화재 수출금지 정책에서 찾으면서 이러한 정책을 완화해야 한다는 주장으로는 한상우, "한국의 문화재 수출금지 정책에 관한 비판적 고찰 -한국문화재의 해외활용의 관점에서-", 「정신문화연구」 제28권 제2호(2005), 한국학중앙연구원, 111면 이하 참고.

가입하지 않았다. 이 중에서 1954년 헤이그협약은 우리나라의 특수한 군사적 상황으로 인해 가입에 관해서도 특별히 고려할 점이 많다. 그런데 문화재의 환수와 관련하여 이들 협약에는 소급효가 없으므로 비록 우리나라가 이들 협약에 가입하였더라도 협약가입이전에 불법 반출된 우리 문화재의 환수를 위한 규범적 근거로 될 수는 없다. 그렇지만 우리가 "과거"의 문화재를 환수받기 위해서는 우리로서도 외국으로부터 불법 반입된 "현재"의 문화재를 기꺼이 되돌려줄 용의가 있다고 할 때, 환수의 정당한 주장이 더욱 설득력을 가질 수 있게 된다. 1995년 UNIDROIT협약은 과거의 우리 문화재의 환수를 위한 직접적인 근거 규범으로는 기능하지 못할지라도, 동 협약의 가입으로 상대국과의 협상에서 상대국에 대해 문화재 환수문제에 대한 도덕적 우위를 내세울 수 있다는 점에서 가입을 적극적으로 고려할 필요가 있다.

한편 환수의 구체적인 효과를 이끌어 내기 위해서는 양자간 협약의 체결에도 보다 적극적인 자세로 임하여야 한다. 국외소재문화유산재단의 통계자료에 의하면 2025. 1. 1. 기준으로 국외에 소재하는 우리 문화재는 29개국 801개처 247,718점에 달하지만,[10] 개별 문화재의 반환을 위한 협정을 제외한다면 포괄적으로 해외소재 문화재의 반환에 관해 양국간에 맺은 협정은 「한·일 문화재협정」이 유일하다. 그나마 동 협정에 대해서는 협정의 불확실한 내용으로 인해 여러 비판이 제기되고 있다.[11] 앞으로 다른 나라와 양자간의 문화재반환협정을 다각적으로 체결하면서는 「한·일 문화재협정」에 제기된 문제점과 아울러 다른 나라들이 맺은 양자간 협정의 내용들을 면밀하게 분석하여, 협정체

---

10 물론 이들 국가가 모두 불법 반출된 문화재의 소재국이라는 의미는 아니며, 문화재의 반출경위에 대해 보다 면밀한 조사에 의해 대상국의 수는 정해질 수 있다.

11 「한·일 문화재협정」의 성립과정상의 문제점에 대한 비판으로는 이영철, "일본소재 조선문화재반환을 위한 역사적 성찰과 과제", 「국제고려학회」 제9호(2007), 국제고려학회, 49면 이하 및 제성호, "한·일간 문화재반환문제에 관한 국제법적 고찰", 「중앙법학」 제11집 제2호(2009), 중앙법학회, 441면 이하 참고.

결을 통해 우리에게 유리한 결과를 이끌어 낼 수 있어야 할 것이다.

바. 국제기관을 통한 환수와 공조

불법 반출된 문화재의 반환문제를 해결할 수 있는 1차적인 주체는 피탈자와 보유자이다. 그렇지만 문화재의 환수문제는 국제적인 이슈를 가져오는 경우가 많으므로 그러한 여론에 영향을 끼칠 수 있는 국제기관의 도움을 무시할 수 없다. 이를테면 1970년 UNESCO협약의 실효성을 높이고 협약발효 이전의 문화재반환 분쟁에 대한 능동적인 해결을 위해 「불법문화재반환촉진 정부간위원회」(ICPRCP)[12]가 구성되어 있는바, ICPRCP에서는 회의 때마다 현안사건들에 대한 보고와 함께 이를 해결하기 위한 당사국의 의견개진 및 중개·조정의 회부를 권하기도 한다.[13] 물론 국제기관에게는 문화재의 반환을 강제할 수 있는 권한이 없기 때문에 그 실효성에는 일정한 한계가 따를 수밖에 없지만, 국제기구에서 해당 문화재의 반환이 현안문제로 상정되는 것 자체만으로 해당국가로서는 상당한 부담을 가질 수밖에 없기 때문에 이러한 국제기관의 힘을 협상의 지렛대로 활용할 필요가 있다.

아울러 문화재의 취득·보존 업무와 직접적인 관련을 갖는 국제박물관협회(ICOM)와 연대하여 불법적으로 취득한 문화재의 거래를 근절할 수 있도록 협조를 구하여야 할 것이며,[14] 또한 형사적으로도 불법적

---

12 정식명칭은 Intergovernmental Committee for Promoting the Return of Cultural Property to its Countries of Origin or its Restitution in Case of Illicit Appropriation

13 대표적인 사례가 그리스와 영국사이의 파르테논 마블의 반환을 둘러싼 논쟁을 ICPRCP가 양국에 대해 중개·조정을 권유하기로 한 결정이다.

14 ICOM 박물관 윤리강령 제2조 제2항(합법적 소유권): 박물관이 합법적 소유권을 가진다는 요건이 충족되지 않는 경우, 어떠한 박물관자료도 구입, 기증, 대여, 유증 또는 교류를 통해 수집될 수 없다. 또한 동 강령 제7조(원칙): 박물관은 국제, 지역, 국가 그리고 지방의 법령과 조약의 의무 사항을 반드시 준수하여야 한다. 또한 관리주체는 박물관과 소장품, 박물관 운영에 관련하여 법적 구속력이 있는 신탁이나 조건에 따라야 한다.

으로 반출된 문화재의 추적과 환수를 위해 국제형사경찰기구(INTERPOL)
와 유엔마약범죄사무소(UNODC: United Nations Office on Drugs and Crime) 및 세
계관세기구(WCO) 등 유관기관과 공조하여야 한다.

사. 소송과 중재를 통한 환수

문화재의 환수분쟁에 있어서 당사자들 사이에 원만한 해결을 기대
할 수 없는 경우에는 종국적으로 소송을 통해 법정에서 이를 가릴 수밖
에 없다. 소송을 통한 해결은 최후의 수단(ultima ratio)으로 행사되어야 하
는 방법이지만, 오히려 최후의 수단이기 때문에 항상 대비해 두어야 하
는 환수방법이기도 하다.15 이것은 마치 전쟁은 일어나서는 안 되는 일
이지만, 항상 대비해야 하는 것과 마찬가지 이치이다. 왜냐하면 소송에
서 패소하게 된다면 더 이상 합법적인 수단으로 문화재를 환수할 수 있
는 방법은 없게 되는 셈이며, 그 결과 문화재의 소재도 완전히 고착될
것이기 때문이다.

이에 대비하기 위해서는 외국의 유사사례에 대한 연구와 함께 상
대국의 관련법률 및 법원의 판례 등에 대해 철저한 분석이 있어야 한
다.16 뿐만 아니라, 소송을 관할하는 법원이 우리나라 법률을 준거법으
로 삼아 판결을 내릴 수도 있는 것에 대비하여 우리의 국제사법을 개정
하여 문화재에 대한 권리를 정하는 준거법에 관한 특별규정을 마련할
필요도 있다.17

---

15 국제적 문화재소송의 특징과 청구요건 등 소송상 주요쟁점에 관해서는 박선아, 『문
   화재 분쟁 해결을 위한 국제소송에 관한 연구』, 한양대학교 법학박사학위논문,
   2013, 44면 이하 참조.
16 스위스 제네바대학의 예술법센터 소장인 레놀드(Marc-André Renold) 교수가 관장
   하는 ArThemis와 같은 홈페이지(https://plone.unige.ch/art-adr/about-a-propos)
   의 운영이 필요하다. 동 센터의 홈페이지에서는 세계 각국에서 벌어진 문화재의 환
   수에 관한 사례들을 분석·정리하여 이에 관한 평석을 가하고 있다.
17 이에 대해 필자는 오래전부터 종래 물건에 관한 권리의 준거법결정 원칙인 목적물
   소재지법주의(lex rei sitae)를 대신하여 문화재에 관한 권리에 대해서는 특별한 준거

또한 소송과 유사한 방법으로 중재(Arbitration)에 의한 해결도 고려해봄직하다. 중재는 국가기관인 법원에서 사건을 관할하는 것이 아니라, 당사자가 합의한 제3의 기관에서 결정한 바를 당사자들이 따르기로 하는 것이기 때문에 당사자들로 하여금 상대국 법원이 자국에 유리한 판결을 내릴 것이라는 우려를 들어줄 수 있는 장점이 있다. 그러한 점에서 중재는 앞으로 소송을 대체하는 분쟁해결방법(ADR)으로 유력하게 주목받고 있다. 이에 대비해서도 어떠한 중재기관이 우리에게 더 유리한 입장을 견지하고 있는지 그리고 중재판정을 위해 어떠한 규범이 준거법으로 채택되는 것이 유리한 지에 대해 사전적인 연구와 분석작업이 있어야 한다.

아. 문화재환수 전문가의 양성

문화재의 환수문제는 결국 전문화된 인력에 의해 해결될 수밖에 없다. 그렇다면 장기적인 관점에서 지속적이고 체계적인 문화재 환수를 위해서는 충분한 인력풀이 형성되어야 한다. 그러기 위해 정부는 국외소재문화재 환수사업의 장기적인 특성과 전문성을 고려하여 전문인력의 발굴·육성에 힘써야 한다. 이를테면 반출 문화재의 소유권과 이동경로의 입증을 위한 사학·고고학 분야, 문화재 환수에 타당한 법리개발을 위한 법학 분야, 환수문제로 상대와 접하게 되는 현장에서 원활하게 협상할 수 있는 외교학 분야 및 외국어 등에 능통한 협상전문가의 양성이 필요하다. 물론 가장 이상적이기로는 이러한 다양한 학제적(interdisciplinary) 소양을 모두 갖춘 멀티플레이형 인력을 양성하는 것이겠지만 현실적으로 그러한 요소를 모두 갖춘 인력을 배출한다는 것은 매우 어렵다. 따라서 다양한 소양을 갖춘 인력이 학제적인 연구를 통해

법결정 원칙으로 기원국법주의(lex origins)를 채택해야 한다고 주장하였다. 기원국법주의에 관해서는 본서 제4장 [불법반출 문화재의 환수를 위한 국제규범과 국내규범] 제5절 [보론: 국제사법상 문화재의 기원국법주의(lex originis)] 참조.

연관분야에 대한 이해도를 높일 수 있도록 여건을 마련해 주어야 한다. 이를 위해서는 대학 및 유관연구소 등과 연계하여 전문가 양성을 위한 프로그램(협동과정 등)을 개발하여 전공외의 관련분야에 대한 소양을 넓힐 수 있는 기회를 제공하는 등 문화재환수 전문가의 양성을 위한 노력을 기울여야 한다.

이와 더불어 문화재환수문제를 주로 연구하는 학자들과 현장에서 활약하는 전문가들의 네트워크를 구축하여 이들 사이에 정보공유와 협력이 이루어지도록 함으로써, 이들 전문가 사이에서도 상호 부족한 역량을 서로 보완할 수 있도록 하여 이론과 실무에 관한 역량을 극대화시켜야 하며, 이를 통해 정부는 이들의 전문성을 적극적으로 활용할 수 있어야 한다.

자. 외국 전문가들과의 네트워크 구축

국내의 문화재환수 전문가의 양성뿐만 아니라, 외국의 전문가들과의 네트워크를 구축하는 일도 매우 중요하다. 특히 우리나라의 문화재가 많이 소재한 일본, 미국, 독일 등을 거점으로 현지 전문가들과의 네트워크를 구축하는 것이 절실하게 필요하다. 실제로 문화재의 환수와 관련한 전문가나 해당인력은 그리 많지 않으므로 이들과의 계속적인 교류와 협력을 통해 우호적인 관계를 유지하여야만 한다. 또한 그 외 다른 나라의 현지전문가들에 대해서도 지속적인 관리를 하여 국제적으로 우리나라에 우호적인 여론을 조성할 수 있도록 하여야 한다. 예컨대 프랑스로부터 외규장각 도서를 반환받을 당시에도 프랑스의 양심 있는 지식인들의 호소가 반환에 찬성하는 여론에 어느 정도 영향력을 끼쳤음을 상기할 필요가 있다.[18]

---

18 프랑스 전 문화부장관인 자크 랑(Jack Lang) 및 파리 7대학 총장이었던 뱅쌍 베르제 (Vincent Berger) 등의 우호적인 도움을 들 수 있다. 이들에 대한 평가로는 박흥신, 『외규장각 의궤의 귀환』, 행복에너지, 2014, 272면 이하 참고.

특히 외국 전문가들과의 네트워크 구축이 필요한 이유는 이들 외국 전문가들을 통해 현지에서의 우리 문화재의 실태조사 및 출처조사에 있어서 필요한 정보 수집활동 지원받을 수 있고, 불법 반입된 문화재의 반환을 위한 여론을 조성할 수 있으며, 현지에서 한국 문화재의 보호 및 활용의 활성화를 위한 다양한 역할들을 기대할 수 있기 때문이다.[19]

3 마치며

글을 맺으면서 문화재의 환수문제에 대해 다시 생각해 본다. 과거 불행했던 역사적 시기에 불법적으로 반출된 우리 문화재를 되돌려 놓아야 하는 것은 당연한 우리의 임무이다. 그러한 임무는 단기간의 노력으로 해결될 수 없는 것이므로 문화재의 환수는 우리세대뿐만 아니라 미래세대의 과제이기도 하다. 그렇지만 당장 우리가 해야 할 일은 환수에 앞서 현재 우리가 조상으로부터 물려받은 문화재를 지켜내는 것이다. 지금도 많은 우리 문화재가 외국으로 불법적으로 반출되는 상황에서 애써 힘들게 한 점씩 외국에 소재하는 우리 문화재를 환수하는 노력들이 무위로 돌아가지 않기 위해서는, 무엇보다도 현재 보유중인 국내 문화재부터 철저히 관리하여야 한다. 또한 다른 나라에 대해 우리 문화재의 반환을 떳떳하게 청구할 수 있기 위해서는 우리나라로 불법적으로 반입되는 외국 문화재에 대해서도 엄정하게 규제함으로써, 반출과 반입을 불문하고 불법적인 문화재의 거래를 근절하는데 노력을 기울여야 할 것이다.

한편 문화재의 환수에 대해 단기간에 일정한 성과를 내려는 생각은

---

[19] 비슷한 취지에서 문화재보호를 위한 각국의 지식공동체(epistemic community)를 강화해야 한다는 주장으로는 이근관, "동아시아지역의 문화재 보호 및 불법거래방지에 관한 법적 고찰", 「서울대학교 법학」 제44권 제3호(2003), 서울대학교 법학연구소, 129면 이하 참고.

금물이다. 해마다 마치 기업의 연말결산처럼 올해는 몇 점의 문화재를 환수하였는지 실적통계를 내는 것은 매우 어리석은 행태이다. 만약 실적에 매달려 단기간에 수 점의 문화재를 확보하기 위해 진력한다면, 정작 우리가 장차 환수해야 하는 수만 점의 문화재는 부지불식간에 어둠 속으로 숨어버릴 것이다. 다시 한번 강조하지만, 문화재의 환수는 상대방의 관계 속에서 결과를 이끌어 내야 하는 작업이므로 긴 호흡을 가지고서 인내심을 가지고 상대방의 협조를 이끌어 낼 수 있는 "햇볕정책"이 보다 주효하다. 아울러 최후의 수단으로 생각할 수 있는 소송이나 중재에 대비해서도 문화재의 불법성을 밝힐 수 있는 입증자료와 함께 우리 법제를 미리 개선함과 아울러 상대국가의 법률 및 판례 등을 분석·연구하는 작업도 게을리 해서는 안 된다.

마지막으로 우리 문화재가 왜 우리나라로 되돌아와야 하는지에 대해서도 진지하게 고민해 보아야 한다. 영토고권적으로 우리나라로 되돌아와야 할 가치가 있는 문화재는 반드시 환수하여야 함은 당연한 전제이다. 그런 정도가 아니라면 현지에서의 적절한 활용을 통해 우리 문화의 우수성을 알리는 역할도 우리 선조가 우리에게 남겨준 문화재의 의미일 수도 있다고 생각한다. 어쩌면 "환수를 위한 환수"가 아닌 "활용을 통한 환수"로써 해외에 소재하는 우리 문화재를 통해 새로운 한류(韓流)를 일으킬 수 있는 것은 아닐까 생각해 본다.

참고문헌

국내문헌

<단행본> (학위논문, 연구보고서 포함)

고상용, 『물권법』, 법문사, 2001

곽윤직·김재형, 『물권법』(제9판), 박영사, 2024

국제법평론회, 『1954년 헤이그협약 운용체계 및 국내제도·법률 정비방안 연구』, 문화재청, 2010

권채리·김지현, 『UNESCO 문화유산협약의 국내이행에 관한 법적연구』, 글로벌법제전략 연구 20-17-③, 한국법제연구원, 2020

김경임, 『클레로파트라의 바늘 -세계 문화유산 약탈사-』, 홍익출판사, 2009

김덕주, 『문화재의 국제적 불법유통금지에 관한 연구』, 서울대학교 법학석사 학위논문, 1989

김상용, 『물권법』(전정증보판), 법문사, 2003

김연·박정기·김인유, 『국제사법』(제3판), 법문사, 2012

김영석, 『국제인도법』(개정판), 박영사, 2002

김용담(편집대표), 『주석 민법』(물권 1) 제4판, 한국사법행정학회, 2011

김종수, 『한국 문화재 제도의 탄생: 형성과 변천, 성립의 생생한 역사』 민속원, 2020

김증한·김학동, 『물권법』(제9판), 박영사, 1998

김형만, 『문화재반환과 국제법』, 삼우사, 2001

류미나, 『한일회담과 문화재반환 협상』, 경인문화사, 2022

박선아, 『문화재 분쟁 해결을 위한 국제소송에 관한 연구』, 한양대학교 박사학위논문. 2013

박재완, 『민사소송법』(제2판) 박영사, 2018

박홍신, 『외규장각 의궤의 귀환』, 행복에너지, 2014

서헌제·박찬호, 『도난·불법반출 문화재에 관한 법리적 연구』, 한국법제연구원, 2007

서희원, 『국제사법강의』(신고판), 일조각, 1991

석광현, 『국제사법 해설』, 박영사, 2013

송덕수, 『물권법』(제6판), 박영사, 2023

송상현·박익환, 『민사소송법』 신정5판, 박영사, 2008

신창선, 『국제사법』(제8판), 도서출판 fides, 2012

신창섭, 『국제사법』(제2판), 세창출판사, 2011

양재혁, 『국가면제이론의 예외에 관한 연구 -미국 외국주권면제법(FSIA)의 '상업적 활동' 예외규정을 중심으로-』, 연세대학교 석사학위논문, 2004

유복열, 『돌아온 외규장각 의궤와 외교관 이야기 -145년의 유랑, 20년의 협상-』, 눌와, 2014

윤종진, 『현대 국제사법』(개정판), 한울출판사, 2003

이근관, 『유니드로와협약 가입을 위한 국내법 개정방향 연구』, 문화재청, 2007

이기철·이상근, 『문화재전쟁』, 지성사, 2020

이보아, 『루브르는 프랑스 박물관인가』, 민연, 2002

이영준, 『물권법』(전정신판), 박영사, 2009

이은영, 『물권법』(제4판), 박영사, 2006

이호정, 『섭외사법』, 한국방송대학교출판부, 1999

장자성 편/박종일 옮김, 『근세 백년 중국문물유실사』, 인간사랑, 2014

최공웅, 『국제소송』(개정판), 육법사, 1988

한국박물관협회 편, 『인류에게 왜 박물관이 필요했을까?』, 민속원, 2014

혜문, 『빼앗긴 문화재를 말하다』, 작은숲, 2012

홍수연, 『불법문화재의 반환을 위한 사법상 법리에 관한 연구』, 한양대학교 법학석사학위논문, 2011

황산덕·김용한, 『신국제사법』, 박영사, 1987

R.A.스코티 지음/이민아 옮김, 『사라진 미소』, 시사IN북, 2010

鴻 常夫 편수, 英美商事法辭典, 서울 대광서림, 1997

<논문>

김석현, "국가면제의 기준 -면제의 제한과 관련하여-", 「국제법평론」 통권 제 29호(2009), 국제법평론회, 29~81면

김재광, "문화국가원리에서 바라본 문화재 환수와 대여문화재의 한시적 압류면제", 「외법논집」 제42권 제1호(2018), 한국외국어대학교 법학연구소, 493~516면

김지현, "문화재 불법 거래 방지에 관한 1970년 유네스코 협약의 국내법적 이행 검토", 「문화재」, 제53권 제4호(2020), 국립문화재연구소, 274~291면

김혜인, "해외박물관의 한국문화재 활용 활성화를 위한 쟁점과 활성화 방향", 「예술경영연구」 제29집(2014), 한국예술경영학회, 87~110면

류병운, "외국에 대한 재판관할권과 판결의 집행: 국가면제(State Immunity) 이론의 검토", 「영산법률논총」, 제2권 제1호(2005), 영산대학교 법률연구소, 154~186면

백충현, "해외유출·불법반출문화재 반환의 국제법적 규제", 「서울대학교 법학」, 제30권 3·4호(1989), 서울대학교 법학연구소

서요성, "변종예술 전시회와 아직 끝나지 않은 나치 과거사 청산 -코넬리우스 구얼리트 유산사건(2012-2014)를 중심으로-", 「독일어문학」 제72집 (2016), 한국독일어문학회, 123~146면

서헌제, "불법문화재반환에 관한 국제협약과 국내법적 이행", 「법학논문집」 제 31집 제1호 (2007), 중앙대 법학연구소, 525~548면

석광현, "UNIDROIT 문화재환수협약 가입절차와 유의점", 「국제사법연구」 제 15호(2009), 한국국제사법학회, 324~378면

_____, "국제적 불법거래로부터 문화재를 보호하기 위한 우리 국제사법과 문화재보호법의 역할 및 개선방안", 「서울대학교 법학」 제56권 제3호(2015), 서울대학교 법학연구소, 117~182면

_____, "대마도에서 훔쳐 온 고려 불상의 서산 부석사 반환을 명한 제1심판결의 평석: 국제문화재법의 제문제", 「국제사법연구」 제23권 제1호(2017), 한국국제사법학회, 3~58면

_____, "2024년 개편된 국가유산법제와 유네스코 체계의 정합성 -국가유

산·세계유산·문화유산·자연유산·무형유산의 개념을 중심으로-", 「국제 거래법연구」 제33권 제1호(2024), 국제거래법학회, 169~218면

송호영, 2002년 개정된 독일채권법의 주요 내용 -소멸시효법과 채무불이행법 을 중심으로-, 「인권과 정의」 제312호(2002), 대한변호사협회, 116면 이하

_____, "해외로 불법반출된 문화재의 민사법상 반환청구법리에 관한 연구", 「비교사법」, 제11권 제4호(2004), 한국비교사법학회, 229~262면

_____, "독일의 문화재보호법제에 관한 고찰 -1955년 문화재반출방지보호법 (KultgSchG)을 중심으로-", 「법과 정책연구」, 제11권 제2호(2011), 한국법 정책학회, 397~424면

_____, "국제사법상 문화재의 기원국법주의(lex originis)에 관한 연구", 「재산 법연구」 제30권 제1호(2013), 한국재산법학회, 79~109면

_____, "해외 소재 불법 문화재의 환수를 위한 법정책적 연구", 「문화재」 제48 권 제4호(2015), 국립문화재연구소, 24~43면

_____, "누가 「파르테논 조각상」을 소유하는가?", 「문화.미디어.엔터테인먼트 법」 제10권 제1호(2016), 중앙대학교 법학연구원, 1~34면

_____, "누가 「클림트의 그림」을 소유하는가?", 「법학논총」 제35권 제1호 (2018), 한양대학교 법학연구소, 349~378면

_____, "누가 「고려 불상」을 소유하는가?", 「법학논총」 제36권 제1호(2019), 한양대학교 법학연구소, 279~313면

_____, "독일의 새로운 문화재보호법(KGSG)에 관한 고찰", 「국제사법연구」, 제28권 제2호(2022), 한국국제사법학회, 339~370면

_____, "문화재의 불법유통 근절을 위한 국제규범의 형성과 발전", 「법학논 총」 제41권 제3호(2024), 한양대학교 법학연구소, 221~249면.

신병주, "외규장각 의궤, 140여 년 만에 고국으로 돌아오다", 「선비문화」, 제19 권(2011), 남명학연구원, 10~16면

오석웅, "문화재의 불법거래에 관한 EU법상의 규제에 관한 고찰 -「문화재의 수출에 관한 EU규칙」과 「회원국의 영토로부터 불법적으로 반출된 문화재 의 반환에 관한 EU지침」의 주요 내용 -", 「스포츠엔터테인먼트와 법」 통권 제66호(2021), 한국스포츠엔터테인먼트법학회, 161~180면

이근관, "동아시아지역의 문화재 보호 및 불법거래방지에 관한 법적 고찰", 「서울대학교 법학」제44권 제3호(2003), 서울대학교 법학연구소, 91~134면

_____, "1970년 유네스코협약의 성안과정에 대한 고찰 -1930년대 국제연맹 하에서 작성된 협약초안의 영향을 중심으로-", 「국제사법연구」, 제26권 제2호(2020), 한국국제사법학회, 293~342면

이보아, "문화재의 원산국으로의 반환에 관한 고찰", 「비교문화연구」제5호(1999), 서울대학교 비교문화연구소, 301~327면

이영철, "일본소재 조선문화재반환을 위한 역사적 성찰과 과제", 「국제고려학회」제9호(2007), 국제고려학회, 49~73면

이유경, "국제 아트페어에서의 문화재 거래 -아트페어 주최측의 법적 책임을 중심으로-", 「문화·미디어·엔터테인먼트법」제18권 제1호(2024), 중앙대학교 법학연구원 문화·미디어·엔터테인먼트법 연구소, 147~170면

제성호, "문화재 불법이동의 국제법적 규제 -약탈문화재의 반환을 중심으로-", 「법조」, 제582호(2005), 법조협회, 70~109면

_____, "한·일간 문화재반환문제에 관한 국제법적 고찰", 「중앙법학」제11집 제2호(2009), 중앙법학회, 441~488면

조부근, "국외 유출 한국문화재의 환수현황과 과제에 관한 연구", 「전통문화논총」제12권, 2013, 한국전통문화대학교 한국전통문화연구소, 29~57면

주강원, "문화재의 불법적 국제거래에 대한 형사 책임에 관한 연구", 「강원법학」, 제64권(2021), 강원대학교 비교법학연구소, 339~369면

주진열, "일본 관음사(觀音寺)에서 도난된 불상(弗像) 반환 문제에 관한 고찰" -대전지방법원 2017. 1. 26. 선고 2016가합102119 판결 평석을 겸하여- 「국제법학회논총」제65권 제2호(2020), 351~379면

최태현, "국제법 위반행위에 대한 국가면제의 제한", 「국제법학회논총」제31권 제2호(2006), 대한국제법학회, 11~43면

최혜영, "그리스의 파르테논 신전 조각상 반환운동", 『해외로 반출된 문화재의 환수 방안: 제262회 정기국회 국정감사 정책 자료집 1』(국회의원 최구식 간행), 2006

한상우, "한국의 문화재 수출금지 정책에 관한 비판적 고찰 -한국문화재의 해외 활용의 관점에서-", 「정신문화연구」 제28권 제2호(2005), 한국학중앙연구원, 111~136면

국외문헌

<단행본> (학위논문 포함)

Anton, Michael, Internationales Kulturgüterprivat- und Zivilverfahrensrecht, Berlin-New York, 2000

Bamberger/Roth, Kommentar zum Bürgerlichen Gesetzbuch, Band 2, München 2003

Bar Christian von/Mankowski, Peter, Internationales Privatrecht, Bd. I, 2 Aufl., München 2003

Chamberlain, Kevin, War anf Cultural Heritage, A Commentary on the Hague Convention 1954 and its Two Protocols, Second Edition, Institute of Art and Law, 2013

Elmenhorst, Lucas/Wiese, Volker, Kulturgutschutsgesetz Kommentar, München 2018

Friedrich Carl von Savigny, System des heutigen Römischen Rechts, Band VIII, Berlin 1849 (Nachdruck Aalen 1974)

Gerstenblith, Patty, Art, Cultural Heritage and the Law, Cases and Materials, 3. Edition, Durham 2012

Hipp, Anette, Schutz von Kulturgüter in Deutschland, Berlin-New York, 2000

Hoffmann, Bernd von, Internationales Privatrecht, 7. Aufl., München 2002

Jayme, Erik, Kunstwerk und Nation: Zuordungsprobleme im internationalen Kulturgüterschutz, Heidelberg 1991

_____, Neue Anknüpfungsmaximen für den Kulturgüterschutz im internationalen Privatrecht, in: Rechtsfragen des internationalen Kulturgüterschutzes, Heidelberg 1994

Kim, Jihon, International Cooperation to Prevent Trafficking and Facilitate Restitution of Cultural Property: Evolving Normative Frameworks, Graduate School of International Studies Seoul National University, 2013

Knott, Hermann J., Der Anspruch auf Herausgabe gestohlenen und illegal expotierten Kulturguts, Baden-Baden 1990

Krejci, Heinz, Der Klimt-Streit, Wien 2005

Krenz, Kai Georg, Rechtliche Probleme des internationalen Kulturgüter-schutzes: Durchsetzung, Harmonisierungsbestrebungen und Restitu-tionen von Kulturgütern, Frankfurt am Main: Peter Lang GmbH, 2003

Kropholler, Jan Internationales Privatrecht, 3. Aufl., Tübingen 1997

Kunze, Hans Henning, Restitution "Entartetr Kunst" Sachenrecht und Internationales Pivatrecht, Berlin · New York 2000

Kurpiers, Olaf Rafael, Die lex originis-Regel im internationalen Sachenrecht -Grenzüberschreitende privatrechtliche Ansprüche auf Herausgabe von abhanden gekommenen und unrechtmäßig ausgeführten Kulturgütern, Frankfurt am Main 2005

Martin, Dieter/Krautzberger, Michael, Handbuch Denkmalschutz und Denkmalpflege, 4. Aufl., München 2017

Maurer, Christoph H. M., Die Ausfuhr von Kulturgütern in der Europäischen Union, Frankfurt a. M. 1997

Münchener Kommentar, Bürgerliches Gesetzbuch, Band 6, Sachenrecht, 6. Aufl., München 2013

O'Keefe, Patrick J., Commentary on the 1970 UNESCO Convention, Second Edition, Builth Wells: Institute of Art and Law, 2007

Odendahl, Kerstin, Kulturgüterschutz: Entwicklung, Struktur und Dogmatik eines ebenenübergreifenden Normenszstems, Tübingen: Mohr Siebeck, 2005

Prott, Lyndel V., Commentary on The UNIDROIT Convention, Leicester: Institute of Art and Law, 1997

Raschèr, Andrea Francesco Giovanni, Kulturgütertransfer und Globalisierung, Zürich 2000

Rhee, Seo Boa, Beyond Repatriation: An Analysis of Issues Related to Equitable Restitution of Cultural Property, Dissertation The Florida State University School of Visual Arts and Dance, 1997

Schaffrath, Christina, Die Rückführung unrechtmäßig nach Deutschland verbrachten Kulturguts an den Ursprungsstaat, Frankfurt a. M. 2007

Silverman, Helaine/Ruggels, Fairchid, Cultural Heritage and Human Rights, Springer, 2007

Stamatoudi, Irini A., Cultural Property Law and Restitution, A Commentary to International Conventions and European Union Law, Edward Elgar 2011

Stoll, Hans, J. von Staudingers Kommentar zum Bürgerlichen Gesetzbuch mit Einführungsgesetz zum Bürgerlichen Gesetzbuch/IPR, Internationales Sachenrecht, 13. Bearb., Berlin 1996

Thorn, Bettina, Internationaler Kulturgüterschutz nach der UNIDROIT-Konvention, De Gruyter: Berlin, 2005

Toman, Jiri The Protection of Cultural Property in the Event of Armed Conflict, Dartmouth Publishing Company, 1996

Uhl, Antje-Katrin, Der Handel mit Kunstwerken im europäischen Binnenmarkt -Freier Warenverkehr versus nationaler Kulturgutschuz, Berlin 1993

von der Decken, Kerstin/Fechner, Frank/Weller, Matthias, Kulturgutschutzgesetz, Baden-Baden 2021

Weber, Marc, Unveräußerliches Kulturgut im nationalen und internationalen Rechtsverkehr, Berlin 2002

Weidner, Amaile, Kulturgüter als res extra commercium im internationalen Sachenrecht, Berlin·New York: de Gruyter, 2001

Welser, Rudolf/Rabl, Christian, Der Fall Klimt/Bloch-Bauer -Die rechtliche Problematik der Klimt-Bilder im Belvedere-, https://www.bslaw.com/altmann/Klimt/Welser.pdf

Williams, Sharon A., The International and National Protection of Movable Cultural Property a Comparative Study, Dobbs Ferry·New York: Oceana Publications, 1978

谷口知平 [外]編.,『新版 注釋民法(7)』, 有斐閣, 2007
我妻榮(著)·有泉享(補訂),『新訂 物權法(民法講義 II)』, 岩波書店, 2008
松井宏興,『物權法』, 成文堂, 2016

＜논문＞

Adelman, Jenny, Sovereign Immunity: Ramifications of Altmann, ILSA Journal of International & Comparative Law, Vol. 11, Issue 1 (Fall 2004), pp. 173‐194

Alderman, Kimberly L., Honor Amongst Thieves: Organized Crime and the Illicit Antiquities Trade, 45 IND. L. REV. 601, 609‐611 (2012)

Amineddoleh, Leila, Monuments Men, Hidden Treasures, and the Restitution of Looted Art, NYSBA Entertainment, Arts and Sports Law Journal, Spring 2014, Vol. 25 No. 1, pp. 16‐23

Armbrüster, Chriatian, Privatrechtliche Ansprüche auf Rückführung von Kulturgütern ins Ausland, NJW 2001, 3581 ff.

Borodkin, Lisa J., The Economics of Antiquities Looting and a Proposed Legal Alternative, Columbia Law Review, Vol. 95 Issue 2 (1995), pp. 377‐417

Choi, Sue, The Legal Landscape of the International Art Market after Republic of Austria v. Altmann, Northwestern Journal of International Law & Business, Vol. 26, Issue 1 (Fall 2005), pp. 167‐200

Chorazak, Mark J., Clarity and Confusion: Did Republic of Austria v. Altmann Revive State Department Suggestions of Foreign Sovereign Immunity, Duke Law Journal, Vol. 55, Issue 2 (November 2005), pp. 373‐404

Cuno, James, View from the Universal Museum, in: Imperialism, Art And Restitution, John Henry Merryman (ed.), New York: Cambridge University Press, 2006, pp. 15-36

Elizabeth. Varner, Arbitrating Cultural Property Disputes, Cardozo Journal of Conflict Resolution, Vol. 13, Issue 2 (Spring 2012), pp. 477-526

Elmenhorst, Lucas/Heimann, Lisa, Die Neuregelung des Kulturgutschutz-rechts, NJW 2016, S. 3398-3404

Extract, Andrew J., Establishing Jurisdiction over Foreign Sovereign Powers: The Foreign Sovereign Immunity Act, The Act of State Doctrine and the Impact of Republic of Austria V. Altmann, Journal of International Business and Law, Vol. 4 (2005), pp. 103-122

Fincham, Derek, How Adopting the Lex Originis Rule Can Impede the Flow of Illicit Cultural Property, Columbia Journal of Law and the Arts, Vol 32 (2008), pp. 111-150

Frigo, Manlio, Cultural property v. cultural heritage: A 'battle of concepts' in international law, Int'l Review of the Red Cross, Vol. 86 (2004), pp. 367-378

Gardella, Anna, Nuove prospettive per la protezione internazionale dei beni culturali: La convenzione dell'UNIDROIT del 24 giugno 1995, Dir. com. int. 1998, 997 ff.

Heilmeyer, Wolf-Dieter, Schutz archäologischer Kulturgüter aus der Sicht der Archäologie, ZVglRWiss 95(1996), S. 117-126

Henckel, Wolfram, Vorbeugender Rechtsschutz im Zivilrecht, AcP 174 (1974), S. 97 ff.

Howard, Russell et al., Digging in and Trafficking out: How the Destruction of Cultural Heritage Funds Terrorism, 8 CTC SENTINEL 14, 14-17 (2015)

Jayme, Erik, Internationaler Kulturgüterschutz: Lex originis oder lex rei sitae-Tagung in Heidelberg, IPRax 1990, S. 347 f.

_____, Human Rights and Restitution of Nazi-Confiscated Artworks from Public Museums: The Altmann Case as a Model for Uniform Rules?, Uniform Law Review, Vol. 11, Issue 2 (2006), pp. 393-398

_____, Der Gurlitt-Fall -Grundfragen des Kunstrechts, in: Peter Mosimann/Beat Schönenberger, Kunst & Recht 2014-Referate zu der gleichnamigen Veranstaltung der Juristischen Fakultät der Universität Basel, (Bern 2014), S. 127 ff.

Knox, Christine K., They've lost their Marbles: 2002 Universal Museums' Declaration, the Elgin Marbles and the Future of the Repatriation Movement, Suffolk Transnational Law Review, Vol. 29, Issue 2 (2006), pp. 315-336

Krejci, Heinz, Zum Fall Klimt/Bloch-Bauer, ÖJZ [2005] 19, S. 733-747

Meron, Theodor, Francis Lieber's Code and Principles of Humanity, 36 COLUM. J. TRANSNAT'l L. 269 (1998), pp. 269-282

Merryman, John Henry, Thinking about the Elgin Marbles, Mich. L. Rev. Vol. 83 (1984), p. 1881-1923

_____, Two Ways of Thinking about Cultural Property, The American Journal of International Law, Vol. 80, No. 4. (Oct., 1986), p. 831-853

_____, Cultural Property Internationalism, Int'l Journal of Cultural Property, Vol. 12 Issue 1 (2005), p. 11-39

_____, Whither the Elgin Marbles?, in: Imperialism, Art And Restitution, John Henry Merryman (ed.), New York: Cambridge University Press, 2006, pp. 98-113

_____, Albert Edward Elsen, Stephen K. Urice, Law, Ethics and the Visual Arts, Fifth Edition, The Netherlands: Kluwer Law International BV, 2007

Ounanian, Melineh S., "Of All The Things I've Lost I Miss My Marbles The Most! An Alternative Aproach To The Epic Problem Of The Elgin Marbles",

Cardozo Journal of Conflict Resolution, Vol. 9 Issue 1 (2007), pp. 109-144

Prott, Lyndel V. & O'Keefe, Patrick J., National Legal Control of Illicit Traffic in Cultural Property (UNESCO 1983), pp 6-8

Prott, Lyndel V., The Protection of the Cultural Heritage, Académie de droit international, RdC 217 (1989), pp. 215

Rabl, Christian, Der Fall Klimt/Bloch-Bauer, NZ 2005, S. 257-267

Reichelt, Gerte, Kulturgüterschutz und Internationales Privatrecht, IPRaX 1986, S. 73-75

Renold, Marc Andre, Arbitration and Mediation as Alternative Resolution Mechanisms in Disputes Relating to the Restitution of Cultural Property. In: Crossing Cultures: Conflict, Migration and Convergence-The Proceedings of the 32nd International Congress of the History of Art, Jaynie Anderson(edit), (Melbourne: Melbourne University Press 2009), p. 1104-1106

Ross, Jeremy Ledger, Escaping the Hourglass of Statutory Retroactivity Analysis in Republic of Austria v. Altmann, Tulane Law Review, Vol. 79, Issue 4 (March 2005), pp. 1113-1126

Schneider, Marina, UNIDROIT Convention on Stolen or Illegally Exported Cultural Objects: Explanatory Report, Unif. L. Rev. 2001

Siehr, Kurt, Nationaler und Internationaler Kulturgüterschutz -Eingriffsnormen und der internationale Kunsthandel-, in: Festschrift für Werner Lorenz zum siebzigsten Geburtstag, Tübingen 1991, S. 525 ff.

_____, International Art Trade and the Law, in: Recueil des Cours/ Acddemie de Droit Intrenational de le Haye 243 (1993-VI), Dordrecht, Boston, London, 9-292

_____, Herausgabe gestohlener Kulturgüter, in: Wiedererlangung widerrechtlich entzogener Vermögenswerte mit Instrumenten des Straf-, Vollstreckungs-, und internationalen Rechts, Zürich 1999, S. 1-17

Song, Ho-Young, International Legal Instruments and New Judicial Principles for Restitution of Illegally Exported Cultural Properties, Penn State Journal of Law & International Affairs, Vol. 4 Issue 2, pp. 718-748

Strauch, Gregor, Rechtsverhältnisse an Kulturgütern im Internationalen Sachenrecht, Berlin 2007, S. 104-107

Vazquez, Carlos M., Altmann v. Austria and the Retroactivity of the Foreign Sovereign Immunities Act, Journal of International Criminal Justice, Vol. 3, Issue 1 (March 2005), pp. 207-223

인터넷판 기사/논설

경향신문, IS의 '문명 살해', 유적들 얼마나 사라졌나 (2015.08.31. 인터넷판 기사), https://www.khan.co.kr/world/world-general/article/2015083 11703481 (2024.12.23. 최종접속)

뉴시스, 日서 국보급 문화재 훔친 절도범 '국민참여재판' 신청 (2013.03.13. 인터넷판 기사), https://news.naver.com/main/read.nhn?mode=LSD&mid=sec&sid1=102&oid=003&aid=0005026132 (2024.12.23. 최종접속)

동아일보, 국립 공주박물관 어이없는 보안불감증 (2009.09.29. 인터넷판 기사), https://www.donga.com/news/article/all/20030516/7944833/1 (2024.12.23. 최종접속)

문화일보, 문화재 3589점 '택배 위장'… 中·日 밀반출 (2012.04.26. 인터넷판 기사), https://munhwa.com/news/view.html?no=201204260107122 7168002 (2024.12.23. 최종접속)

서울신문, 中 토끼·쥐머리 청동상 낙찰받은 중국인 "경매대금 지불 안할 것" (2009.03.03. 인터넷판 기사), https://www.seoul.co.kr/news/international/2009/03/03/20090303016010 (2024.12.23. 최종접속)

연합뉴스, 中 원명원, 해외유실 문화재 조사 착수 (2009.10.19. 인터넷판 기사), https://n.news.naver.com/mnews/article/001/0002925308?sid=103 (2024.12.23. 최종접속)

조선비즈, 이베이에 올라온 '고대 유물'…판매 수익은 IS로? (2017. 11. 08. 인
터넷판 기사), https://biz.chosun.com/site/data/html_dir/2017/11/07/
2017110702915.html (2024. 12. 23. 최종접속)

artnet, Crumbling Roof Raises Conservation Concerns at the British Museum
(https://news.artnet.com/art-world/crumbling-roof-raises-conservation-
concerns-at-the-british-museum-2437278 (2024. 12. 23. 최종접속)

BBC, British Museum is the most-visited UK attraction again (18 March 2024),
https://www.bbc.com/news/uk-england-london-68577122 (2024. 12. 23.
최종접속)

Charney, Noah et al., Protecting Cultural Heritage from Art Theft: International
Challenge, Local Opportunity, https://leb.fbi.gov/articles/featured-articles/
protecting-cultural-heritage-from-art-theft-international-challenge-local-
opportunity (2024. 12. 23. 최종접속)

CNN, Parthenon fragments returned by the Vatican go on display in
Greece (March 25, 2023), https://edition.cnn.com/style/article/vatican-
return-parthenon-greece-scli-intl/index.html (2024. 12. 23. 최종접속)

Giovanni, Janine di et al., How does ISIS fund its reign of terror?, NEWS-
WEEK (Nov. 06, 2014), https://www.newsweek.com/2014/11/14/how-
does-isis-fund-its-reign-terror-282607.html (2024. 12. 23. 최종접속)

INDEPENDENT, Fresh Elgin Marbles row as Greece accuses British Museum of
having 'zero respect' with Lily James fashion show (19 Feb. 2024) https://
www.independent.co.uk/news/uk/home-news/british-museum-lily-
james-elgin-marbles-b2498404.html (2024. 12. 23. 최종접속)

색인

ㄱ

저자 약력

송 호 영(宋 鎬 煐)

[학력 및 주요 경력]

- 경북대학교 법과대학 사법학과 졸업(법학사)
- 경북대학교 대학원 법학과 졸업(법학석사)
- 독일 오스나브뤽(Osnabrück)대학교 법학과 졸업(법학박사: Dr. iur.)
- 독일 뮌헨(München)대학교 비교법연구소 방문학자(독일 Humboldt재단 신진연구자 선정)
- 미국 인디애나(Indiana)주립대학교 마우러로스쿨 방문학자(미국 Fulbright 중견연구자 선정)
- 광운대학교 법과대학 국제법무학과 조교수, 부교수/한양대학교 법학과 부교수 역임
- 국제문화재법연구회 창립회원
- 한국문화예술법학회 회장 역임
- 한국재산법학회 회장 역임
- 현) 한국민사법학회/한국사법학회/한국스포츠엔터테인먼트법학회 부회장
- 현) 국가유산청, 국가유산사범정책자문위원
- 현) 한양대학교 법학전문대학원 교수

[주요 저서 및 논문]

- 법인론, 신정판, 박영사, 2024 (단독 저서)
- 공동체와 법, 박영사, 2023 (공저)
- 주석민법 [총칙 1] 제5판, 한국사법행정학회, 2019 (공저)
- 독일법, 신론사, 2013 (공저)
- EU사법(I), 한국외국어대학교 출판부, 2010 (공저) 등 다수

- 문화재의 불법유통 근절을 위한 국제규범의 형성과 발전, 법학농총 제41권 3호(2024)
- 독일의 새로운 문화재보호법(KGSG)에 관한 고찰, 국제사법연구 제28권 제2호(2022)

- 1970년 UNESCO협약의 이행을 위한 독일 문화재보호법(KGSG)연구, 한국법제연구원(2019)
- 누가 「고려 불상」을 소유하는가?, 법학논총 제36권 1호(2019)
- 누가 「클림트의 그림」을 소유하는가?, 법학논총 35권 1호(2018)
- 누가 「파르테논 조각상」을 소유하는가?, 문화미디어엔터테인먼트법 제10권 1호(2016)
- International Legal Instruments and New Judicial Principles for Restitution of Illegally Exported Cultural Properties, Penn State Journal of Law & International Affairs, Vol. 4 No. 2 (2016)
- 국제사법상 문화재의 기원국법주의(lex originis)에 관한 연구, 재산법연구 제30권 1호(2013)
- 해외로 불법반출된 문화재의 민사법상 반환청구법리에 관한 연구, 비교사법 11권 4호(2004) 등 다수

누가 과거를 소유하는가?
  -불법 반출된 문화재의 환수를 위한 법적 과제-

초판발행   2025년 3월 28일

지은이   송호영
펴낸이   안종만·안상준

편 집   이수연
기획/마케팅   최동인
표지디자인   이은지
제 작   고철민·김원표

펴낸곳   (주) **박영사**
             서울특별시 금천구 가산디지털2로 53, 210호(가산동, 한라시그마밸리)
             등록 1959.3.11. 제300-1959-1호(倫)
전 화   02)733-6771
f a x   02)736-4818
e-mail   pys@pybook.co.kr
homepage   www.pybook.co.kr
ISBN   979-11-303-4925-1   93360

정 가   32,000원